CODAP으로 배우는
데이터 분석의 정석

나는 CODAP으로 데이터 분석한다

최정원 류현욱 박근영 박예람
유동호 유하연 이완범 이원경
이지현 최희진 허영주

씨마스

저자 소개

우리는 매일같이 수많은 데이터를 생산하거나 접하면서 살아갑니다. 궁금한 것을 알아보고 싶어서 포털 사이트의 검색 창에 입력하는 검색어부터 일상 속의 대화에 이르기까지 데이터와 함께 살아가고 있습니다. 이러한 데이터들은 쌓이고 쌓여 우리의 판단과 선택에 영향을 미칩니다. 이때 컴퓨터의 도움을 받아 복잡하고 방대한 양의 데이터를 분석한다면 보다 합리적인 선택을 할 수 있지 않을까요? 이 저서는 독자가 실생활의 데이터를 분석하고 해석해 보면서 데이터 분석의 기본기를 익히고, 점차 복잡한 사회 문제를 탐구해 보는 경험을 제공하도록 구성하였습니다. 아울러 교사들의 데이터 분석 수업 노하우를 녹여내어 쉽고 재미있게 접근할 수 있도록 구조화하였습니다.

이 책은 총 3개의 부분으로 구성되어 있습니다.

1부에서는 데이터에 대한 이해와 데이터 분석의 개념과 방법, CODAP의 사용 방법을 예시를 바탕으로 배웁니다.

2부에서는 UFO, 세계 고층 빌딩, 포켓몬 등 친근한 주제를 통해 데이터를 관찰하고 그래프를 통해 데이터 속 숨은 이야기를 발견하는 재미를 찾아가는 과정에서 데이터 분석의 기본기를 익히도록 합니다.

3부에서는 K-문화, 기후, 작물 재배, 교통사고 등 다양한 학문 분야를 넘나들며 분석 역량을 확장하도록 합니다.

이 저서는 단순히 데이터 분석 도구의 사용법을 익히는 데 그치지 않습니다. 데이터를 통해 질문하고 해답을 스스로 찾아가는 과정 속에서 비판적 사고력, 창의적 문제 해결력, 통찰력 등을 기르도록 합니다. 처음에는 데이터를 다룬다는 것이 낯설게 느껴질 수 있지만, 한 걸음씩 나아가다 보면 어느새 데이터를 말할 줄 아는 사람이 되어 있을 것입니다. 이 책을 통해 데이터 분석의 재미를 느끼고 나아가 세상을 바라보는 눈을 더욱 깊고 넓게 키울 수 있기를 진심으로 응원합니다.

데이터 분석, 어떻게 시작할지 고민이었다면 이제는 이 책과 함께 놀이처럼 즐겨 보세요! CODAP이라는 놀이터에서 이것저것 눌러 보고 끌어 보다 보면, 어느새 데이터로 말하는 세상의 소리가 들리기 시작할 거예요.

최정원
(현) 상인천중학교 정보 교사
한국교원대학교 교육학 박사

CODAP으로 데이터의 문을 두드려 보세요. 익숙했던 세상 너머, 새로운 시선이 열릴 거예요.

류현욱
(현) 가림고등학교 정보 교사

CODAP을 활용해 우리가 살아가는 세상을 객관적으로 바라보는 힘을 길러 보세요. 그 힘은 여러분의 큰 자산이 될 거예요.

박근영
(현) 가림고등학교 정보 교사

데이터를 읽는 힘은
곧 세상을 이해하는 힘입니다.
그 여정을 시작한 당신을
응원합니다.

박예람
(현) 인화여자고등학교 정보 교사

CODAP과 함께라면
데이터는 더 이상 어렵지 않아요.
숫자 속에 숨겨진 진짜 이야기에
귀 기울여 보세요.

유동호
(현) 상인천여자중학교 정보 교사

딱딱한 데이터는 이제 그만!
CODAP으로 쓱쓱, 탁탁!
놀이처럼 배우는
데이터의 세계로 출발~!

유하연
(현) 검단고등학교 정보 교사

데이터 분석이 어렵다고 느껴질 때,
CODAP이 그 시작을 쉽게 만들어 줍니다.
설치도 준비물도 없이,
지금 바로 데이터를 탐험해 보세요!

이완범
(현) 인천국제고등학교 정보 교사

데이터를 통해 세상을 읽고,
그 속에서 새로운 의미를 발견하는
기쁨을 함께 누려 보시기 바랍니다.

이원경
(현) 삼산중학교 정보 교사

데이터를 이해하면
세상이 다르게 보여요.
이 책이 여러분의 새로운 눈이
되어 주길 바랍니다.

이지현
(현) 인천남동고등학교 정보 교사

데이터 분석의 첫걸음,
CODAP으로 시작하세요.
직접 실습하며 데이터의 세계에
한 발짝 더 가까워질 수 있습니다.

최희진
(현) 인천과학고등학교 정보 교사

데이터로 세상을 보는
즐거움을 CODAP으로
함께 나눠 보아요!

허영주
(현) 신동중학교 정보 교사

구성과 특징

이 책은 데이터 분석에 대한 개념과 CODAP을 소개하는 **Part 1. 도입**과 우리의 일상생활에서 발생하는 상황을 CODAP으로 가볍게 분석해 보는 **Part 2. 기초**, 한 걸음 더 나아가 SDGs와 연결해 보는 **Part 3. 심화**, CODAP의 특별한 기능을 활용하여 코딩으로 데이터를 직접 만들어 보는 **특화**로 구성되어 있습니다.

Step 1.
해결해야 할 문제는 무엇일까

우리 주변에서 발생할 수 있는 일상생활 문제나 사회 문제 등 다양한 문제를 제시하고 이를 데이터 분석을 통해 어떻게 해결할 것인지 생각해 봅니다.

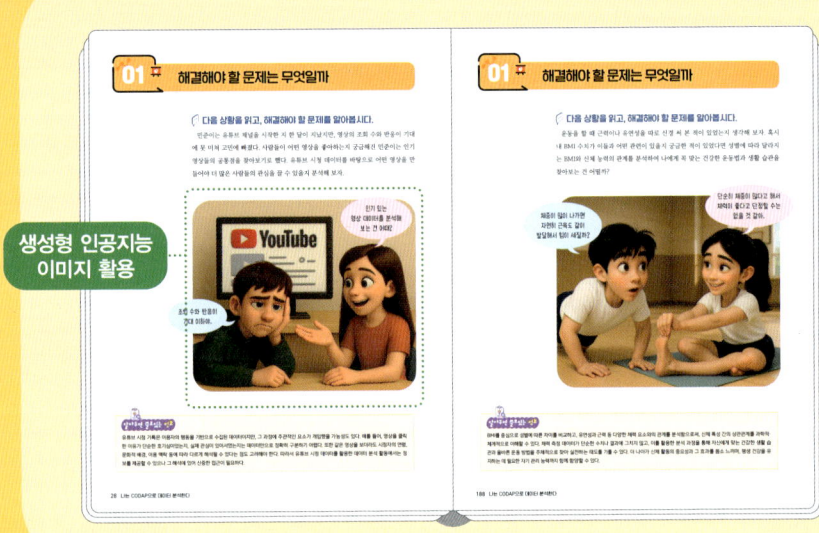

생성형 인공지능 이미지 활용

📌 이 활동에서 해결할 문제 확인

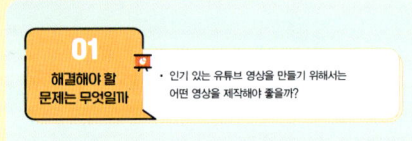

01 해결해야 할 문제는 무엇일까 · 인기 있는 유튜브 영상을 만들기 위해서는 어떤 영상을 제작해야 좋을까?

Step 2.
어떤 데이터를 분석할까

문제 해결에 사용할 데이터의 속성 정보를 확인한 후, 데이터 다운로드 등 활동에 적합한 데이터를 준비합니다.

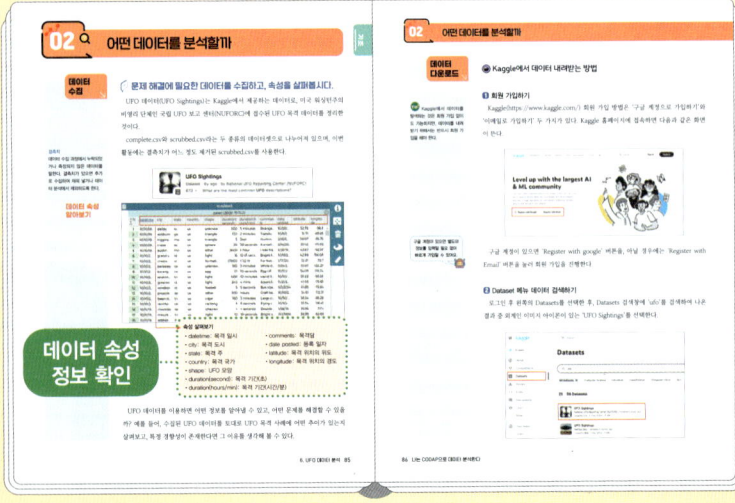

데이터 속성 정보 확인

🔍 이 활동에서 해결할 데이터 확인

02 어떤 데이터를 분석할까 · Kaggle 데이터(UFO 데이터)

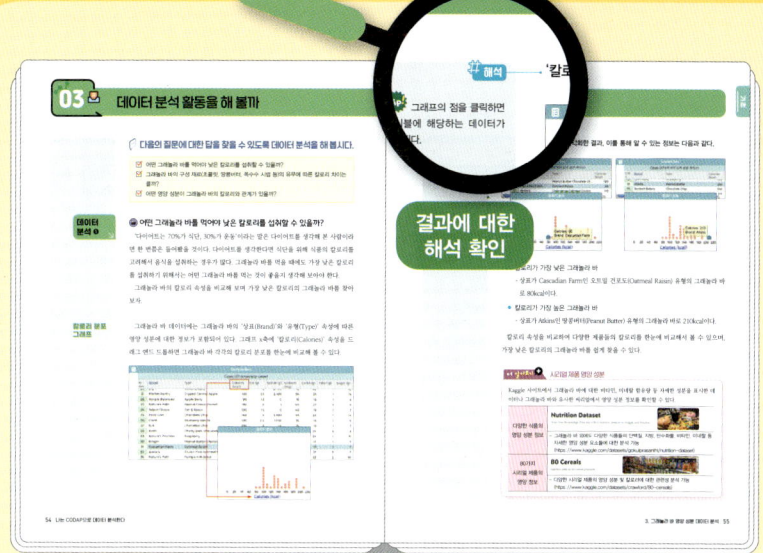

Step 3.
데이터 분석 활동을 해 볼까

주제에 따라 다양한 데이터 분석 활동을 하며 그래프를 통해 시각화해 봅니다.

🔍 이 활동에서 분석할 주제 확인

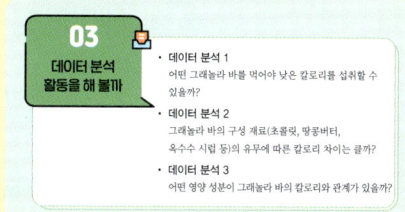

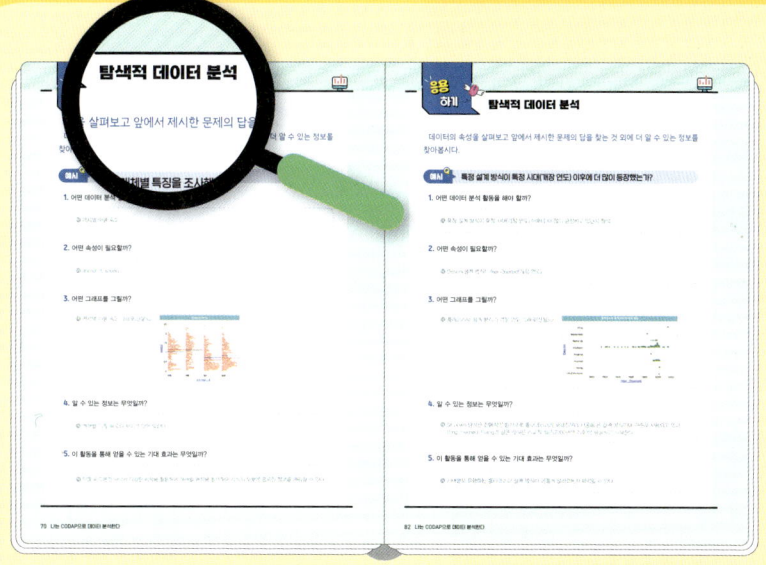

Step 4.
응용하기

제시된 예시를 해결하기 위해 그래프를 활용하여 시각화해 보는 탐색적 데이터 분석 활동을 통해 얻을 수 있는 기대 효과에 대해 생각해 봅니다.

🔍 이 활동에서 응용할 예시 확인

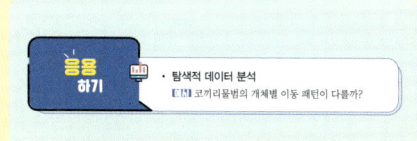

도움 자료

짚고 가기
CODAP 환경에서 수학적인 개념과 함수 등 주요 개념의 설명을 제공하였습니다.

더 알아보기
추가로 분석할 내용 보충 및 심화 자료를 제공하였습니다.

데이터 이야기
활동 내용과 관련된 데이터 소개 및 데이터 분석 사례를 제공하였습니다.

차례

- 하루 1시간 3주 완성 학습 플래너 — 8

Part. 1 도입

1. 데이터 분석 시작하기 전, 알아야 할 것들 — 11
2. CODAP이란 — 19

Part. 2 기초

1. 유튜브 시청 데이터 분석 — 27
2. 세계 고층 빌딩 데이터 분석 — 39
3. 그래놀라 바 영양 성분 데이터 분석 — 51
4. 코끼리물범 이동 데이터 분석 — 61
5. 롤러코스터 데이터 분석 — 71
6. UFO 데이터 분석 — 83
7. 포켓몬 데이터 분석 — 99
8. 넷플릭스 요금 데이터 분석 — 115
9. 학생 성적 데이터 분석 — 125
10. 수면의 질 데이터 분석 — 135

Part. 3 심화

1. 식품 섭취 데이터 분석 — 147
2. 토마토 재배 환경 데이터 분석 — 163
3. 건강 검진 데이터 분석 — 175
4. 체력 관계 데이터 분석 — 187
5. 교통사고 데이터 분석 — 207
6. 해외 축구 선수 이적 시장 가치 데이터 분석 — 219
7. 지구의 평균 기온 데이터 분석 — 233
8. 우리 동네 대기오염도 데이터 분석 — 247
9. K-pop 아이돌 데이터 분석 — 265

특화 곱슬머리의 유전 시뮬레이션 — 283

하루 1시간 3주 완성 학습 플래너

기간	영역	활동	학습 요소	점검
1일	도입	1. 데이터 분석하기 전, 알아야 할 것들 2. CODAP이란	CODAP 플랫폼 둘러보기	☐
2일	기초	1. 유튜브 시청 데이터 분석	산점도, 막대그래프, 평균, 중앙값, 범주형·수치형 데이터	☐
3일		2. 세계 고층 빌딩 데이터 분석	산점도, 지도	☐
4일		3. 그래놀라 바 영양 성분 데이터 분석	다중 속성 그래프, 평균	☐
5일		4. 코끼리물범 이동 데이터 분석	지도, 선그래프	☐
6일		5. 롤러코스터 데이터 분석	산점도, 범례, 상관관계	☐
7일		6. UFO 데이터 분석	결측치, 속성 추가, split() 함수	☐
8일		7. 포켓몬 데이터 분석	평균, 최소제곱선, 결정계수	☐
9일		8. 넷플릭스 요금 데이터 분석	log() 함수, 평균, 중앙값	☐
10일		9. 학생 성적 데이터 분석	결정계수, 상관관계, 최소제곱선, 범례 설정 및 색 변경	☐
11일		10. 수면의 질 데이터 분석	최소제곱선, 그래프	☐
12일	심화	1. 식품 섭취 데이터 분석	콜렉션, 선그래프	☐
13일		2. 토마토 재배 환경 데이터 분석	데이터 통합, 산점도 축 생성	☐
14일		3. 건강 검진 데이터 분석	pow() 함수, 상관관계, if() 함수, 평균, 중앙값	☐
15일		4. 체력 관계 데이터 분석	if() 함수, 상관관계, 결측치	☐
16일		5. 교통사고 데이터 분석	테이블, 그래프, 케이스 카드	☐
17일		6. 해외 축구 선수 이적 시장 가치 데이터 분석	히스토그램, sum() 함수, 콜렉션	☐
18일		7. 지구의 평균 기온 데이터 분석	테이블(속성명 변경), 산점도(수치형 변환)	☐
19일		8. 우리 동네 대기오염도 데이터 분석	subString() 함수, mean() 함수, 콜렉션	☐
20일		9. K-pop 아이돌 데이터 분석	분산, 표준편차, 정규분포, 상자그림, if() 함수	☐
21일	특화	곱슬머리의 유전 시뮬레이션	Simmer 플러그인	☐

활동별 학습 플래너

기간	2일차		

※ '3주 완성 활동별 학습 플래너'는 씨마스에듀 홈페이지 자료실에서 제공합니다.

영역	기초	활동	1. 유튜브 시청 데이터 분석
학습 요소	산점도, 막대그래프, 평균, 중앙값, 범주형·수치형 데이터		

📝 학습 전 학습 순서에 따른 학습 내용을 확인하고, 학습 후 스스로 점검해 봅시다.

학습 단계	학습 순서		학습 내용	점검
도입	01 해결해야 할 문제는 무엇일까	해결해야 할 문제 알아보기	인기 있는 유튜브 영상을 만들기 위해서는 어떤 영상을 제작해야 좋을지 생각해 본다.	☐
전개	02 어떤 데이터를 분석할까	데이터 수집하기	CODAP 데이터를 불러와 유튜브 시청 데이터의 속성을 살펴보며 어떤 정보를 도출할 수 있을지 탐색한다.	☐
전개	03 데이터 분석 활동을 해 볼까	데이터 분석하기 1	좋아요 수가 많은 영상은 어떤 영상일지 특징을 분석해 본다.	☐
		데이터 분석하기 2	영상의 조회 수가 높으면 댓글 수도 많을지 살펴보고, 댓글 수가 많은 영상의 특징을 분석해 본다.	☐
		데이터 분석하기 3	인기 있는 영상들은 주로 어떤 카테고리에 속하는지 분석해 본다.	☐
정리	응용하기	• 데이터 속성을 탐색해 보고 그래프를 그려 알 수 있는 정보가 무엇일지 계획해 보고, 데이터 분석을 해 본다. • 활동을 통해 얻을 수 있는 기대 효과에 대해 생각해 본다. ⑩ 제목 길이와 조회 수 사이에 어떤 관계가 있을까?		☐

Part. 1
도입

① 데이터 분석하기 전, 알아야 할 것들   11
② CODAP이란   19

> Part. 1, Part. 2의 데이터 분석 활동 전에
> 데이터 분석의 기본 정보와
> CODAP 플랫폼을 살펴봅니다.

데이터 분석 시작하기 전, 알아야 할 것들

이 장에서는 실제로 문제 해결을 위한 활동을 하기보다 데이터 분석 과정의 전반적인 내용을 소개합니다.

01 데이터 분석은 왜 할까

- 데이터 분석 개념
- 데이터 분석 목적

02 데이터 분석은 어떻게 할까

- 데이터 분석 방법
  - 탐색적 데이터 분석
  - 확증적 데이터 분석

03 데이터 분석을 위해 이건 알아야 해

- 좌표 평면과 그래프
- 데이터 속성과 유형
- 그래프 해석과 해석 시 유의점
- 데이터 편향성

01 데이터 분석은 왜 할까

데이터 분석의 개념과 목적

💬 **데이터 분석을 하는 목적을 알아봅시다.**

데이터 분석은 문제 해결에 필요한 데이터를 가공, 변환, 해석하여 의미있는 정보를 추출하고 이를 바탕으로 의사 결정에 도움을 제공하는 방법 또는 과정이다. 이러한 데이터 분석을 하는 목적은 다음과 같다.

| • 합리적 의사 결정 지원 | • 문제 해결 방안 모색 지원 | • 미래 예측 |

데이터 분석 사례

데이터 분석이 실생활에 어떻게 활용되는지 살펴보자.

● **고객 구매 이력을 활용한 매출 전략 수립**

대형할인점에서 고객 방문 패턴과 구매 데이터를 분석하면, 고객이 많이 오는 날에 맞춰 재고량을 확보하고, 함께 구매하는 물건을 가까이 배치하여 매출을 증가시킬 수 있다.

아기 기저귀를 사는 사람이 맥주도 함께 구매하는 경향이 있다면 가까이 배치한다.

● **고객 구매 데이터를 통한 유행 스타일 분석과 매출 증대**

패션 브랜드 매장에서 고객들이 많이 사들인 옷의 직물 종류, 직물의 패턴, 유형 등의 데이터를 분석하면, 어떤 스타일의 옷이 유행할지 파악할 수 있어 매출을 높일 수 있다.

고객들이 화이트 진을 많이 구매한다면 관련 상품을 더 제작한다.

● **자연재해 복구 비용 분석을 통한 예산 확보와 빠른 대처**

매년 발생하는 자연재해를 복구하는 데 사용한 과거 데이터를 분석하면, 향후 자연재해 복구 비용을 미리 확보하여 피해 상황에 빠르게 대처할 수 있다.

자연재해 복구 비용이 꾸준히 늘었다면 다음을 위해 복구 금액을 증대한다.

> 오른쪽 사례를 통해 데이터 분석의 목적을 다시 한번 생각해 보세요.

02 데이터 분석은 어떻게 할까

데이터 분석 방법

💬 데이터 분석 방법을 알아봅시다.

데이터 분석은 목적과 접근 방식에 따라 일반적으로 다음과 같이 구분한다.

① 탐색적 데이터 분석(EDA)

데이터를 자유롭게 탐색하면서 데이터가 가진 패턴, 추세, 이상치(outliers) 등을 발견하고 데이터를 이해하는 것에 중점을 두며, 이 과정에서 문제 해결 방향을 설정하는 방법이다. 예를 들어, 수면 시간, 학업 성적, 휴대폰 사용 시간 등의 데이터를 분석하여 학업 성적과 어떤 요소가 관련이 있을지 파악할 수 있다. 탐색적 데이터 분석 방법은 다음과 같은 특징을 갖는다.

- 가설 없이 데이터를 탐색하며, 그래프, 차트, 분포도 등의 시각적 표현으로 데이터를 이해한다.
- 데이터를 자유롭게 분석하여 흥미로운 특징을 찾아낸다.
- 정해진 절차없이 데이터를 분석하며 문제를 정의한다.

> **탐색적 데이터 분석(EDA: Exploratory Data Analysis)**
> 데이터를 다루기 전에 그 데이터를 이해하고, 분석 목표를 설정하며, 적합한 분석 방법을 선택하는 데 도움을 준다.

> **가설**
> 어떤 사실을 설명하거나 이론 체계를 연역하기 위하여 설정한 가정(쉽게 가짜로 만든 썰로 이해할 수 있다.)이다.

② 확증적 데이터 분석(CDA)

이미 세운 가설을 검증하거나 특정한 질문에 대한 답을 찾는 방법이다. 가설 검정을 통해 데이터를 기반으로 명확한 결론을 도출한다. 예를 들어, '미세 먼지는 겨울에 가장 심할 것이다.'라는 가설을 세우고 계절별 미세 먼지 데이터를 수집하여 분석함으로써 가설이 참인지 거짓인지 확인하고 언제 미세 먼지가 심한지 명확한 결론을 도출할 수 있다. 확증적 데이터 분석은 다음과 같은 특징을 갖는다.

- 분석 전 가설이나 질문이 명확히 설정된다.
- 데이터를 통해 가설을 입증하거나 기각한다.
- 통계적 검증과 모델링을 사용하여 결과를 검증하고 결과의 신뢰도를 수치로 표현한다.

> **확증적 데이터 분석(CDA: Confirmatory Data Analysis)**
> 이유를 규명하거나 해석하려는 목적을 가지고 데이터를 분석하는 데 도움을 준다.

정리

구분	탐색적 데이터 분석(EDA)	확증적 데이터 분석(CDA)
목적	데이터 이해 및 패턴 발견	가설 검증 및 결론 도출
접근 방식	개방적, 자유로운 탐색	구조적, 가설 기반
결과물	새로운 가설 또는 분석 방향 설정	가설 검증 결과 및 통계적 결론
도구	시각화 도구, 기초 통계	통계적 검정, 모델링
유형	비정형적 분석	정형적 분석

> 두 가지 데이터 분석 방법은 서로 상호 보완적이며, 데이터 분석 프로젝트에서 주로 함께 사용되어요.

03 데이터 분석을 위해 이건 알아야 해

데이터 분석에 필요한 개념

💬 데이터 분석에 필요한 개념을 알아봅시다.

데이터 분석을 하기 위해서는 다음과 같은 개념에 대한 이해가 필요하다.

- 좌표 평면
- 데이터 유형
- 데이터 편향성
- 데이터 속성
- 데이터 해석과 해석 시 유의점

데이터 분석에서 자주 사용하는 좌표 평면은 그래프를 그리는 공간으로 이를 통해 우리는 다양한 데이터를 시각적으로 표현할 수 있다. 위 개념들을 하나씩 살펴보자.

좌표 평면과 그래프

1 좌표 평면 개념

좌표 평면은 2개의 수직선이 만나 이루는 2차원 공간이다. 가로축은 x축, 세로축은 y축이라고 하며, 이 두 축이 만나는 지점을 원점이라고 한다.

> **Q** 축 이름을 헷갈리지 않도록 이해하는 방법이 있을까?
> **A** 가로축과 세로축을 다음과 같이 이해하면 축 이름이 헷갈리지 않을 수 있다.
> – 가로축을 x축이라고 부르는 것은 알파벳 x를 좌우로 벌려 쓰기 때문이라고 볼 수 있다.
> – 세로축을 y축으로 부르는 것은 y를 위아래로 길게 쓰기 때문이라고 볼 수 있다.

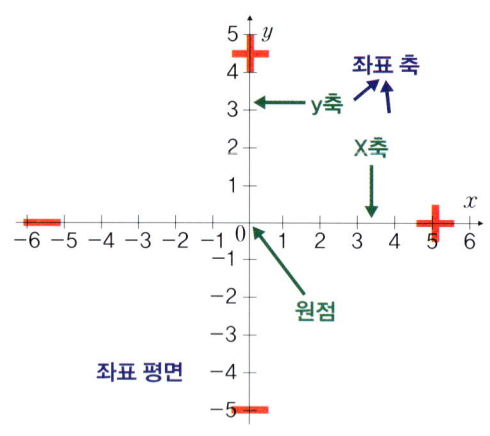

- **x축**: 원점을 기준으로 오른쪽은 양수, 왼쪽은 음수를 나타낸다.
- **y축**: 원점을 기준으로 위는 양수, 아래는 음수를 나타낸다.

2 그래프 개념

그래프는 좌표 평면 위에 선, 곡선, 도형 등을 이용하여 x축과 y축을 의미하는 값의 관계를 시각적으로 표현하여 쉽게 이해하도록 돕는다. 예를 들어, x축에 연도, y축에 빙하 면적의 값을 배치하면 연도별 빙하 면적의 변화를 파악할 수 있다.

데이터 속성과 유형

데이터는 다양한 속성과 유형으로 구분된다.

1 속성의 개념

속성은 데이터의 특성을 나타내는 최소 단위이다. 예를 들어, 학생 데이터에서는 '학번', '이름', '성별' 등이 속성으로 포함될 수 있다. 속성은 칼럼(column), 변수(variable) 등의 명칭으로도 사용된다.

2 데이터 유형

유형은 데이터의 성격과 처리 방법에 따라 수치형 또는 범주형으로 나뉜다. 수치형 데이터는 숫자로 표현되며 산술 연산을 통해 의미 있는 정보를 얻을 수 있다. 예를 들어, 키나 몸무게, 줄넘기 횟수 등은 수치형 데이터에 해당한다. 반면, 범주형 데이터는 몇 가지 범주(그룹)로 분류되며, 성별(남, 여), 혈액형(A, B, O, AB) 등이 이에 해당한다.

3 예시: 롤러코스터 데이터 속성

미국에서 실제 운행하고 있는 157개의 롤러코스터 데이터의 속성을 알아보자.

속성은 Coaster(롤러코스터 이름), Park(소속 테마파크), City(위치한 도시), State(주), Type(트랙 종류), Design(설계 방식), Year Opened(개장 연도), Age Group(연식 그룹), Top Speed(최고 속도), Max Height(최대 높이), Drop(낙하 거리), Length(트랙 길이), Duration(운행 시간), Inversions(회전 여부), Num of inversions(회전 횟수)로 15개이다.

위 속성은 다음과 같은 데이터 유형으로 구성되어 있다.

- **수치형 데이터:** Top Speed, Max Height, Drop, Length, Duration, Num of inversions
- **범주형 데이터:** Coaster, Park, City, State, Type, Design, Year Opened, Age Group, Inversions

Tip! Year Opened(개장 연도)는 숫자로 구성되어 있어 수치형이라고 판단하기 쉬우나, 의미를 짚어 보면 범주를 나타내게 되므로 범주형 속성으로 분류한다.

03 데이터 분석을 위해 이건 알아야 해

그래프 해석과 해석 시 유의 사항

그래프를 해석할 때는 다음의 방법을 이용하여 해석하면 다양한 정보를 이끌어 낼 수 있다.

그래프의 기본 정보	• **그래프 제목**: 그래프가 무엇을 나타내는지 확인 • **축**: x축과 y축이 의미하는 것 확인 • **범례**: 그래프의 선 색, 선 패턴이 나타내는 내용 확인 • **단위**: 수치 데이터의 단위
그래프 유형별 특성	• **막대그래프**: 범주 간 비교 • **선그래프**: 시간 흐름에 따른 변화 파악 • **파이 차트**: 비율 비교 • **산점도**: 두 변수 간 관련성 분석
데이터의 전반적인 경향	• 그래프의 전반적인 패턴(경향)을 파악 • 주요 포인트(급상승 또는 하강) 지점 확인 • 시간 흐름 또는 범주별 비교
특정 데이터 값 분석	• 최댓값, 최솟값, 평균값과 같은 통계적 지표 확인 • 관심 있는 범주나 시점의 데이터를 자세히 분석

> 분석 결과가 그래프로 제시된 상황에서는 그 그래프의 의미를 읽어내는 것이 곧 데이터 해석의 핵심이에요.

1 그래프 해석 방법 예시

'CODAP'에서 제공하는 '식물의 성장' 데이터를 예로 들어 살펴보면 다음과 같다.

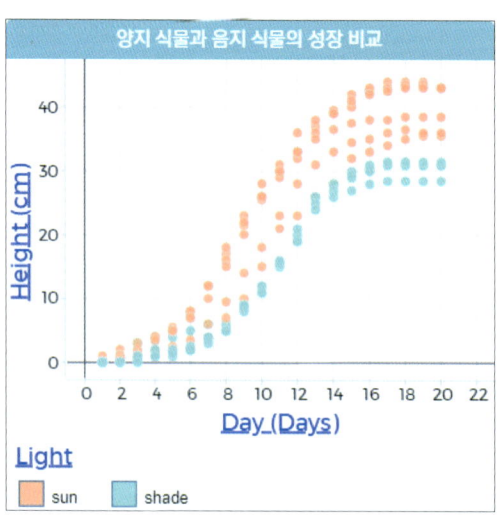

위와 같은 그래프를 해석하는 방법으로 그래프의 기본 정보와 그래프 유형, 데이터의 전반적인 경향, 특정 데이터 값 분석 등이 있다.

① 그래프의 기본 정보

- **제목:** 양지에서 자란 식물과 음지에서 자란 식물의 키 비교
- **축 이름 확인:** x축은 '관찰 일수(Day)', y축은 '키(Height)'를 의미
- **범례:** '빛의 유무' 속성(Light)을 주황색과 하늘색으로 구분
- **단위:** 식물의 키는 cm 단위
- **관찰 일수:** 1일 단위

② 그래프 유형별 특성

그래프 유형은 산점도로, 관찰 일수와 식물의 키 속성의 관계를 살펴보면서 빛의 유무에 따른 차이도 확인할 수 있다.

③ 데이터의 전반적인 경향

식물의 키는 초기에는 더디게 자라다가 6일경부터는 급격히 성장하며, 16일 이후 거의 성장을 멈춘다. 또 양지에서 자란 식물의 키가 음지에서 자란 식물의 키보다 크다.

④ 특정 데이터 값 분석

19, 20일 차 키가 제일 큰 식물은 오히려 키가 줄어들었다. 이는 마치 해바라기와 같은 식물이 무게를 견디지 못하고 휘었을 가능성이 있다.

2 해석 시 유의 사항: 그래프의 함정

그래프를 해석할 때는 그래프가 보여 주는 시각적 함정을 유의해야 한다. 여기서 보여 주는 예시는 y축의 범위나 간격 설정에 따라 결과를 왜곡해서 해석할 수 있는 경우이다.

y축의 범위나 간격을 어떻게 설정하느냐에 따라 작은 변화도 커 보일 수 있다. 예를 들어, 지역별 롤러코스터의 개수를 비교할 때, 유난히 값이 큰 지역을 물결선으로 데이터를 자르면 A지역의 롤러코스터 개수가 상대적으로 적어 보이게 된다.

분석 결과가 시각적으로 표현된 그래프를 정확히 읽어낼 수 있어야, 데이터에 담긴 의미와 흐름을 올바르게 파악할 수 있어요. 이번 교재의 다양한 활동을 통해, 그래프 해석력을 직접 길러 보세요.

03 데이터 분석을 위해 이건 알아야 해

y축의 범위를 각각 다르게 설정하면 변화가 크게 또는 작게 보이게 만들 수도 있다. 예를 들어, 두 학생의 시험 주기별 학생 성적 변화 그래프의 경우, 언뜻 보기에는 A 학생의 성적이 급격히 상승한 것으로 보인다. 그러나 y축의 범위를 보면 왼쪽 그래프는 50~80점까지, 오른쪽 그래프는 0~100점까지의 범위이며, 수치로 비교해 보면 오른쪽 학생의 성적이 더 많이 상승한 것을 확인할 수 있다.

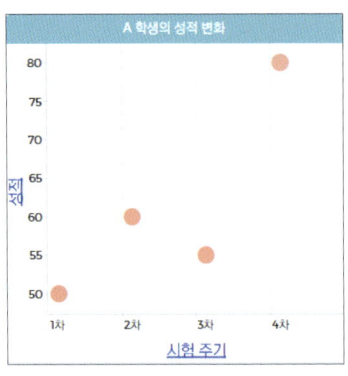
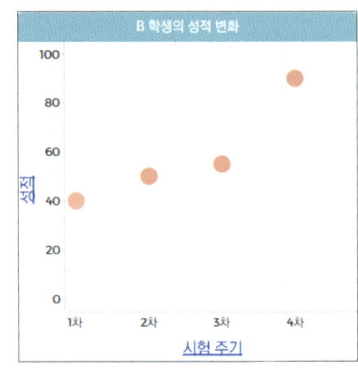

데이터 편향성

올바른 데이터 분석을 위해서는 분석 기술을 올바르게 사용하는 것뿐만 아니라, 데이터의 출처와 구성을 비판적으로 보는 시각이 필요하다. 이제 데이터 분석을 위한 주요 개념 중 하나인 데이터 편향성에 대해 살펴보자.

1 데이터 편향성 개념

데이터 편향성은 분석할 데이터가 특정 방향으로 치우쳐 있거나 불균형하게 분포되어 있어 분석 결과가 왜곡되는 현상을 말한다. 이는 데이터 수집, 데이터 처리, 데이터 분석 과정 전반에서 발생할 수 있으며, 편향된 데이터는 결국 신뢰할 수 없는 결과와 잘못된 의사 결정으로 이어질 수 있다.

2 데이터 편향성 예시

예를 들어, 사람들이 좋아하는 운동을 조사하기 위해 설문을 진행한다고 가정해 보자. 만약 그 장소가 야구 경기장인 고척 스카이돔 앞이라면, 설문에 응답하는 사람들 대부분이 야구팬일 가능성이 크다. 그 결과, 실제보다 야구를 좋아하는 사람이 많다고 왜곡된 결과가 나타날 수 있다. 따라서 공정한 분석을 위해서는 다양한 사람들을 대상으로 데이터를 충분히 수집했는지 확인하는 것이 필요하다.

CODAP이란

이 장에서는 이 교재에서 사용하는 분석 도구인 CODAP의 개념과 주요 기능을 살펴보고, 실제 활동에서 어떻게 효과적으로 사용할지 생각해 봅니다.

01 CODAP은 무엇일까
- CODAP 소개
- CODAP의 개념과 사이트 안내

02 CODAP의 주요 기능과 활용 분야가 궁금해
- CODAP의 주요 기능
- CODAP의 활용 분야

03 CODAP 시작해 볼까
- CODAP 인터페이스 살펴보기
- 도구 아이콘 살펴보기
- 데이터 파일 불러오기
- 문서 저장과 공유하기

01 CODAP은 무엇일까

CODAP 소개

💬 CODAP을 알아봅시다.

'CODAP(Common Online Data Analysis Platform)'은 데이터 분석과 시각화를 손쉽게 할 수 있도록 설계된 무료 웹 기반 데이터 분석 도구이다.

CODAP 공식 웹 사이트
https://codap.concord.org/

CODAP은 사용자가 직접 데이터를 업로드하거나 생성하고, 이를 드래그 앤 드롭만으로 테이블(표), 그래프, 지도 등으로 시각화하여 분석할 수 있는 웹 기반 플랫폼이다.

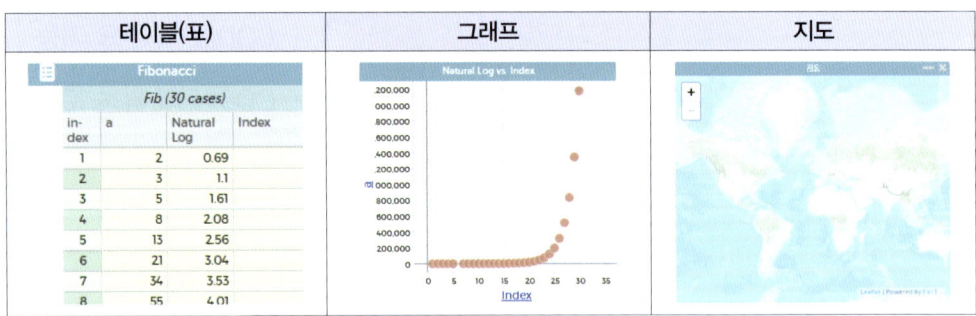

CODAP은 다운로드나 설치 없이 웹 브라우저에서 바로 실행되므로 접근성이 뛰어나며, Windows, macOS, Android, iOS 등 다양한 운영체제에서 사용할 수 있다. 또한 웹 기반 환경을 지원하기 때문에 PC, 태블릿, 스마트폰 등 여러 기기에서도 자유롭게 활용할 수 있다.

더불어, 다양한 형식의 데이터를 쉽게 가져와 분석할 수 있어 사용자들이 데이터를 입력하고 시각화하는 경험을 통해 데이터 분석을 어렵지 않게 익히고, 실생활에서 원하는 데이터를 활용하여 문제를 해결하는 역량을 자연스럽게 기를 수 있다.

> **TIP** CODAP은 학생, 교사, 연구자, 데이터 분석 입문자들이 데이터를 직관적으로 다루고 탐색할 수 있도록 도와준다. 또한 교육용 도구로 개발되어 중·고등학생부터 대학생, 일반인까지 다양한 연령대의 사용자가 쉽게 배울 수 있다.

> CODAP 도구를 활용한 분석 활동을 통해 사용자는 원하는 데이터를 활용하여 문제를 해결하는 능력을 자연스럽게 기를 수 있어요.

02 CODAP의 주요 기능과 활용 분야가 궁금해

CODAP의 주요 기능 및 활용 분야

💬 **CODAP의 주요 기능과 활용 분야를 알아봅시다.**

CODAP을 시작하기 위해서는 주요 기능과 활용 분야를 알고 있어야 한다.

CODAP의 주요 기능

CODAP의 주요 기능은 크게 네 가지가 있다.

편리한 데이터 입력 및 활용
사용자가 직접 데이터를 입력하거나, csv, txt 등 다양한 형식의 데이터를 다른 소스에서 가져와 활용할 수 있으며, 데이터를 드래그 앤 드롭 방식으로 업로드하여 빠르게 사용할 수 있다.

효과적인 시각화 도구
데이터를 테이블 형태로 정리한 뒤, 다양한 그래프(막대그래프, 산점도, 히스토그램 등)로 변환할 수 있다. 여러 개의 그래프의 패턴을 분석하거나, 지도 기능을 활용하여 위치 기반 데이터를 시각화할 수도 있다.

직관적인 데이터 분석
그래프와 테이블을 상호 연결하여 데이터를 필터링하고 그룹화하여 심층적인 분석이 가능하다. 또한 데이터를 클릭하면 해당 데이터가 포함된 모든 차트에서 실시간으로 강조 표시가 되어 직관적이고 빠르게 상호 작용할 수 있다.

교육 및 연구 활용 도구
교육자와 연구자의 수업용과 오픈 소스 기반으로 다양한 맞춤형 데이터 분석이 가능하다. 또한 교육자와 개발자들을 위한 포럼과 가이드를 제공하여 다양한 경험을 공유하고 새로운 아이디어를 얻을 수 있다.

CODAP의 활용 분야

CODAP을 통해 다음과 같이 다양한 분야의 문제를 해결할 수 있다.

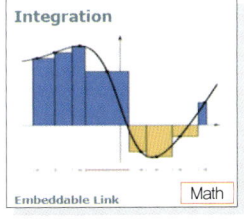

- **수학(Math)**: 수학적 개념을 학습하거나 실제 데이터를 분석하는 데 활용
- **과학(Science)**: 다양한 과학적 현상을 이해하고, 실험적 데이터를 분석하는 데 활용
- **사회학(Social Studies)**: 사회적, 경제적, 정치적 현상을 이해하고 분석하는 데 활용
- **언어 예술(Language Arts)**: 다양한 문학적 요소와 언어적 패턴을 이해하고 분석하는 데 활용
- **기타(Miscellaneous)**: 특정 주제에 한정되지 않으며, 다양한 데이터를 분석하는 데 활용

CODAP 시작해 볼까

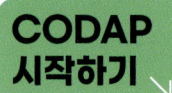

💬 CODAP을 시작해 봅시다.

CODAP의 주요 기능과 활용 분야를 살펴보았다면 이제 CODAP을 시작해 보자.

CODAP 메인 화면을 살펴본다.

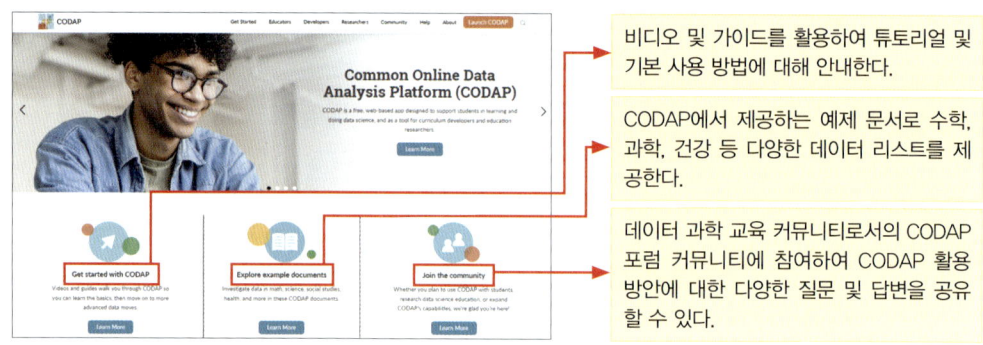

- 비디오 및 가이드를 활용하여 튜토리얼 및 기본 사용 방법에 대해 안내한다.
- CODAP에서 제공하는 예제 문서로 수학, 과학, 건강 등 다양한 데이터 리스트를 제공한다.
- 데이터 과학 교육 커뮤니티로서의 CODAP 포럼 커뮤니티에 참여하여 CODAP 활용 방안에 대한 다양한 질문 및 답변을 공유할 수 있다.

사용할 데이터가 선정되면 CODAP 사이트에 접속하여 원하는 작업을 진행한다.

1 CODAP 새 문서 열기

화면 오른쪽 위 메뉴의 'Launch CODAP' 클릭하면 새 문서를 열 수 있다.

2 언어 설정을 한국어로 변경하기

화면 오른쪽 위 끝에 있는 'English'를 '한국어'로 변경한다.

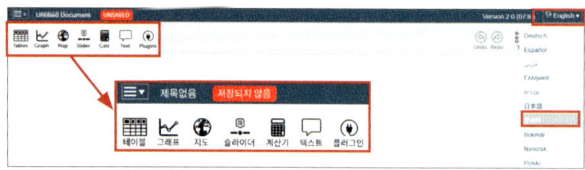

3 작업 모드 선택하기

화면 왼쪽 위 메뉴(☰▼)에서 '새 문서'를 클릭하여 나타난 작업 모드에서 원하는 형태를 선택한다.

- **새 문서**: 새로운 데이터 분석 창을 열 수 있다.
- **불러오기**: 3가지 방법 중 선택하여 사용할 데이터를 불러올 수 있다.(파일을 불러올 때는 '.codap' 확장자 파일을 불러올 수 있다.)
  ❶ CODAP에서 제공하는 샘플 데이터(예제 문서 데이터 리스트)
  ❷ 구글 드라이브에 저장된 파일 데이터
  ❸ 로컬 파일로 업로드한 데이터

CODAP 인터페이스 살펴보기

CODAP 메인 화면 기능 세부 화면 안내

- Get started with CODAP

- Join the community

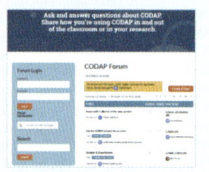

작업 모드 선택

불러오기 방법(3가지)

> 데이터를 불러오는 방법은 사용자가 준비한 데이터 위치에 따라 결정되어요.

도구 아이콘 살펴보기

CODAP에서 제공하는 도구에는 다음과 같이 일곱 가지가 있다.

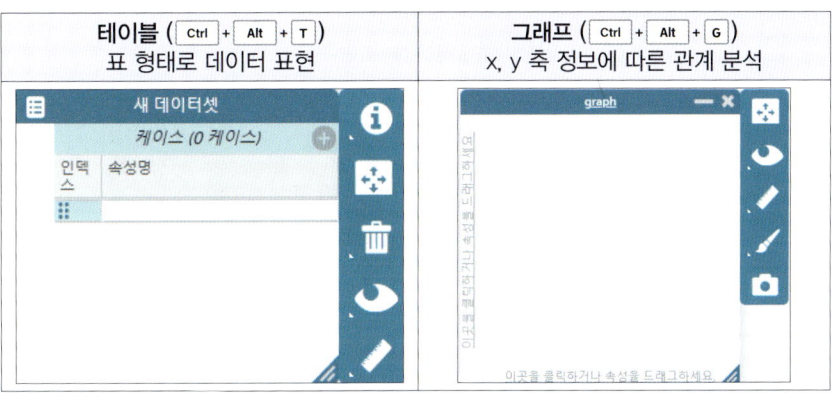

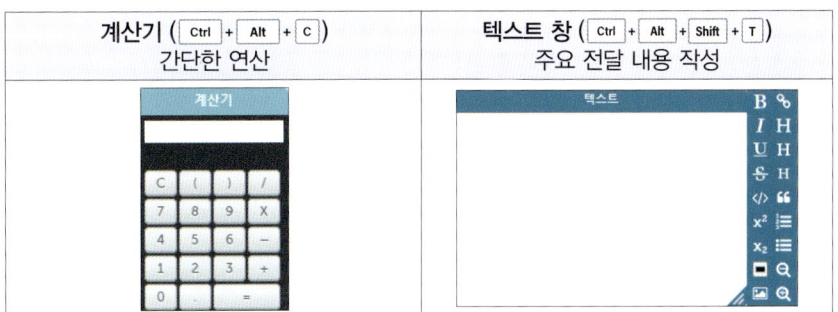

> Simulation의 Simmer 기능을 활용하여 Blockly 기반의 프로그래밍으로 데이터를 생성하여 분석할 수 있어요. 특화 활동에서 체험해 보세요.

2. CODAP이란 23

03 CODAP 시작해 볼까

데이터 파일 불러오기

CODAP에서 데이터를 불러오고 확인하는 방법은 다음과 같다.

1 데이터 불러오기

① **CODAP에서 제공하는 샘플 데이터 불러오기**

CODAP에서 제공하는 샘플에서 원하는 데이터를 검색하여 불러온다. 샘플 데이터는 데이터 리스트와 테이블, 그래프 등 데이터 분석에 참고할 수 있는 간단한 내용을 함께 제공한다.

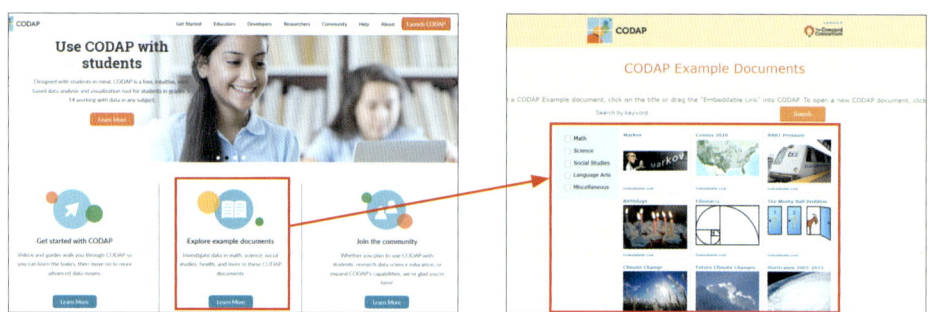

② **외부에 저장된 데이터 불러오기**

내 컴퓨터나 외부 장치에 저장된 데이터를 불러온다.

CODAP의 파일 유형 및 확장자 확인

파일 유형		확장자
csv	Excel 쉼표로 구분된 값 파일	.csv
txt	텍스트 문서 파일	.txt

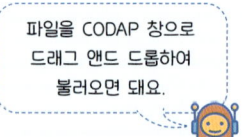

파일을 CODAP 창으로 드래그 앤 드롭하여 불러오면 돼요.

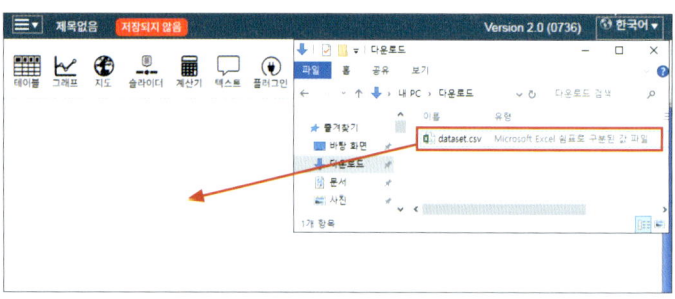

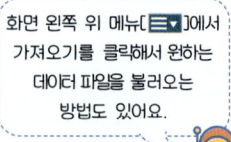

화면 왼쪽 위 메뉴[≡]에서 가져오기를 클릭해서 원하는 데이터 파일을 불러오는 방법도 있어요.

2 데이터 파일이 테이블(dataset) 형태로 열리는지 확인하기

불러온 데이터를 CODAP 플랫폼에서 열면 다음과 같이 테이블 형태로 보인다.

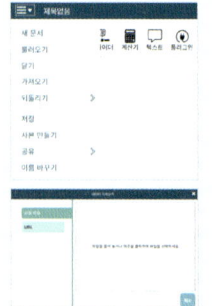

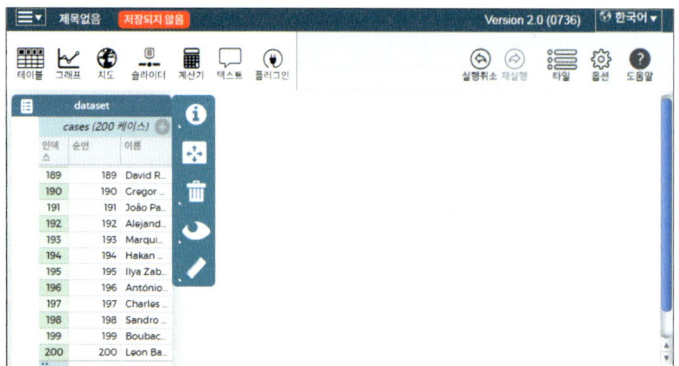

문서 저장과 공유하기

CODAP에서 생성한 테이블, 그래프, 지도 등 모든 창을 문서로 저장할 수 있다.

1 화면 왼쪽 위 메뉴[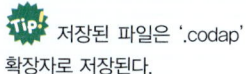]에서 '저장'을 클릭하고 저장하기

공유 문서 링크를 생성하여 작업 중인 문서를 공유할 수 있다.

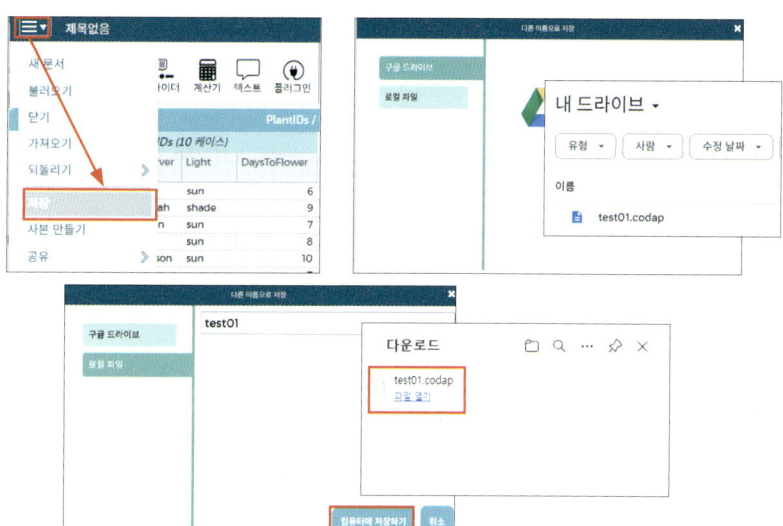

> **Tip!** 구글 드라이브나 로컬 파일로 저장할 수 있다.

> **Tip!** 저장된 파일은 '.codap' 확장자로 저장된다.

2 공유 문서 링크 만들어 문서 공유하기

화면 왼쪽 위 메뉴[≡]를 클릭하고 '공유' 메뉴에서 '공유 문서 링크 만들기' 버튼을 누른다. 공유 문서 업데이트를 클릭한 뒤, 생성된 URL 링크를 복사하여 문서를 현재 상태로 공유할 수 있다.

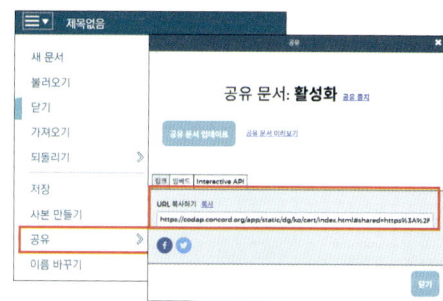

> **Tip!** 공유 문서 업데이트를 통해 주기적으로 업데이트된 작업 내용이 공유된다.

3 공유 문서 업데이트하기

화면 왼쪽 위 메뉴[≡]를 클릭하고 '공유' 메뉴에서 '공유 문서 업데이트' 버튼을 누른다. 업데이트가 완료되면 알림창이 뜨는 것을 확인할 수 있다.

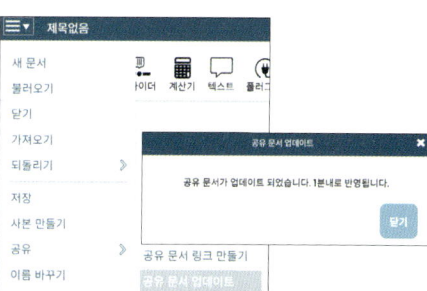

> 업데이트 버튼을 누를 때마다 문서의 작업 내용을 업데이트할 수 있어요. 공유 문서 링크를 가진 사용자는 업데이트된 CODAP 문서의 내용을 확인할 수 있어요.

지금까지 간단하게 CODAP에서 문서를 열고 데이터를 불러오는 과정을 함께 살펴보았다. 이제부터 다양한 데이터들을 하나씩 살펴보며 재미있는 데이터 분석을 시작해 보자.

Part. 2
기초

1. 유튜브 시청 데이터 분석 — 27
2. 세계 고층 빌딩 데이터 분석 — 39
3. 그래놀라 바 영양 성분 데이터 분석 — 51
4. 코끼리물범 이동 데이터 분석 — 61
5. 롤러코스터 데이터 분석 — 71
6. UFO 데이터 분석 — 83
7. 포켓몬 데이터 분석 — 99
8. 넷플릭스 요금 데이터 분석 — 115
9. 학생 성적 데이터 분석 — 125
10. 수면의 질 데이터 분석 — 135

CODAP 데이터와 Kaggle 데이터를 활용하여
일상에서 접할 수 있는 실생활 문제를 해결합니다.

유튜브 시청 데이터 분석

📍 이 장에서는 다음의 순서로 진행합니다.

> 산점도, 막대그래프, 평균, 중앙값, 범주형·수치형 데이터

01 해결해야 할 문제는 무엇일까
- 인기 있는 유튜브 영상을 만들기 위해서는 어떤 영상을 제작하는 것이 좋을까?

02 어떤 데이터를 분석할까
- CODAP 데이터(유튜브 시청 데이터)

03 데이터 분석 활동을 해 볼까
- 데이터 분석 1
  좋아요 수가 많은 영상은 어떤 영상일까?
- 데이터 분석 2
  영상의 조회 수가 높으면 댓글 수도 많을까?
- 데이터 분석 3
  조회 수 기준으로 상위에 오른 영상들은 어떤 카테고리에 속해 있을까?

응용하기
- 탐색적 데이터 분석
  예시 제목 길이와 조회 수 사이에 어떤 관계가 있을까?

01 해결해야 할 문제는 무엇일까

💬 **다음 상황을 읽고, 해결해야 할 문제를 알아봅시다.**

민준이는 유튜브 채널을 시작한 지 한 달이 지났지만, 영상의 조회 수와 반응이 기대에 못 미쳐 고민에 빠졌다. 사람들이 어떤 영상을 좋아하는지 궁금해진 민준이는 인기 영상들의 공통점을 찾아보기로 했다. 유튜브 시청 데이터를 바탕으로 어떤 영상을 만들어야 더 많은 사람들의 관심을 끌 수 있을지 분석해 보자.

알아두면 쓸모있는 정보

유튜브 시청 기록은 이용자의 행동을 기반으로 수집된 데이터이지만, 그 과정에 주관적인 요소가 개입했을 가능성도 있다. 예를 들어, 영상을 클릭한 이유가 단순한 호기심이었는지, 실제 관심이 있어서였는지는 데이터만으로 정확히 구분하기 어렵다. 또한 같은 영상을 보더라도 시청자의 연령, 문화적 배경, 이용 맥락 등에 따라 다르게 해석될 수 있다는 점도 고려해야 한다. 따라서 유튜브 시청 데이터를 활용한 데이터 분석 활동에서는 정보를 제공할 수 있으나 그 해석에 있어 신중한 접근이 필요하다.

02 어떤 데이터를 분석할까

데이터 수집

💬 **문제 해결에 필요한 데이터를 수집하고, 속성을 살펴봅시다.**

유튜브 시청 데이터(YouTube)는 CODAP에서 제공하는 데이터로, 2017년에 가장 인기 있는 동영상 Top 199개에 해당하는 채널 이름, 시청자 수, 좋아요 수, 싫어요 수, 댓글 수 등의 정보를 포함한다.

> **Tip!** CODAP에서 제공하는 데이터는 https://codap.concord.org/에 접속한 뒤, 화면 중간의 'Explore example documents' 섹션에서 'Learn More' 버튼을 클릭하면 예제와 함께 확인할 수 있다.

데이터 속성 알아보기

> **Tip!** 유튜브 시청 데이터는 channel title을 기준으로 43개로 그룹화된 형태로 제공된다.

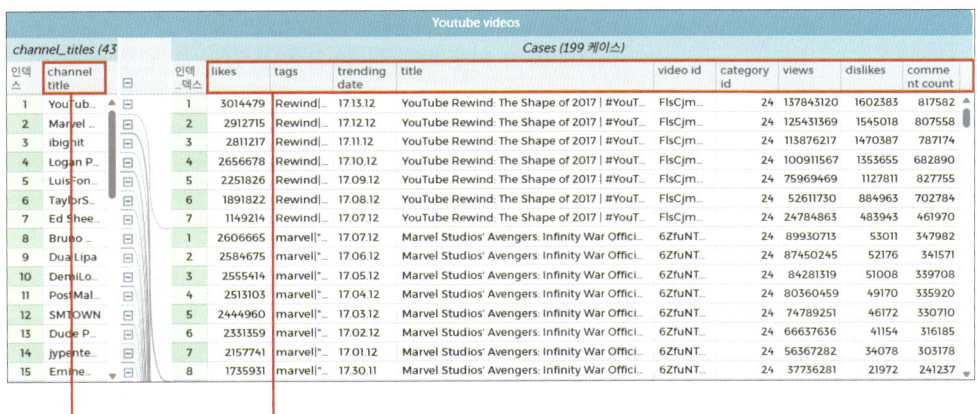

> **Tip!** 유튜브에서는 제공하는 영상의 카테고리 유형을 수치로 표현한다.
> 예) 10: 음악, 23: 코미디, 24: 엔터테인먼트

속성 살펴보기

- channel title: 채널 이름
- likes: 좋아요 수
- tags: 태그
- trending date: 인기 순위표에 오른 날짜
- title: 제목
- video id: 비디오 유형
- category id: 카테고리 유형
- views: 조회 수
- dislikes: 싫어요 수
- comment count: 댓글 수

> 해당 유튜브 시청 데이터는 Kaggle(https://www.kaggle.com/datasnaek/youtube)에서도 내려받을 수 있어요.

유튜브 시청 데이터를 이용하면 어떤 정보를 알아낼 수 있고, 어떤 문제를 해결할 수 있을까? 유튜브 시청 데이터를 분석하면 어떤 카테고리의 영상이 인기가 있고, 트렌드가 시간에 따라 어떻게 변하는지 알 수 있다.

데이터 분석 활동을 해 볼까

💬 **다음의 질문에 대한 답을 찾을 수 있도록 데이터 분석을 해 봅시다.**

- ✅ 좋아요 수가 많은 영상은 어떤 영상일까?
- ✅ 영상의 조회 수가 높으면 댓글 수도 많을까?
- ✅ 조회 수 기준으로 상위에 오른 영상들은 어떤 카테고리에 가장 많이 속해 있을까?

데이터 분석 ①

📁 **좋아요 수가 많은 영상은 어떤 영상일까?**

조회 수가 많은 영상이 항상 가장 많은 '좋아요'를 받는 것은 아닐 수 있다. 어떤 영상은 강한 인상을 주거나 공감을 얻어, 상대적으로 적은 조회 수에도 많은 '좋아요'를 받기도 한다. 유튜브 영상 중 어떤 콘텐츠가 가장 긍정적인 반응을 얻었는지 분석해 보자.

좋아요 수가 x축인 단일 그래프

좋아요 수가 가장 많은 영상을 찾기 위해, '좋아요 수(likes)' 속성을 기준으로 데이터를 분석한다. x축에 '좋아요 수(likes)' 속성만 표시한 그래프(산점도)를 그린 후, 어떤 영상이 많은 사람들에게 긍정적인 반응을 얻었는지 시각적으로 확인해 보자.

Tip! 지도 메뉴

왼쪽 위의 '그래프' 메뉴를 클릭하여 산점도를 그린다.

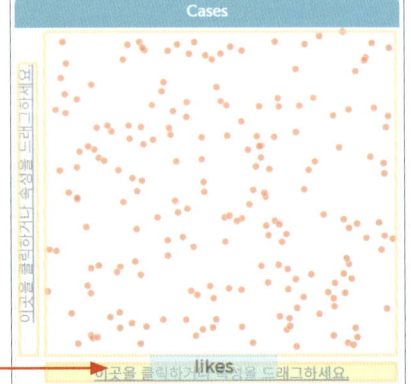

30 나는 CODAP으로 데이터 분석한다

유튜브 영상의 '좋아요 수(likes)'를 x축으로 설정하여 산점도를 그린 결과, 이를 통해 알 수 있는 정보는 다음과 같다.

Tip! 그래프에서 오른쪽으로 갈수록 좋아요 수가 많은 영상을 의미하며, 가장 끝에 있는 점이 좋아요 수 1위 영상이다.

- 좋아요 수에 따른 영상 분포의 특징
  - 대부분의 영상은 좋아요 수가 100만 이하에 집중되어 있다.
  - 좋아요 수가 100만 이상인 영상의 수는 급격히 감소한다.

- 좋아요 수가 가장 많은 상위 3위에 해당하는 영상의 특징
  - 가장 오른쪽에 위치한 3개의 데이터는 모두 '2017 유튜브 리와인드 영상'이다.

Tip! 그래프에서 데이터를 드래그하거나 Shift 키를 누른 채 클릭하면 여러 데이터를 동시에 선택할 수 있다.

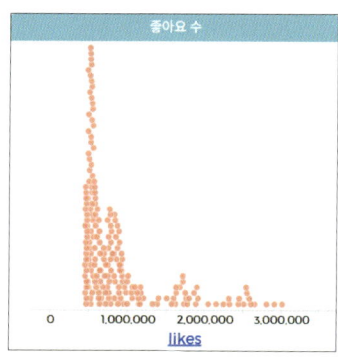

- 이 영상들은 당시 유튜브에서 300만 이상의 좋아요 수를 받아 사람들의 주목을 받은 콘텐츠이다.
- 유튜브 공식 채널이 제작한 영상으로 한 해의 유튜브 활동을 되돌아보는 영상이다. 2017년 유튜브를 대표한 음악, 밈, 크리에이터들을 모아 약 6분간 영상으로 담은 콘텐츠이며, 온라인 검색을 해 보면 밈이나 유행 콘텐츠를 과하게 다뤘다는 비판을 받기도 했다.

03 데이터 분석 활동을 해 볼까

데이터 분석 ❷

▶ 영상의 조회 수가 높으면 댓글 수도 많을까?

조회 수가 많은 영상일수록 댓글도 많을까? 인기 있는 영상에는 많은 사람이 댓글을 남기며 활발하게 소통하는 경우가 많다. 유튜브 영상의 조회 수와 댓글 수는 어떤 관계가 있는지 데이터를 분석해 보자.

조회 수와 댓글 수의 그래프

영상의 조회 수와 댓글 수 간의 관계를 분석하기 위해 '조회 수(views)' 속성과 '댓글 수(comment count)' 속성을 활용한다. x축에는 '조회 수(views)' 속성, y축에는 '댓글 수(comment count)' 속성을 설정하여 산점도를 생성하면, 조회 수가 증가할수록 댓글 수도 증가하는 경향이 있는지 확인할 수 있다.

만약 데이터가 특정 패턴(예 오른쪽 위로 증가하는 경향)을 보인다면, 조회 수가 많을수록 댓글 수도 많아지는 연관성을 가질 가능성이 크다. 그런데 조회 수는 많지만 댓글 수가 적다면, 그 원인을 파악하기 위해 콘텐츠 유형이나 시청자 참여도 등에 대한 추가 조사가 필요하다.

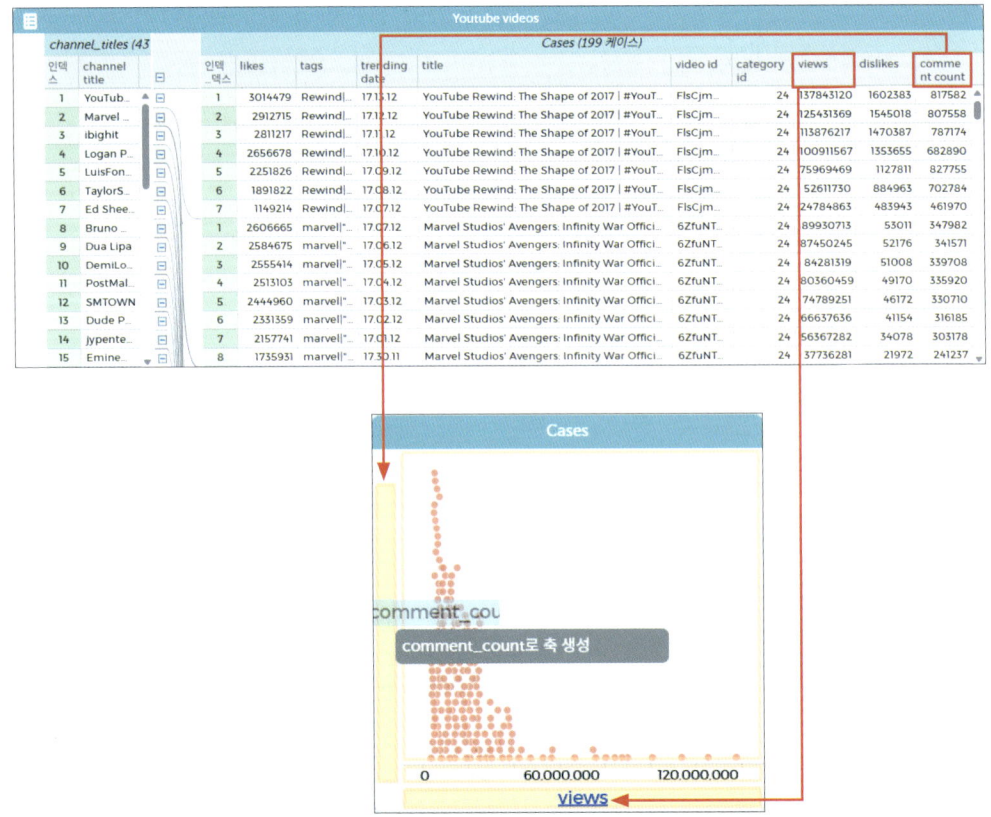

 # 해석 유튜브 영상의 '조회 수(views)' 속성을 x축으로, '댓글 수(comment count)' 속성을 y축으로 설정하여 산점도를 그린 결과, 이를 통해 알 수 있는 정보는 다음과 같다.

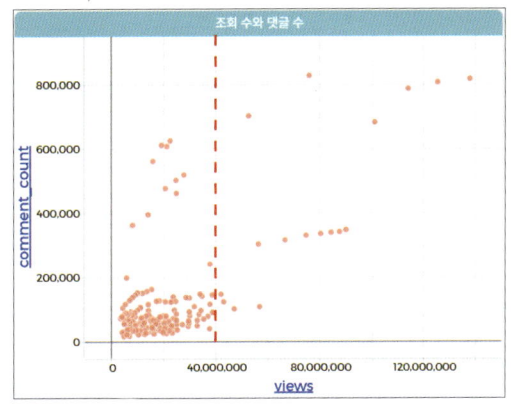

- 조회 수와 댓글 수의 전반적인 관계
  - 그래프의 전반적인 패턴을 보면, 조회 수가 증가할수록 댓글 수도 증가하는 경향이 있다.
  - 조회 수가 4천만 이하에서는 댓글 수도 20만 미만에 밀집된 분포를 보이지만, 조회 수가 4천만 이상인 영상은 댓글 수가 증가하는 경향이 있다.
  - 모든 영상이 동일한 패턴을 따르는 것은 아니며, 영상의 다른 속성에 따라 댓글 활성도에 차이가 있을 수 있다.

더 알아보기 ➕ 그래프 스타일 편집하기

그래프에 표시된 점의 색상과 모양은 자유롭게 변경할 수 있다. 그래프를 클릭해 사이드바를 연 뒤, '형식' 탭에서 붓 모양 아이콘을 선택하면 슬라이드 바를 통해 점의 크기를 조절하고, 색상, 윤곽선 색, 배경색, 투명도 등을 설정해 그래프의 시각적 스타일을 바꿀 수 있다.
또한 창 제목을 더블 클릭하면 제목을 수정할 수 있다.

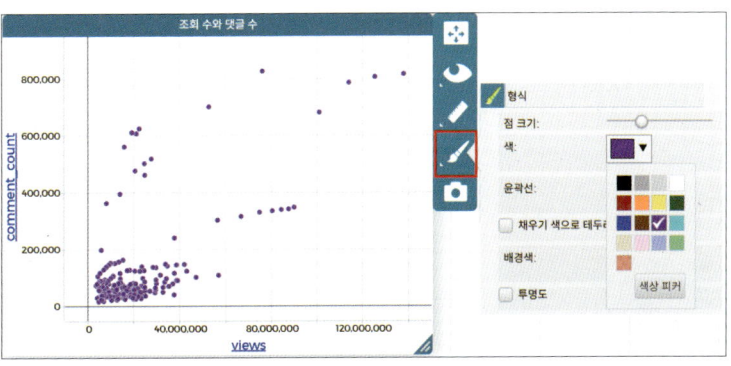

1. 유튜브 시청 데이터 분석 **33**

03 데이터 분석 활동을 해 볼까

● 조회 수와 댓글 수의 관계로 본 관심도 높은 영상 분석

조회 수와 댓글 수가 모두 압도적으로 많은 데이터를 산점도에서 드래그하여 자세히 살펴보자.

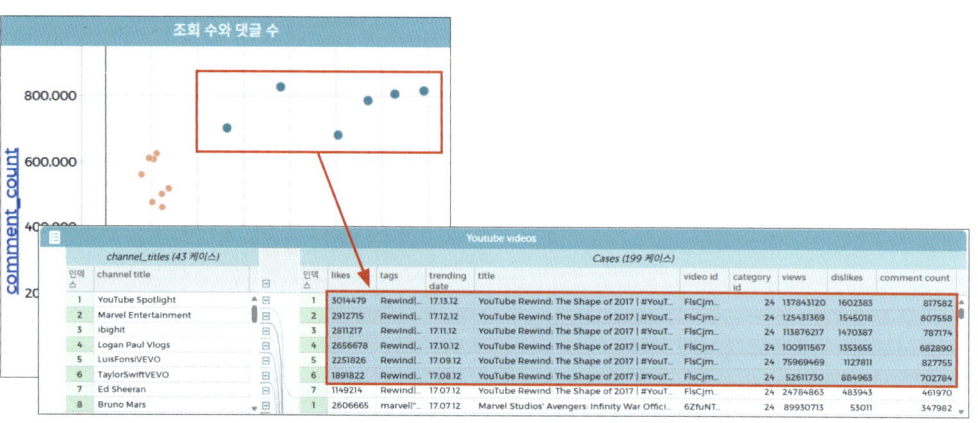

> **Tip!** Youtube Spotlight의 인기 영상은 유튜브에서 인기 있었던 2017년 영상들을 담고 있다.

- 조회 수와 댓글 수가 모두 높은 이 데이터는 '채널 이름(channel title)'이 'Youtube Spotlight'인 동영상으로, 많은 시청자들의 관심과 활발한 반응을 이끌어 낸 콘텐츠임을 알 수 있다.

● 댓글 수가 유난히 많은 영상 분석 및 채널 확인

산점도에서 조회 수에 비해 댓글 수가 많은 영상들을 찾아보고, 해당 채널이 어디인지 확인해 보자.

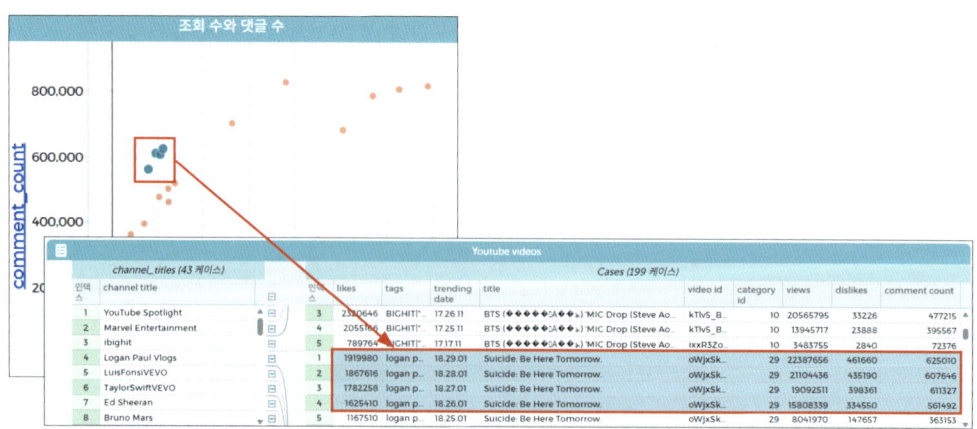

> **Tip!** Logan Paul Vlogs의 인기 영상은 자살 예방과 정신 건강에 대한 공론화 메시지를 담고 있다.

- '채널 이름(channel title)'이 'Logan Paul Vlogs'인 영상은 다른 영상들보다 조회 수에 비해 댓글 수가 많은 편이라는 것을 알 수 있다.

데이터 분석 ❸

📂 조회 수 기준으로 상위에 오른 영상들은 어떤 카테고리에 속해 있을까?

유튜브 시청 데이터에는 다양한 카테고리의 영상이 존재한다. 그렇다면 카테고리별로 조회 수는 차이가 있을까? 데이터를 분석하여 조회 수가 높은 카테고리를 살펴보자.

카테고리와 조회 수 그래프

카테고리별 조회 수를 분석하기 위해 '카테고리 유형(category id)'과 '조회 수(views)' 속성을 활용한다. x축에는 '카테고리 유형(category id)' 속성을, y축에는 해당 카테고리의 '조회 수(views)' 속성을 설정하여 막대그래프를 생성하면, 카테고리별로 평균 조회 수 차이를 직관적으로 확인할 수 있다.

평균 조회 수가 높다면, 해당 카테고리는 유튜브에서 인기가 많은 콘텐츠라고 볼 수 있다. 반면, 평균 조회 수가 낮은 카테고리는 상대적으로 덜 인기 있는 콘텐츠일 가능성이 있다. 하지만 평균은 일부 유난히 높은 조회 수의 영상에 의해 왜곡될 수 있으므로, 중앙값과 함께 비교해 보는 것이 더 정확한 판단에 도움이 된다.

중앙값

중앙값은 데이터를 작은 값에서 큰 값으로 정렬을 한 후 가장 가운데에 있는 값을 말한다. 유난히 큰 값이 있어도 중앙값은 변동이 없기 때문에 유난히 큰 값의 영향을 많이 받는 평균과 함께 사용된다.

Tip! 평균과 중앙값의 차이가 크다는 것은, 극단적으로 큰 값이 평균에 영향을 주어 전체 데이터의 중심을 왜곡할 수 있다는 의미이다.
예를 들어, 사과를 2개, 10개, 100개 가진 사람이 있을 때 평균은 56개가 되지만, 실제로는 대부분이 그보다 훨씬 적게 가지고 있어 평균만 보면 전체 상황을 제대로 파악하기 어렵다.

❶ x축(카테고리 유형), y축(조회 수) 설정하기

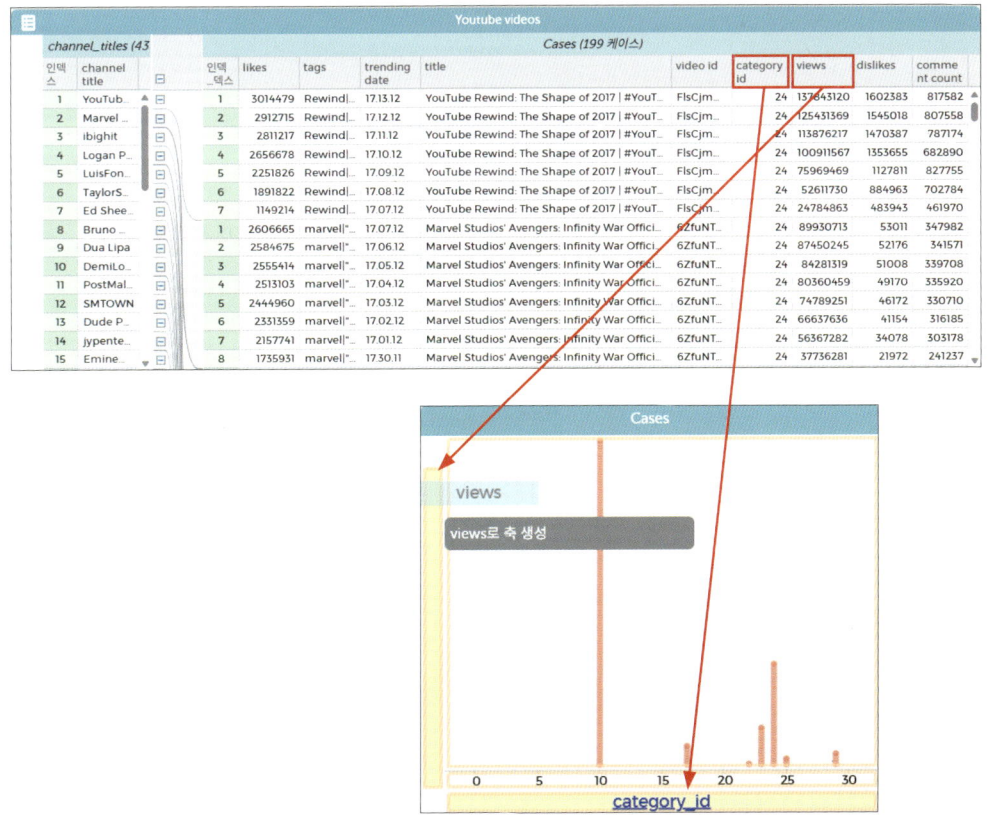

1. 유튜브 시청 데이터 분석 35

03 데이터 분석 활동을 해 볼까

2 x축을 범주형으로 변환하기

> **Tip!** 데이터는 크게 범주형과 수치형으로 나뉜다. 범주형 데이터는 성별, 혈액형처럼 그룹이나 종류를 나타내며 계산은 의미가 없지만 분류나 개수 비교에 활용된다. 수치형 데이터는 키, 몸무게처럼 숫자로 표현되며 더하기, 평균 등의 계산이 가능하다.

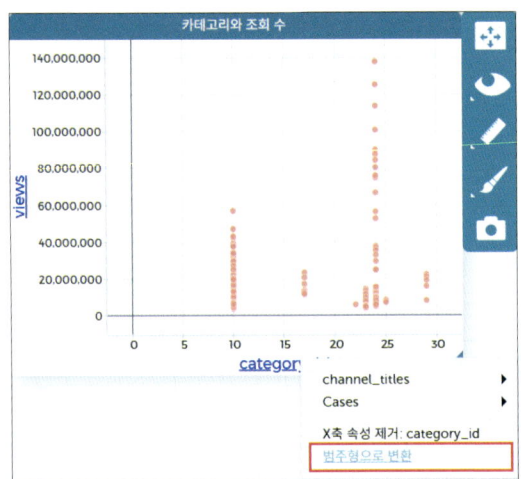

3 '측정' 탭에서 평균, 중앙값에 체크하기

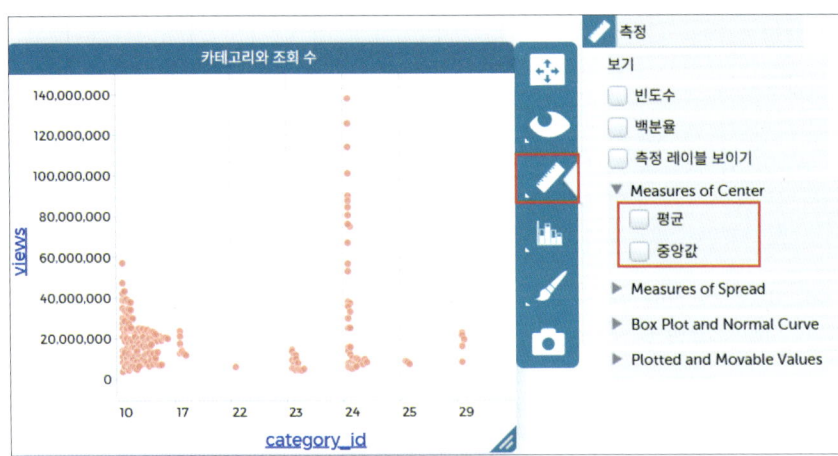

> **Tip!** 파란 선이 평균, 보라 선이 중앙값이다.

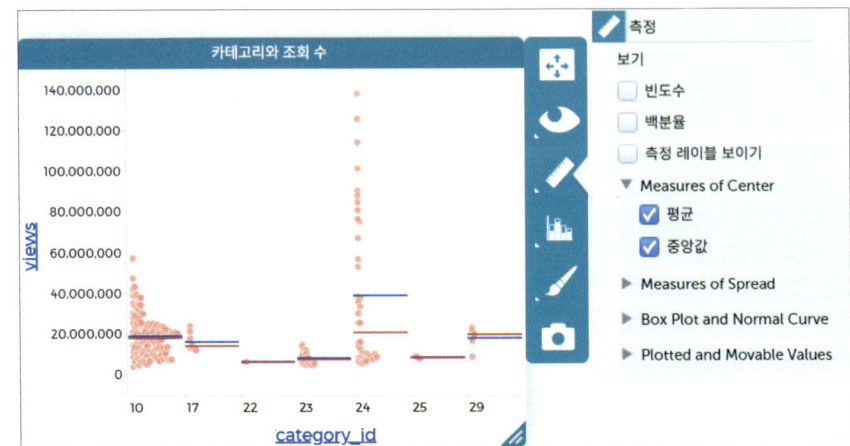

#해석 유튜브 영상의 '카테고리 유형(category id)'을 x축, '조회 수(views)'를 y축으로 설정하여 산점도를 그린 결과, 이를 통해 알 수 있는 정보는 다음과 같다.

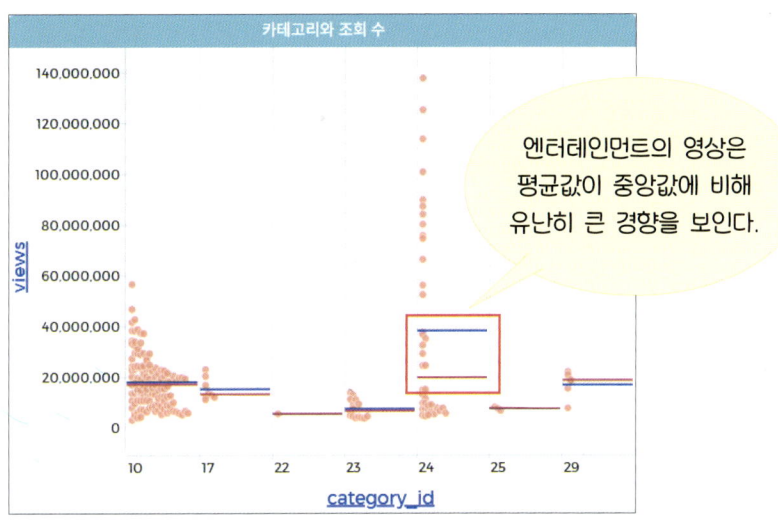

엔터테인먼트의 영상은 평균값이 중앙값에 비해 유난히 큰 경향을 보인다.

유튜브 영상 카테고리는 QR코드로 확인하세요.

category id
- 10: 음악(Music)
- 17: 스포츠(Sports)
- 22: 인물 및 블로그(People & Blogs)
- 23: 코미디(Comedy)
- 24: 엔터테인먼트(Entertainment)
- 25: 뉴스 및 정치(News & Politics)
- 29: 비영리 및 사회 운동(Nonprofits & Activism)

● 카테고리별 조회 수 분포 분석
- 음악(10)과 엔터테인먼트(24), 비영리 및 사회 운동(29) 카테고리에서 조회 수가 높은 영상이 집중적으로 나타난다.
- 반면, 인물 및 블로그(22), 코미디(23), 뉴스 및 정치(25) 카테고리는 조회 수 면에서 상대적으로 낮은 조회 수를 보인다.
- 엔터테인먼트(24) 카테고리는 평균과 중앙값의 차이가 크다. 이는 일부 인기 영상이 평균을 끌어올린 결과이며, 조회 수 분포도 넓어 영상 간 인기도 격차가 크다는 것을 알 수 있다.

이 그래프를 통해 유튜브 시청 데이터의 콘텐츠 카테고리별 인기 경향을 분석하고, 특정 카테고리의 영상이 더 많은 조회 수를 얻는 이유를 추가로 탐색할 수 있다.

탐색적 데이터 분석

데이터의 속성을 살펴보고 앞에서 제시한 문제의 답을 찾는 것 외에 더 알 수 있는 정보를 찾아보자.

 **제목 길이와 조회 수 사이에 어떤 관계가 있을까?**

1. 어떤 데이터 분석 활동을 해야 할까?

> 예) 제목 길이와 조회 수 사이의 관계성 찾기

2. 어떤 속성이 필요할까?

> 예) 새로운 속성 추가: title length, 조회 수(views)
> 'title length' 속성 클릭 → 수식 편집 → 문자 함수 → stringLength(title length)
>
> ※ 6. UFO 데이터 분석 94쪽을 참고하세요.

3. 어떤 그래프를 그릴까?

> 예) 제목 길이와 조회 수의 그래프(산점도)
>
>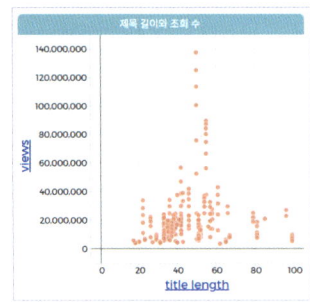

4. 알 수 있는 정보는 무엇일까?

> 예) 제목 길이가 40~60자 사이인 영상이 상대적으로 높은 조회 수를 기록하는 경향이 보이지만, 전반적으로 제목 길이가 길다고 해서 조회 수가 높은 것은 아니다.

5. 이 활동을 통해 얻을 수 있는 기대 효과는 무엇일까?

> 예) 기존 데이터에 존재하지 않는 속성을 새롭게 생성하여 분석함으로써, 조회 수에 영향을 미치는 숨은 요인을 파악할 수 있다. 이를 바탕으로 조회 수를 높일 수 있는 전략을 도출하고, 효과적인 유튜브 채널 운영 방향을 설계할 수 있다.

2 세계 고층 빌딩 데이터 분석

➤ 이 장에서는 다음의 순서로 진행합니다.

산점도, 지도

01 해결해야 할 문제는 무엇일까
- 세계의 고층 빌딩을 찾아 떠나는 여행, 가장 먼저 가볼 곳은 어디일까?

02 어떤 데이터를 분석할까
- CODAP 데이터(세계 고층 빌딩 데이터)

03 데이터 분석 활동을 해 볼까
- 데이터 분석 1
  우리나라는 고층 빌딩이 몇 개 있을까?
- 데이터 분석 2
  고층 빌딩의 높이는 연도별로 어떻게 변화했을까?
- 데이터 분석 3
  고층 빌딩이 많은 국가는 어디일까?

응용하기
- 탐색적 데이터 분석
  예시 고층 빌딩이 집중적으로 건설된 시기는 언제일까?

01 해결해야 할 문제는 무엇일까

💬 **다음 상황을 읽고, 해결해야 할 문제를 알아봅시다.**

세계 곳곳에는 하늘을 찌를 듯한 고층 빌딩들이 있다. 이 건물들은 나라나 도시의 상징이자 관광 명소로 여겨지며, 많은 사람들이 이를 보기 위해 여행을 떠난다. 만약 세계의 고층 빌딩을 직접 보러 간다면, 가장 먼저 어디로 가는 것이 좋을까? 세계 고층 빌딩 데이터를 살펴보며, 높은 빌딩이 집중된 나라나 도시를 찾아보자.

알아두면 쓸모있는 정보

고층 빌딩 데이터는 한 도시의 성장 속도나 경제 수준을 파악하는 데 유용한 지표가 될 수 있다. 하지만 이 데이터를 해석할 때는 주의가 필요하다. 고층 건물이 많다고 해서 반드시 그 도시가 부유하다는 뜻은 아니며, 때로는 국가의 위상을 드러내거나 관광 자원으로 활용하기 위해 상징적으로 지은 경우도 있다. 또한 건물의 용도, 지형, 도시 계획 정책 등 다양한 요인이 작용하므로 단순한 숫자만으로 도시를 평가하는 데는 한계가 있다. 데이터를 올바르게 활용하려면 맥락을 함께 살피는 해석이 필요하다.

02 어떤 데이터를 분석할까

데이터 수집

💬 **문제 해결에 필요한 데이터를 수집하고, 속성을 살펴봅시다.**

세계 고층 빌딩 데이터(Building Heights)는 CODAP에서 제공하는 데이터로, 300m 이상의 세계 18개국 고층 빌딩(총 133개)에 대한 높이, 층수, 준공 연도, 위치 등의 정보를 포함한다.

데이터 속성 알아보기

Countries (18 케이스)		Buildings with height 300+ m (133 케이스)							
Country		인덱스	City	Rank	Building	Height (m)	Floors	Year Built	latitude	longitude
UAE		1	Dubai	1	Burj Khalifa	828	163	2010	25.2	55.27
China		2	Dubai	18	Marina 101	427	101	2015	25.09	55.15
Saudi Arabia		3	Dubai	22	Princess To…	414	101	2012	25.09	55.15
South Korea		4	Dubai	25	23 Marina	395	89	2012	25.09	55.15
United States		5	Abu Dh…	30	Burj Moha…	381	88	2014	24.49	54.36
Taiwan		6	Dubai	32	Elite Reside…	381	87	2012	25.09	55.15
Malaysia		7	Dubai	36	The Address…	368	72	2016	25.19	55.28
Kuwait		8	Dubai	39	Almas Tower	363	68	2009	25.07	55.14
Russia		9	Dubai	40	JW Marriott…	355	82	2012	25.19	55.26
Vietnam		10	Dubai	40	JW Marriott…	355	82	2012	25.19	55.26
North Korea		11	Dubai	42	Emirates Of…	355	54	2000	25.22	55.28
Australia		12	Dubai	44	The Marina …	352	86	2011	25.09	55.15
							76	2015	24.46	54.32
							76	2015	25.21	55.28
							72	2007	25.21	55.28
							69	2013	25.22	55.28
							80	2010	25.21	55.28
							72	2012	24.48	54.35

속성 살펴보기

- Country: 국가 이름
- City: 도시 이름
- Rank: 순위
- Building: 건물 이름
- Height(m): 빌딩 높이
- Floors: 층수
- Year Built: 준공 연도
- latitude: 위도
- longitude: 경도

세계 고층 빌딩 데이터를 이용하면 어떤 정보를 알아낼 수 있고, 어떤 문제를 해결할 수 있을까? 세계 고층 빌딩 데이터를 분석하면, 어느 국가와 도시에 초고층 빌딩이 많이 있는지 알 수 있다. 또한 빌딩의 높이가 시간이 지나며 어떻게 변해왔는지도 살펴볼 수 있다. 예를 들어, 특정 지역에 초고층 빌딩이 집중된 이유를 탐색하며 경제, 기술, 인구 밀도와의 관계를 분석할 수도 있다.

03 데이터 분석 활동을 해 볼까

> 💬 **다음의 질문에 대한 답을 찾을 수 있도록 데이터 분석을 해 봅시다.**
>
> ☑ 우리나라는 고층 빌딩이 몇 개 있을까?
> ☑ 고층 빌딩의 높이는 연도별로 어떻게 변화했을까?
> ☑ 고층 빌딩이 많은 국가는 어디일까?

데이터 분석 ①

📂 우리나라는 고층 빌딩이 몇 개 있을까?

세계 여러 나라에는 수많은 고층 빌딩이 있다. 눈부신 도시 풍경을 만드는 초고층 건물들은 종종 그 나라의 기술력과 도시 발전을 상징하기도 한다. 그렇다면 우리나라에는 고층 빌딩이 얼마나 있을까? 세계 고층 빌딩 데이터를 활용해 고층 빌딩이 우리나라에 몇 개나 있는지 직접 확인해 보자.

우리나라 고층 빌딩의 분포 그래프

고층 빌딩이 세계 각국에 얼마나 분포하는지 살펴보기 위해 x축에는 '국가(Country)'를 설정하면, 나라별로 어떤 순위의 고층 빌딩이 있는지 확인할 수 있다. 단, 국가를 기준으로 그룹이 묶여있으므로 '국가(Country)' 속성을 오른쪽 영역으로 이동시켜 그룹을 해제한다.

> **Tip!** 이 데이터는 높이가 300m 이상인 건물 133개가 포함되어 있다.

Tallest Buildings in the World

Countries (18 케이스)		Buildings with height 300+ m (133 케이스)						
인덱스	Country	인덱스	City / Country	Rank	Building	Height (m)	Floors	Year Built	latitude	longitude
1	UAE	1	Dubai	1	Burj Khalifa	828	163	2010	25.2	55.27
2	China	2	Dubai	18	Marina 101	427	101	2015	25.09	55.15
3	Saudi Arabia	3	Dubai	22	Princess Tower	414	101	2012	25.09	55.15
4	South Korea	4	Dubai	25	23 Marina	395	89	2012	25.09	55.15
5	United States	5	Abu Dhabi	30	Burj Mohammed bin Rashid	381	88	2014	24.49	54.36
6	Taiwan	6	Dubai	32	Elite Residence	381	87	2012	25.09	55.15
7	Malaysia	7	Dubai	36	The Address the BLVD	368	72	2016	25.19	55.28
8	Kuwait	8	Dubai	39	Almas Tower	363	68	2009	25.07	55.14
9	Russia	9	Dubai	40	JW Marriott Marquis Dubai Tower 1	355	82	2012	25.19	55.26

Tallest Buildings in the World

Buildings with height 300+ m (133 케이스)

인덱스	Country	City	Rank	Building	Height (m)	Floors	Year Built	latitude	longitude
1	UAE	Dubai	1	Burj Khalifa	828	163	2010	25.2	55.27
2	China	Shanghai	2	Shanghai Tower	632	128	2015	31.24	121.5
3	Saudi Arabia	Mecca	3	Abraj Al-Bait Clock Tower	601	120	2012	21.42	39.83
4	South Korea	Seoul	5	Lotte World Tower	555	123	2016	37.51	127.1
5	United States	New York City	6	One World Trade Center	541	104	2014	40.71	-74.01
6	Taiwan	Taipei	8	Taipei 101	509	101	2004	25.03	121.57
7	Malaysia	Kuala Lumpur	11	Petronas Tower 1	452	88	1998	3.13	101.68
8	Kuwait	Kuwait City	23	Al Hamra Tower	413	80	2011	29.37	47.98
9	Russia	Moscow	33	Federation Tower (East Tower)[16]	374	95	2015	55.75	37.54

 # 해석 — 국가별 고층 빌딩의 분포를 산점도로 나타낸 결과, 이를 통해 알 수 있는 정보는 다음과 같다.

인덱스	Country	City	Rank	Building	Height (m)	Floors	Year Built	latitude	longitude
1	UAE	Dubai	1	Burj Khalifa	828	163	2010	25.2	55.27
2	China	Shanghai	2	Shanghai Tower	632	128	2015	31.24	121.5
3	Saudi Arabia	Mecca	3	Abraj Al-Bait Clock Tower	601	120	2012	21.42	39.83
4	South Korea	Seoul	5	Lotte World Tower	555	123	2016	37.51	127.1
5	United States	New York City	6	One World Trade Center	541	104	2014	40.71	-74.01
6	Taiwan	Taipei	8	Taipei 101	509	101	2004	25.03	121.57
7	Malaysia	Kuala Lumpur	11	Petronas Tower 1	452	88	1998	3.13	101.68
8	Kuwait	Kuwait City	23	Al Hamra Tower	413	80	2011	29.37	47.98
9	Russia	Moscow	33	Federation Tower (East Tower)[16]	374	95	2015	55.75	37.54

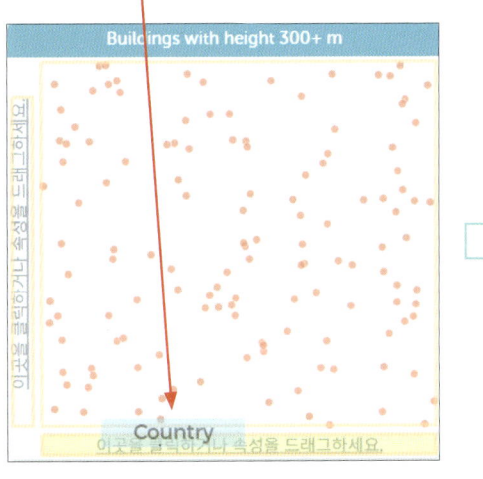 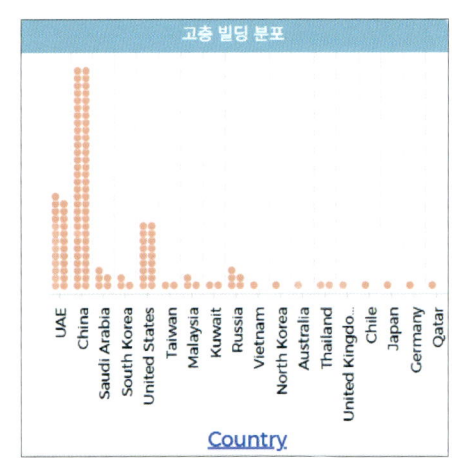

● 우리나라 고층 빌딩 분포

- 그래프를 보면 대한민국에는 300m 이상 고층 빌딩이 총 3개 있는 것으로 나타난다.

- 이 중 하나는 세계 순위 5위권에 해당할 정도로 매우 높은 건물이며, 나머지 두 개도 상위 130위 안에 포함되어 있다.

- 아랍에미리트(UAE), 중국, 사우디아라비아 등과 비교하면 고층 빌딩 수는 적지만, 세계 상위권에 속하는 빌딩을 보유하고 있다는 점에서 주목할 만하다.

- 이는 우리나라가 고층 빌딩 수는 적지만, 세계적으로 인정받는 고층 건물을 건설할 수 있는 역량을 갖추고 있음을 시사한다.

03 데이터 분석 활동을 해 볼까

데이터 분석 ❷

▶ 고층 빌딩의 높이는 연도별로 어떻게 변화했을까?

시간이 지나면서 건축 기술이 발전하고, 도시의 스카이라인이 변화해 왔다. 과거에는 몇 층짜리 건물이 일반적이었을까? 그리고 현대에 와서는 얼마나 높은 빌딩이 지어지고 있을까? 세계 고층 빌딩 데이터를 분석하여 연도별 빌딩 높이의 변화를 살펴보자.

준공 연도별 높이와 층수 변화 그래프

연도별로 고층 빌딩의 높이가 어떻게 달라졌는지 분석하기 위해 두 가지 그래프를 그린다. 먼저, x축에는 '준공 연도(Year Built)', y축에는 해당 연도에 지어진 '빌딩 높이(Height)'를 설정한 그래프를 만든다. 또 다른 그래프에서는 x축에 동일하게 '준공 연도(Year Built)'를, y축에는 빌딩의 '층수(Floors)'를 설정하여 분석한다.

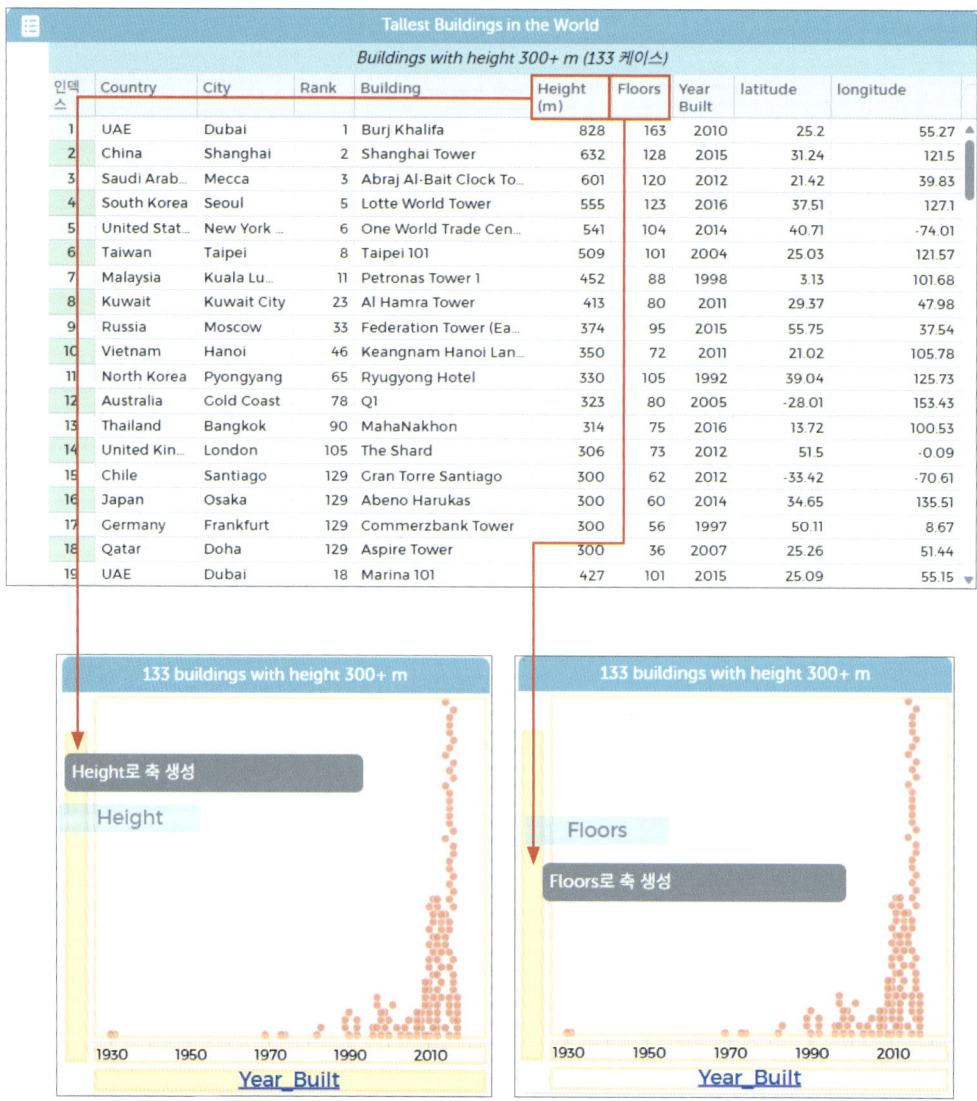

44 나는 CODAP으로 데이터 분석한다

❶ 준공 연도와 빌딩 높이와의 관련성

산점도(Scatter Plot)를 사용하면 특정 연도에 지어진 빌딩들의 높이 분포를 직관적으로 확인할 수 있다.

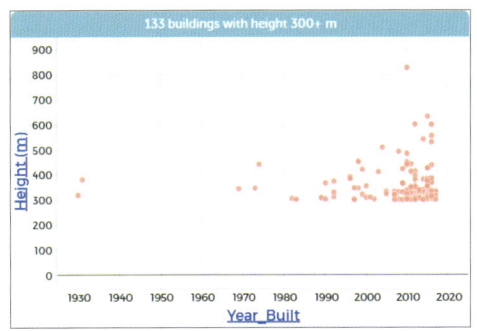

준공 연도와 건물 높이

❷ 준공 연도와 층수와의 관련성

특정 연도에 지어진 빌딩들의 층수 분포를 확인할 수 있으며, 이를 통해 해당 시기의 고층 빌딩 증가 여부를 시각적으로 분석하고, 시간에 따른 도시 발전 양상을 파악하는 데에도 유용하다.

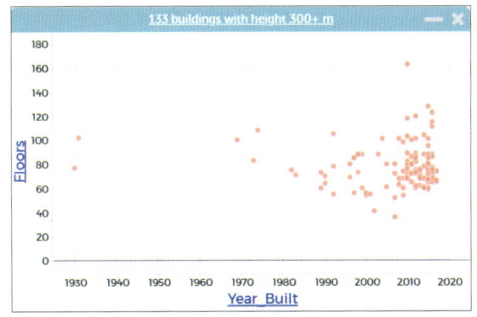

준공 연도와 층수

> 산점도의 점을 클릭하면 해당 데이터가 테이블에서 선택되어 내용을 확인할 수 있어요.

03 데이터 분석 활동을 해 볼까

해석 — '준공 연도(Year Built)'를 x축으로, 빌딩의 '높이(Height)'와 '층수(Floors)'를 y축으로 설정하여 산점도로 나타낸 결과, 이를 통해 알 수 있는 정보는 다음과 같다.

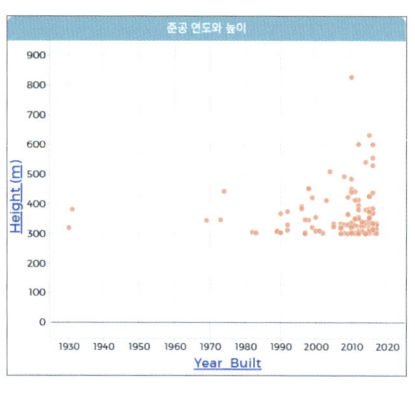 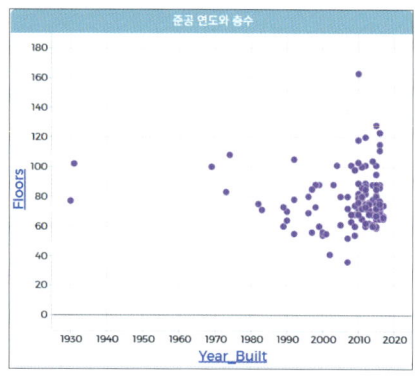

- **준공 연도별 건물 높이 변화 경향**
  - 1970년 이전: 고층 빌딩은 거의 없으며, 2개의 건물만 존재한다.
  - 1970~1990년: 300m 이상인 빌딩이 드물게 등장하지만, 많지는 않다.
  - 1990~2010년: 300m 이상인 빌딩의 개수가 증가하는 경향을 보인다.
  - 2010년 이후: 300m 이상인 빌딩이 급격하게 증가하며 500m 이상인 빌딩도 등장한다.

- **준공 연도별 층수 변화 경향**
  - 2000년 이전에는 100층 이상이 거의 없었으나, 2000년 이후로 100층 이상의 빌딩이 증가한다.
  - 2010년 이후에는 빌딩의 층수가 계속 증가하는 경향을 보인다. 시간이 갈수록 다양한 층수의 빌딩이 등장한다.
  - 2010년 163층이라는 가장 높은 층수의 빌딩이 등장했다.

> **Tip!** 고층 빌딩의 증가는 국가의 위상을 드러내려는 상징적 발전 의지가 반영되어 있다.

 추가적인 의미와 분석 정보

- **경제 불황**
  일부 시기에서는 고층 빌딩 건설 속도가 둔화되었는데, 특히 2008년 금융 위기 이후 일정 기간 이러한 경향이 나타났다.
- **최근(2010년 이후)**
  다양한 국가에서 고층 빌딩 건설이 활발해졌으며, 이는 도시 개발과 경제적 역량, 국제적 위상을 보여 주는 요소 중 하나로 볼 수 있다.

데이터 분석 ❸

🗂 고층 빌딩이 많은 국가는 어디일까?

고층 빌딩은 주로 어느 국가에 많이 있을까? 또, 어떤 지역에 집중되어 있을까?
데이터 분석 ❶ 에서 사용한 그래프를 바탕으로 데이터를 분석한 뒤, 그 결과를 지도에 시각화하여 고층 빌딩이 많이 분포한 나라와 대륙을 찾아보자.

고층 빌딩이 많은 국가를 알아보기 위해, 앞에서 만든 국가별 고층 빌딩 분포 그래프를 다시 살펴보자. 이 그래프는 각 국가에 분포한 고층 빌딩의 수를 점의 개수로 확인할 수 있다.

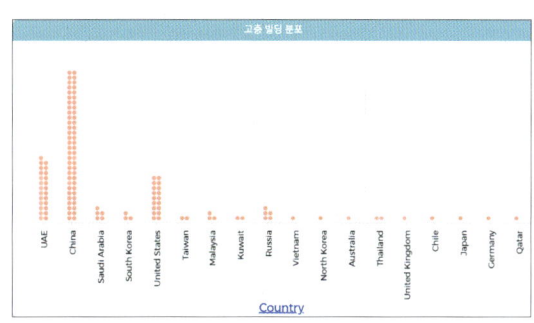

제다 타워
사우디아라비아에 건설 중인 지상 168층의 초고층 빌딩이다.

그래프를 보면 아랍에미리트(UAE)와 중국이 특히 많은 고층 빌딩을 보유하고 있으며, 그 외에도 몇몇 나라에 집중된 양상을 볼 수 있다.

이제 이 정보를 기반으로, 고층 빌딩이 주로 어디에 분포하는지 '높이(Height)' 속성을 지도(Map Plot)에 드래그하여 시각화해 보자. 지도 메뉴를 클릭하여 구글 지도 창을 띄우고, 테이블의 '높이(Height)' 속성을 지도 위로 드래그 앤 드롭한다.

Tip! 지도 메뉴

테이블에 위도(latitude)와 경도(longitude) 속성이 있으면 지도에 자동으로 데이터를 표시할 수 있다.

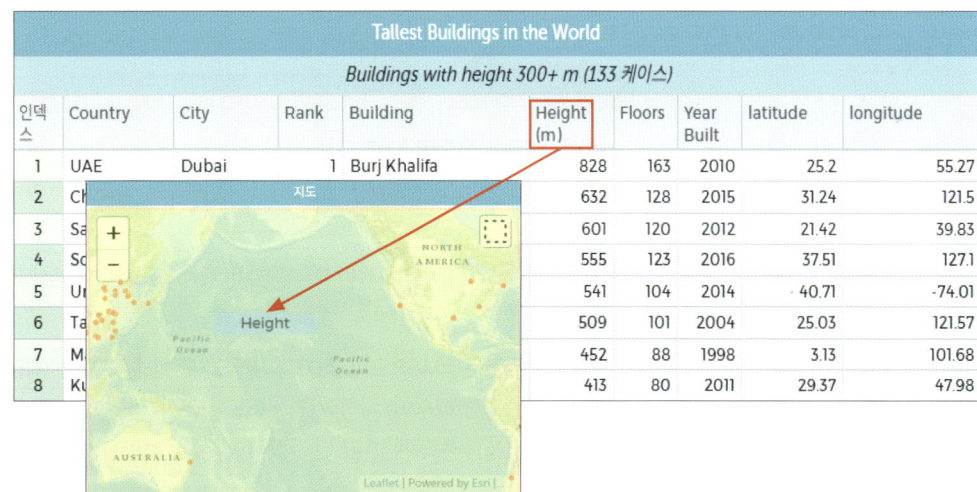

2. 세계 고층 빌딩 데이터 분석　47

03 데이터 분석 활동을 해 볼까

 '도시(City)'와 '건물 높이(Height)' 정보를 바탕으로 고층 빌딩의 위치를 지도에 나타낸 결과, 이를 통해 알 수 있는 정보는 다음과 같다.

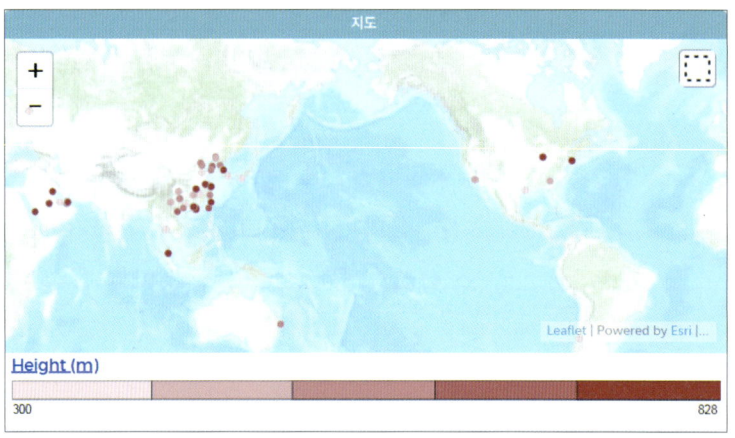

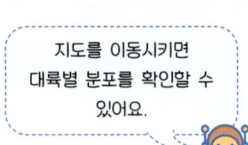 지도를 이동시키면 대륙별 분포를 확인할 수 있어요.

데이터의 색이 짙을수록 높은 건물임을 나타낸다.

- 대륙별 초고층 빌딩 분포 경향
  - 아시아: 특히 중국, 한국 등에 많은 고층 빌딩이 존재한다.
  - 북미: 미국(특히 뉴욕, 시카고 등)에 고층 빌딩이 분포한다.
  - 유럽: 상대적으로 고층 빌딩이 적으며, 평균 층수가 낮은 편이다.
  - 아프리카, 남미: 고층 빌딩이 존재하지 않는다.
  - 고층 빌딩은 주로 아시아(아랍에미리트, 중국)에 많이 분포되어 있다.

더 알아보기 ➕ 추가적인 의미와 분석 정보

- **고층 빌딩이 집중된 지역**
  경제력이 강한 도시 + 빠른 도시화 진행 지역에 집중되어 있다.

- **아시아와 중동의 급성장**
  아시아와 중동의 대도시에서는 글로벌 경제 중심지로의 성장과 도시 경쟁력 강화를 목표로 고층 건축물이 집중적으로 개발되고 있다.

- **미국과 유럽은 역사적으로 초고층 빌딩을 건설해 왔지만, 최근 성장은 아시아 지역이 주도**
  세계에서 고층 빌딩이 특정 지역(위도·경도)과 대륙에 집중되어 있으며, 이러한 분포가 경제 발전과 도시화 속도에 따라 달라진다는 점을 확인할 수 있다.

탐색적 데이터 분석

데이터의 속성을 살펴보고 앞에서 제시한 문제의 답을 찾는 것 외에 더 알 수 있는 정보를 찾아봅시다.

 고층 빌딩이 집중적으로 건설된 시기는 언제일까?

1. 어떤 데이터 분석 활동을 해야 할까?

> 예 고층 빌딩이 집중적으로 건설된 시기
> 예 층의 개수와 빌딩 높이의 관계

2. 어떤 속성이 필요할까?

> 예 Year Built, Floors
> 예 Floors, Height

3. 어떤 그래프를 그릴까?

> 예 연도별 빌딩 높이와 층수의 그래프(산점도)

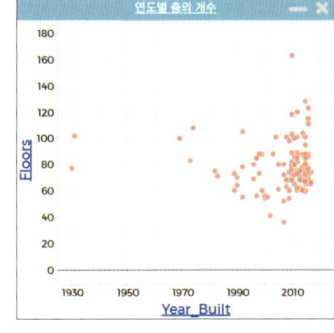 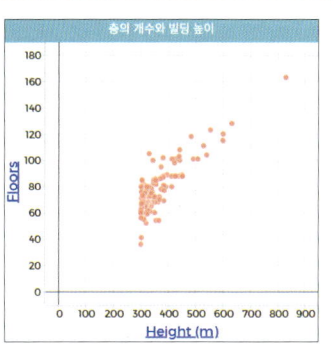

4. 알 수 있는 정보는 무엇일까?

> 예 2010년대에 들어서 고층 빌딩이 집중적으로 건설되었음을 알 수 있다.
> 예 건물의 높이가 높아질수록 대체로 층수도 함께 증가하는 경향을 보인다.

5. 이 활동을 통해 얻을 수 있는 기대 효과는 무엇일까?

> 예 고층 빌딩의 시기별 분포를 분석함으로써 도시화 속도, 경제 성장, 사회적 수요 등 도시 발전 양상을 종합적으로 이해할 수 있다.

이름이 지워진 왕, 데이터가 말해 주는 진실

우리가 과거를 이해할 수 있는 이유는, 누군가가 그때의 사실을 기록하고 잘 보존해 두었기 때문이다. 역사서, 통계 자료, 일기, 지도 등 다양한 형태로 남겨진 기록은 단순한 정보가 아니라, 그 시대 사람들의 삶과 사회를 보여 주는 '데이터'이다. 하지만 기록되지 않은 데이터는 존재하지 않은 것처럼 여겨지고, 보존되지 않은 데이터는 쉽게 잊혀진다.

로마 시대의 '기록 말살형' 사례는 이러한 데이터의 중요성을 잘 보여 준다.

고대 이집트인들은 이름이 사라지면 존재도 사라진다고 믿었다. 로마 시대에는 '기록 말살형'이라는 형벌이 있어, 네로 황제처럼 불명예스럽게 죽은 이들은 이름과 흔적이 역사에서 지워졌다. 이처럼 기록이 사라지면, 그 사람의 존재와 이야기도 함께 잊히게 된다.

이건 데이터에도 그대로 적용된다. 데이터는 단순한 숫자가 아니라, 어떤 현상이나 사람, 사회의 '기억'이다. 만약 정확히 기록되지 않거나, 잘못 해석된다면 우리는 과거를 오해할 수밖에 없다. 지금 우리가 유튜브 영상 추천을 받거나, 날씨를 예측하고, 사회 문제를 분석하는 것도 모두 데이터 덕분이다.

결국, 데이터 분석은 숨겨진 이야기를 찾아내고, 지금을 이해하며, 더 나은 결정을 위한 길을 여는 일이다. 데이터를 읽는다는 건, 사라질 수도 있었던 이야기를 다시 세상에 꺼내는 일일지도 모른다.

3 그래놀라 바 영양 성분 데이터 분석

➤ 이 장에서는 다음의 순서로 진행합니다.

다중 속성 그래프, 평균

01 해결해야 할 문제는 무엇일까

- 건강한 그래놀라 바를 선택하려면 무엇을 고려해야 할까?

02 어떤 데이터를 분석할까

- CODAP 데이터(그래놀라 바 데이터)

03 데이터 분석 활동을 해 볼까

- 데이터 분석 1
  어떤 그래놀라 바를 먹어야 낮은 칼로리를 섭취할 수 있을까?
- 데이터 분석 2
  그래놀라 바의 구성 재료(초콜릿, 땅콩버터, 옥수수 시럽 등)의 유무에 따른 칼로리 차이는 클까?
- 데이터 분석 3
  어떤 영양 성분이 그래놀라 바의 칼로리와 관계가 있을까?

응용하기
- 탐색적 데이터 분석
  예시 그래놀라 바의 식감이 영양 성분에 어떤 영향을 미칠까?

해결해야 할 문제는 무엇일까

💬 다음 상황을 읽고, 해결해야 할 문제를 알아봅시다.

식품을 구매할 때 포장지 겉면에 표시된 영양 성분 표를 본 적이 있는가? 다양한 성분들이 각각 제품의 특성에 따라 적절히 구성되어 있는 것을 확인할 수 있다. 다이어트를 위한 최고의 간식을 고르기 위해 자신의 건강 상태와 알레르기를 고려하여 영양 성분을 확인하며 음식을 선택해 보는 분석 활동을 해 보는 건 어떨까?

알아두면 쓸모있는 정보

식품 영양 성분 분석은 소비자들이 식품을 선택할 때 영양 정보를 바탕으로 보다 더 건강한 식단을 구성할 수 있도록 도와준다. 식품을 구성하는 재료부터 열량, 단백질, 지방, 탄수화물, 나트륨 등 다양한 영양 성분을 꼼꼼히 살펴보는 습관이 중요하다. 이러한 습관을 기르면 일상생활 속에서 칼로리 조절이나 영양소의 균형을 유지하는 데 큰 도움이 되며, 건강 관리나 다이어트를 위한 기초적인 영양 성분 분석 능력도 함께 키울 수 있다. 결국 영양 정보는 건강한 삶을 위한 중요한 출발점이 된다.

02 어떤 데이터를 분석할까

데이터 수집

💬 **문제 해결에 필요한 데이터를 수집하고 속성을 살펴봅시다.**

그래놀라 바 데이터(Granola Bars)는 CODAP에서 제공하는 데이터로, 2017년 미국에서 판매된 33개의 그래놀라 바에 대한 미국 농무부 브랜드 식품 제품 데이터베이스의 정보를 포함한다.

데이터 속성 알아보기

속성 살펴보기

- Brand: 상표
- Type: 유형
- Calories(kcal): 칼로리(kcal)
- Fat(g): 지방(g)
- SatFat(g): 포화지방(g)
- Sodium(mg): 나트륨(mg)
- Carbs(g): 탄수화물(g)
- Fiber(g): 섬유질(g)
- Sugar(g): 설탕(g)
- Protein(g): 단백질(g)
- Nuts: 견과류(No Nuts / Nuts)
- Chocolate: 초콜릿(No Chocolate / Chocolate Chips / Chocolate Dipped)
- Peanut Butter: 땅콩버터(No Peanut Butter / Peanut Butter)
- Corn Syrup: 옥수수 시럽(No Corn Syrup / Corn Syrup)
- Texture: 식감(Chewy: 쫄깃함 / Crunchy: 바삭함)
- Fruit: 과일(No Fruit / Fruit)
- Organic: 유기농(Not Organic: 비유기농, Organic: 유기농)

Tip! 범주형 속성 중 'No'로 시작하는 항목은 해당 성분이 포함되지 않았음을 의미한다. 예를 들어, 'No Nuts'는 견과류가 포함되지 않았다는 뜻이다.

그래놀라 바 데이터를 이용하면 어떤 정보를 알아내고, 어떤 문제를 해결할 수 있을까? 우리는 그래놀라 바를 고를 때 무엇을 기준으로 선택할까? 나의 영양 상태 및 건강 상태 등 목적에 따라 다른 선택을 할 수 있다. 또 식감에 따라 딱딱한 것보다는 부드러운 것을 선택할 수도 있을 것이다. 지방이 많을수록 칼로리가 높을까? 아니면 당이 높을수록 칼로리가 높을까? 영양 성분들 간의 관계를 살펴보며 그래놀라 바 데이터를 분석하고, 어떤 그래놀라 바를 선택하는게 좋을지 탐색해 보자.

3. 그래놀라 바 영양 성분 데이터 분석

03 데이터 분석 활동을 해 볼까

💬 다음의 질문에 대한 답을 찾을 수 있도록 데이터 분석을 해 봅시다.

- ☑ 어떤 그래놀라 바를 먹어야 낮은 칼로리를 섭취할 수 있을까?
- ☑ 그래놀라 바의 구성 재료(초콜릿, 땅콩버터, 옥수수 시럽 등)의 유무에 따른 칼로리 차이는 클까?
- ☑ 어떤 영양 성분이 그래놀라 바의 칼로리와 관계가 있을까?

데이터 분석 ❶

📂 어떤 그래놀라 바를 먹어야 낮은 칼로리를 섭취할 수 있을까?

'다이어트는 70%가 식단, 30%가 운동'이라는 말은 다이어트를 생각해 본 사람이라면 한 번쯤은 들어봤을 것이다. 다이어트를 생각한다면 식단을 위해 식품의 칼로리를 고려해서 음식을 섭취하는 경우가 많다. 그래놀라 바를 먹을 때에도 가장 낮은 칼로리를 섭취하기 위해서는 어떤 그래놀라 바를 먹는 것이 좋을지 생각해 보아야 한다.

그래놀라 바의 칼로리 속성을 비교해 보며 가장 낮은 칼로리의 그래놀라 바를 찾아보자.

칼로리 분포 그래프

그래놀라 바 데이터에는 그래놀라 바의 '상표(Brand)'와 '유형(Type)' 속성에 따른 영양 성분에 대한 정보가 포함되어 있다. 그래프 x축에 '칼로리(Calories)' 속성을 드래그 앤드 드롭하면 그래놀라 바 각각의 칼로리 분포를 한눈에 비교해 볼 수 있다.

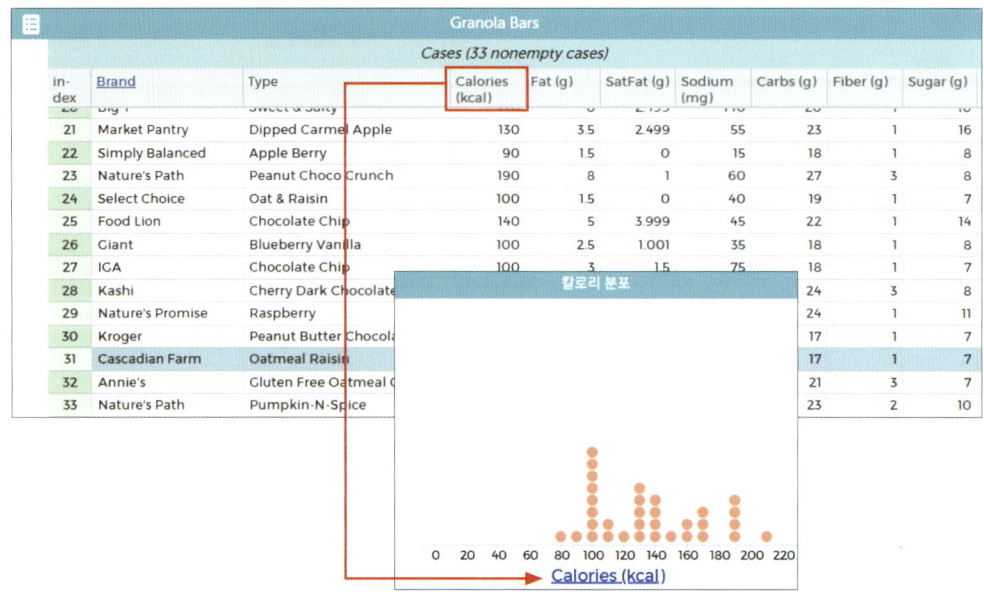

54 나는 CODAP으로 데이터 분석한다

 # 해석   '칼로리'와 '유형' 속성을 시각화한 결과, 이를 통해 알 수 있는 정보는 다음과 같다.

Tip! 그래프의 점을 클릭하면 테이블에 해당하는 데이터가 표시된다.

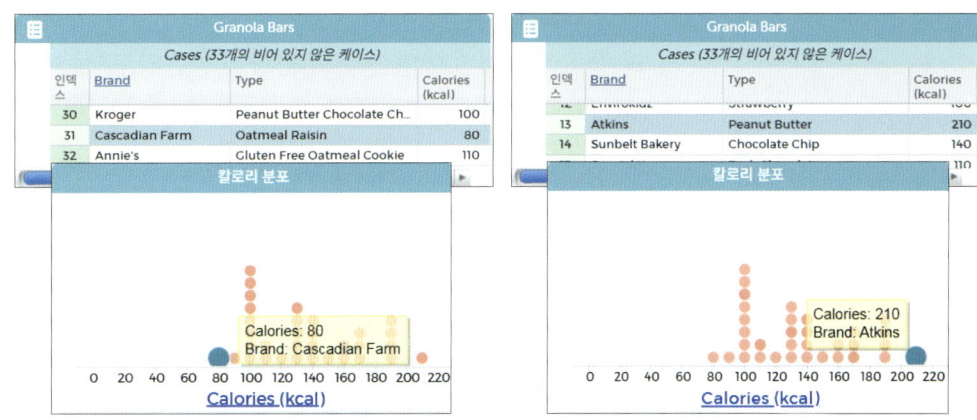

- 칼로리가 가장 낮은 그래놀라 바
  - 상표가 Cascadian Farm인 오트밀 건포도(Oatmeal Raisin) 유형의 그래놀라 바로 80kcal이다.

- 칼로리가 가장 높은 그래놀라 바
  - 상표가 Atkins인 땅콩버터(Peanut Butter) 유형의 그래놀라 바로 210kcal이다.

칼로리 속성을 비교하여 다양한 제품들의 칼로리를 한눈에 비교해서 볼 수 있으며, 가장 낮은 칼로리의 그래놀라 바를 쉽게 찾을 수 있다.

더 알아보기 ➕ 시리얼 제품 영양 성분

Kaggle 사이트에서 그래놀라 바에 대한 비타민, 미네랄 함유량 등 자세한 성분을 표시한 데이터나 그래놀라 바와 유사한 씨리얼에서 영양 성분 정보를 확인할 수 있다.

3. 그래놀라 바 영양 성분 데이터 분석 55

03 데이터 분석 활동을 해 볼까

데이터 분석 ❷

▶ 그래놀라 바의 구성 재료(초콜릿, 땅콩버터, 옥수수 시럽 등)의 유무에 따른 칼로리 차이는 클까?

그래놀라 바를 구성하는 재료와 칼로리의 연관성을 생각해 볼 수 있다. 그래놀라 바의 칼로리는 어떤 영양 성분의 영향을 받는지, 구성 재료의 유무에 따라 칼로리에 차이가 있는지 분석해 보자.

구성 재료 그래프

x축에 범주형 데이터인 구성 재료의 속성(Nuts, Chocolate, Peanut Butter, Corn Syrup, Texture, Fruit, Organic)을, y축에 '칼로리(Calories)'를 설정하여 각 구성 재료에 따른 칼로리 차이를 비교한다.

범주형 데이터의 경우 범주형 속성을 구성하는 값에 따라 분포를 비교할 수 있다. 구성 재료별 그래프는 다음과 같은 방법으로 완성하여 각 범주에 해당하는 평균값을 확인한다.

> **Tip** x축이나 y축에 설정된 속성의 이름을 클릭하면 선택 목록이 나온다. 이 목록에서 다른 속성 값으로 변경하거나, 축의 속성을 제거할 수 있다.

x축 견과류(Nuts) 속성을 클릭하여 보여지는 속성에서 나머지 구성 재료를 차근차근 선택한다.

> **Tip!** 평균값의 경우 '측정 레이블 보이기'를 체크하였을 때, 그래프의 크기를 크게 하면 소숫점까지 표시되고, 그래프 크기를 작게 하면 반올림하여 정수 부분만 표시된다.

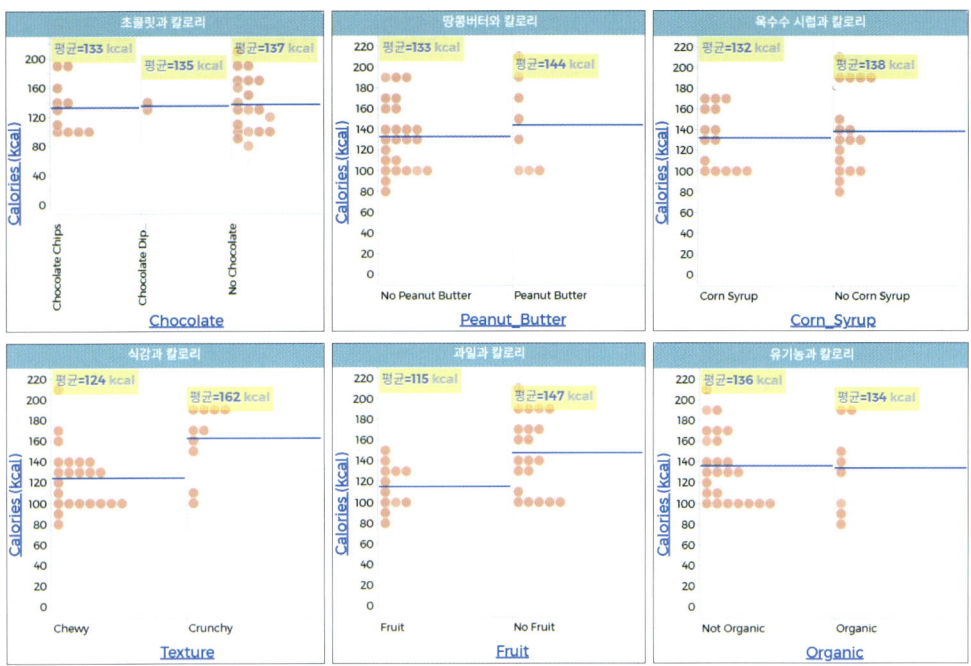

 # 해석 — 측정된 칼로리의 평균값을 수치화하여 나타낸 결과, 이를 통해 알 수 있는 정보는 다음과 같다.

　구성 재료(Nuts, Chocolate, Peanut Butter, Corn Syrup, Texture, Fruit, Organic)의 유무에 따른 칼로리 평균값의 차이를 파악한다.

- 그래놀라 바 구성 재료와 칼로리의 관계
  - 초콜릿(Chocolate)은 속성값에 따라 적은 차이지만 3가지 범주형 속성값을 비교해 보면, 초콜릿 무첨가(No Chocolate), 초콜릿 코팅(Chocolate Dipped), 초콜릿 칩(Chocolate Chips)순으로 칼로리 평균값이 높은 경향을 보인다.
  - 견과류(Nuts)와 땅콩버터(Peanut Butter)는 그래놀라 바에 첨가되어 있는 것이 그렇지 않은 것보다 칼로리의 평균값이 조금 더 높은 경향을 보인다.
  - 옥수수 시럽(Corn Syrup)과 유기농(Organic)은 첨가 여부에 따른 칼로리 평균값의 차이가 적은 것으로 보아 칼로리에 미치는 영향이 적은 편이다.
  - 식감(Texture)이 바삭한(Crunchy) 경우가 쫄깃한(Chewy) 경우보다 칼로리 평균값이 38kcal 더 높아, 범주형 속성값에 따른 차이가 가장 크다.
  - 과일(Fruit)이 그래놀라 바에 첨가되어 있는 것이 그렇지 않은 것보다 칼로리의 평균값이 약 32kcal 낮아 첨가 여부에 따른 차이가 크다.

03 데이터 분석 활동을 해 볼까

데이터 분석 ❸

🗂 어떤 영양 성분이 그래놀라 바의 칼로리와 관계가 있을까?

우리는 지방이 많으면 음식의 칼로리가 높아진다고 이야기하기도 하고, 또는 당이 많으면 음식의 칼로리가 높아진다고 이야기하기도 한다. 그렇다면 그래놀라 바의 칼로리가 높다는 것은 어떤 영양 성분의 영향을 많이 받는 것인지 관계를 분석해 보자.

칼로리와 영양 성분 속성 간의 관계 그래프

x축을 '칼로리(Calories)', y축을 수치형 데이터인 영양 성분(Fat, SatFat, Sodium, Carbs, Fiber, Sugar, Protein) 속성으로 설정하여 나타낸 산점도에서는 칼로리와 영양 성분의 관계를 알 수 있다.

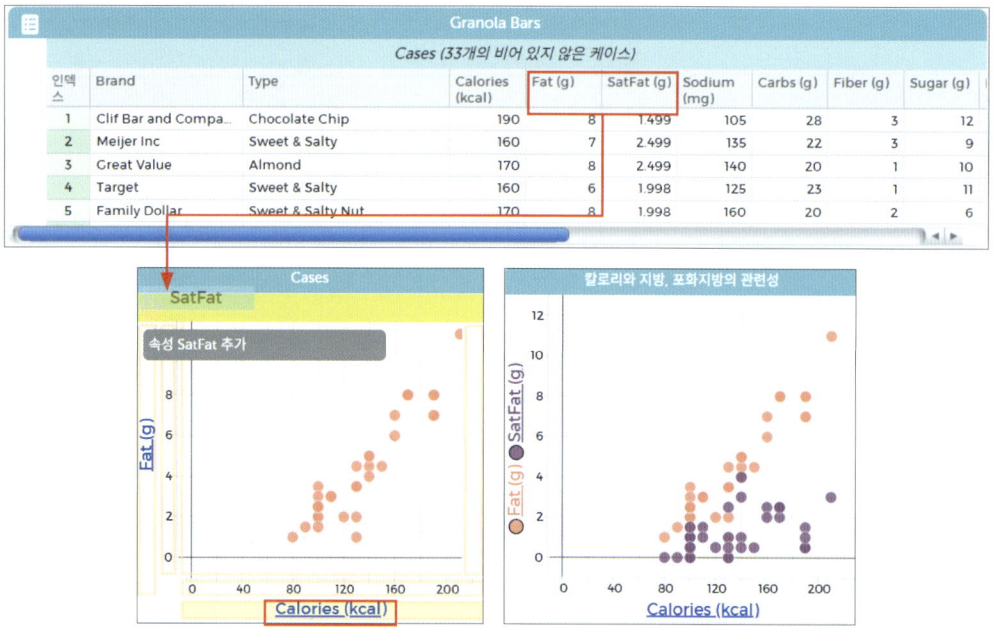

> **Tip!** y축에 두 가지 이상의 속성을 추가하려면, 현재 x축과 y축에 모두 수치형 데이터 속성값을 넣어야 하며, 테이블의 속성을 그래프 윗부분으로 드래그해 '+' 기호가 나타날 때 놓는다.

지방(Fat)과 포화지방(SatFat) 속성에 대한 칼로리(Calories)와의 관련성을 통해 알 수 있는 정보는 다음과 같다.

- 칼로리가 증가할수록 지방 함량이 증가하고 포화지방 함량도 대체적으로 증가한다.
- 칼로리가 높은 그래놀라 바일수록 지방 함량이 많다.

이러한 정보를 바탕으로 우리는 그래놀라 바를 선택하는 과정에서 도움을 얻을 수 있다. 예를 들면, 저칼로리 제품은 지방 함량이 적은 경향이 있으므로 다이어트를 할 때 선택할 수 있다.

 # 해석 y축에 두 가지 이상의 속성(영양 성분)을 추가하여 칼로리와의 영양 성분 속성과의 관련성을 시각화한 결과, 이를 통해 알 수 있는 정보는 다음과 같다.

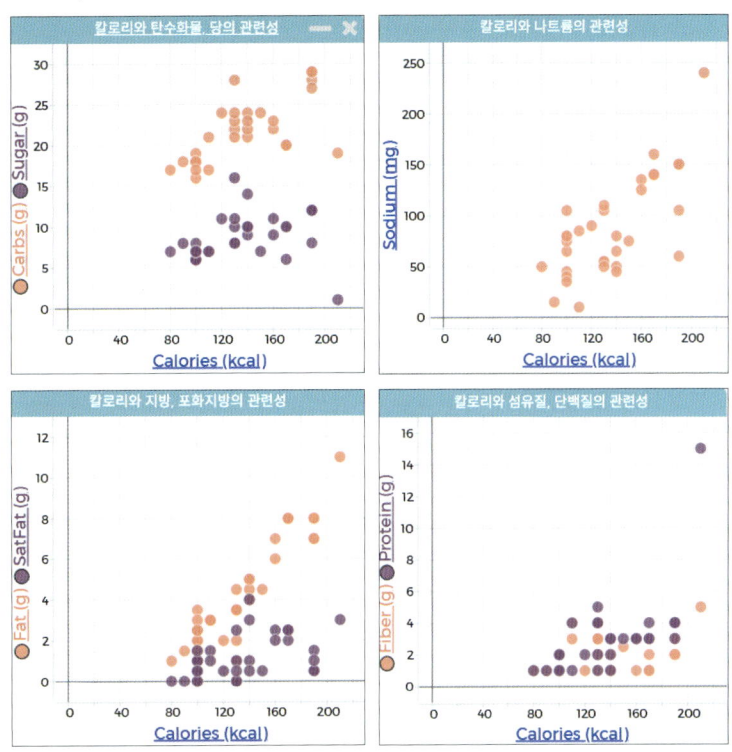

- 칼로리와 영양 성분 속성 간의 관련성
  - 탄수화물(Carbs): 15~50g 사이에 분포하며, 탄수화물 함량이 증가할수록 칼로리도 증가한다.
  - 당(Sugar): 1~16g 사이에 분포하며, 당의 함량은 칼로리 증가와 직접적인 관련성이 적다. 특히 당의 함량이 1g이지만 210kcal인 그래놀라 바가 존재한다.
  - 나트륨((Sodium): 10~240mg 사이에 분포하며, 나트륨과 칼로리는 밀접한 관련성을 보인다.
  - 지방(Fat)과 포화지방(SatFat): 지방은 1~11g, 포화지방은 0~4g 사이에 분포한다. 포화지방은 칼로리와 약한 관련성을 보이나 지방은 밀접한 관련성을 보인다.
  - 섬유질(Fiber): 1~5g 사이에 분포하며, 섬유질과 칼로리 간에는 미미한 연관성을 보인다.
  - 단백질(Protein): 대체로 0~5g 사이에 분포하며, 단백질량이 증가할수록 칼로리도 다소 증가하는 경향이 있다.

탐색적 데이터 분석

데이터의 속성을 살펴보고 앞에서 제시한 문제의 답을 찾는 것 외에 더 알 수 있는 정보를 찾아봅시다.

예시 그래놀라 바의 식감이 영양 성분에 어떤 영향을 미칠까?

1. 어떤 데이터 분석 활동을 해야 할까?

> 예 그래놀라 바의 식감이 영양 성분에 미치는 영향 분석(Crunchy와 Chewy 제품 간의 영양 성분 함량 차이)

2. 어떤 속성이 필요할까?

> 예 그래놀라 바 식감(Texture), 칼로리(Calories), 지방(Fat), 포화지방(SatFat), 탄수화물(Crabs), 단백질(Protein), 당(Sugar), 섬유질(Fiber)

3. 어떤 그래프를 그릴까?

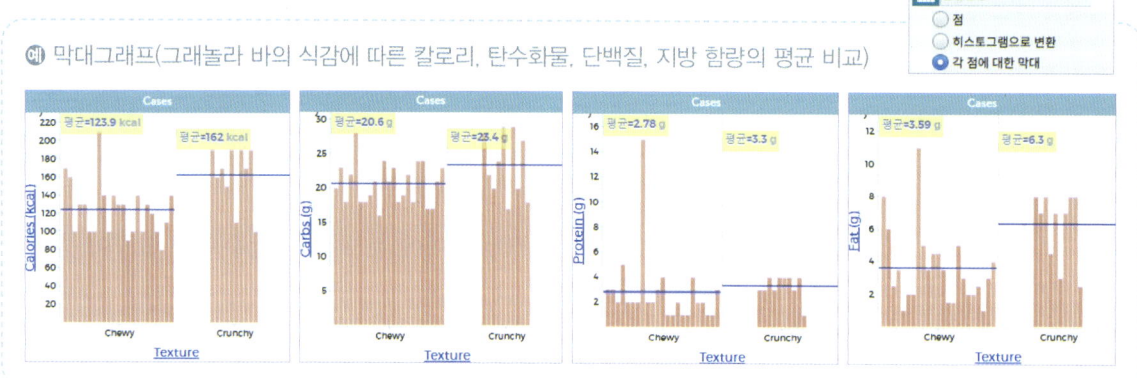

예 막대그래프(그래놀라 바의 식감에 따른 칼로리, 탄수화물, 단백질, 지방 함량의 평균 비교)

4. 알 수 있는 정보는 무엇일까?

> 예 Crunchy한 식감의 제품들의 평균이 Chewy한 식감의 제품들의 평균보다 칼로리, 탄수화물, 단백질, 지방 모든 부분에서 더 높은 경향을 보인다.

5. 이 활동을 통해 얻을 수 있는 기대 효과는 무엇일까?

> 예 그래놀라 바의 식감과 영양 성분 간의 관계를 분석함으로써, 소비자의 기호와 건강을 동시에 만족시킬 수 있는 제품 개발에 활용할 수 있다.

4 코끼리물범 이동 데이터 분석

▸ 이 장에서는 다음의 순서로 진행합니다.

지도, 선그래프

01 해결해야 할 문제는 무엇일까
- 코끼리물범은 왜 먼바다로 여행을 떠날까?

02 어떤 데이터를 분석할까
- CODAP 데이터(코끼리물범 데이터)

03 데이터 분석 활동을 해 볼까
- 데이터 분석 1
  코끼리물범의 이동 경로에는 어떤 특징이 있을까?
- 데이터 분석 2
  코끼리물범의 이동은 계절 변화와 어떤 관계가 있을까?
- 데이터 분석 3
  코끼리물범은 이동 경로 밀집 지역에서 어떤 움직임을 보일까?

응용하기
- 탐색적 데이터 분석
  CHAI 코끼리물범의 개체별 이동 패턴이 다를까?

01 해결해야 할 문제는 무엇일까

💬 다음 상황을 읽고, 해결해야 할 문제를 알아봅시다.

태평양을 횡단하는 놀라운 여행자가 있다. 바로 코끼리물범이다. 해마다 이들은 연안에서 먼바다까지 길고도 험한 여정을 떠난다. 그런데 왜 코끼리물범은 굳이 먼바다까지 가는 걸까? 언제 출발하고, 어디에서 오래 머물며, 언제 다시 돌아올까? 코끼리물범의 이동 경로와 행동을 데이터를 통해 그들이 먼바다로 떠나는 이유를 찾아보자.

알아두면 쓸모있는 정보

이번에 사용할 코끼리물범 데이터는 4마리 개체의 이동 기록으로, 표본 수가 많지 않다는 점에서 한계가 있다. 특히, 이 데이터에는 먹이의 종류나 분포 같은 정보가 포함되어 있지 않기 때문에, 코끼리물범이 특정 지역에서 오래 머무르는 이유를 정확히 알 수는 없다. 따라서 우리는 이동 속도, 경로의 변화 같은 간접적인 단서들을 가지고 '이럴 가능성이 있겠다.'라는 추측을 해 보는 수준에서 해석해야 한다. 결과를 하나의 정답으로 받아들이기보다는 여러 가능성을 열어 두고 생각해 보는 태도가 중요하다.

02 어떤 데이터를 분석할까

데이터 수집

💬 **문제 해결에 필요한 데이터를 수집하고, 속성을 살펴봅시다.**

코끼리물범 데이터(Four Seals)는 CODAP에서 제공하는 데이터로, Oceans of data institute(https://oceansofdata.org) 기관에서 수집한 4마리의 코끼리물범의 위치 및 환경 데이터이다. 이 데이터는 코끼리물범에 부착된 전자 태그를 통해 수집되었으며, 다음과 같은 정보를 포함한다.

데이터 속성 알아보기

속성 살펴보기
- animal ID: 코끼리물범 개체 식별 번호
- species: 코끼리물범 개체의 종류
- day: 관찰일 수
- date/month: 데이터 수집 날짜 및 월
- latitude/longitude: 코끼리물범의 위치(위도, 경도)
- distance: 하루 동안 이동한 거리(km)
- speed: 이동 속도(km/h)
- depth: 잠수 깊이(m, 음수는 해저 방향)
- temperature: 해수 온도(℃)
- chlorophyll: 엽록소 농도(mg/m³, 먹이 환경 관련)
- curviness: 곡선도(이동 경로의 구불구불한 정도)

코끼리물범 이동 데이터를 통해 이들이 언제, 어디로, 어떻게 이동하는지를 파악할 수 있으며, 이를 통해 이동에 일정한 패턴이 있는지 또는 환경 조건에 따라 달라지는지를 분석할 수 있다. 이러한 데이터 분석은 코끼리물범의 행동 특성과 해양 환경과의 관계를 이해하는 데 도움을 주며, 나아가 해양 생태계 보호와 보전 정책 수립에도 기여할 수 있다.

데이터 분석 활동을 해 볼까

> **TIP!** 코끼리물범 데이터에는 결측치와 같이 사전에 처리해야 할 부분이 없으므로 별도의 전처리를 하지 않는다.

💬 다음의 질문에 대한 답을 찾을 수 있도록 데이터 분석을 해 봅시다.

- ✅ 코끼리물범의 이동 경로에는 어떤 특징이 있을까?
- ✅ 코끼리물범의 이동은 계절 변화와 어떤 관계가 있을까?
- ✅ 코끼리물범은 이동 경로 밀집 지역에서 어떤 움직임을 보일까?

데이터 분석 ❶

📂 코끼리물범의 이동 경로에는 어떤 특징이 있을까?

어떤 사람들은 항상 같은 시간에 출근하고, 같은 길을 따라 이동한다. 코끼리물범도 비슷한 경로를 따라 이동하는지, 아니면 무작위로 움직이는지 분석해 보자.

개체별 이동 경로 지도

코끼리물범 데이터에는 센서가 부착된 코끼리물범의 위치와 환경에 관한 정보가 포함되어 있다. 이동 패턴은 관찰일 수에 따른 위도와 경도로 파악할 수 있으며, 지도를 활용하면 그 흐름을 쉽게 이해할 수 있다. 지도는 데이터에 기록된 위도·경도 값을 바탕으로 데이터를 표시한다. 개체별 이동 경로를 살펴보기 위해서는 'animal id' 속성을 지도 위로 드래그 앤 드롭해 보자. 이렇게 하면 각 개체의 움직임을 한눈에 비교할 수 있다.

데이터를 분류해 주는 범례가 추가되었으며, 그중 집중적으로 살펴보고 싶은 개체를 범례에서 클릭하면 해당 데이터가 하이라이트되고 데이터 테이블의 내용도 해당하는 행에 초록빛으로 음영 처리된다.

경도 데이터 그래프

세밀한 분석을 위해 관찰일 수(day)별 코끼리물범의 경도(longitude) 데이터를 그래프로 표현해 보자. 관찰일 수별로 경도의 변화를 살펴보기 위해 x축에는 'day' 속성을 y축에는 'longitude' 속성을 설정한다. 그 후 개체별로 구분하기 위해 'animal id' 속성을 그래프 가운데에 드래그 앤드 드롭한다.

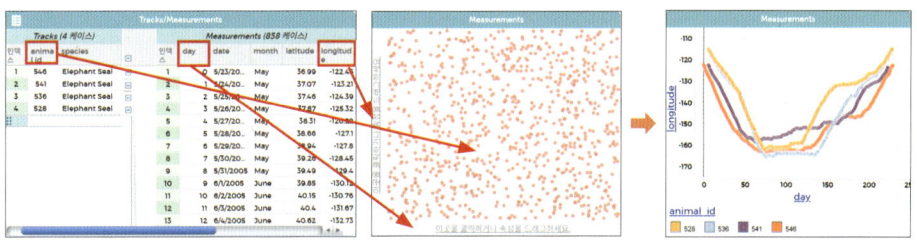

 # 해석 — 관찰일 수별 코끼리물범의 위치 정보를 토대로 지도와 그래프에 개체별 범례를 설정한 결과, 이를 통해 알 수 있는 정보는 다음과 같다.

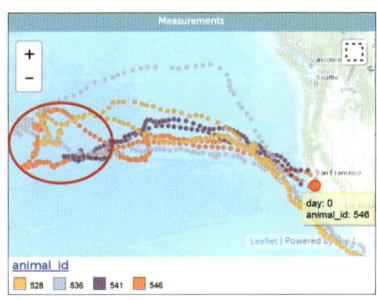 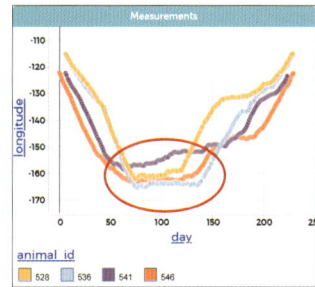

- **이동 패턴 분석**
  - 지도를 살펴보면, 코끼리물범은 모두 해안 근처에서 출발(day 0)하여 태평양으로 이동한 후 다시 출발했던 해안 근처로 돌아오는 경로를 따른다.
  - 끝없이 펼쳐진 바다 같지만, 코끼리물범에게는 일정한 이동 경로가 있다.

- **이동 경로 밀집 지역**
  - 관찰일 수(day)에 따른 경도(longitude)의 변화 그래프를 보면, 태평양 특정 지역(경도 -165 ~ -155)에서 이동 데이터가 집중된 구간이 나타난다.
  - 모든 개체가 약 40일 동안(관찰 후 60일에서 100일 사이) 이 지역에 머무른 것으로 파악된다. 이를 통해 코끼리물범들이 장거리 이동을 하는 이유가 이 지역과 깊은 관련이 있다는 것을 추정해 볼 수 있다.

이동 경로 밀집 지역
이동 경로상 데이터의 밀집 지역은 특정 지역에 위치 데이터가 집중되어 있다는 것을 의미한다. 이는 해당 지역에 코끼리물범이 오랜 시간 머물렀거나 자주 이동하여 데이터가 많이 기록되었음을 나타낸다.

03 데이터 분석 활동을 해 볼까

데이터 분석 ❷

🏳 코끼리물범의 이동은 계절 변화와 어떤 관계가 있을까?

이제 계절에 따라 코끼리물범이 어떻게 달라지는지를 살펴보자. 어느 계절에 먼바다로 이동을 시작하는지, 먹이 활동은 언제 주로 이루어지는지, 그리고 언제 연안으로 돌아오는지 분석해 보자.

month 속성 범례 그래프

지도 중앙으로 '월(month)' 속성을 드래그 앤 드롭해 범례를 만들고, 범례에서 월을 순서대로 선택해 보자. 이를 통해 각 계절별로 코끼리물범의 위치 변화를 시각적으로 탐색할 수 있다.

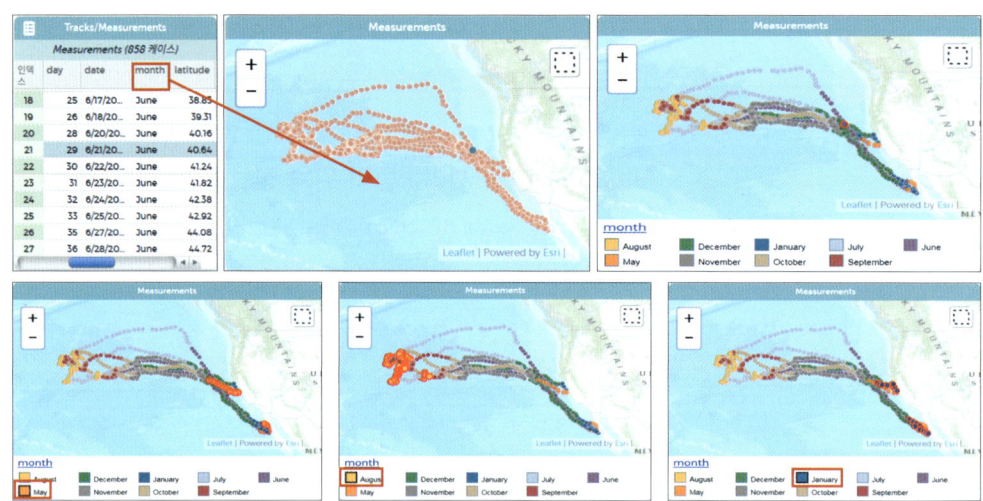

 # 해석 — 관찰이 시작된 5월(May)부터 데이터를 확인한 결과, 알 수 있는 정보는 다음과 같다.

- 계절별 이동 패턴
  - 늦봄(5월)에 이동을 시작하여 여름과 가을 동안 바다에서 생활한다.
  - 겨울이 시작되는 11월경부터 다시 해안으로 돌아오기 시작하며, 한겨울(1월)에는 해안에 도착하는 모습을 보인다.

- 밀집 지역과 계절적 변화
  - 여름에서 가을까지(예 8월부터 10월 사이) 특정 지역에 머무르는 경향이 관찰된다.

- 이동 목적과 계절적 연관성
  - 코끼리물범이 여름과 가을 사이 특정한 곳을 방문하기 위해 먼바다로 이동하는 장거리 여정을 떠난다는 사실을 확인할 수 있다.

데이터 분석 ❸

🗂 코끼리물범은 이동 경로 밀집 지역에서 어떤 움직임을 보일까?

어떤 사람들은 특정한 장소에 자주 모인다. 예를 들어, 맛집이 많은 골목이나 편안한 카페는 사람들이 몰리는 경향이 있다. 코끼리물범도 이와 비슷하게 먼바다를 여행하는 동안 특정 지역에 자주 모일지, 모인다면 어떤 특성을 보이는지 분석해 보자.

speed 속성 범례 그래프

첫 번째로, 이동 경로가 밀집된 지역에서 코끼리물범의 이동 속도가 어떤지 확인한다. 이를 위해 지도 중앙에 'speed' 속성을 드래그 앤 드롭하여 범례를 만들고, 범례에서 여러 속도 구간을 선택해 보며 밀집 지역의 특성을 가장 잘 나타내는 속도 구간을 찾는다.

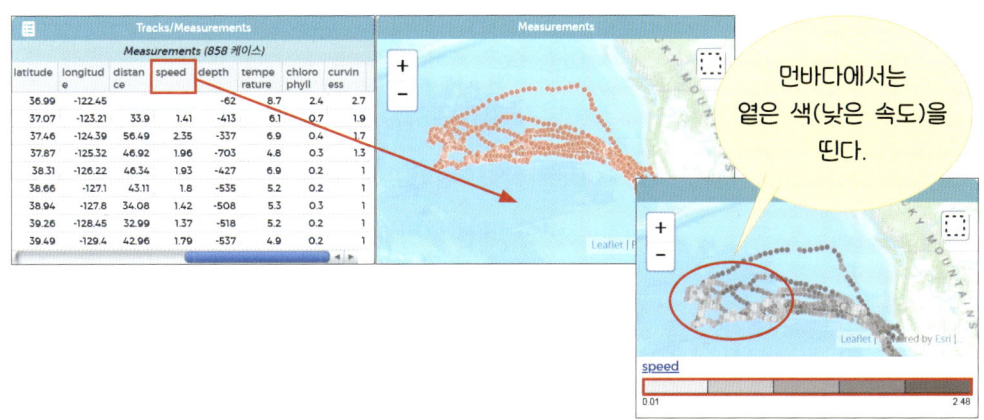

먼바다에서는 옅은 색(낮은 속도)을 띤다.

curviness 속성 범례 그래프

두 번째로, 밀집 지역에서 코끼리물범이 이동 중 얼마나 자주 방향을 바꾸는지를 살펴본다. 이를 위해 지도 중앙에 'curviness' 속성을 넣어 범례를 만들고, 범례에서 여러 곡선 정도 구간을 선택해 보면서 밀집 지역의 특징을 잘 나타내는 구간을 찾아본다.

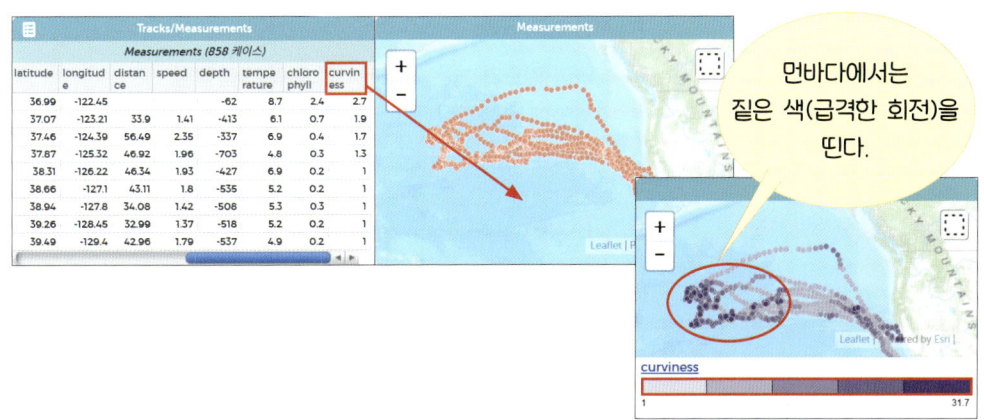

먼바다에서는 짙은 색(급격한 회전)을 띤다.

03 데이터 분석 활동을 해 볼까

 # 해석 이동 경로가 밀집된 지역에서 코끼리물범이 보이는 움직임의 특징을 파악하기 위해, 이동 속도와 경로 변화 정도를 분석한 그래프를 활용하였다. 밀집 지역은 이전 분석 결과를 바탕으로 그래프에 빨간색 원으로 표시되어 있으며, 이를 통해 알 수 있는 정보는 다음과 같다.

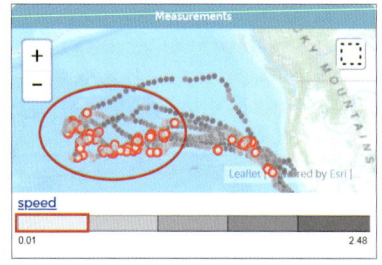 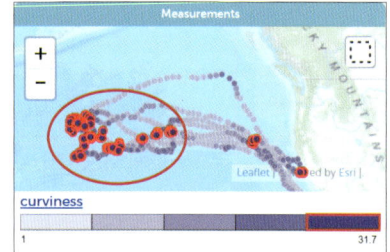

- 이동 속도
  - 밀집 지역에서 이동 속도가 낮은 데이터가 다수 분포하고 있다.
- 이동 방향의 변화 정도
  - 연안 지점과 밀집 지역에서 이동 방향의 변화가 높은 데이터가 다수 분포한다.
- 이동 경로 밀집 지역에서의 움직임
  - 이동 속도가 느리며 이동 방향의 변화 정도는 크다는 것을 알 수 있다.

Tip! curviness를 통해 해당 지역에서 코끼리물범이 얼마나 자주 방향을 바꾸었는지를 파악할 수 있다.

더 알아보기 + 추가적인 의미와 분석 정보

- **밀집 지역에서의 이동 패턴과 먹이 탐색 전략**
  밀집 지역에서 물범의 이동 속도가 느려지고 이동 경로의 변화가 커지는 이유는 먹이 탐색(Foraging) 행동과 밀접한 관련이 있다. 물범은 해양 환경에서 효율적인 사냥을 위해 특정 전략을 사용하며, 이는 주변 환경과 먹이의 분포에 따라 달라진다.

- **먹이 밀도가 높은 지역에서의 전략적 움직임**
  해양에서 물범이 선호하는 먹이(물고기, 오징어 등)는 특정 지역에 군집을 이루는 경우가 많다. 물범은 이런 먹이 밀집 지역에서 속도를 줄이고 방향을 자주 바꾸며 보다 효율적으로 사냥하는 전략을 사용한다.

- **에너지 절약과 이동 패턴 변화**
  물범은 장거리 이동 시 최소한의 에너지를 소비하는 직선 이동 패턴을 보이지만, 먹이를 찾을 때는 보다 짧은 거리에서 활발한 방향 전환을 하며 이동 경로가 복잡해진다.

더 알아보기 ➕ 추가적인 의미와 분석 정보

코끼리물범은 북방 코끼리물범과 남방 코끼리물범 두 종류가 있는데, 북방 코끼리물범은 북아메리카의 동태평양에 분포하며, 남방 코끼리물범은 남극해에 분포한다.

- **북방 코끼리물범 특징**

북방 코끼리물범은 성적 이형이 뚜렷한 해양 포유류로, 수컷은 몸무게가 1.5~2.3t, 몸길이가 4~5m에 달하며, 암컷은 400~900kg, 2.5~3.6m이다.

임신 기간은 약 11개월이며, 대개 밤에 한 마리의 새끼를 출산한다. 새끼는 약 4주간 어미의 젖을 먹으며 빠르게 성장하여 평균 136~181kg에 이른다. 이후 어미는 바다로 돌아가고, 새끼들은 무리를 지어 해안에서 약 12주 동안 머물며 수영을 배우고 바다로 떠난다.

먹이는 샛비늘치와 같은 심해중층 어류, 심해 오징어, 태평양대구, 회유성 갑각류, 중소형 상어, 가오리, 은상어 등 다양하다. 먹이 활동에서도 성별에 따른 차이가 있는데, 암컷은 주로 대양에서, 수컷은 대륙붕을 따라 먹이를 찾는다.

북방 코끼리물범은 북아메리카의 동태평양 연안에 서식하며, 드물게 길을 잃은 개체가 동북아시아 해역까지 이동하기도 한다. 이들은 대부분 먼바다에서 생활하다가 번식기인 12월에서 1월 사이 해안으로 돌아온다. 번식기에는 수컷이 먼저 상륙해 안전한 번식지를 확보하고, 곧이어 암컷이 도착한다. 번식지에 도착한 수컷은 약 3개월간, 암컷은 짝짓기와 수유 기간을 포함해 약 5주간 단식을 하며 지낸다.

- **이동 패턴의 의미**

코끼리물범들은 일정한 경로를 따라 이동하는데, 이는 번식지와 먹이터를 오가는 주기적인 패턴과 연관될 가능성이 크다. 태평양을 향해 이동한 후 다시 해안으로 돌아오는 것은 생리적(출산, 털갈이, 번식)인 이유와 관련 있다.

탐색적 데이터 분석

데이터의 속성을 살펴보고 앞에서 제시한 문제의 답을 찾는 것 외에 더 알 수 있는 정보를 찾아봅시다.

 코끼리물범의 개체별 특징을 조사해 보자.

1. 어떤 데이터 분석 활동을 해야 할까?

> 예) 개체별 이동 속도

2. 어떤 속성이 필요할까?

> 예) animal_id, speed

3. 어떤 그래프를 그릴까?

> 예) 개체별 이동 속도 그래프(산점도)
>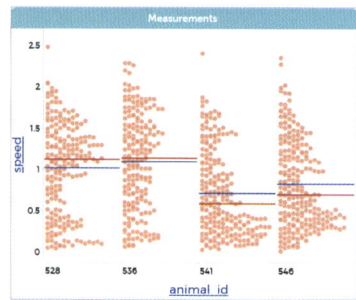

4. 알 수 있는 정보는 무엇일까?

> 예) 개체별 이동 속도의 차이가 있어 보인다.

5. 이 활동을 통해 얻을 수 있는 기대 효과는 무엇일까?

> 예) 이동 속도뿐만 아니라 다양한 속성을 활용하여 개체별 특징을 탐색하여 서식지 보호에 중요한 정보를 제공할 수 있다.

5 롤러코스터 데이터 분석

▸ 이 장에서는 다음의 순서로 진행합니다.

산점도, 범례, 상관관계

01 해결해야 할 문제는 무엇일까
- 어떻게 하면 롤러코스터를 효과적으로 체험할 수 있을까?

02 어떤 데이터를 분석할까
- CODAP 데이터(롤러코스터 데이터)

03 데이터 분석 활동을 해 볼까
- 데이터 분석 1
  개장 연도와 트랙 종류에 따라 롤러코스터의 최고 속도는 어떻게 변화했을까?
- 데이터 분석 2
  롤러코스터의 최고 속도에 영향을 끼치는 요인들에는 무엇이 있을까?
- 데이터 분석 3
  미국에서 롤러코스터를 많이 탈 수 있는 여행지는 어디일까?

응용하기
- 탐색적 데이터 분석
  예시 특정 설계 방식이 특정 시대(개장 연도) 이후에 더 많이 등장했는가?

해결해야 할 문제는 무엇일까

💬 다음 상황을 읽고, 해결해야 할 문제를 알아봅시다.

롤러코스터는 놀이공원의 랜드마크로, 많은 사람들이 찾는 인기 놀이기구이다. 놀이공원에서는 롤러코스터를 더욱 스릴 있고 짜릿하게 만들기 위해 트랙의 유형, 설계 방식, 낙하 거리 등 다양한 요소를 고려하여 설계한다. 그렇다면, 이 중 어떤 요소들이 롤러코스터의 속도에 영향을 줄까?

롤러코스터는 속도, 높이, 각도, 탑승 시간 등 다양한 변수를 가지고 있어 여러 각도로 분석할 수 있으며, 수치로 표현 가능한 데이터가 많아 통계적 분석과 그래프 작성이 용이하다. 또한 롤러코스터는 고속으로 움직이며, 다양한 환경 조건에 따라 성능이 달라지므로 다양한 변수들의 상관관계를 분석하는 데 적합하다. 실제 롤러코스터 탑승을 통해 데이터를 수집할 수 있어 실험적 접근이 가능하며, 이를 바탕으로 관람객의 재미와 관련된 패턴을 찾을 수 있어 데이터 분석에 대한 관심을 더욱 높일 수 있다.

02 어떤 데이터를 분석할까

데이터 수집

💬 **문제 해결에 필요한 데이터를 수집하고, 속성을 살펴봅시다.**

롤러코스터(Roller Coasters) 데이터는 CODAP에서 제공하는 데이터로, 미국의 롤러코스터 중 1915년부터 2016년까지 출시된 157개의 롤러코스터 정보를 포함한다.

데이터 속성 알아보기

CODAP에서 'Roller Coasters' 데이터를 불러오는 방법은 여러 가지로, 이 활동에서는 'CODAP Example Documents'에서 바로 불러오는 방법을 선택했어요. 81쪽 '불러오기' 메뉴에서 파일을 불러오는 방법을 확인해 보세요.

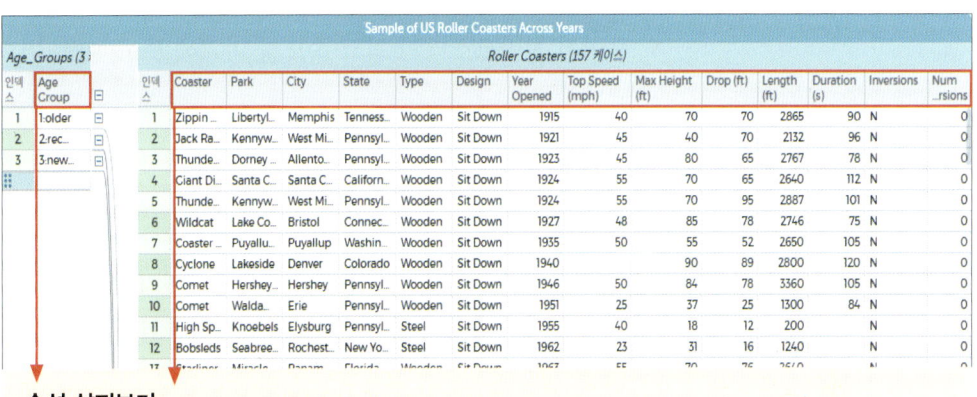

속성 살펴보기

- Age Group: 연식 그룹
- Coaster: 롤러코스터 이름
- Park: 소속 테마파크
- City: 위치한 도시
- State: 주
- Type: 트랙 종류(Wooden: 목재/Steel: 강철)
- Design: 설계 방식(Bobsled/Flying/Inverted/Pipeline/Sit Down/Suspended/Wing)

- Year Opened: 개장 연도
- Top Speed: 최고 속도(mph)
- Max Height: 최대 높이(ft)
- Drop: 낙하 거리(ft)
- Length: 트랙 길이(ft)
- Duration: 운행 시간(sec)
- Inversions: 회전 여부
- Num of Inversions: 회전 횟수

> **Tip!** 마일은 1mile = 1.6km이고, 피트는 1foot = 30cm이다.

롤러코스터는 스릴 넘치는 놀이기구이지만, 그 속에는 과학과 기술의 흥미로운 비밀이 숨어 있다. 시간이 지남에 따라 롤러코스터의 속도는 어떻게 빨라졌을까? 강철 트랙과 목재 트랙 중 어느 것이 더 높이 올라가거나 빠르게 달릴 수 있을까? 롤러코스터 데이터를 활용해 이 질문의 답을 찾아보자.

03 데이터 분석 활동을 해 볼까

💬 **다음의 질문에 대한 답을 찾을 수 있도록 데이터 분석을 해 봅시다.**

- ☑ 개장 연도와 트랙 종류에 따라 롤러코스터의 최고 속도는 어떻게 변화했을까?
- ☑ 롤러코스터의 최고 속도에 영향을 끼치는 요인들에는 무엇이 있을까?
- ☑ 미국에서 롤러코스터를 많이 탈 수 있는 여행지는 어디일까?

데이터 분석 ❶

📂 **개장 연도와 트랙 종류에 따라 롤러코스터의 최고 속도는 어떻게 변화했을까?**

롤러코스터는 시간이 지나면서 다양하게 발전해 왔다. 롤러코스터가 이용객에게 스릴감을 제공하는 요소 중 하나는 빠른 속도이다. 최근에 만들어진 롤러코스터와 오래전 만들어진 롤러코스터의 최고 속도를 비교해 보고, 어떤 변화가 있었는지 분석해 보자.

최고 속도 분석 그래프

우리는 '개장 연도(Year Opened)'에 따른 롤러코스터의 '최고 속도(Top Speed)' 변화를 분석하려고 한다. 먼저, x축을 '개장 연도(Year Opened)', y축을 '최고 속도(Top Speed)'로 설정하여 롤러코스터의 연도별 속도 변화를 시각화한다.

이때 데이터 포인트의 색상을 '트랙 종류(Type)'를 기준으로 구분(범례 지정)하여, '목재(Wooden)'는 분홍색, '강철(Steel)'은 초록색으로 표시하여 트랙 종류별 차이를 비교할 수 있도록 한다.

범례
범례는 각 데이터가 무엇을 의미하는지 한눈에 파악할 수 있도록 돕는 요소이다. 데이터가 어떤 카테고리에 속하는지 직관적으로 알 수 있기 때문에 데이터 비교가 용이해진다.

💡**Tip!** 가장 빠른 롤러코스터가 무엇인지 그래프를 그려 보면 'Top thrill dragster'임을 알 수 있다.

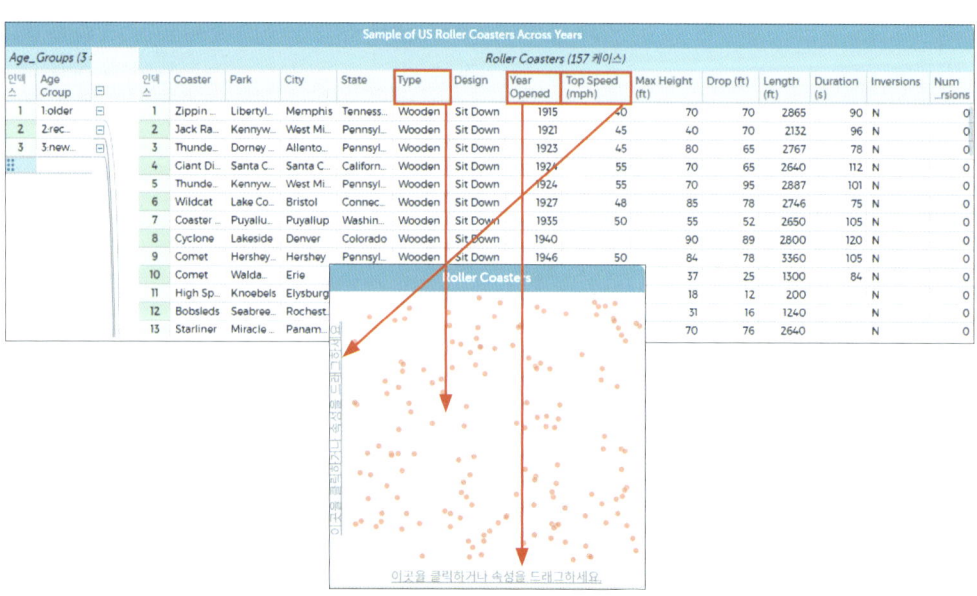

 # 해석 '개장 연도(Year Opened)' 속성에 따른 시간 흐름에 따라 롤러코스터의 '최고 속도(Top Speed)' 변화와 '트랙 종류(Type)' 속성별 속도 차이를 그래프로 분석한 결과, 이를 통해 알 수 있는 정보는 다음과 같다.

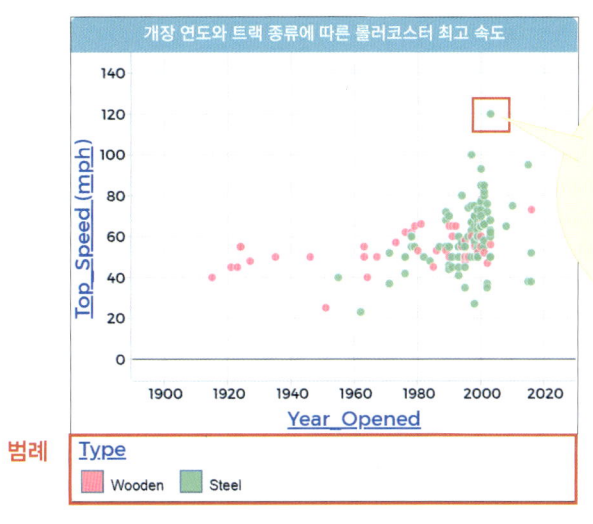

그래프에서 최고 속도에 해당하는 점을 클릭하여 나타난 가장 빠른 롤러코스터인 'Top Thrill Dragster'는 유튜브(Youtube)에 검색하면 해당 영상을 시청할 수 있다.

- 개장 연도에 따른 최고 속도 변화
  - 1900~1980년: 대부분의 롤러코스터가 목재(Wooden)로 제작되었으며, 최고 속도가 40~60mph(64~96km/h) 사이에서 크게 변하지 않는다.
  - 1980~2016년: 철재(Steel) 롤러코스터가 본격적으로 등장하며, 속도 범위가 크게 늘어났다. 이 시기에 최고 속도가 120mph(약 193km/h)인 롤러코스터가 등장하였다.
  - 롤러코스터의 최고 속도는 시간이 지남에 따라 증가하고 있는데, 특히 1980년 대 철재 롤러코스터가 등장하면서 최고 속도가 증가하고 있다.

- 트랙 종류에 따른 속도 차이
  - 목재(Wooden) 롤러코스터: 대다수는 2000년대 이전 개장했으며, 최고 속도는 80mph(128km/h)를 넘지 않는다.
  - 철재(Steel) 롤러코스터: 1980년대 이후부터 많이 생겨나기 시작했고, 속도가 80mph(128km/h) 이상인 롤러코스터는 철재 롤러코스터이다.
  - 트랙 종류에 따라 최고 속도에 차이를 보이며, 최고 속도와 트랙 종류 사이에 관련성이 있음을 보여 준다.

03 데이터 분석 활동을 해 볼까

데이터 분석 ❷

🎬 **롤러코스터의 최고 속도에 영향을 끼치는 요인들에는 무엇이 있을까?**

롤러코스터는 이용객들에게 짜릿한 스릴감을 주며, 그중에서도 가장 큰 묘미는 빠른 속도를 체감하는 순간이다. 바람을 가르며 질주하는 롤러코스터의 속도는 어떤 요소에 의해 결정될까? 롤러코스터의 최고 속도에 영향을 미치는 요인들을 분석해 보자.

최고 속도 속성 그래프

롤러코스터의 최고 속도에 영향을 끼치는 속성들을 알아보기 위해 '최고 속도(Top Speed)' 속성을 y축으로 설정한다. 그래프 메뉴를 클릭해 3개의 그래프를 만들고, 최고 속도에 영향을 끼칠 것으로 생각되는 '최대 높이(Max Height)', '낙하 거리(Drop)', '트랙 길이(Length)' 속성을 x축으로 각각 설정한다.

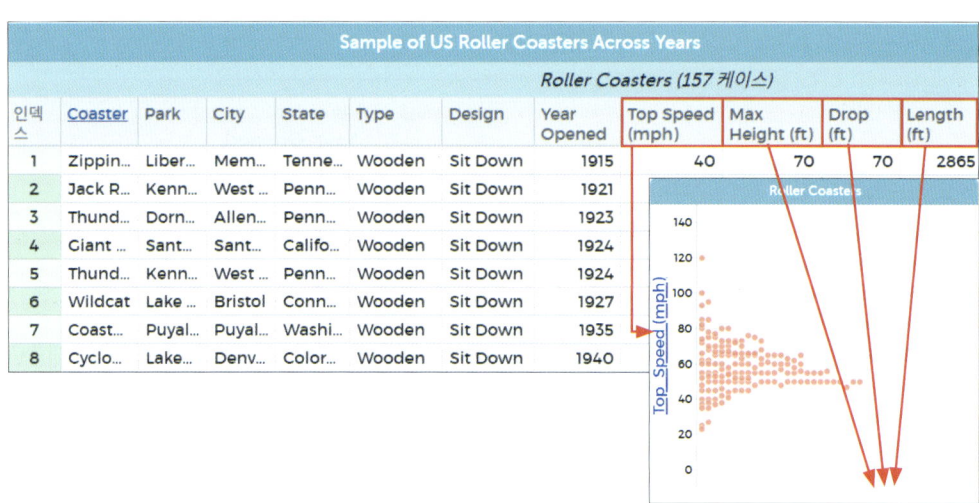

다음은 최대 높이와 최고 속도 간의 관련성을 보여 주기 위해 '측정' 탭을 클릭하여 '최소제곱선'을 추가한 산점도이다.

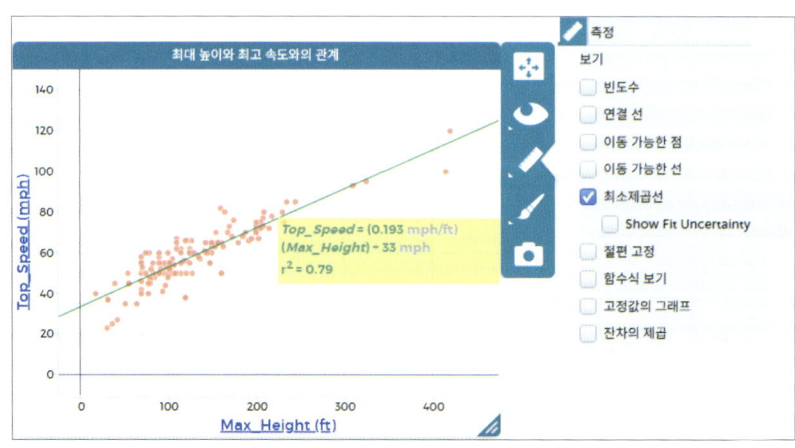

> 최소제곱선의 구체적인 설명은 78쪽 짚고 가기에서 확인해 보세요.

> **Tip!** 세 개의 속성을 구분하기 위해 '형식' 탭에서 산점도의 점의 색을 각각 변경한다.

나머지 낙하 거리 및 트랙 길이와 최고 속도 간의 관련성을 보여 주기 위해 '최소제곱선'을 추가한 산점도는 다음과 같다.

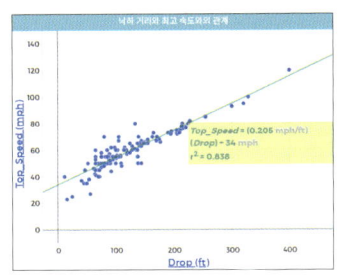
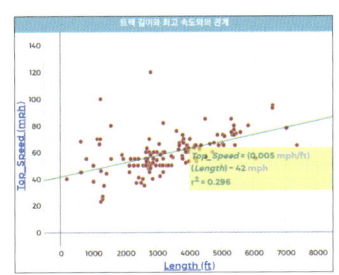

해석

롤러코스터의 최고 속도에 영향을 끼치는 요인들을 알아보기 위해 최고 속도와 여러 속성 간의 관련성을 산점도로 표현한 결과, 이를 통해 알 수 있는 정보는 다음과 같다.

CODAP에서 최소제곱선은 데이터의 전체적인 경향성을 시각적으로 나타내는 역할을 한다. 산점도를 통해 전반적인 데이터의 분포와 경향성을 알 수 있다면 최소제곱선을 통해 경향성의 정도를 가늠할 수 있다. 이때, 노란색 박스에 표시되는 r^2(결정계수)의 값이 1에 가까울수록 두 속성 간의 관계가 높다는 것을 의미한다.

- 최고 속도와 최대 높이 간의 상관관계
  - 롤러코스터의 최대 높이가 높을수록 최고 속도도 증가하고, 두 속성의 결정계수는 0.79로 제법 강한 상관관계를 보인다.
  - 최대 높이에 따라 중력의 영향이 강해지므로 속도가 빨라질 가능성이 크다.
- 최고 속도와 낙하 거리 간의 상관관계
  - 낙하 거리가 클수록 최고 속도도 증가하는 패턴이 뚜렷하다.
  - 결정계수의 값(0.838)이 최대 높이와 비교할 때보다 크다는 것은 낙하 거리가 더 직접적인 영향을 끼친다는 것을 의미한다.
- 최고 속도와 트랙 길이 간의 상관관계
  - 트랙 길이가 길수록 최고 속도가 증가하는 경향이 있지만 결정계수의 값(0.296)으로 보아 앞 두 개의 속성보다는 관련성이 적다.
  - 트랙 길이와 최고 속도 사이에는 뚜렷한 관계가 나타나지 않아 트랙 길이는 최고 속도에 큰 영향을 주는 요인이라고 보기 어렵다.

> 상관관계란 두 가지 가운데 한쪽이 변화하면 다른 한쪽도 따라서 변화하는 관계를 뜻해요.

03 데이터 분석 활동을 해 볼까

> **짚고 가기** 상관관계, 최소제곱선, 결정계수

- **상관관계**
- 한 속성이 변할 때 다른 속성도 함께 변하는지에 대한 두 속성 간의 관련성을 수치로 표현하는 통계적 분석 방법이다. 예를 들어 먹는 양과 체중 사이에는 양의 상관관계가 있고, 운동량과 체중 사이에는 음의 상관관계가 있다. CODAP에서는 상관관계를 다음과 같이 최소제곱선과 결정계수(r^2) 개념으로 표현한다.

- **최소제곱선**
- 최소제곱선은 두 속성 간의 직선적 관계를 설명하는 데 사용되며, 곡선이나 다른 형태의 관계는 설명하지 못한다. 따라서 결정계수(r^2)가 0에 가까워도 두 속성 간에 직선 관계가 없다는 것을 의미할 뿐, 다른 형태의 관계가 없음을 보장하지는 않는다.

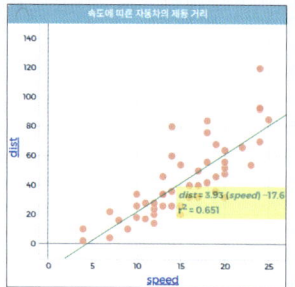
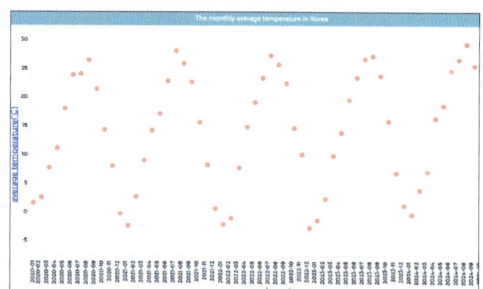

(속도에 따른 자동차의 제동 거리 – 선형 관계)　(우리나라 월별 평균 기온 – 비선형적 관계)

- **결정계수(r^2)**
 - 결정계수는 두 속성 간의 관련성 정도를 표현하는 지표이며 0~1 사이의 실수로 표현된다. 1에 가까울수록 속성 간의 관련성이 높고 0에 가까울수록 관련성이 적다.
 - 결정계수가 0.8인 경우, 두 속성 간의 관련성이 약 80%가 있다고 해석한다. 이때 유의할 점은 직선의 기울기는 결정계수의 값과 관련이 없다. 즉 기울기 값이 크다고 해서 결정계수가 큰 것은 아니다.

결정계수 값	관계 정도
0~0.2	관계가 거의 없다.
0.2~0.4	관계가 약간 있다.
0.4~0.6	보통의 관계가 있다.
0.6~0.8	관계가 제법 있다.
0.8~1.0	매우 관련이 있다.

데이터 분석 ❸

📁 미국에서 롤러코스터를 많이 탈 수 있는 여행지는 어디일까?

미국은 세계적인 테마파크와 다양한 놀이공원들이 밀집해 있다. 롤러코스터 매니아들에게는 그야말로 천국과도 같은 여행지이기도 하다.

하지만 한정된 시간과 예산으로 여행 계획을 세울 때, 어디로 가야 가장 많은 롤러코스터를 효율적으로 즐길 수 있을지는 누구나 고민하게 될 것이다. 데이터를 바탕으로 주별, 테마파크별 롤러코스터 수를 비교해 보고, 미국에서 가장 효율적으로 롤러코스터를 즐길 수 있는 최적의 여행지가 어디인지 분석해 보자.

State 속성 그래프

주(State)별로 롤러코스터 개수를 파악하기 위해 그래프의 x축을 '주(State)' 속성으로 설정한다. 그런 다음, '측정' 탭에서 '빈도수'를 선택하고, '환경설정' 탭에서 '점을 막대로 변환'을 선택하여 막대그래프 형태로 시각화한다.

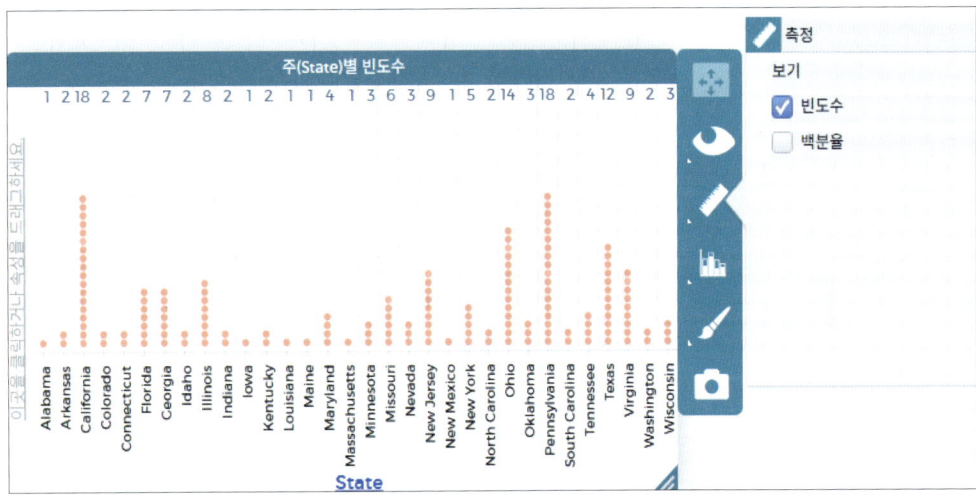

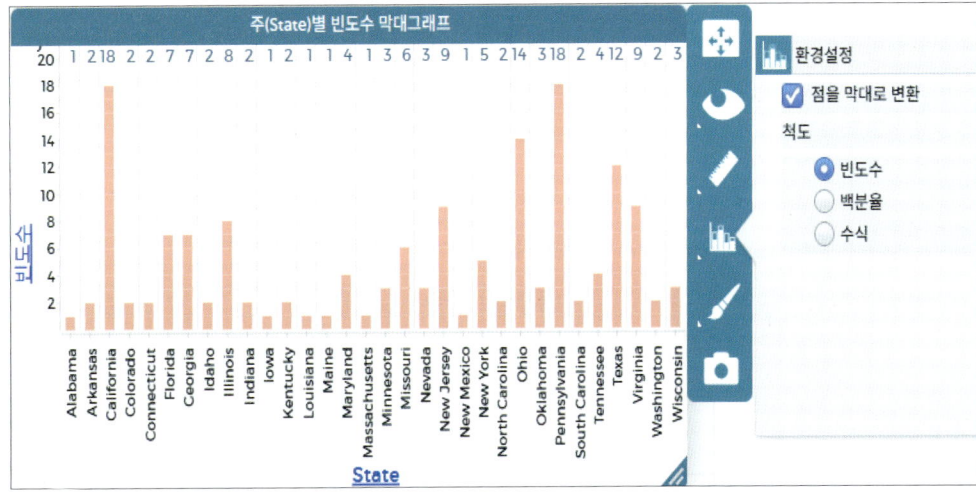

5. 롤러코스터 데이터 분석 **79**

03 데이터 분석 활동을 해 볼까

Park 속성 그래프

같은 방식으로 x축을 '소속-테마파크(Park)' 속성으로 설정해 보자.

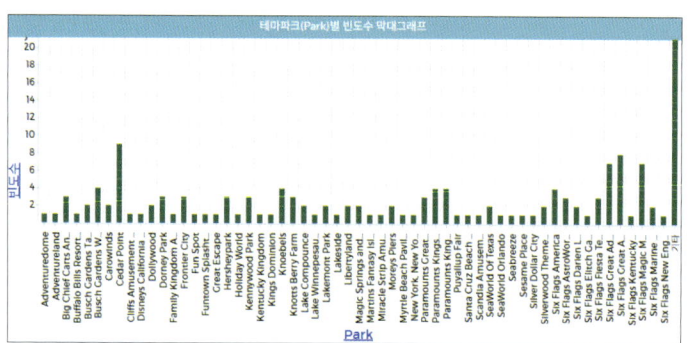

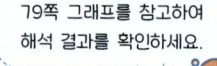

롤러코스터를 가장 많이 탈 수 있는 여행지를 알기 위해, 미국의 주별, 테마파크별 롤러코스터 현황을 막대그래프로 나타낸 결과, 이를 통해 알 수 있는 정보는 다음과 같다.

> 79쪽 그래프를 참고하여 해석 결과를 확인하세요.

- **미국의 주(State)별 롤러코스터 현황**
  - 캘리포니아(California)와 펜실베이니아(Pennsylvania)는 각각 18개의 롤러코스터를 보유하고 있다. 여러 테마파크를 돌아다니며 다양한 롤러코스터를 즐기고 싶다면 캘리포니아주나 펜실베이니아주가 최적의 여행지이다.
  - 만약 캘리포니아주와 펜실베이니아주 중 하나를 선택해야 한다면, 펜실베이니아주가 적절하다. 그 이유는 펜실베이니아주 내에 롤러코스터가 밀집되어 있어 짧은 이동 거리로 다양한 경험이 가능하며, 뉴저지, 오하이오, 뉴욕 등 인근 주에도 유명한 테마파크가 가까운 거리에 위치해 있기 때문이다.
  - 따라서 지리적 접근성과 롤러코스터의 밀집도를 고려했을 때, 펜실베이니아주는 효율적인 롤러코스터 여행에 매우 유리한 지역이다.

- **미국의 테마파크(Park)별 롤러코스터 현황**
  - Cedar Point는 총 9개의 롤러코스터를 보유하며 단일 테마파크 기준 가장 많은 롤러코스터를 운영하고 있다. 반면 Six Flags 계열(Great Adventure, Great America, Magic Mountain)도 각각 7~8개에 이르는 롤러코스터를 보유하고 있다.
  - 대부분의 중소형 테마파크는 1~2개의 롤러코스터만 보유하고 있으며, 스릴감이나 다양성 측면에서는 다소 제한적이다.
  - 한 곳에서 다양한 롤러코스터를 연속적으로 즐기고 싶다면 Cedar Point나 Six Flags 계열의 테마파크가 효과적인 선택지이다.

더 알아보기 Six Flags 테마파크

- 롤러코스터 데이터셋에서 'Six Flags' 계열의 테마파크가 자주 등장한다. Six Flags는 미국 전역에 분포한 세계 최대 규모의 놀이공원 체인 중 하나로, 짜릿한 스릴과 다양한 롤러코스터로 유명하다.
- 1950년대 텍사스에서 시작된 이 브랜드는 현재 미국을 포함해 멕시코, 캐나다 등에도 진출해 있다. 미국 내에서는 캘리포니아(California), 뉴저지(New Jersey), 일리노이(Illinois), 텍사스(Texas)주 등 각 지역마다 고유한 테마와 특색 있는 롤러코스터를 운영하고 있다.
- Six Flags 테마파크는 스릴 있는 속도, 회전, 낙하감을 극대화한 롤러코스터가 많아 롤러코스터 마니아들에게 꼭 가 보고 싶은 여행지로 꼽힌다.
- 만약 우리나라에서 미국으로 롤러코스터 여행을 떠난다면, 직항 노선이 있는 도시에 위치한 Six Flags 테마파크를 선택하면 이동 시간을 줄이면서도 즐거운 여행을 계획할 수 있을 것이다.

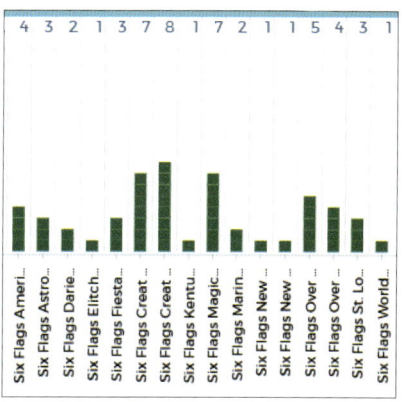

더 알아보기 파일 불러오기

CODAP에서 'Roller Coasters' 데이터를 불러오는 방법에 따라 CODAP 창에 불러온 데이터 테이블의 형태가 다를 수 있다. 하지만 속성은 동일하니, 그룹화된 테이블에 있는 속성이 무엇인지 파악하도록 한다.

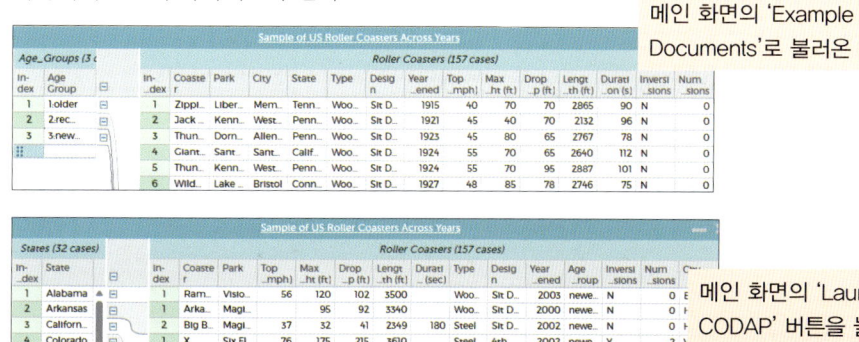

메인 화면의 'Example Documents'로 불러온 화면

메인 화면의 'Launch CODAP' 버튼을 눌러 불러오기로 보는 화면

탐색적 데이터 분석

데이터의 속성을 살펴보고 앞에서 제시한 문제의 답을 찾는 것 외에 더 알 수 있는 정보를 찾아봅시다.

> **예시** 특정 설계 방식이 특정 시대(개장 연도) 이후에 더 많이 등장했는가?

1. 어떤 데이터 분석 활동을 해야 할까?

> 예) 특정 설계 방식이 특정 시대(개장 연도) 이후에 더 많이 등장하고 있는지 탐색

2. 어떤 속성이 필요할까?

> 예) Design(설계 방식), Year Opened(개장 연도)

3. 어떤 그래프를 그릴까?

> 예) 롤러코스터 설계 방식과 개장 연도 그래프(산점도)

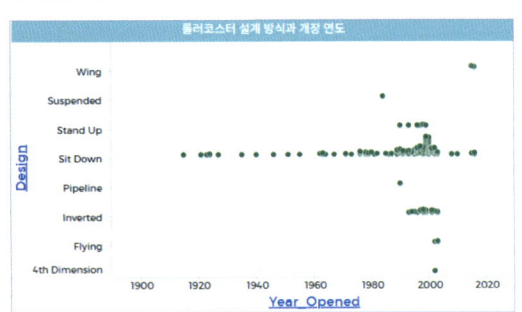

4. 알 수 있는 정보는 무엇일까?

> 예) Sit Down 방식은 전통적인 방식으로 롤러코스터가 오래전부터 사용해 온 설계 방식이며 꾸준히 사용되고 있다. Wing, Inverted, Flying과 같은 방식은 비교적 최근(2000년대 이후)에 등장하기 시작한다.

5. 이 활동을 통해 얻을 수 있는 기대 효과는 무엇일까?

> 예) 시대별로 유행하는 롤러코스터 설계 방식이 어떻게 달라졌는지 파악할 수 있다.

6 UFO 데이터 분석

▸ 이 장에서는 다음의 순서로 진행합니다.

결측치, 속성 추가, split( ) 함수

01 해결해야 할 문제는 무엇일까
- UFO가 자주 목격되는 장소나 시기가 있을까?

02 어떤 데이터를 분석할까
- Kaggle 데이터(UFO 데이터)

03 데이터 분석 활동을 해 볼까
- 데이터 분석 1
  UFO는 어떤 모양을 하고 있을까?
- 데이터 분석 2
  UFO는 어디에서 많이 목격될까?
- 데이터 분석 3
  UFO 목격 사례는 점점 증가하거나 감소하고 있을까?

응용하기
- 탐색적 데이터 분석
  예시 UFO가 자주 목격되는 시기가 있을까?

01 해결해야 할 문제는 무엇일까

💬 **다음 상황을 읽고, 해결해야 할 문제를 알아봅시다.**

밤하늘을 바라보다 보면 정체불명의 비행체를 봤다는 이야기를 종종 듣게 된다. 어떤 사람들은 착각이라고 하지만, 여러 지역에서 반복적으로 목격되는 사례도 있다. 특히 특정한 시기나 장소에서 자주 나타난다는 보고가 많은데, 과연 우연일까? 그렇다면 UFO는 언제, 그리고 왜 특정 지역에서 자주 목격되는 걸까?

알아두면 쓸모있는 정보

UFO를 목격한 데이터를 분석하면 시간에 따른 목격 추이, 지역별 집중도, 자주 보이는 형태 등을 파악할 수 있다. 또한 위도와 경도 정보를 이용한 지리적 시각화뿐만 아니라 UFO 목격 사건이 특정 기간 증가하거나 감소하는지, 특정 시간대나 계절에 집중되는지 등을 파악할 수 있으며, 유사한 특성을 가진 UFO 목격 사건을 그룹화하여 특정 패턴을 도출할 수 있다. 이를 통해 기술의 발전과 사회적 관심도의 흐름과 관련지어 분석할 수 있어, UFO 현상에 대한 이해를 깊이 있게 할 수 있다.

02 어떤 데이터를 분석할까

데이터 수집

💬 **문제 해결에 필요한 데이터를 수집하고, 속성을 살펴봅시다.**

UFO 데이터(UFO Sightings)는 Kaggle에서 제공하는 데이터로, 미국 워싱턴주의 비영리 단체인 국립 UFO 보고 센터(NUFORC)에 접수된 UFO 목격 데이터를 정리한 것이다.

complete.csv와 scrubbed.csv라는 두 종류의 데이터셋으로 나누어져 있으며, 이번 활동에는 결측치가 어느 정도 제거된 scrubbed.csv를 사용한다.

결측치
데이터 수집 과정에서 누락되었거나 측정되지 않은 데이터를 말한다. 결측치가 있으면 추가로 수집하여 채워 넣거나 데이터 분석에서 제외하도록 한다.

데이터 속성 알아보기

UFO Sightings
Dataset · 6y ago · by National UFO Reporting Center (NUFORC)
673 ▲ · What are the most common UFO descriptions?

인덱스	datetime	city	state	country	shape	duration(second)	duration(hours/min)	comments	date posted	latitude	longitude
1	10/10/19...	dallas	tx	us	unknow...	300	5 minutes	Strange...	10/28/...	32.78	-96.8
2	10/10/19...	ashburn	ga	us	triangle	120	2 minutes	Translu...	10/8/2...	31.71	-83.65
3	10/10/19...	higgins...	mo	us	triangle	3	3sec	illumin...	2/16/2...	39.07	-93.72
4	10/10/19...	mesa	az	us	sphere	30	30 seconds	A small...	2/14/20...	33.42	-111.82
5	10/10/19...	austin	mn	us	other	3600	1-hour	i was tra...	1/28/19...	43.67	-92.97
6	10/10/2...	grand v...	id	us	light	15	12-15 seco...	Bright li...	10/15/2...	42.99	-116.09
7	10/10/2...	cresce...	sc	us	formati...	37800	1 1/2 hr.	For two...	1/17/20...	33.81	-78.7
8	10/10/2...	berkeley	ca	us	unknow...	180	3 minutes	While d...	5/24/2...	37.87	-122.27
9	10/10/2...	los ang...	ca	us	egg	10	10 seconds	Egg UF...	10/20/...	34.05	-118.24
10	10/10/2...	savann...	tn	us	light	600	10 minutes	weird li...	10/30/...	35.22	-88.25
11	10/10/2...	greenw...	ct	us	light	240	4 mins	"S...	11/21/2...	41.03	-73.63
12	10/10/2...	windsor	ct	us	fireball	5	5 seconds	Bus size...	5/2/2014	41.85	-72.64
13	10/10/2...	prescot...	az	us	other	300	hours	Craft bo...	10/10/2...	34.61	-112.31
14	10/10/2...	bean st...	tn	us	cigar	180	3 minutes	Large ci...	10/30/...	36.34	-83.28
15	10/10/2...	rancho...	ca	us	rectang...	5	5 seconds	Flying r...	10/30/...	33.74	-116.41
16	10/11/19...	riverside	ca	us	chevron	4	4 seconds	Double...	1/28/19...	33.95	-117.4
17	10/11/19...	mount...	tn	us	light	10	10 seconds	Bright s...	11/1/1998	36.55	-82.66
18	10/11/19...	addiso...	il								

속성 살펴보기

- datetime: 목격 일시
- city: 목격 도시
- state: 목격 주
- country: 목격 국가
- shape: UFO 모양
- duration(second): 목격 기간(초)
- duration(hours/min): 목격 기간(시간/분)
- comments: 목격담
- date posted: 등록 일자
- latitude: 목격 위치의 위도
- longitude: 목격 위치의 경도

UFO 데이터를 이용하면 어떤 정보를 알아낼 수 있고, 어떤 문제를 해결할 수 있을까? 예를 들어, 수집된 UFO 데이터를 토대로 UFO 목격 사례에 어떤 추이가 있는지 살펴보고, 특정 경향성이 존재한다면 그 이유를 생각해 볼 수 있다.

02 어떤 데이터를 분석할까

데이터 다운로드

📁 Kaggle에서 데이터 내려받는 방법

1 회원 가입하기

Kaggle(https://www.kaggle.com/) 회원 가입 방법은 '구글 계정으로 가입하기'와 '이메일로 가입하기' 두 가지가 있다. Kaggle 홈페이지에 접속하면 다음과 같은 화면이 뜬다.

> **Tip!** Kaggle에서 데이터를 탐색하는 것은 회원 가입 없이도 가능하지만, 데이터를 내려받기 위해서는 반드시 회원 가입을 해야 한다.

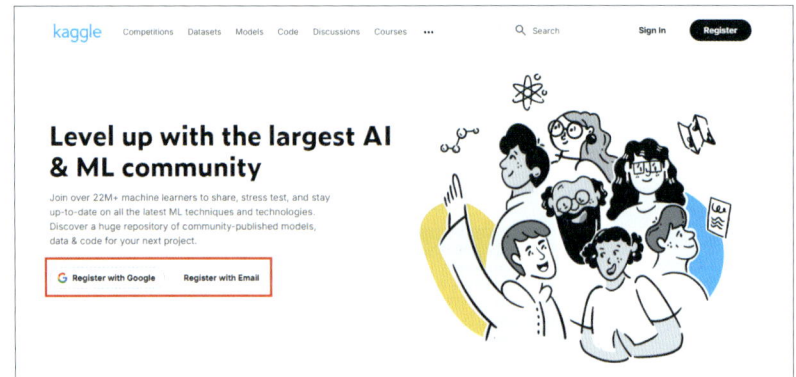

구글 계정이 있으면 'Register with google' 버튼을, 아닐 경우에는 'Register with Email' 버튼을 눌러 회원 가입을 진행한다.

> 구글 계정이 있으면 별도의 정보를 입력할 필요 없이 빠르게 가입할 수 있어요.

2 Dataset 메뉴 데이터 검색하기

로그인 후 왼쪽의 Datasets를 선택한 후, Datasets 검색창에 'ufo'를 검색하여 나온 결과 중 외계인 이미지 아이콘이 있는 'UFO Sightings'를 선택한다.

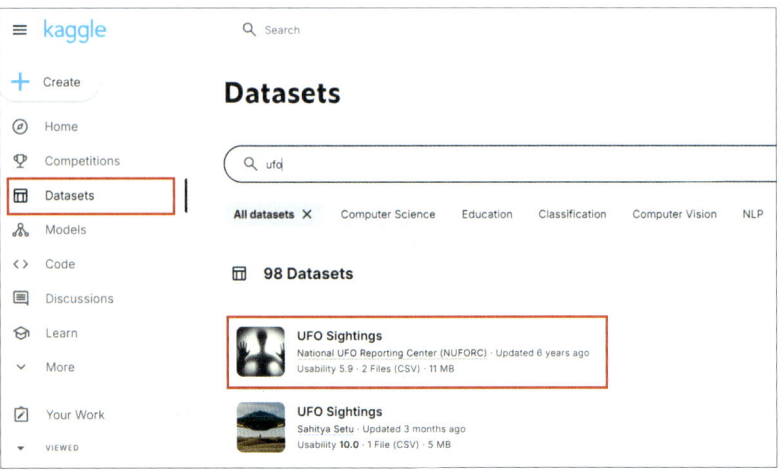

3 데이터 내려받기

데이터 탐색(Data Explorer)의 'scrubbed.csv'를 선택한 후 ![아이콘] 버튼을 선택하여 데이터를 내려받는다.

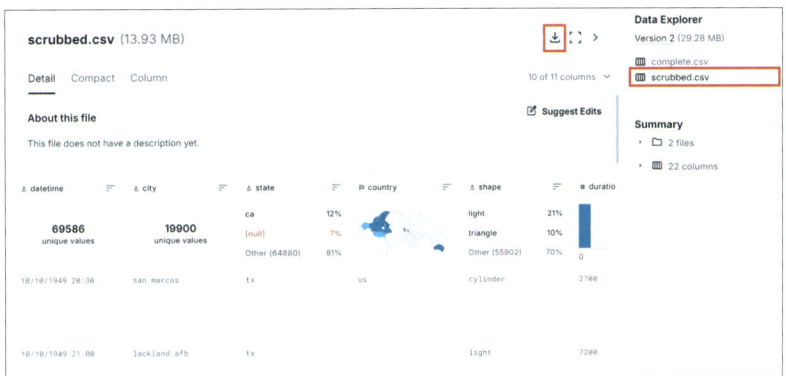

내려받기가 완료되면 데이터가 저장된 폴더를 연다.

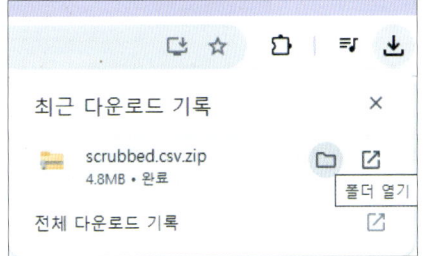

내려받은 데이터와 동일한 이름의 압축 파일을 찾은 뒤 우클릭하여 압축 풀기를 진행한다.

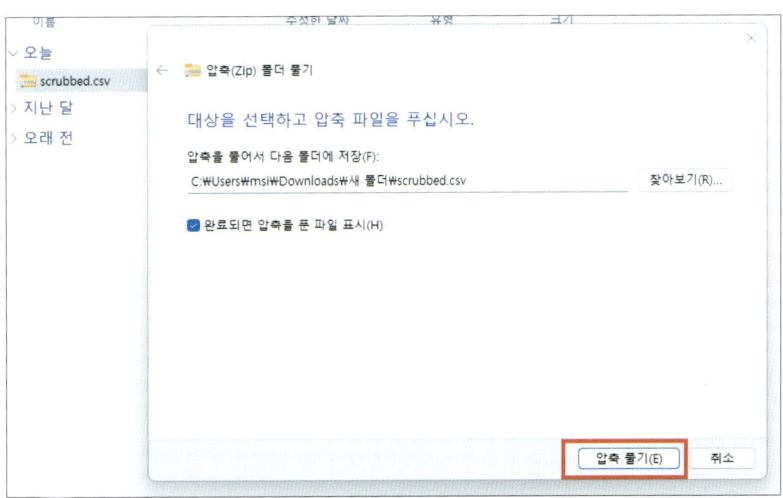

6. UFO 데이터 분석 87

02 어떤 데이터를 분석할까

데이터 불러오기

⊙ CODAP으로 데이터 불러오기

1 메인 화면의 'Launch CODAP' 클릭하기

오른쪽 위의 'Launch CODAP'을 클릭한 후 빈 공간에 내려받은 파일을 드래그 앤 드 드롭한다.

2 파일을 CODAP 화면으로 끌어오기

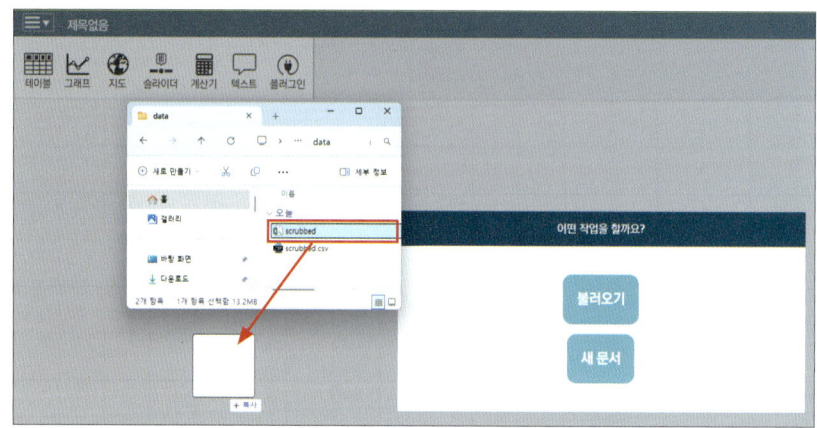

3 데이터 개수 선택하기

UFO 데이터는 행의 개수가 80,333개이므로 다음과 같은 불러올 데이터 설정 창(Importer)이 뜬다. CODAP에서는 행이 5,000개가 넘으면 느려지는 지연 현상 때문에 나타나는 팝업창이다. 이때, 임의로 5,000개의 값을 선택하여 분석하거나 모든 행을 가져오기를 선택하여 느리더라도 전체 데이터를 분석할 수 있다.

> 여기서는 5,000개의 데이터를 임의 선택하여 분석하였어요. 따라서 어떤 5,000개의 데이터가 선택되었느냐에 따라 분석 결과가 약간 달라질 수 있어요.

Tip! 만약 데이터의 모든 행을 가져왔다면 다음과 같은 창이 뜨지만, 대기를 누르고 기다리면 서서히 처리가 되는 것을 볼 수 있다.

데이터 분석 활동을 해 볼까

💬 **다음의 질문에 대한 답을 찾을 수 있도록 데이터 분석을 해 봅시다.**

- ✅ UFO는 어떤 모양을 하고 있을까?
- ✅ UFO는 어디에서 많이 목격될까?
- ✅ UFO 목격 사례는 점점 증가하거나 감소하고 있을까?

데이터 분석 ❶

📁 UFO는 어떤 모양을 하고 있을까?

UFO라고 하면 원반형을 떠올리는 사람이 많지만, 실제 목격담을 보면 그 형태는 생각보다 다양하다고 한다. 과연 UFO는 어떤 모습을 하고 있을까? 데이터의 시각화를 통해 분석해 보자.

UFO 목격 모양 빈도 그래프

UFO 데이터에서 'UFO 모양(shape)' 속성을 사용하면 목격담 속 UFO 모양을 종류별로 정리하여 확인할 수 있다. 'UFO 모양(shape)' 속성을 x축으로 설정하고, '빈도수'를 y축으로 갖는 막대그래프를 그려 보자.

1️⃣ 'UFO 모양(shape)'을 x축으로 설정하기

'UFO 모양(shape)'을 x축에 드래그 앤 드롭한다.

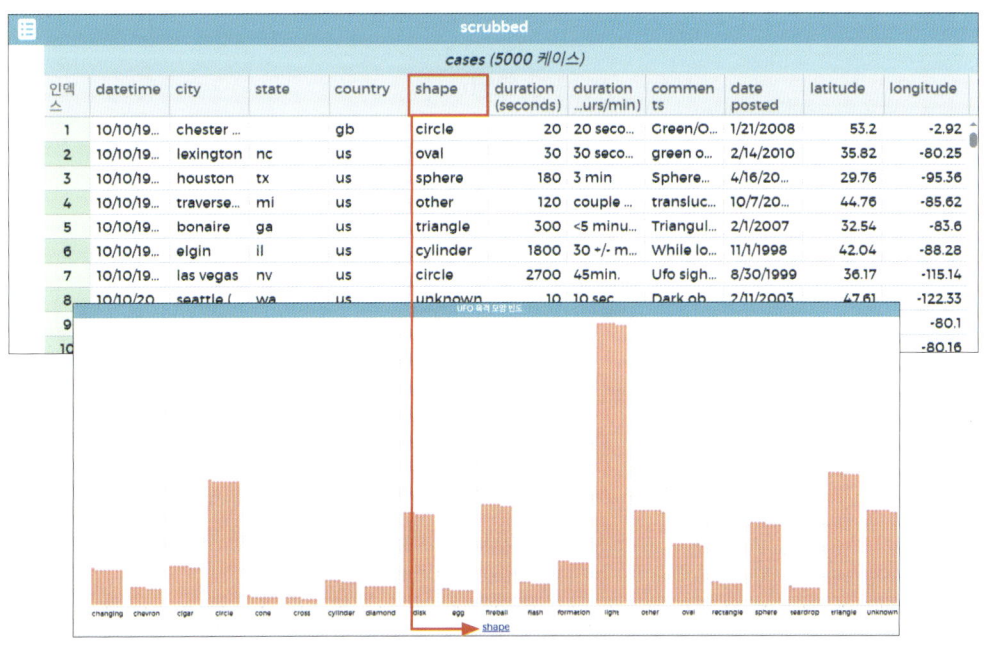

03 데이터 분석 활동을 해 볼까

'측정' 탭을 선택하여 빈도수에 체크하면 막대그래프별 목격 빈도를 확인할 수 있어요.

2 척도를 빈도수로 설정하기

'측정' 탭에서 '빈도수'를 선택하고 '환경설정' 탭에서 '점을 막대로 변환'을 선택하여 막대그래프 형태로 시각화한다.

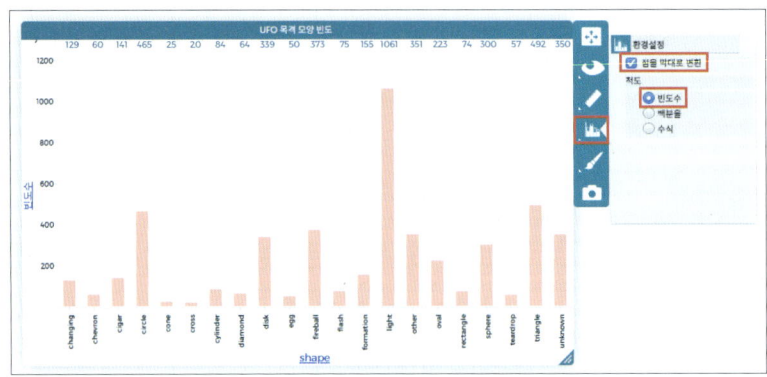

 목격담 속 UFO의 모양의 빈도를 그래프로 나타낸 결과, 이를 통해 알 수 있는 정보는 다음과 같다.

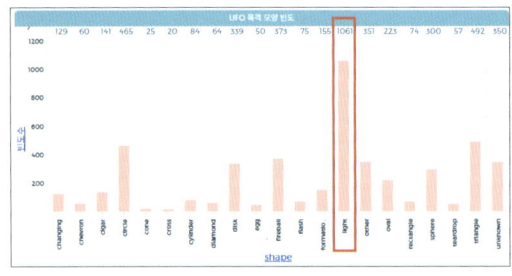

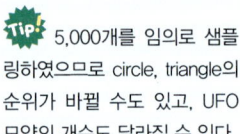 5,000개를 임의로 샘플링하였으므로 circle, triangle의 순위가 바뀔 수도 있고, UFO 모양의 개수도 달라질 수 있다.

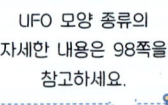 UFO 모양 종류의 자세한 내용은 98쪽을 참고하세요.

● UFO 모양
  - 이 활동에서는 UFO의 모양은 21개의 종류로 분류된다.
  - light 형태가 가장 많이 나타난다.
  - 80,333개의 데이터 중 임의의 5,000개의 값을 선택하여 분석하였으므로 각 모양에 해당하는 목격 수는 분석할 때마다 달라질 수 있다.

더 알아보기 ➕ 데이터 분석 시 유의 사항

목격자가 직접 제보한 내용인 만큼 데이터의 수집 과정에서 주관적인 요소가 개입했을 가능성이 있으며 목격된 형태가 지역이나 문화적 배경에 의해 다르게 인식될 경우도 배제할 수 없다. 또한 UFO는 상공에서 나타나는 만큼 관측한 거리나 기상 상황 등에 의해 형태가 정확하진 않을 수 있음을 고려해야 한다.

데이터 분석 ❷

UFO는 어디에서 많이 목격될까?

UFO 목격담을 읽거나 들어 본 적이 있는가? 하늘을 올려다보면 미지의 세계가 우리를 기다리고 있을지도 모른다. 국가별 UFO의 목격 사례 수를 분석해 보자.

데이터 전처리

● 결측치 채우기

UFO 데이터에는 '목격 국가(country)' 값이 비어 있는 경우가 존재한다. 이는 대부분 5개 국가(au, ca, de, gb, us) 외의 사례일 경우에 해당한다. 이를 처리하지 않고 그래프를 만들 경우, 결측치가 제외된 채로 그래프가 그려지므로 결측치를 'others'라는 값으로 채워 보도록 하자.

'목격 국가(country)' 속성을 인덱스의 왼쪽 콜렉션(흰색 영역)으로 드래그 앤 드롭한 뒤, 비어 있는 값을 더블 클릭하여 'others'로 입력하면 한 번에 결측치를 처리할 수 있다. 값을 채운 다음에는 '목격 국가(country)'를 다시 원래 위치로 드래그 앤 드롭한다.

국가 코드 설명
- au: 호주
- ca: 캐나다
- de: 독일
- gb: 영국
- us: 미국

> 샘플링 결과에 따라 결측치 위치가 다를 수 있어요.

6. UFO 데이터 분석 **91**

03 데이터 분석 활동을 해 볼까

국가별 UFO 목격 빈도 그래프

국가별 UFO 목격 빈도를 알아보기 위해서는 '목격 국가(country)' 속성별로 UFO 목격 사례를 정리하여 살펴볼 수 있어야 한다. '목격 국가(country)' 속성을 x축으로 하는 막대그래프를 그리면, 국가별 UFO 목격 빈도수를 한눈에 비교할 수 있다.

1 '목격 국가(country)'를 x축으로 설정하기

'목격 국가(country)'를 x축에 드래그 앤 드롭한다.

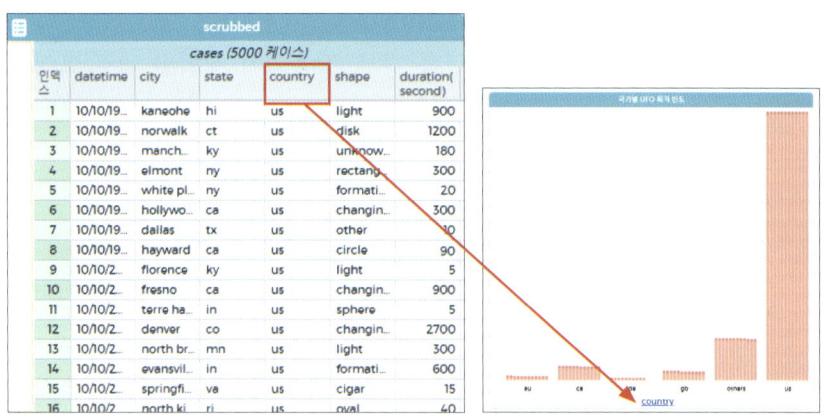

2 척도를 빈도수로 설정하기

'측정' 탭에서 '빈도수'를 선택하고 '환경설정' 탭에서 '점을 막대로 변환'을 선택하여 막대그래프 형태로 시각화한다.

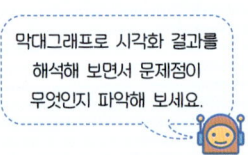

막대그래프로 시각화 결과를 해석해 보면서 문제점이 무엇인지 파악해 보세요.

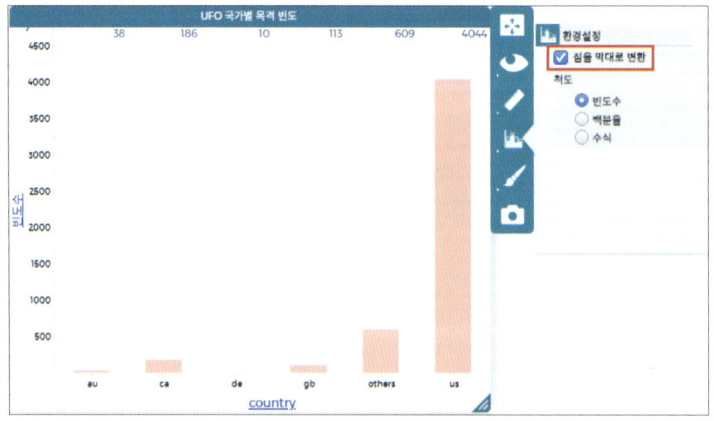

막대그래프로 표현한 결과, 'others'로 통합된 곳은 해당 지역이 어디인지 정확히 파악하기 어려운 문제가 발생한다. 이를 보완하기 위해 데이터에 포함된 위도와 경도 정보를 활용하여 지도로 시각화해 보자.

UFO 데이터는 '위도(latitude)' 및 '경도(longitude)' 속성을 갖고 있다. 이를 사용하여 UFO 목격 위치를 지도에 나타낸다면 'others' 그룹이 어느 지역인지 확인할 수 있다. 왼쪽 위 메뉴의 지도 아이콘을 클릭하면 해당 작업을 수행할 수 있다.

> **Tip!** 지도 왼쪽의 +, – 버튼으로 확대, 축소가 가능하며 마우스 드래그로 지도를 움직일 수 있다.

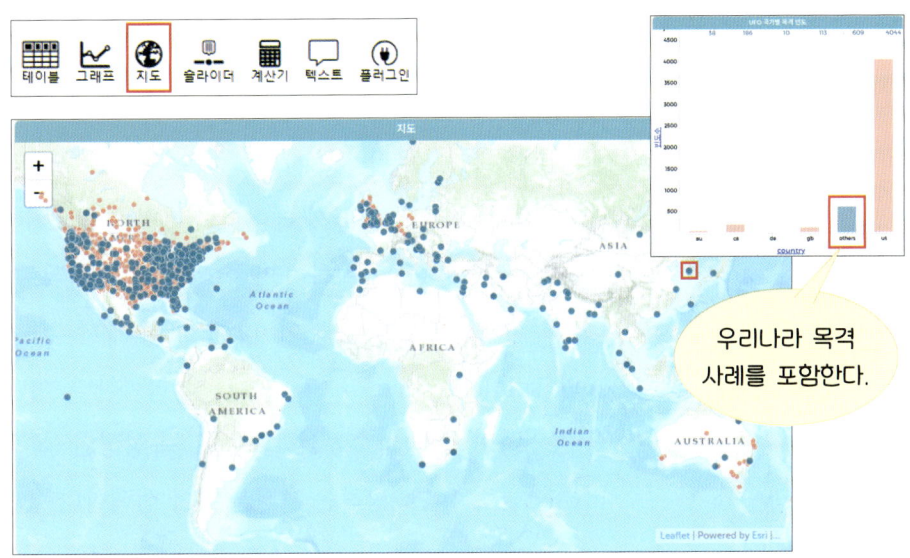

우리나라 목격 사례를 포함한다.

 # 해석 — UFO 목격 사례를 국가별로 나타낸 결과, 이를 통해 알 수 있는 정보는 다음과 같다.

- 국가별 UFO 목격 빈도
  - 미국(us)의 UFO 목격 접수 사례가 가장 많다.
  - 캐나다(ca)와 영국(gb)은 각각 두 번째와 세 번째로 목격 사례가 많다.
  - 우리나라도 목격 사례가 존재한다.

> **Tip!** 전체 80,333개의 데이터 중 5,000개를 임의로 선택한 데이터로 분석하였으므로 지도의 분포 모양이나 국가별 목격 수는 새롭게 설정하면 분석 결과가 달라질 수 있다.

- 지리적 특성
  - 북아메리카를 제외하고 전반적으로 해안가 지역에서 목격되는 경향이 있다.(한 연구 보고서에 따르면 해안가에 주로 위치하는 원자력 발전소 근처에서 자주 목격된다고 한다.)

더 알아보기 ❙ 데이터 편향의 추가 고려 사항

영어권 국가에서 목격 빈도가 높은 이유는 데이터의 편향성과 접근성 때문일 수 있다. 해당 데이터는 미국의 NUFORC에 접수된 내용을 기반으로 하며, NUFORC 사이트는 영어로 제공된다. 따라서 영어를 사용하는 국가의 사람들이 더 쉽게 이용할 수 있어 목격 보고가 집중될 가능성이 크다. 그러므로 우리는 데이터 해석 시 데이터 편향을 고려할 필요가 있다.

데이터 편향
데이터가 특정 환경과 같은 조건에 의해 불균형하게 수집되어 한쪽으로 치우치는 현상을 말한다.

6. UFO 데이터 분석 93

03 데이터 분석 활동을 해 볼까

데이터 분석 ❸

🗂 UFO 목격 사례는 점점 증가하거나 감소하고 있을까?

시간이 지남에 따라 UFO에 대한 관심도 변화가 있었을 것이다. 그렇다면 UFO 목격 빈도도 이에 따라 변화하지 않을까? 연도별 UFO 목격 사례 수를 분석해 보자.

데이터 전처리

● 날짜 데이터 분할, 속성 추가

'목격 일시(datetime)' 속성에는 UFO 목격 일시가 저장되어 있다. 하지만 데이터를 살펴보면 목격 월, 일, 년, 시간이 해당 순서로 통합된 채 작성되어 있어 목격 사례를 연도별로 나누기 위해 날짜 데이터의 분할이 필요하다.

테이블에서 '+'를 클릭하여 새 속성을 추가한 뒤, 속성 이름을 '연도(year)'로 설정한다. 속성 이름을 클릭하여 나온 메뉴에서 '수식 편집'을 선택한 뒤, 수식에 'split(split(datetime, '/', 3), ' ', 1)'을 입력한다. 여기서 split 함수는 '함수 입력' 버튼을 클릭하여 문자 함수에서 선택하고 속성명인 '목격 일시(datetime)'는 속성명 입력 버튼을 클릭하여 해당하는 속성을 찾아 선택한다.

> 수식 'split(split(datetime, '/', 3), ' ', 1)'의 ' '에서 띄어쓰기를 안 하면 오류가 생길 수 있어요.

Tip! 속성명 입력 방법

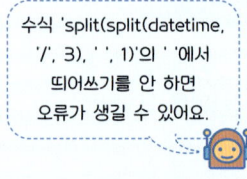

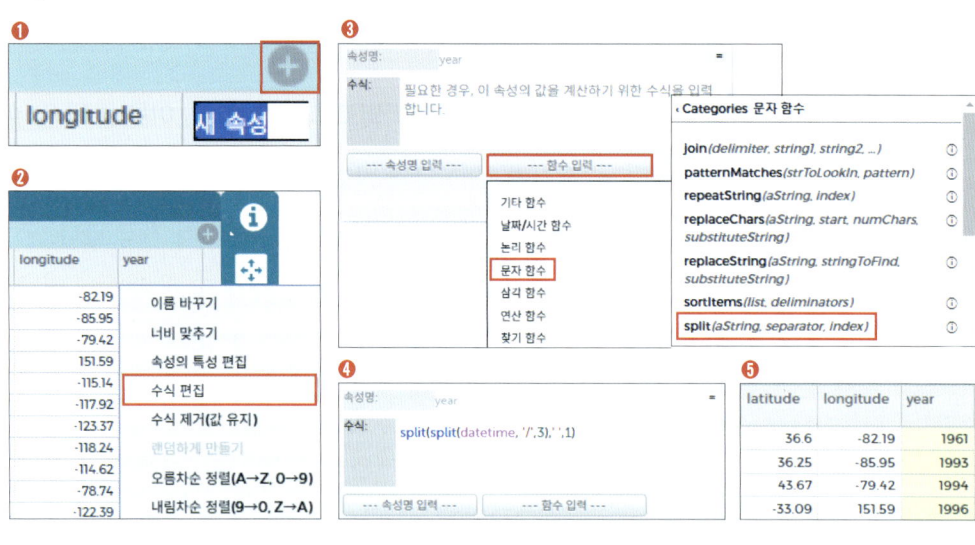

Tip! 목격 월과 목격 날짜는 각각 split(split(datetime, '/', 1),' ', 1), split(split(datetime, '/', 2),' ', 1) 로 추출하며 목격 시간은 split(datetime,' ', 2)로 추출할 수 있다.

짚고 가기 | split( ) 함수

문자열을 분리하는 함수로 split(문자열, '분리 기준', 추출할 순서 번호)로 나타낸다.
- 문자열: 분리하려고 하는 문자열
- 분리 기준: 문자열을 분리하는 기준 기호
- 추출할 순서 번호: 분리한 결과 중 몇 번째 문자열을 추출할지 번호

연도별 UFO 목격 빈도 추이 그래프

연도별 UFO 목격 빈도 추이를 살펴보기 위해 '연도(year)' 속성을 x축으로 하는 막대그래프를 그려 보자. 이때, '연도(year)' 속성은 범주형 데이터에 해당한다.

1 연도(year) 속성을 x축으로 설정하기

'연도(year)' 속성을 x축으로 드래드 앤드 드롭하고 범주형으로 변환한다.

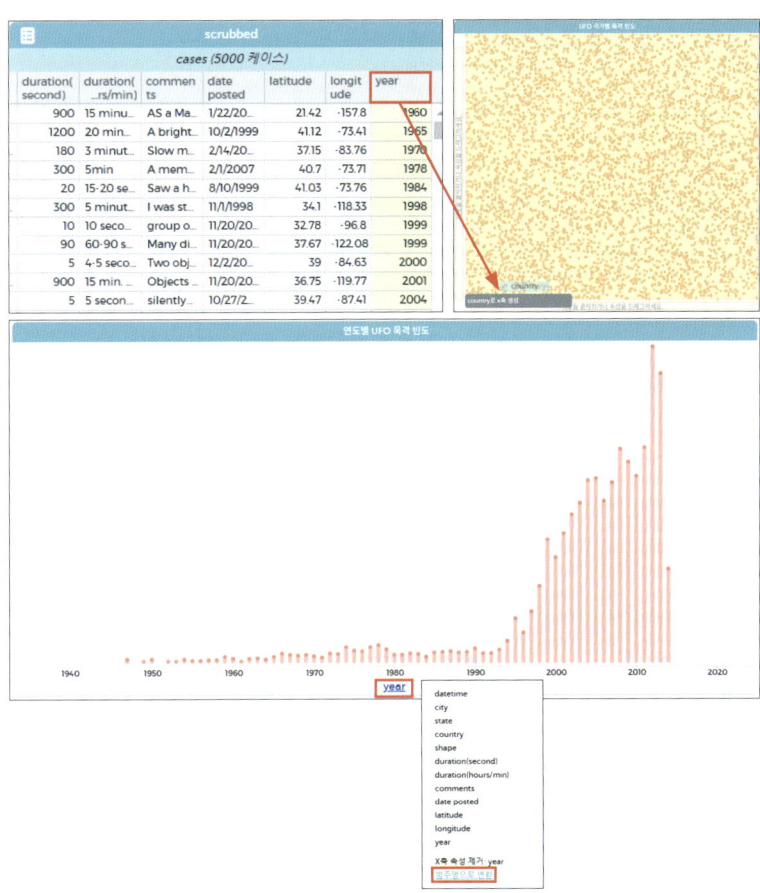

2 척도를 빈도수로 설정하기

'측정' 탭에서 '빈도수'를 선택하고 '환경설정' 탭에서 '점을 막대로 변환'을 선택하여 막대그래프 형태로 시각화한다.

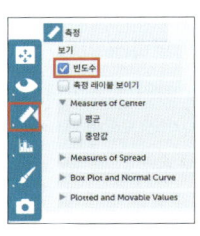 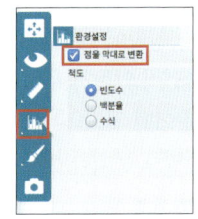

6. UFO 데이터 분석　95

03 데이터 분석 활동을 해 볼까

#해석 — UFO 목격 사례를 국가별로 정리하여 나타낸 결과, 이를 통해 알 수 있는 정보는 다음과 같다.

> 2014년까지 나오지 않고 '기타' 항목으로 나올 경우 그래프를 옆으로 조금 더 늘려 주세요. 임의의 5,000개의 데이터를 활용하였기 때문에 결과 해석은 조금씩 다를 수 있어요.

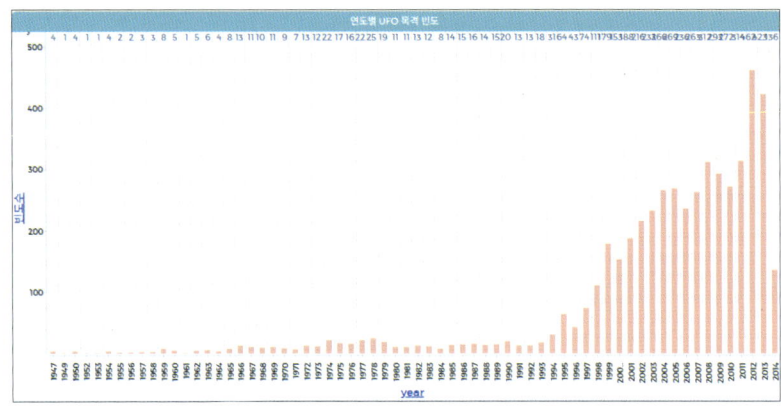

- 전반적인 추세
  - 1947년부터 2014년까지의 데이터로 구성되어 있으며 시간이 지날수록 목격 빈도가 증가하는 경향이 있다.

- 특징적인 부분
  - 1994년까지 비슷하던 목격 빈도가 1995년에 급격히 증가함을 볼 수 있다.
  - 2012년이 가장 많은 목격 빈도를 보인다.
  - 2014년 이후 데이터가 없어 목격 빈도가 급격히 감소한 것처럼 보인다.

더 알아보기 ➕ 추가적인 의미와 분석 정보

- **데이터의 한계**
  1995년에 목격 빈도가 갑자기 증가한 이유는 1995년에 NUFORC가 인터넷으로 사례 접수를 받기 시작한 것과 관련이 있을 수 있다.
  시간이 지나면서 점점 목격 빈도가 증가하는 이유도 인터넷, 스마트폰 등 통신 기술의 발전과 보편화와 연관 지을 수 있다. 이처럼 인터넷 확산으로 인한 보고 시스템의 발전, 대중의 관심 변화 등의 요소가 반영되었을 수 있어 해당 추이가 전 세계적 경향을 반영한다고 단정할 수는 없다.

- **추가 고려 사항**
  UFO 목격 증가 경향에 대해 보다 더 명확하게 밝히기 위해서는 기술 및 사회 요인 때문인지, 실제 현상과 관련이 있는지 추가적인 분석이 필요하다. 이와 연관 지어 가장 높은 목격 빈도를 보인 2012년에 어떤 사회 및 과학적 요인이 존재했는지 추가적으로 확인해 볼 수 있다. 또한 월별 혹은 계절별로 분석하면 목격이 집중되는 특정 기간이 존재하는지 살펴볼 수 있다.

탐색적 데이터 분석

데이터의 속성을 살펴보고 앞에서 제시한 문제의 답을 찾는 것 외에 더 알 수 있는 정보를 찾아봅시다.

 UFO가 자주 목격되는 시기가 있을까?

1. 어떤 데이터 분석 활동을 해야 할까?

> 예) UFO가 자주 목격되는 달

2. 어떤 속성이 필요할까?

> 예) month(목격된 달)
> ※94쪽을 참고하여 'month(목격된 달)' 속성을 새로 만든다.

3. 어떤 그래프를 그릴까?

> 예) 월별 UFO 목격 빈도수 그래프(막대그래프)
>
>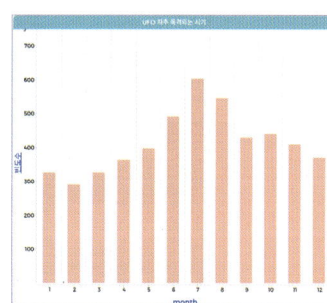

4. 알 수 있는 정보는 무엇일까?

> 예) 7월에 UFO 목격 빈도가 가장 높으며, 계절로 살펴보았을 때 여름에 UFO가 목격되는 경우가 많음을 알 수 있다.

5. 이 활동을 통해 얻을 수 있는 기대 효과는 무엇일까?

> 예) 여름이라는 특정 시기에 집중되는 경향을 보면 계절적 요인이 UFO 목격에 영향을 미칠 수 있음을 시사한다. 야외 활동 증가, 날씨 등의 상관관계를 추가적으로 살펴볼 수 있다. 데이터 분석 시 환경이나 인간 활동이 관측에 영향을 줄 수 있음을 고려해야 한다.

UFO는 어떤 모습을 하고 있을까?

미국 워싱턴주의 비영리 단체인 국립 UFO 보고 센터(NUFORC) 데이터베이스를 살펴보면 가장 흔히 목격되는 형태는 하늘에 떠 있는 빛(Light)의 모습으로, 2025년 5월 14일 기준 28,451건을 기록하고 있음을 알 수 있다.

우리가 UFO 하면 흔히 떠올리는 단어인 비행접시는 1947년 6월 24일 미국의 조종사 케네스 아놀드(Kenneth Arnold)의 목격담에서 처음 사용되었다. 해당 목격담이 대서특필되며 미국 공군이 공식적으로 조사를 실시하며 하늘의 알 수 없는 비행 물체에 대해 UFO라는 이름을 붙이게 되었고, 해당 사건은 UFO 보고가 폭발적으로 증가한 계기이기도 하다.

빛의 형태와 접시 모양 외에도 UFO는 다양한 형태가 존재한다. 1980년 페루의 전투기 조종사는 백열전구와 비슷한 모양의 UFO를 발견해 요격하였으며, 2007년부터 2011년 영국 웨스트 미들랜드 지역에서는 검은 삼각형 형태의 UFO가 목격되곤 했다. 케네스 아놀드의 목격담보다 몇 개월 이른 1947년 텍사스의 사례는 최초로 다수의 사람이 하나의 UFO를 목격한 경우이다. 붉은색의 둥근 물체가 나타나 하늘 위를 배회했다고 한다.

NUFORC 웹 사이트에 들어가면 현재까지 센터에 보고된 UFO 목격담을 읽을 수 있으며, 제보자들이 직접 그렸거나 촬영한 UFO의 모습들도 확인할 수 있다.

하지만 수많은 목격담 중 자연 현상이나 풍선, 비행기, 미사일 실험 등을 오인한 것으로 밝혀진 경우도 많이 존재한다. 최근에는 일론 머스크(Elon Musk)의 스타링크 위성을 UFO로 착각하는 경우가 많아 뉴스에 보도되기도 했다. 과연 UFO는 설명 가능한 요소들을 착각한 것일까? 아니면 진짜로 존재하는 것일까?

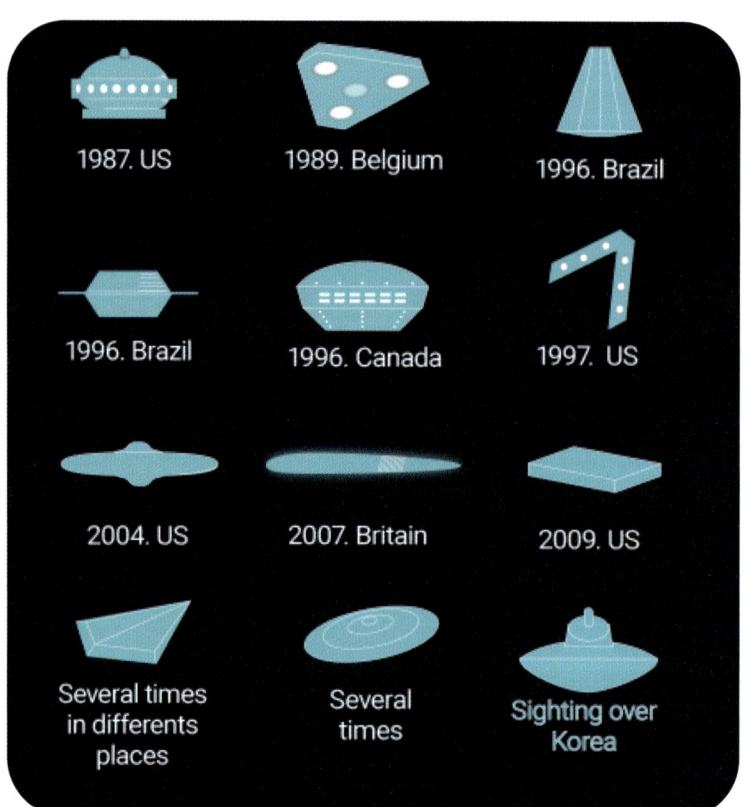

(출처: https://multimedia.scmp.com/culture/article/ufo/index.html)

7 포켓몬 데이터 분석

▸ 이 장에서는 다음의 순서로 진행합니다.

평균, 최소제곱선, 결정계수

01 해결해야 할 문제는 무엇일까

- 어떤 캐릭터를 골라야 게임에서 유리할까?

02 어떤 데이터를 분석할까

- Kaggle 데이터(포켓몬 데이터)

03 데이터 분석 활동을 해 볼까

- 데이터 분석 1
  세대가 커질수록 포켓몬의 총점도 커질까?
- 데이터 분석 2
  포켓몬의 총점이 클수록 공격력, 방어력, 생명력, 속도도 커질까?
- 데이터 분석 3
  포켓몬은 공격을 잘할수록 방어도 잘할까?
- 데이터 분석 4
  전설의 포켓몬은 그렇지 않은 포켓몬에 비해 공격력과 방어력이 모두 높을까?

응용하기

- 탐색적 데이터 분석
  대시 강철, 돌 유형 포켓몬은 다른 포켓몬에 비해 방어력이 높을까?

01 해결해야 할 문제는 무엇일까

💬 **다음 상황을 읽고, 해결해야 할 문제를 알아봅시다.**

포켓몬은 전 세계적으로 인기 있는 게임이다. 포켓몬마다 공격력, 생명력, 방어력 등이 다르며, 이러한 특징들 이용하면 게임에서 승리할 가능성이 높다. 소연이는 수많은 포켓몬의 유형과 총점, 공격력, 생명력 등이 담긴 파일을 열었지만, 복잡한 데이터에 당황하고 말았다. 어떻게 데이터를 잘 분석해야 게임에서 이길 수 있을까?

알아두면 쓸모있는 정보

새로운 포켓몬 게임의 출시에 따라 새로운 포켓몬이 추가될 수 있으며 포켓몬에 대한 사전 지식이 있으면 좋다. 전투에서 포켓몬의 강점이나 약점, 승패를 결정짓는 중요한 요소인 능력치(Stats), 유형(Type) 등을 미리 살펴보면 도움이 된다. 특히 능력치 종류인 HP, Attack, Defense, Special Attack, Special Defense, Speed 등은 포켓몬의 전투 성능에 가장 큰 영향을 미치는 속성이다. 그뿐만 아니라 어떤 포켓몬들이 있는지 이미지로 먼저 살펴보면 도움이 될 것이다.

02 어떤 데이터를 분석할까

데이터 수집

💬 **문제 해결에 필요한 데이터를 수집하고 속성을 살펴봅시다.**

포켓몬 데이터(Pokemon with stats)는 Kaggle에서 제공하는 데이터로 800마리의 포켓몬의 타입(Type), 공격력(Attack), 생명력(HP) 등에 대한 정보를 제공한다.

데이터 속성 알아보기

Tip! CODAP에서 데이터를 불러올 때, 속성명에 #이 있으면 속성명을 제대로 불러올 수 없다. 따라서 다운로드받은 파일을 열어 1행 A열의 # 표시를 지우고 다시 저장해야 한다.

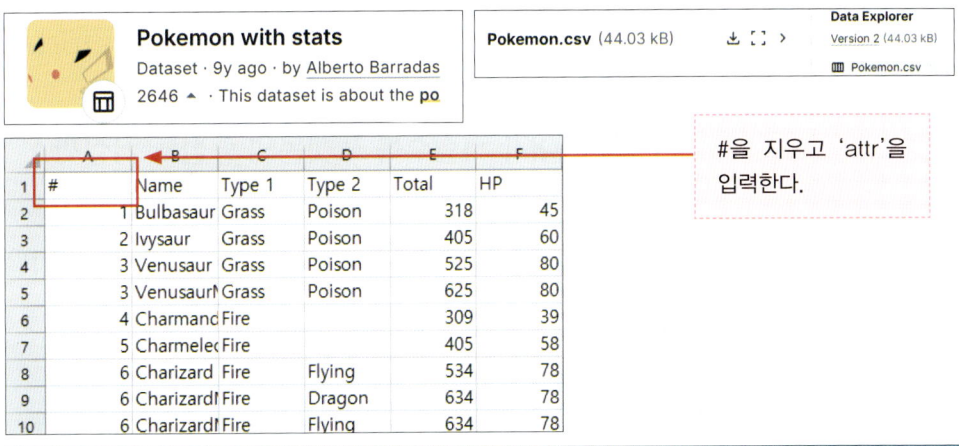

#을 지우고 'attr'을 입력한다.

속성 살펴보기
- attr: 인덱스
- Name: 포켓몬 이름
- Type1: 주 유형(물: Water, 잔디: Grass, 불: Fire 등)
- Type2: 부 유형(독: Poison, 날기: Flying, 용: Dragon 등)
- Total: 포켓몬의 총점
- HP: 생명력
- Attack: 공격력
- Defense: 방어력
- Sp. Atk: 특수 공격력
- Sp. Def: 특수 방어력
- Speed: 속도
- Generation: 세대
- Legendary: 전설의 포켓몬 여부(전설의 포켓몬: True, 그렇지 않으면: False)

포켓몬 데이터를 이용하면 어떤 정보를 알아낼 수 있고, 어떤 문제를 해결할 수 있을까? 예를 들어, 공격력(Attack), 방어력(Defense), 생명력(HP), 속도(Speed)가 클수록 포켓몬의 총점도 커진다는 정보를 알면 포켓몬의 총점만 보고 포켓몬 카드를 선택하여 게임에서 이길 확률을 높일 수 있다.

7. 포켓몬 데이터 분석 101

데이터 분석 활동을 해 볼까

💬 **다음의 질문에 대한 답을 찾을 수 있도록 데이터 분석을 해 봅시다.**

- ☑ 세대가 커질수록 포켓몬의 총점도 커질까?
- ☑ 포켓몬의 총점이 클수록 공격력, 방어력, 생명력, 속도도 커질까?
- ☑ 포켓몬은 공격을 잘할수록 방어도 잘할까?
- ☑ 전설의 포켓몬은 그렇지 않은 포켓몬에 비해 공격력과 방어력이 모두 높을까?

데이터 분석 ❶

 세대가 커질수록 포켓몬의 총점도 커질까?

포켓몬 게임 시리즈는 1996년 1세대 캐릭터 출시를 시작으로 3~4년마다 새로운 세대의 캐릭터를 출시하고 있다. 2022년에 새롭게 출시된 9세대 캐릭터는 1996년 포켓몬보다 총점이 더 클까? 이처럼 새롭게 출시되는 포켓몬 캐릭터의 총점이 더 큰지 분석해 보자.

데이터 전처리

● **잘못된 값 처리**

'세대(Generation)'에 잘못된 값이나 결측치가 있으면 제대로 된 분석을 할 수 없다. 이를 확인하기 위해 '세대(Generation)' 속성을 기준으로 그룹을 지어 잘못된 세대값이 있는지 확인해 보면 'FALSE'라는 잘못된 값이 1개 존재하는 것을 알 수 있다.

'세대(Generation)' 그룹에서 잘못된 값이 포함된 인덱스 2(FALSE)를 클릭한 뒤 '여러 케이스 삭제' 메뉴를 통해 해당 행을 삭제한다.

> '세대(Generation)' 속성을 왼쪽 흰색 부분으로 드래그 앤 드롭하면 세대별로 그룹이 지어지고 '세대(Generation)'에 FALSE가 보여요.

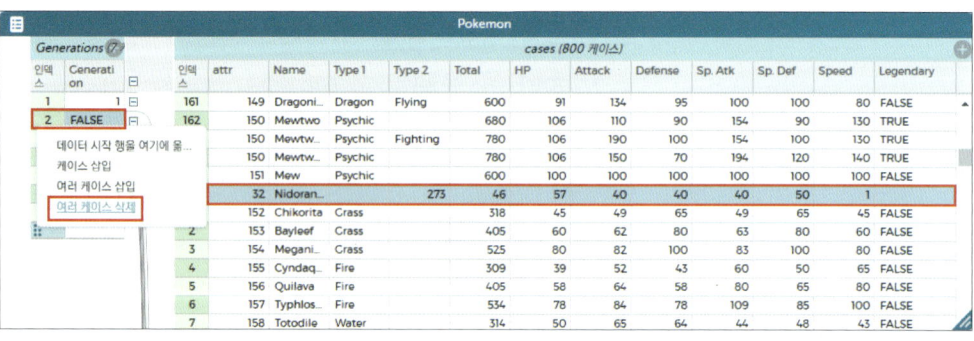

세대와 총점 간의 관계 그래프

'세대(Generation)'가 커질수록 포켓몬의 '총점(Total)'이 커지는지 알려면 포켓몬 데이터에서 '세대(Generation)' 속성과 '총점(Total)' 속성이 필요하다. 이때, 기준이 되는 '세대(Generation)' 속성을 x축으로, '총점(Total)' 속성을 y축으로 설정하면, '세대(Generation)'가 커질수록 포켓몬의 '총점(Total)'이 커지는지 파악할 수 있다.

1 '세대(Generation)' 속성으로 x축, '총점(Total)' 속성으로 y축 설정하기

'세대(Generation)' 속성을 원래 자리로 이동한 뒤, x축에 '세대(Generation)' 속성을, y축에는 '총점(Total)' 속성을 드래그 앤드 드롭한다.

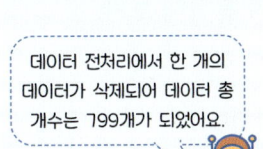
데이터 전처리에서 한 개의 데이터가 삭제되어 데이터 총 개수는 799개가 되었어요.

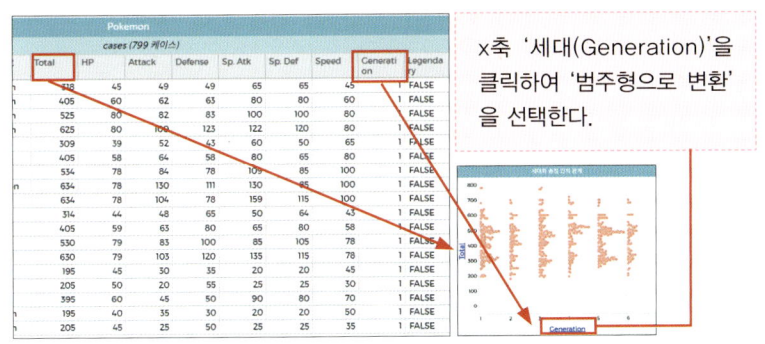

2 '측정' 탭에서 평균 선택하기

오른쪽의 '측정' 탭을 클릭하고 '평균'을 선택한다.

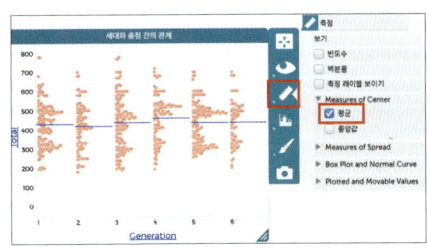

 해석

포켓몬 데이터로 x축 '세대(Generation)', y축 '총점(Total)'으로 설정하여 그래프를 그려 평균을 비교해 본 결과, 이를 통해 알 수 있는 정보는 다음과 같다.

- '세대(Generation)'와 '총점(Total)'의 관계
  - 포켓몬 데이터는 1세대부터 6세대까지 포켓몬들에 대한 수치이다. 모든 '세대(Generation)'에서 총점 200점에서 700점 사이에 포켓몬들이 분포하고 있으며 평균은 400점 초반 혹은 중반이다.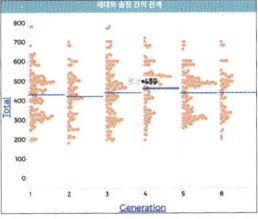
  - '세대(Generation)'가 커질수록 '총점(Total)'이 커지지는 않는다.
  - 전체 '세대(Generation)'에 걸쳐 '총점(Total)'이 고르게 분포되어 있으며 편차가 큰 '세대(Generation)'가 보이지 않는 것으로 보아 제작사에서 총점 관리를 하고 있는 것으로 짐작할 수 있다.

03 데이터 분석 활동을 해 볼까

데이터 분석 ②

📂 포켓몬의 총점이 클수록 공격력, 방어력, 생명력, 속도도 커질까?

포켓몬의 '총점(Total)'이 클수록 '공격력(Attack)', '방어력(Defense)', '생명력(HP)', '속도(Speed)'도 크다면, 포켓몬 게임을 할 때 각 캐릭터의 '공격력(Attack)', '방어력(Defense)', '생명력(HP)', '속도(Speed)' 네 가지 속성을 일일이 비교하지 않고도 '총점(Total)'을 기준으로 캐릭터를 쉽게 선택할 수 있는지 분석해 보자.

'총점(Total)'과 '공격력(Attack)', '방어력(Defense)', '생명력(HP)', '속도(Speed)' 속성 모두 자연수이며 일반적으로 값이 클수록 좋다.

총점과 공격력, 방어력, 생명력, 속도의 관계 그래프

1 '총점(Total)' 속성 x축 설정하기

'총점(Total)'을 x축에 드래그 앤 드롭한다.

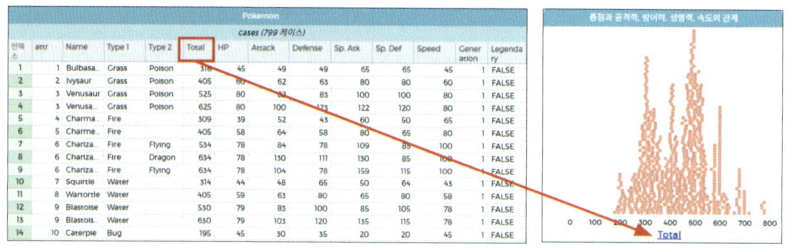

2 공격력(Attack), 방어력(Defense), 생명력(HP), 속도(Speed) 속성 y축 설정하기

'공격력(Attack)', '방어력(Defense)', '생명력(HP)', '속도(Speed)' 속성을 차례로 y축에 추가로 드래그 앤 드롭한다.

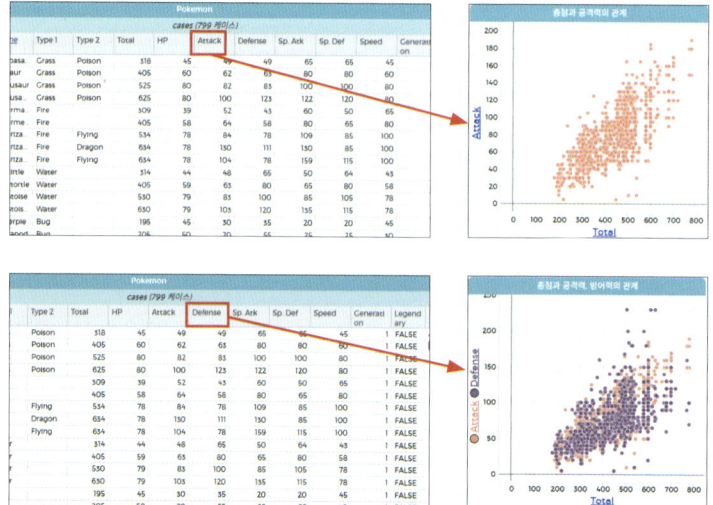

> **Tip!** 방어력(Defense), 생명력(HP), 속도(Speed)는 y축 상단의 + 부분에 드래그 앤 드롭한다. x축이 수치형 데이터일 때만 y축에 여러 속성을 추가할 수 있다.

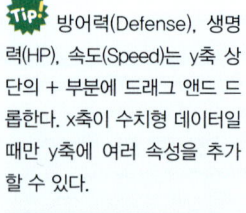
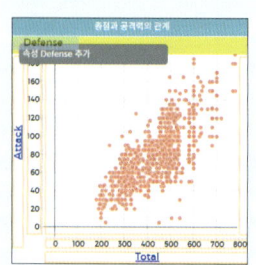

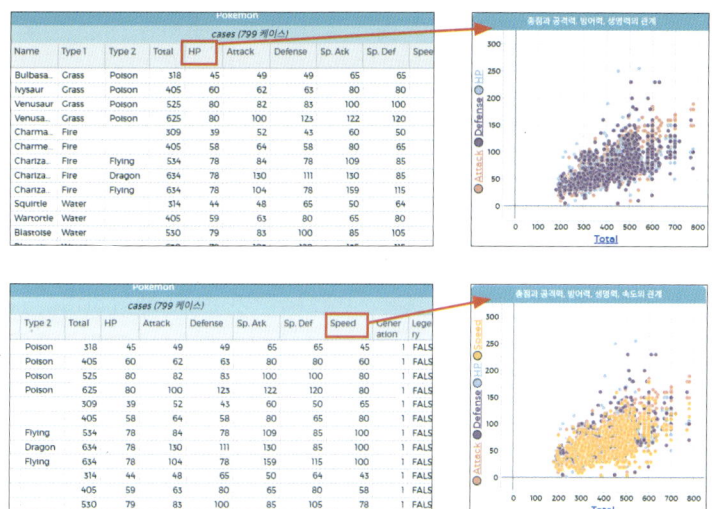

 # 해석 — 포켓몬 데이터로 기준이 되는 '총점(Total)' 속성을 그래프의 x축으로, '공격력(Attack)', '방어력(Defense)', '생명력(HP)', '속도(Speed)'를 y축으로 설정하여 산점도 그래프를 그린 결과, 이를 통해 알 수 있는 정보는 다음과 같다.

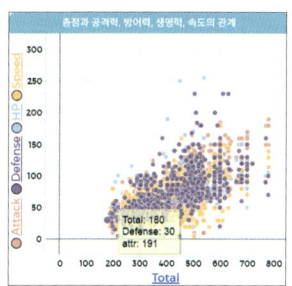

- 포켓몬의 총점과 공격력, 방어력, 생명력, 속도 간의 관련성
  - 공격력, 방어력, 생명력, 속도는 총점과 비례하는 경향이 있으므로, 총점을 기준으로 캐릭터를 선택할 수도 있다.

> **더 알아보기 ➕ 상관관계와 인과관계**
>
> 속성 x와 속성 y가 함께 변하는 관계에 있으면, 속성 x가 증가할 때 속성 y도 증가하거나, 속성 x가 감소할 때 속성 y도 감소하는 관계를 일컫는다. 이처럼 x가 증가할 때 y도 증가하면 두 속성은 양의 상관관계가 있다고 한다. 반대로, x가 증가할 때 y가 감소하면 음의 상관관계가 있다고 한다. 그러나 속성 x와 y 간의 상관관계가 있다고 해서 x가 y를 변화시키는 원인(인과관계)이 되는 것은 아니다.

7. 포켓몬 데이터 분석 105

03 데이터 분석 활동을 해 볼까

앞의 그래프에서 총점이 400점 미만인 포켓몬 중 방어력(Defense)만 높은 경우 또는 공격력(Attack)만 높은 경우가 있다. 주 유형(Type1)에 따라서 방어력(Defense)에 특화된 혹은 공격력(Attack)에 특화된 캐릭터가 있지 않을까? 그래프를 그려 분석해 보자.

주요 유형의 총점 대비 방어력, 공격력 분포 그래프

'방어력(Defense)'과 '공격력(Attack)'을 x축, '주 유형(Type1)'을 y축으로 설정하고 '측정' 탭을 선택하여 '평균'을 체크한다. 그리고 '총점(Total)'을 그래프 가운데로 설정한다. 주요 유형의 총점 대비 방어력과 공격력의 분포와 평균을 비교해 볼 수 있다.

1 '방어력(Defense)' 속성 x축, '주 유형(Type1)' 속성 y축 설정하기

'방어력(Defense)' 속성을 x축에 '주 유형(Type1)' 속성을 y축에 드래그 앤 드롭한다.

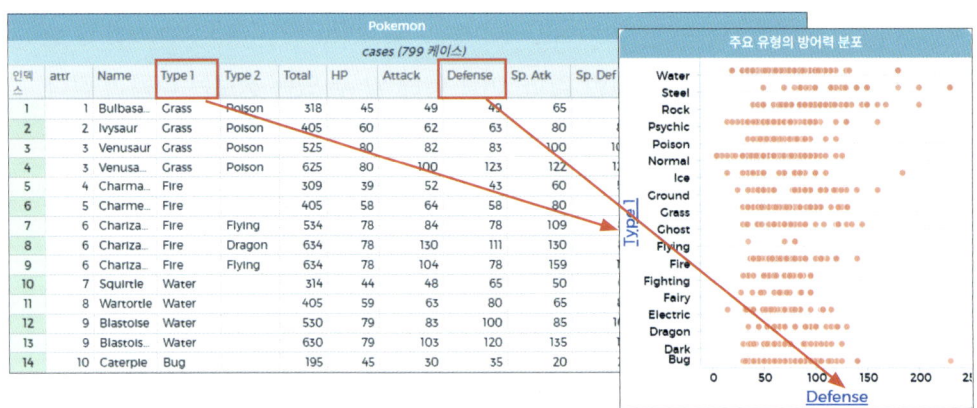

2 '측정' 탭에서 '평균' 선택하기

오른쪽 '측정' 탭에서 '평균'을 선택한다.

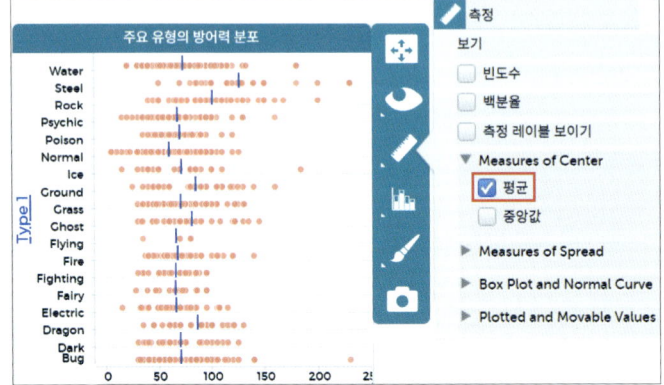

그리고 '총점(Total)' 속성을 그래프 가운데에 드래그 앤드 드롭한다.

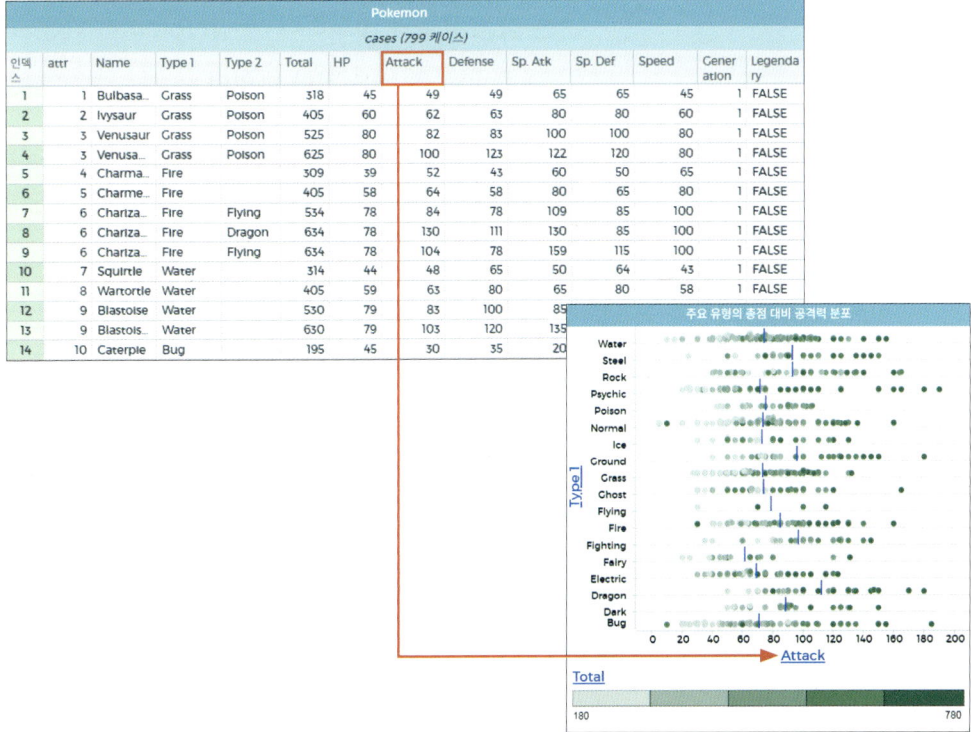

3 '공격력(Attack)' 속성으로 x축 교체하고 '측정' 탭에서 '평균' 선택하기

x축을 '공격력(Attack)' 속성으로 교체하면 '공격력(Attack)'은 x축, '주 유형(Type1)'은 y축, '총점(Total)'은 그래프 가운데로 온다. '측정' 탭에서 '평균'을 선택한다.

Tip! 방어력과 공격력 그래프를 비교하기 위해 다음과 같이 점의 색을 다르게 설정하였다.

7. 포켓몬 데이터 분석 **107**

03 데이터 분석 활동을 해 볼까

 # 해석 '방어력(Defense)'과 '공격력(Attack)'을 x축, 주 유형(Type1)'을 y축, '총점(Total)'을 그래프 가운데로 오도록 하여 그래프를 그린 결과, 이를 통해 알 수 있는 정보는 다음과 같다.

- '주 유형(Type 1)'의 유형
  - '주 유형(Type 1)'에는 물(Water), 강철(Steel), 돌(Rock), 초능력(Psychic), 독(Poison), 일반(Normal), 얼음(Ice), 땅(Ground), 풀(Grass), 유령(Ghost), 비행(Flying), 불(Fire), 전투(Fighting), 요정(Fairy), 전기(Electric), 용(Dragon), 악(Dark), 벌레(Bug)의 18가지가 있다.

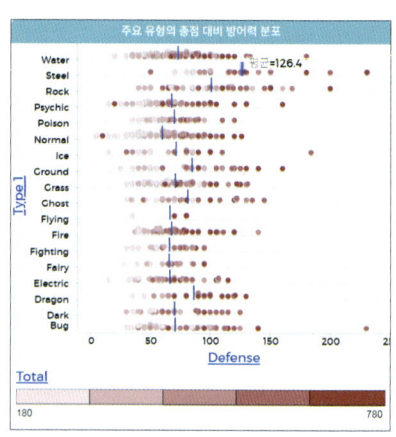

- '방어력(Defense)'이 높은 포켓몬
  - 강철, 돌 유형 포켓몬의 방어력 평균은 각각 126.4, 100.8이다. 18개의 유형 중 '방어력(Defense)' 평균이 가장 높은 것은 강철이며 그다음으로는 돌이다.
  - '총점(Total)'이 낮으면 색상이 연한 핑크색을 띠며 일부 강철, 돌 유형 포켓몬은 다른 유형과 비교하여 '총점(Total)'이 다른 포켓몬에 비해 낮더라도 '방어력(Defense)'은 높은 경향이 있다.

- '공격력(Attack)'이 높은 포켓몬
  - 용, 전투 유형 포켓몬의 공격력 평균은 각각 112.1, 96.8이다. 18개의 유형 중 공격력이 가장 높은 타입의 평균은 용이며 그다음으로는 전투이다.
  - '총점(Total)'이 낮으면 색상이 연한 연두색을 띠며 전투 유형 포켓몬은 다른 유형과 비교해 보면 '총점(Total)'이 다른 포켓몬에 비해 낮더라도 '공격력(Attack)'은 높은 경향이 있다.

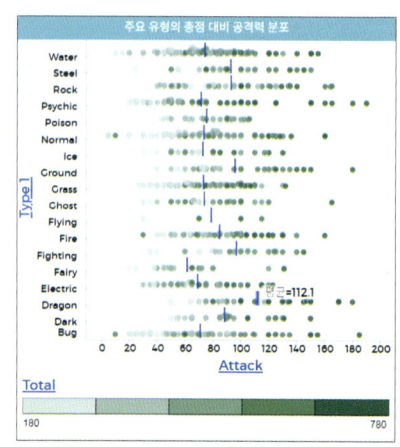

데이터 분석 ❸

공격력과 방어력의 관계 그래프

🗂 포켓몬은 공격을 잘할수록 방어도 잘할까?

공격에 특화된 포켓몬이 있고 방어에 특화된 포켓몬이 있을 것이다. 하지만 일반적으로 공격을 잘할수록 방어도 잘하지 않을까? 이 예측이 맞는지 분석해 보자.

이 정보를 알아내기 위해서는 '공격력(Attack)'과 '방어력(Defense)' 속성이 필요하다. '공격력(Attack)'은 5 이상 190 이하의 자연수로 측정된 수치형 데이터, '방어력(Defense)'은 5 이상 230 이하의 자연수로 측정된 수치형 데이터이다. x축을 '공격력(Attack)', y축을 '방어력(Defense)'으로 그래프를 그린 뒤, '측정' 탭에서 '최소제곱선'을 추가하여 그래프를 완성한다.

❶ '공격력(Attack)' 속성을 x축, '방어력(Defense)' 속성을 y축으로 설정하기

'공격력(Attack)' 속성을 x축에, '방어력(Defense)' 속성을 y축에 드래그 앤 드롭한다.

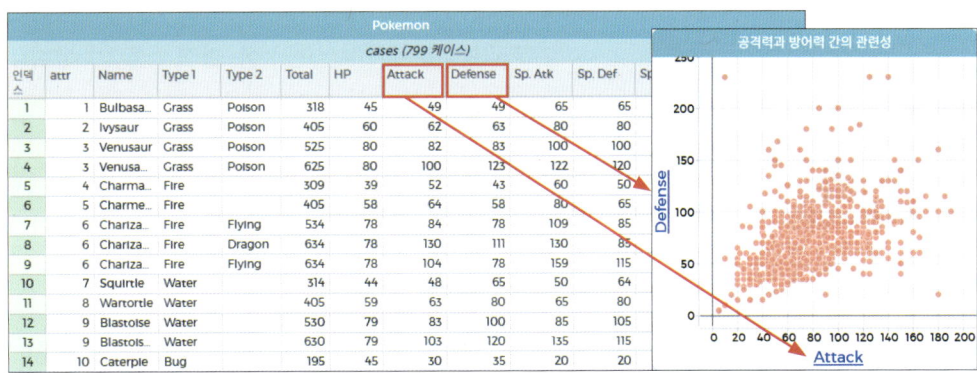

❷ '측정' 탭에서 '최소제곱선' 선택하기

오른쪽 '측정' 탭에서 '최소제곱선'을 선택한다.

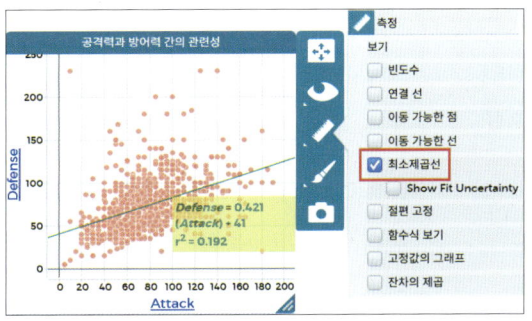

03 데이터 분석 활동을 해 볼까

#해석 x축을 '공격력(Attack)', y축을 '방어력(Defense)', '최소제곱선'을 추가하여 그래프를 그린 결과, 이를 통해 알 수 있는 정보는 다음과 같다.

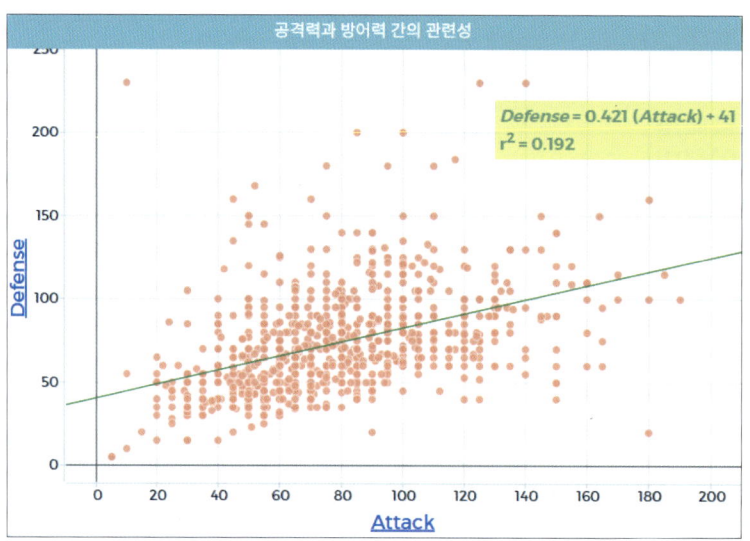

- '공격력(Attack)'과 '방어력(Defense)' 간의 관련성
  - 포켓몬의 '공격력(Attack)'이 커질수록 '방어력(Defense)'이 커지는 경향을 보이나 r^2(결정계수)의 값이 0.192로 상관관계가 높지는 않다.
  - 최소제곱선은 두 속성 간의 관계를 파악할 때 사용하는 지표이다. r^2(결정계수)의 값이 1에 가까울수록 두 속성 간의 관련성이 높다는 것을 의미한다

78쪽 최소제곱선과 결정 계수를 참고하세요.

데이터 분석 ❹

📂 전설의 포켓몬은 그렇지 않은 포켓몬에 비해 공격력과 방어력이 모두 높을까?

전설의 포켓몬은 만나기 어려운 희귀한 포켓몬이다. 그렇다면 전설의 포켓몬은 그렇지 않은 포켓몬에 비해 공격력과 방어력이 모두 높을까?

전설과 공격력, 방어력의 관계 그래프

'공격력(Attack)'과 '방어력(Defense)', '전설(Legendary)' 속성이 필요하다. '전설(Legendary)'은 참(True)과 거짓(False)으로 구성된 범주형 데이터이다. x축을 '전설(Legendary)', y축을 '공격력(Attack)', '측정' 탭에서 '평균'을 선택하여 그래프를 완성한다. 그리고 y축을 '방어력(Defense)'으로 교체하고, '측정' 탭에서 '평균'을 선택하여 그래프를 완성한다.

1 '전설(Legendary)' 속성 x축, '공격력(Attack)' 속성 y축 설정하고 '측정' 탭에서 '평균' 선택하기

'전설(Legendary)' 속성을 x축에 드래그 앤드 드롭하고 '공격력(Attack)' 속성을 y축에 드래그 앤드 드롭한다. 오른쪽 '측정' 탭에서 '평균'을 선택한다.

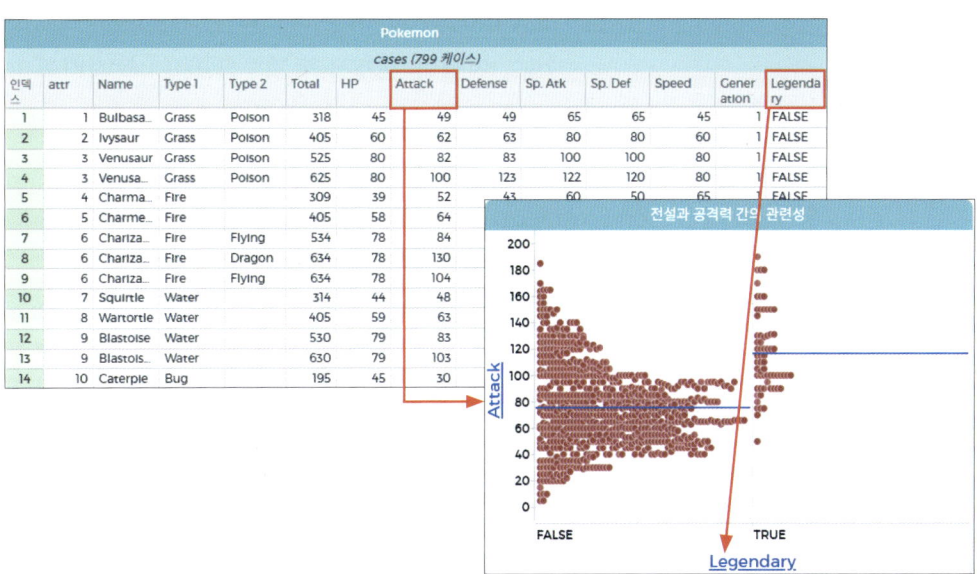

2 '방어력(Defense)' 속성을 y축으로 교체하고 '측정' 탭에서 '평균' 선택하기

'방어력(Defense)' 속성을 y축에 드래그 앤드 드롭하여 교체하고 '측정' 탭에서 '평균'을 선택한다.

03 데이터 분석 활동을 해 볼까

 # 해석 — x축을 '전설(Legendary)', y축을 '공격력(Attack)', '측정' 탭에서 '평균'을 선택하여 완성한 그래프, 그리고 x축을 '전설(Legendary)', y축을 '방어력(Defense)', '측정' 탭에서 '평균'을 선택하여 그래프를 완성한 결과, 이를 통해 알 수 있는 정보는 다음과 같다.

- 전설의 포켓몬의 공격력
  - 평균선을 클릭해 보면 전설의 포켓몬이 아닌 경우(FALSE) 공격력의 평균은 75.7, 전설의 포켓몬인 경우(TRUE) 공격력의 평균은 116.7이다. 따라서 전설의 포켓몬은 아닌 포켓몬에 비해 공격력이 높다.

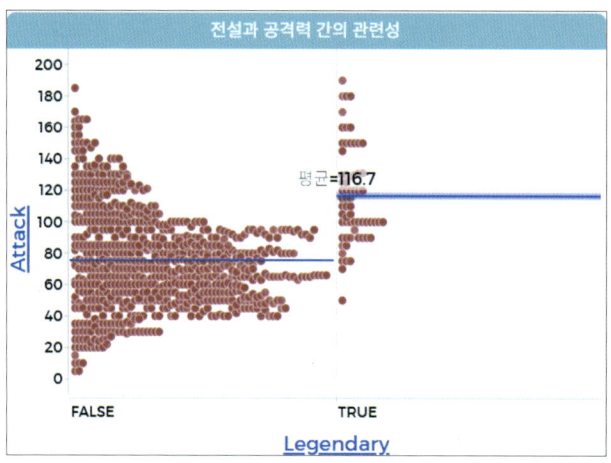

- 전설의 포켓몬의 방어력
  - 평균선을 클릭해 보면 전설의 포켓몬이 아닌 경우(FALSE) 방어력의 평균은 72, 전설의 포켓몬인 경우(TRUE) 방어력의 평균은 100이다. 따라서 전설의 포켓몬은 아닌 포켓몬에 비해 방어력이 높다.

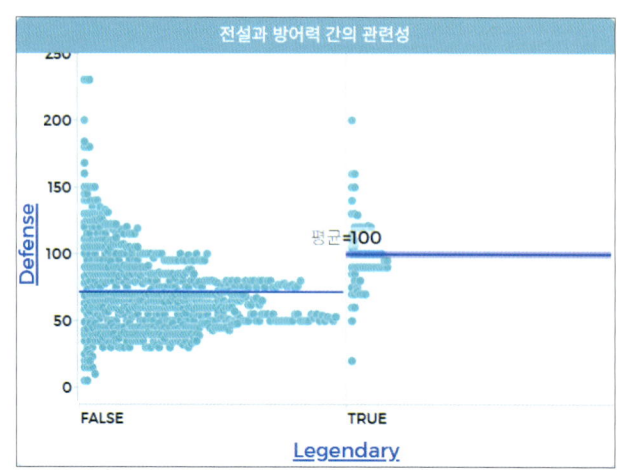

탐색적 데이터 분석

데이터의 속성을 살펴보고 앞에서 제시한 문제의 답을 찾는 것 외에 더 알 수 있는 정보를 찾아봅시다.

 강철(Steel), 돌(Rock) 유형 포켓몬은 다른 포켓몬에 비해 방어력이 높을까?

1. 어떤 데이터 분석 활동을 해야 할까?

> 예) 포켓몬 유형별 특화된 속성, 특히 방어력이 높은 유형 탐색

2. 어떤 속성이 필요할까?

> 예) 포켓몬 주 유형(Type 1), 방어력(Defense)

3. 어떤 그래프를 그릴까?

> 예) 포켓몬 유형별 방어력 분포 그래프(산점도)

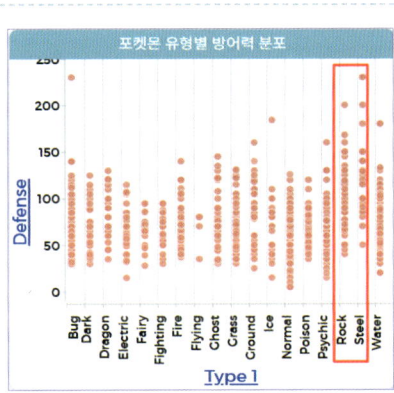

4. 알 수 있는 정보는 무엇일까?

> 예) 강철(Steel), 돌(Rock) 유형 포켓몬은 다른 포켓몬에 비해 방어력이 높다.

5. 이 활동을 통해 얻을 수 있는 기대 효과는 무엇일까?

> 예) 포켓몬별로 특화된 강점이 있다. 데이터를 분석하여 게임에 적절한 포켓몬을 선택하고, 게임을 즐길 수 있다.

포켓몬스터 도감

수많은 개성 있는 포켓몬들이 존재하며, 각기 다른 모양과 능력을 가지고 있다.
다양한 포켓몬들의 외형과 특별한 능력을 알아보자.

피카츄

- 분류: 쥐 포켓몬
- 타입: 전기
- 키: 0.4m
- 몸무게: 6.0kg
- 특성: 정전기, 피뢰침

피카츄는 뺨에 있는 전기 주머니에서 전기를 생성해 적에게 방전할 수 있는 포켓몬이다. 귀여운 외모와 노란색 털로 인해 전 세계적으로 가장 사랑받는 포켓몬 중 하나로 꼽힌다. 애니메이션에서는 주인공의 파트너로 등장하며, 포켓몬을 대표하는 마스코트 역할을 한다.

이상해씨

- 분류: 씨앗 포켓몬
- 타입: 풀 / 독
- 키: 0.7m
- 몸무게: 6.9kg
- 특성: 심록, 엽록소

이상해씨는 등 위에 씨앗을 지닌 포켓몬으로, 이 씨앗은 햇빛을 받으면 점점 자라난다. 초기 포켓몬 중 하나로, 초보자에게도 안정적인 성능을 제공한다. 진화하면 이상해풀, 이상해꽃으로 성장하며, 풀과 독 타입의 기술을 다양하게 사용할 수 있다.

파이리

- 분류: 도롱뇽 포켓몬
- 타입: 불꽃
- 키: 0.6m
- 몸무게: 8.5kg
- 특성: 맹화, 선파워

파이리는 꼬리에 불꽃을 가지고 있는 것이 특징이며, 이 불꽃은 파이리의 생명력과 감정을 반영한다. 불꽃이 꺼지면 생명이 위태롭다고 전해진다. 진화하면 리자드, 그리고 리자몽이 되며 강력한 불꽃 타입 기술을 사용할 수 있게 된다.

꼬부기

- 분류: 꼬마거북 포켓몬
- 타입: 물
- 키: 0.5m
- 몸무게: 9.0kg
- 특성: 급류, 젖은접시

꼬부기는 딱딱한 껍질로 몸을 보호하며, 물을 뿜어내는 능력이 탁월한 포켓몬이다. 방어력과 균형 잡힌 능력치로 안정적인 배틀을 유도할 수 있다. 진화하면 어니부기, 거북왕이 되며 방어와 공격 양면에서 뛰어난 능력을 보인다.

8 넷플릭스 요금 데이터 분석

🢂 이 장에서는 다음의 순서로 진행합니다.

log( ) 함수, 평균, 중앙값

01 해결해야 할 문제는 무엇일까

- 넷플릭스 요금과 콘텐츠 수는 국가별로 어떤 차이가 있을까?

02 어떤 데이터를 분석할까

- Kaggle 데이터(넷플릭스 데이터)

03 데이터 분석 활동을 해 볼까

- 데이터 분석 1
  제공 콘텐츠 수와 요금은 비례할까?
- 데이터 분석 2
  콘텐츠 수에 따른 요금을 비교했을 때 가장 가성비 좋은 국가는 어디일까?
- 데이터 분석 3
  국가별로 베이직 요금제와 프리미엄 요금제의 차이는 비슷할까?

- 탐색적 데이터 분석
  예시 모든 국가에 영화가 비슷한 비율로 제공되고 있을까?

01 해결해야 할 문제는 무엇일까

💬 **다음 상황을 읽고, 해결해야 할 문제를 알아봅시다.**

넷플릭스는 전 세계 사람들이 사용하는 대표적인 스트리밍 서비스이다. 넷플릭스에 가입하면 모두가 같은 가격에 동일한 콘텐츠를 즐길 수 있을까? 어떤 국가는 더 적은 돈을 내며, 어떤 국가는 훨씬 적은 수의 콘텐츠를 제공받는다. 요금제 등급별 가격 차이도 천차만별이다. 요금 데이터를 비교해 보면 의외의 가성비 강국을 발견할 수 있을까?

알아두면 쓸모있는 정보

넷플릭스의 국가별 가격 합리성을 분석하려면 몇 가지 핵심 정보를 확보해야 한다. 우선 각국의 넷플릭스 월 구독료를 살펴봐야 하며, 이는 일반적으로 베이직, 스탠다드, 프리미엄 요금제를 포함한다. 또한 국가마다 제공되는 콘텐츠 수가 다르므로 각국 넷플릭스 라이브러리의 콘텐츠 개수도 파악해야 한다. 국가별 물가 수준이나 구매력의 차이를 고려하면 더욱 정밀한 분석이 가능하다. 나아가, 현지의 문화적 요소나 시청 경향과 같은 맥락적 배경까지 분석함으로써, 글로벌 기업의 시장 전략과 공정한 가격 책정에 대해 폭넓게 사고할 수 있을 것이다.

02 어떤 데이터를 분석할까

데이터 수집

🗨️ 문제 해결에 필요한 데이터를 수집하고 속성을 살펴봅시다.

넷플릭스 요금 데이터(Netflix subscription fee in different countries)는 Kaggle에서 제공하는 데이터로, 65개국의 콘텐츠 수와 요금제를 정리하여 제공한다. 해당 데이터는 두 종류로 나누어져 있는데, 이번 실습에서는 'Dec-2021' 데이터를 사용한다.

넷플릭스
넷플릭스는 OTT 플랫폼으로 드라마, 예능, 다큐멘터리, TV 시리즈와 영화 스트리밍 서비스를 제공한다.

데이터 속성 알아보기

Netflix subscription fee Dec-2021 (cases (65 케이스))

인덱스	Country code	Country	Total Library Size	No. of TV Shows	No. of Movies	Cost Per Month - Basic ($)	Cost Per Month - Standard ($)	Cost Per Month - Premium ($)
1	ar	Argenti…	4760	3154	1606	3.74	6.3	9.26
2	at	Austria	5640	3779	1861	9.03	14.67	20.32
3	au	Australia	6114	4050	2064	7.84	12.12	16.39
4	be	Belgium	4990	3374	1616	10.16	15.24	20.32
5	bg	Bulgaria	6797	4819	1978	9.03	11.29	13.54
6	bo	Bolivia	4991	3155	1836	7.99	10.99	13.99
7	br	Brazil	4972	3162	1810	4.61	7.11	9.96
8	ca	Canada	6239	4311	1928	7.91	11.87	15.03
9	ch	Switzerl…	5506	3654	1852	12.88	20.46	26.96
10	cl	Chile	4994	3156	1838	7.07	9.91	12.74
11	co	Colomb…	4991	3156	1835	4.31	6.86	9.93
12	cr	Costa Ri…	4988	3152	1836	8.99	12.99	15.99
13	cz	Czechia	7325	5234	2091	8.83	11.49	14.15
14	de	Germany	5668	3814	1854	9.03	14.67	20.32
15	dk	Denmark	4558	2978	1580	12	15.04	19.6

속성 살펴보기
- Country code: 국가 코드
- Country: 국가 이름
- Total Library Size: 전체 콘텐츠 수
- No. of TV Shows: TV 쇼 수
- No. of Movies: 영화 수
- Cost Per Month - Basic ($): 월 구독료(베이직)
- Cost Per Month - Standard ($): 월 구독료(스탠다드)
- Cost Per Month - Premium ($): 월 구독료(프리미엄)

넷플릭스 요금 데이터를 이용하면 어떤 정보를 알아낼 수 있고, 어떤 문제를 해결할 수 있을까? 예를 들어, 국가별 요금 차이를 비교하며 제공되는 콘텐츠 수 대비 가격이 얼마나 합리적인지 확인할 수 있다.

03 데이터 분석 활동을 해 볼까

💬 **다음의 질문에 대한 답을 찾을 수 있도록 데이터 분석을 해 봅시다.**

- ✅ 제공 콘텐츠 수와 요금은 비례할까?
- ✅ 콘텐츠 수에 따른 요금을 비교했을 때 가장 가성비 좋은 국가는 어디일까?
- ✅ 국가별로 베이직 요금제와 프리미엄 요금제의 차이는 비슷할까?

데이터 분석 ❶

📂 제공 콘텐츠 수와 요금은 비례할까?

비싼 과자를 샀는데 양이 적어 아쉬웠던 경험이 있을 것이다. 넷플릭스의 콘텐츠 수와 요금도 국가마다 차이가 날 수 있다. 과연 요금이 콘텐츠 수에 비례하는지 분석해 보자.

넷플릭스 요금 데이터에는 국가별로 제공되는 전체 콘텐츠 수와 요금제 정보가 포함되어 있다. 가장 저렴한 베이직 요금제를 기준으로 분석해 보자. 전체 콘텐츠 수에 해당하는 '월 구독료_베이직(Cost Per Month - Basic($))' 속성과 '전체 콘텐츠 수(Total Library Size)' 속성을 각각 x축과 y축으로 설정하여 산점도로 표현하면 이 둘의 관계를 확인할 수 있다.

요금과 콘텐츠 수 관계 그래프

💡 넷플릭스 요금제는 요금제별로 동시 스트리밍 및 콘텐츠 저장이 가능한 디바이스 개수에 차이가 존재한다.

💡 스탠다드 요금과 프리미엄 요금도 동일한 방법으로 비교가 가능하다.

이 데이터에는 65개 국가 정보가 담겨 있어요. '월 구독료(Cost Per Month_Basic($))' 속성을 '내림차순'으로 정렬하면 상위 그룹을 확인할 수 있어요.

Netflix subscription fee Dec-2021

cases (65 케이스)

인덱스	Count ...code	Country	Total ...rary Size	No. of TV ...V Shows	No. of Movies	Cost Per ...Basic ($)	Cost Per ...Standard ($)	Cost Per Month ... - Premium ($)
1	ar	Argenti...	4760	3154	1606	3.74	6.3	9.26
2	au	Australia	6114	4050	2064	7.84	12.12	16.39
3	at	Austria	5640	3779	1861	9.03	14.67	20.32
4	be	Belgium	4990	3374	1616	10.16	15.24	20.32
5	bo	Bolivia	4991	3155	1836			
6	br	Brazil	4972	3162	1810			
7	bg	Bulgaria	6797	4819	1978			
8	ca	Canada	6239	4311	1928			
9	cl	Chile	4994	3156	1838			
10	co	Colomb...	4991	3156	1835			
11	cr	Costa Ri...	4988	3152	1836			
12	hr	Croatia	2274	1675	599			
13	cz	Czechia	7325	5234	2091			

월 구독료(베이직)와 콘텐츠 수의 관계

 # 해석 65개국의 베이직 요금과 전체 콘텐츠 수를 각각 x축과 y축으로 설정하여 산점도를 그린 결과, 이를 통해 알 수 있는 정보는 다음과 같다.

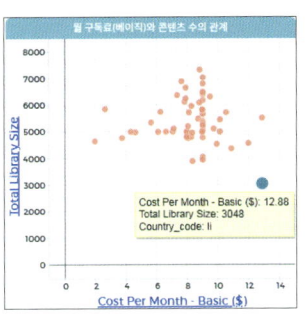 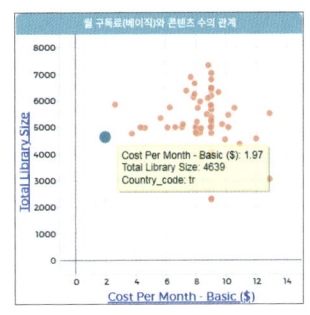 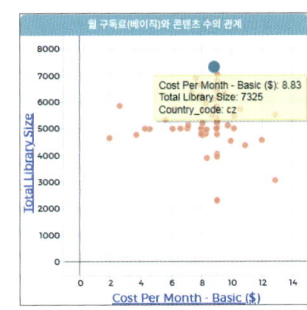

- **국가별 요금 분석**
  - $8~$10 사이의 요금대에 대부분의 국가가 몰려 있다.
  - 일부 국가는 저렴한 요금에 비해 상대적으로 많은 콘텐츠가 제공된다.
  - 높은 요금을 내더라도 제공 콘텐츠 수가 상대적으로 적은 경우도 존재한다.
  - 요금이 가장 높은 데이터($12.88)에 마우스를 클릭하여 확인해 보면 유럽의 리히텐슈타인(li)과 스위스(ch)인 것을 알 수 있다.
  - 요금이 가장 낮은 데이터($1.97)에 마우스를 클릭해 보면 튀르키예(구 터키, tr)인 것을 알 수 있다.
  - 콘텐츠를 가장 많이 제공하는 데이터에 마우스를 클릭해 보면 콘텐츠가 7,325종 제공되며, 비용이 $8.83로 체코(cz)에 해당함을 알 수 있다.

- **요금과 콘텐츠 수의 관계**
  - 요금과 콘텐츠 수 사이에 뚜렷한 경향성(우상향 또는 우하향)이 나타나지 않았다.
  - 요금이 비싸다고 해서 반드시 더 많은 콘텐츠를 제공하는 것은 아니다.

> **더 알아보기** 추가적인 의미와 분석 정보
>
> - **추가적인 의미**
>   요금 대비 콘텐츠 수를 계산하여 가장 가성비가 좋은 국가와 상대적으로 비싼 요금제를 사용하는 국가를 알 수 있다.
>
> - **경제적 요인 고려**
>   단순히 요금과 콘텐츠 수만으로 가격 정책을 설명하기는 어려우며, 국가별 소득 수준, 물가 등 경제적 요인과 같은 추가적 요소를 고려할 필요가 있다.

03 데이터 분석 활동을 해 볼까

데이터 분석 ❷

📁 **콘텐츠 수에 따른 요금을 비교했을 때 가장 가성비 좋은 국가는 어디일까?**

데이터 분석 ❶ 에서 콘텐츠 수와 요금이 꼭 비례하는 것은 아님을 알 수 있었다. 그렇다면 콘텐츠 수 대비 요금이 가장 합리적인 국가는 어디인지 데이터를 바탕으로 분석해 보자.

데이터 전처리

● **속성 추가**

이 정보를 알아내기 위해서는 '전체 콘텐츠 수(Total Library Size)' 값으로 '월 구독료_베이직(Cost Per Month - Basic($))' 값을 나누어 콘텐츠 1개당 요금을 계산하고, 새 속성을 만들어 해당 결과를 저장할 수 있어야 한다. 테이블을 클릭하여 '새 속성'을 추가한 뒤, 속성 이름을 'Cost/Total Size'로 설정한다. 새로운 속성명을 클릭하여 나온 메뉴에서 '수식 편집'을 선택한 뒤, 수식에 'log('Cost Per Month - Basic($)'/'Total Library Size')'을 입력한다.

Q log 연산을 하는 이유는 무엇인가?

A 요금을 전체 콘텐츠 수로 나눈 결과를 그대로 적용하면 값이 작아 CODAP에 0으로 표기되기 때문이다. 모든 값이 0이 되면 비교를 할 수 없으므로 log를 씌워 식을 작성한다. 또한 log를 통해 값의 상대적 크기를 직관적으로 파악할 수 있다.

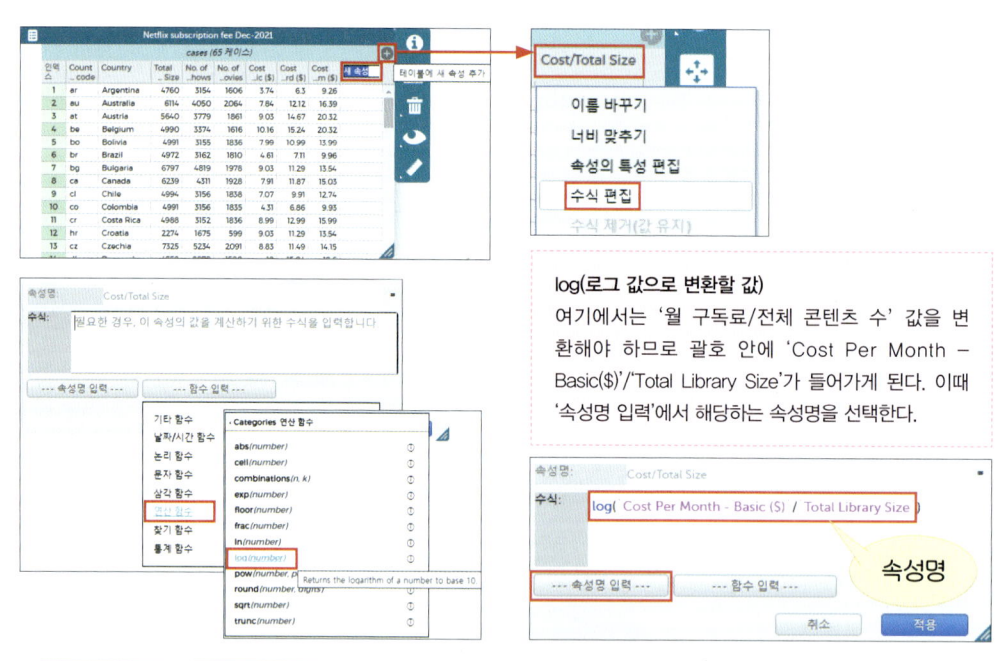

log(로그 값으로 변환할 값)
여기에서는 '월 구독료/전체 콘텐츠 수' 값을 변환해야 하므로 괄호 안에 'Cost Per Month - Basic($)'/'Total Library Size'가 들어가게 된다. 이때 '속성명 입력'에서 해당하는 속성명을 선택한다.

> **짚고 가기** log( ) 함수
>
> log( ) 함수는 $\log_n m$의 꼴로 표현되며 m이 n의 몇 제곱인지 알려 준다. 예를 들어 $\log_2 4 = 2$이다(4는 2의 제곱이므로). $\log_n m$에서 n은 '로그의 밑'이라고 하며, 로그의 밑이 10일 경우 생략하여 $\log m$으로 나타낼 수 있다.
>
> log를 사용하는 이유는 매우 크거나 작은 값들의 비교 용이성 때문이다. 예를 들어, 0.0001은 $\log_{10}$을 취하면 −4와 같은 간단한 값으로 표현된다.

국가별 콘텐츠 수에 따른 요금 그래프

> **Tip!** 평균값은 모든 수를 더한 총합을 총 개수로 나눈 값이며 극단적인 수치의 영향을 받을 수 있다.
>
> 중앙값은 데이터를 크기순으로 나열했을 때 가운데에 위치하는 값으로 극단적 수치가 존재해도 영향을 받지 않는다. 데이터 값의 격차가 너무 클 경우에는 평균값보다 중앙값을 대푯값으로 고려할 수 있다. 예를 들어, 10명 중 9명의 월소득이 200만 원이고 1명이 1억인 경우를 생각해 보자. 이때 평균 소득은 1180만원으로, 표본을 대표한다고 보기 어려우며 중앙값인 200만원이 대푯값에 더 적합하다.

국가별 콘텐츠 수에 따른 요금을 분석하기 위해 국가별 'Cost/Total Size' 값을 산점도로 표현해 보자. 'Cost/Total Size' 속성을 x축으로 드래그 앤 드롭한다. 전체 평균 또한 살펴보기 위해 '측정' 탭에서 '평균' 및 '중앙값'을 체크하여 표시한다.

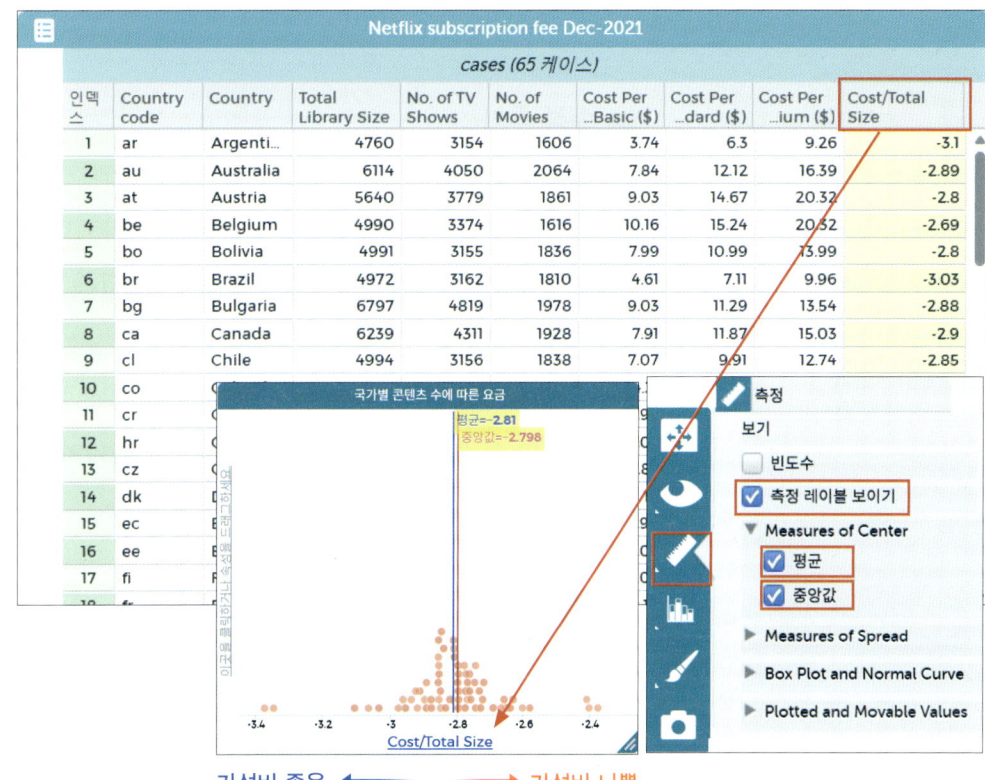

> 산점도에서 해당 점에 마우스를 가져다 대면 국가별 가성비를 확인할 수 있어요.

해석

국가별 콘텐츠 수에 따른 요금을 분석해 산점도를 그린 후, 최저, 최대에 마우스를 올려 어느 나라인지 확인한 결과, 이를 통해 알 수 있는 정보는 다음과 같다.

- 콘텐츠 수 대비 요금이 높은 곳과 저렴한 곳
  - 다른 국가들보다 튀르키예(tr)와 인도(in)가 콘텐츠 수에 비해 요금이 특히 저렴하여 가성비가 좋은 국가이다.
  - 리히텐슈타인(li)과 산마리노(sm), 크로아티아(hr)는 콘텐츠 수에 비해 요금이 유독 높음을 확인할 수 있다.

- 콘텐츠 대비 요금의 일반적인 수준
  - 평균과 중앙값이 둘 다 약 -2.8로 큰 차이가 없어 콘텐츠 수 대비 요금이 특별히 극단적인 경우가 거의 없음을 알 수 있다.

03 데이터 분석 활동을 해 볼까

데이터 분석 ❸

🗂 **국가별로 베이직 요금제와 프리미엄 요금제의 차이는 비슷할까?**

같은 모델의 자동차도 옵션에 따라 금액 차이가 나는 것처럼 넷플릭스도 금액에 따라 제공 서비스가 다르다. 국가별로 기본 요금과 가장 높은 요금의 차이를 데이터를 통해 분석해 보자.

데이터 전처리

● **속성 추가**

이 정보를 알아내기 위해 기본인 베이직 요금과 가장 비싼 프리미엄 요금의 단순 금액 차를 비교할 수 있지만, 국가별 요금 수준이 다르므로 증가 비율을 비교해 보자.

증가 비율이 저장될 새 속성을 만들어 해당 값을 저장하기 위해 테이블을 클릭하여 '새 속성'을 추가하고 속성 이름을 'Increase'로 설정한다. 'Increase'를 클릭해 나온 메뉴에서 '수식 편집'을 선택한 뒤, 수식에 'Cost Per Month - Premium ($)'/'Cost Per Month - Basic ($)'을 입력한다. 이때 수식에 입력하는 속성명은 '속성명 입력'을 클릭하여 해당 속성명을 찾아 넣는다.

> 간단한 사칙 연산은 함수 입력 기능을 사용하지 않고, 직접 연산자를 입력하여 결과를 산출할 수 있어요.

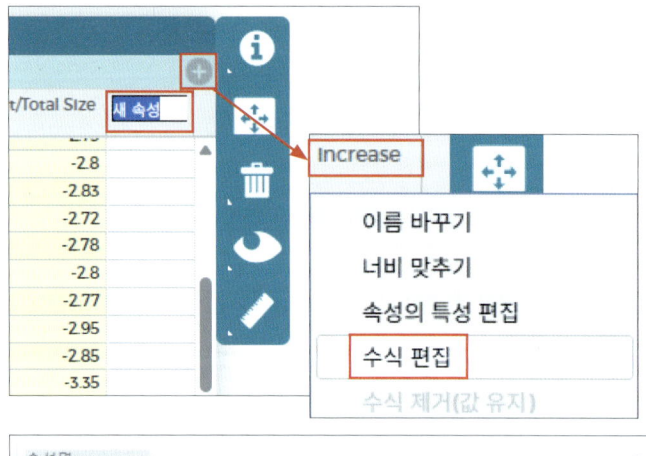

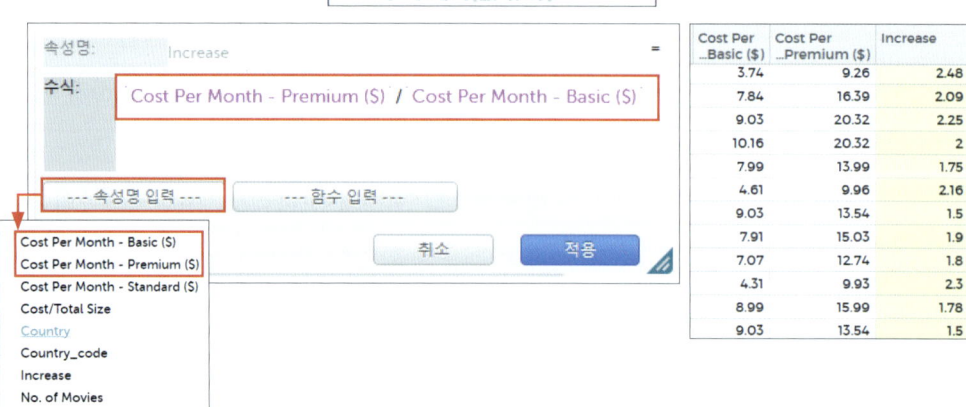

122 나는 CODAP으로 데이터 분석한다

국가별 콘텐츠 수 대비 요금을 살펴보기 위해 국가별 요금 증가 비율을 살펴보자. 'Increase' 속성을 x축으로 드래그 앤 드롭한다.

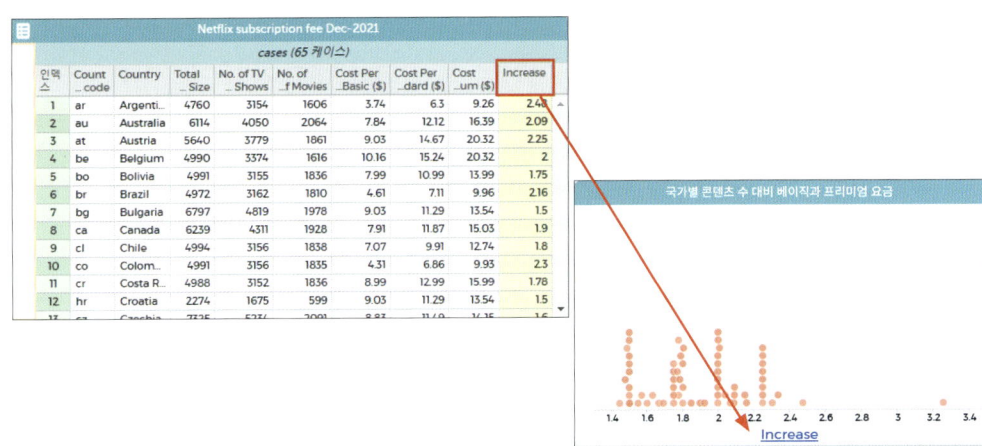

 # 해석 — 국가별로 베이직 요금과 프리미엄 요금의 차이를 비교한 결과, 이를 통해 알 수 있는 정보는 다음과 같다.

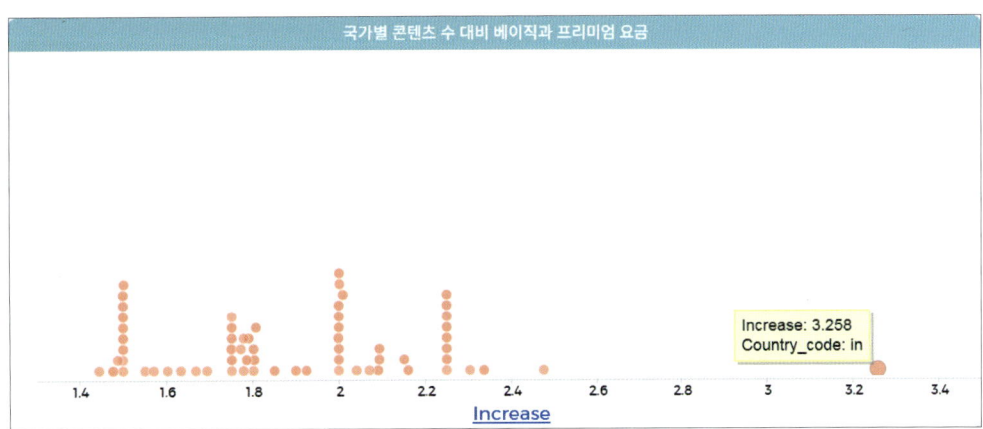

'Increase' 속성의 비율 해석
- 1.5: 프리미엄 요금이 베이직 요금의 1.5배
- 2: 프리미엄 요금이 베이직 요금의 2배

> 비슷한 증가 비율을 가진 국가 간 지역적, 경제적 공통점 등을 찾아볼 필요가 있어요.

● 베이직 요금과 프리미엄 요금 차이 비교
  - 베이직 요금에서 프리미엄 요금으로 변경 시 증가하는 금액의 비가 국가마다 차이가 크게 난다.
  - 국가들이 1.5배, 1.75배, 2배, 2.25배 구간에 주로 몰려 있는 것을 확인할 수 있다.
  - 요금 증가가 가장 큰 국가는 인도(in)로 프리미엄 요금이 베이직 요금의 3.258배이다. 하지만 베이직 요금이 다른 국가에 비해 저렴한 만큼, 가격의 절대적 차이 또한 분석해 볼 수 있다.

8. 넷플릭스 요금 데이터 분석　123

탐색적 데이터 분석

데이터의 속성을 살펴보고 앞에서 제시한 문제의 답을 찾는 것 외에 더 알 수 있는 정보를 찾아봅시다.

예시 모든 국가에 영화가 비슷한 비율로 제공되고 있을까?

1. 어떤 어떤 데이터 분석 활동을 해야 할까?

> 예) 국가별 제공되는 전체 콘텐츠 중 영화가 차지하는 비율

2. 어떤 속성이 필요할까?

> 예) 영화 수(No. of Movies) / 전체 콘텐츠 수(Total Library Size)를 저장할 속성 추가
> movies / total → 수식 편집 →

3. 어떤 그래프를 그릴까?

> 예) 나라별 영화 비율 그래프(산점도)

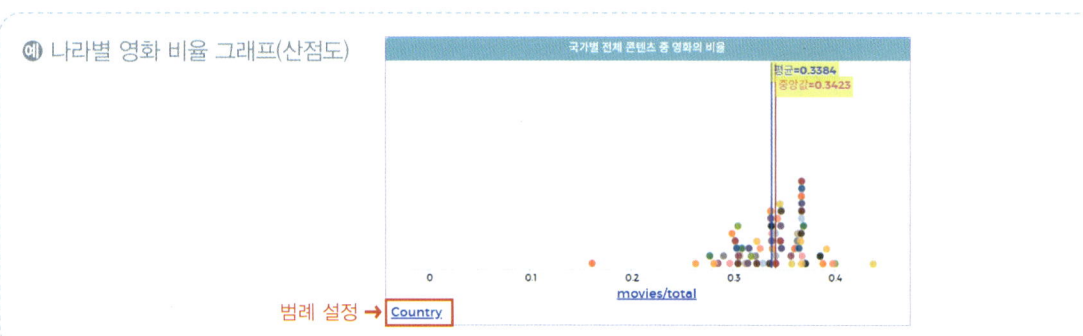

4. 알 수 있는 정보는 무엇일까?

> 예) 대부분의 국가에 전체 콘텐츠 중 30~40%가 영화로 제공되고 있으며 평균은 34%이다. 하지만 산마리노의 경우 16%만이 영화이며 리히텐슈타인의 경우에는 44%를 영화가 차지하고 있다.

5. 이 활동을 통해 얻을 수 있는 기대 효과는 무엇일까?

> 예) 국가마다 제공되는 콘텐츠의 유형 비율이 꼭 일정하게 정해져 있는 것은 아님을 알 수 있다. 이러한 결과를 통해 국가별 문화별 차이나 콘텐츠 전략의 다양성에 대해 생각해 볼 수 있으며 콘텐츠 소비에 영향을 끼치는 요인이 무엇인지 추가적으로 생각해 볼 수 있다.

학생 성적 데이터 분석

➤ 이 장에서는 다음의 순서로 진행합니다.

결정계수, 상관관계, 최소제곱선, 범례 설정 및 색 변경

01 해결해야 할 문제는 무엇일까
- 좋은 성적을 얻으려면 무엇을 해야 할까?

02 어떤 데이터를 분석할까
- Kaggle 데이터(학생 성적 데이터)

03 데이터 분석 활동을 해 볼까
- 데이터 분석 1
  공부 시간을 늘리면 성적이 오를까?
- 데이터 분석 2
  학교 출결은 성적과 관련이 있을까?
- 데이터 분석 3
  과외는 성적을 올리는 데 도움이 될까?

- 탐색적 데이터 분석
  예시 부모님의 지원은 성적과 관련이 있을까?

01 해결해야 할 문제는 무엇일까

💬 **다음 상황을 읽고, 해결해야 할 문제를 알아봅시다.**

어떤 친구는 오래 공부하지 않아도 성적이 좋고, 어떤 친구는 학원이나 과외를 열심히 다녀도 성적이 기대만큼 오르지 않기도 한다. 왜 이런 차이가 생기는 걸까? 이러한 성적 차이를 만드는 요인에는 어떤 것들이 있으며, 그렇다면 우리가 성적을 잘 받기 위해 집중해야 할 진짜 중요한 요인은 무엇일까?

알아두면 쓸모있는 정보

학생들에게 익숙한 '성적'이라는 주제를 중심으로 데이터를 탐구하도록 구성함으로써, 학습자의 흥미와 몰입도를 높이고 데이터 분석 과정을 실제 삶의 맥락과 자연스럽게 연결할 수 있도록 하였다. 이 과정에서는 성적에 영향을 줄 수 있는 다양한 요인을 함께 분석해 보았다. 예를 들어 결석 일수, 과외 여부, 부모의 관심과 지원 수준 등과 같은 요소들이 성적에 어떤 영향을 미치는지를 살펴보면서, 각 요인 간의 관계를 데이터로 파악하고 유의미한 정보를 도출해 내는 경험을 할 수 있도록 하였다.

02 어떤 데이터를 분석할까

데이터 수집

💬 **문제 해결에 필요한 데이터를 수집하고, 속성을 살펴봅시다.**

학생 성적 데이터(Students Performance Dataset)는 캐글에서 제공하는 데이터로, 학생들의 공부 습관, 부모님의 지원, 과외 활동 및 학점을 포함하는 2,392명의 학생에 대한 정보를 포함한다.

데이터 속성 알아보기

Students Performance Dataset
Rabie El Kharoua · Updated 10 months ago
Usability 10.0 · 1 File (CSV) · 68 kB

인덱스	StudentID	Age	Gender	Ethnicity	Parental_ucation	StudyTime eWeekly	Absences	Tutoring	Parental Support	Extracurr icular	Sports	Music	Volunteering	GPA	GradeClass
1	1001	17	1	0	2	19.83	7	1	2	0	0	1	0	2.93	2
2	1002	18	0	0	1	15.41	0	0	1	0	0	0	0	3.04	1
3	1003	15	0	2	3	4.21	26	0	2	0	0	0	0	0.11	4
4	1004	17	1	0	3	10.03	14	0	3	1	0	0	0	2.05	3
5	1005	17	1	0	2	4.67	17	1	3	0	0	0	0	1.29	4
6	1006	18	0	0	1	8.19	0	0	1	0	0	0	0	3.08	1
7	1007	15	0	1	1	15.6	10	0	3	0	1	0	0	2.75	2
8	1008	15	1	1	4	15.42	22	1	1	1	0	0	0	1.36	4
9	1009	17	0	0	0	4.56	1	0	2	0	1	0	1	2.9	2
10	1010	16	1	0	1	18.44	0	0	3	1	0	0	0	3.57	0

속성 살펴보기

- StudentID: 학생 ID
- Age: 나이
- Gender: 성별(1: 여성, 0: 남성)
- Ethnicity: 민족
- ParentalEducation: 부모의 교육 수준 (숫자가 높을수록 고학력)
- StudyTimeWeekly: 주간 공부 시간
- Absences: 결석 횟수
- Tutoring: 과외 여부 (1: 참여, 0: 미참여)
- ParentalSupport: 부모의 지원(숫자가 높을수록 늘어남.)
- Extracurricular: 교외 활동 여부 (1: 참여, 0: 미참여)
- Sports: 운동 활동 여부 (1: 참여, 0: 미참여)
- Music: 음악 활동 여부 (1: 참여, 0: 미참여)
- Volunteering: 봉사 활동 여부 (1: 참여, 0: 미참여)
- GPA: 학점(숫자가 높을수록 높은 학점)
- GradeClass: 등급(GPA를 기반으로 한 등급)

  0: (GPA >= 3.5)
  1: (3.0 <= GPA < 3.5)
  2: (2.5 <= GPA < 3.0)
  3: (2.0 <= GPA < 2.5)
  4: (GPA < 2.0)

좋은 성적을 받기 위해 무엇이 필요할까? 수업 태도, 공부 시간, 과외, 부모님의 지원 등 다양한 요인들이 있다. 이 중 어떤 속성이 실제 성적에 영향을 줄까? 우리는 이러한 속성과 성적 사이의 관계를 데이터로 분석해 보려 한다. 먼저 '공부를 오래 하면 성적이 오른다'는 말이 사실인지 확인해 보자.

03 데이터 분석 활동을 해 볼까

 다음의 질문에 대한 답을 찾을 수 있도록 데이터 분석을 해 봅시다.

- ☑ 공부 시간을 늘리면 성적이 오를까?
- ☑ 학교 출결은 성적과 관련이 있을까?
- ☑ 과외는 성적을 올리는 데 도움이 될까?

데이터 분석 ❶

📁 공부 시간을 늘리면 성적이 오를까?

"공부는 엉덩이 싸움이다.", "꾸준함을 이길 수 있는 것은 없다."라는 말은 학생이라면 누구나 한 번쯤 들어봤을 것이다. 시험 한 달 전부터 부모님은 "시험이 얼마 남지 않았다. 슬슬 공부해야지?"라는 잔소리를 하곤 한다. 과연 공부를 오래 하는 것이 좋은 성적을 보장할까? 부모님의 잔소리에 대응하기 위해 객관적인 지표로 분석해 보자.

주간 공부 시간과 학점 그래프

'주간 공부 시간(StudyTimeWeekly)' 속성을 x축으로, '학점(GPA)' 속성을 y축으로 설정하면 주간 공부 시간에 따른 학점을 파악할 수 있다.

> **Tip!** 학점은 성적을 나타내는 방법 중 하나로, 각 과목의 성취도(A, B, C, …)를 4, 3, 2와 같이 수치화하여 전체 평균을 낸 점수이다.

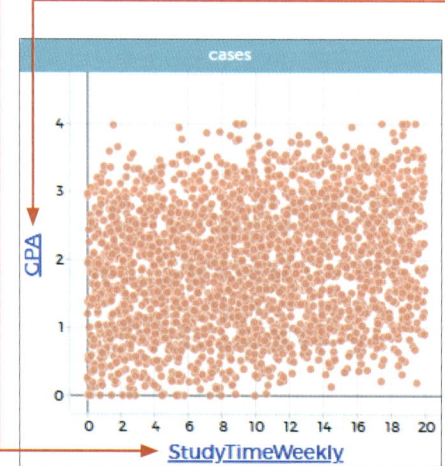

 # 해석 '주간 공부 시간(StudyTimeWeekly)' 속성을 x축으로, '학점(GPA)' 속성을 y축으로 설정하고, '최소제곱선'을 선택하여 그래프를 그린 결과, 이를 통해 알 수 있는 정보는 다음과 같다.

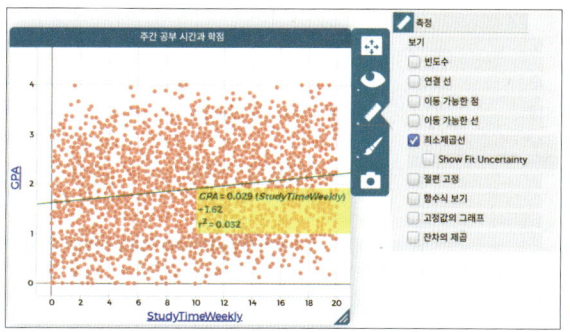

- 시간에 따른 성적 변화
  - 주간 공부 시간이 증가하더라도 학점의 변화가 일정하지 않다.
  - 즉, 공부 시간이 많다고 해서 반드시 성적이 올라가는 것은 아니라는 것을 알 수 있다.
  - 주간 공부 시간이 10시간을 초과하면 적어도 0점을 받지 않지만, 10시간 이상의 공부 시간에서도 학점이 넓은 범위에 분포하므로, 공부 시간과 성적 간의 관계는 일관되지 않음을 알 수 있다.

- 상관관계
  - 결정계수(r^2)가 0.032로 주간 공부 시간과 학점 간의 뚜렷한 상관관계가 보이지 않으며, 이는 다른 요인의 영향이 있을 수 있다.

더 알아보기 ➕ 외부 요인과 학습 전략

- **외부 요인**
공부 시간 외에도 학업 성적에 영향을 미치는 다양한 외부 요인이 존재할 수 있다는 것을 알 수 있다.

- **학습 전략**
단순히 공부 시간만 늘리는 것이 아니라, 외부 요인들(예 결석 횟수, 과외 활동, 취미 생활 등)을 고려하여 함께 적용하는 것이 성적 향상에 더 큰 영향을 미칠 수 있다는 점을 고려해야 한다.

03 데이터 분석 활동을 해 볼까

데이터 분석 ❷

🗂 학교 출결은 성적과 관련이 있을까?

수능에서 1등을 한 학생들의 인터뷰를 살펴보면, 그들은 공통으로 "학교 수업에 충실히 참여했다."라고 한다. 하지만 많은 사람은 "학교 수업뿐만 아니라 과외나 학원 수업도 분명히 받았을 거야."라고 의문을 가질 수 있다. 학교 출결이 실제로 학업 성적과 어떤 관계가 있는지 데이터를 통해 분석해 보자.

결석 횟수와 학점 그래프

'결석 횟수(Absences)' 속성을 x축으로, '학점(GPA)' 속성을 y축으로 설정하면 학교 출석을 열심히 한 학생들과 그렇지 않은 학생들의 성적을 비교해 볼 수 있다.

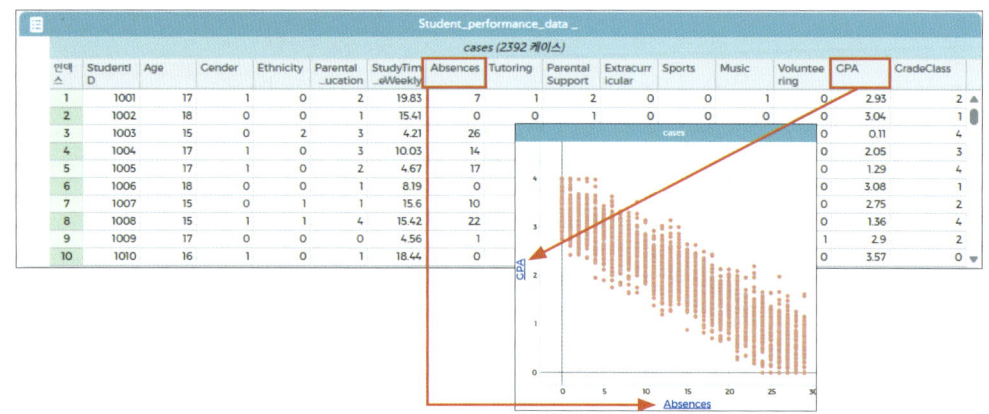

 # 해석 — x축을 '결석 횟수(Absences)' 속성으로, y축을 '학점(GPA)' 속성으로 설정하고, '최소제곱선'을 선택하여 그래프를 그린 결과, 이를 통해 알 수 있는 정보는 다음과 같다.

- 결석에 따른 학점 변화
  - 결석 횟수가 많아질수록 학점이 낮아지는 것을 알 수 있다.
  - 결석이 적은 학생들은 결석이 많은 학생들보다 학점이 높은 것을 알 수 있다.

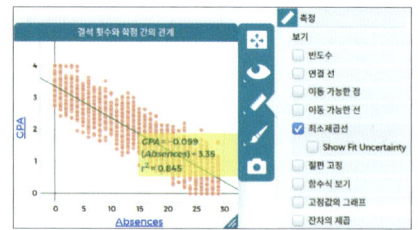

- 상관관계
  - 결정계수(r^2)가 0.845로 결석 횟수와 학점 사이에 강한 관련성이 있으며, 음의 상관관계가 있음을 명확히 보여 준다.
  - 결석이 학생의 학업 성적에 상당한 영향을 미치며, 학생들이 수업에 참석하는 것이 학업 성적에 중요한 요소임을 알 수 있다.

결석 횟수, 주간 공부 시간과 학점 그래프

학교 시험은 수업 내용을 바탕으로 출제되므로, 출석률이 높을수록 학점도 높게 나타나는 강한 관련성을 확인할 수 있었다. 그러나 출석 외에도 학업 성적을 향상하는 추가적인 요인이 있을 수 있다. 출석률과 주간 공부 시간이 학점에 미치는 긍정적인 영향을 가정하고 추가 분석을 진행해 보자. '결석 횟수(Absences)' 속성을 x축으로, '학점(GPA)' 속성을 y축으로, '주간 공부 시간(StudyTimeWeekly)' 속성을 그래프 가운데로 설정하면, 결석 횟수와 주간 공부 시간이 함께 학점에 미치는 복합적인 영향을 분석할 수 있다.

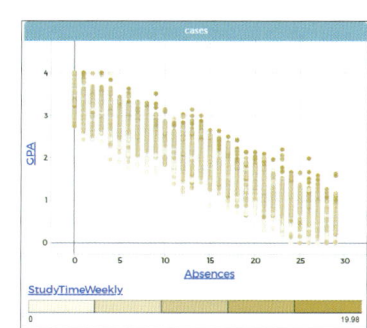

> **Tip** StudyTimeWeekly(주간 공부 시간) 속성은 결석 횟수가 성적 향상에 도움이 되는지를 직접 확인하는데 반드시 필요한 속성은 아니다. 다양한 정보를 끌어내기 위해 추가한 속성이다.

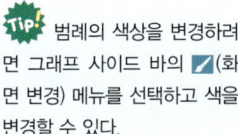

왼쪽은 주간 공부 시간이 '0 ~ 3.99시간'인 구간의 학생들의 학점 분포 그래프이고, 오른쪽은 주간 공부 시간이 '15.61 ~ 19.98시간'인 구간의 학생들의 학점 분포 그래프이다. 이를 통해 알 수 있는 정보는 다음과 같다.

> **Tip** 범례의 색상을 변경하려면 그래프 사이드 바의 ✏(화면 변경) 메뉴를 선택하고 색을 변경할 수 있다.

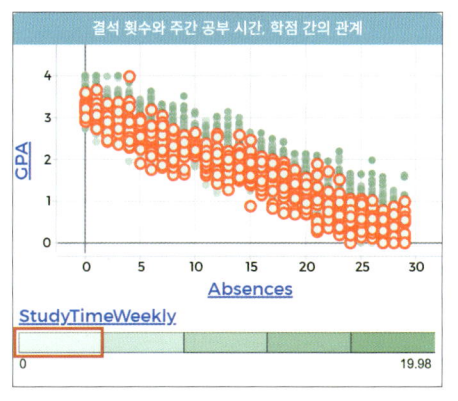 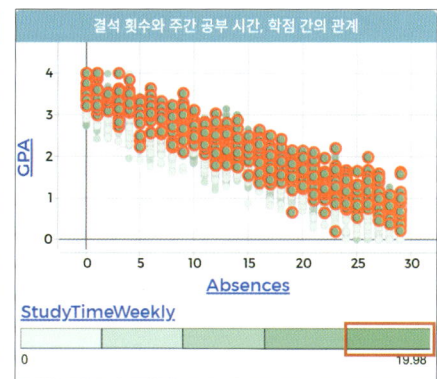

- **결석 횟수와 주간 공부 시간에 따른 학점 분석**
  - 결석 횟수가 동일할 때, 주간 공부 시간이 적은 학생들은 상대적으로 학점이 낮다.
  - 결석 횟수가 동일할 때, 주간 공부 시간이 많은 학생들은 상대적으로 학점이 높다.

- **학교 출석과 학업 성적의 중요성**
  - 위에서 알 수 있는 점은, 학생들이 학업 성적을 높이기 위해서는 수업에 결석하지 않고 공부 시간을 늘리는 것이 중요함을 시사한다.

03 데이터 분석 활동을 해 볼까

데이터 분석 ❸

📂 과외는 성적을 올리는 데 도움이 될까?

"선생님, 저 오늘 청소 못 해요. 학원 바로 가야 해요.", "내일 공휴일이라 학교는 쉬지만, 학원은 가야 해요." 많은 학생이 학원이나 개인 과외를 통해 성적을 높이려는 노력을 기울이고 있다. 하지만 과연 이러한 추가 학습이 실제로 성적 향상에 얼마나 기여하고 있는지 데이터를 통해 분석해 보자.

과외와 학점 그래프

'과외(Tutoring)' 속성을 x축으로, '학점(GPA)' 속성을 y축으로 설정하면 과외의 유무에 따른 학점을 파악할 수 있다. 단, '과외(Tutoring)' 속성은 수치가 아니라 참여 여부를 0과 1로 표현하는 범주이므로 그래프를 그린 뒤, 속성명을 클릭하여 '범주형으로 변환'을 선택한다.

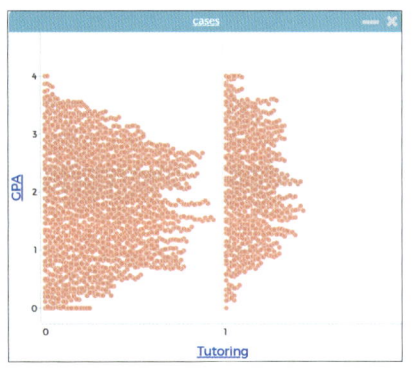

 # 해석

x축을 '과외(Tutoring)' 속성으로, y축을 '학점(GPA)' 속성으로 설정하고 '평균'을 선택하여 그래프를 그린 결과, 이를 통해 알 수 있는 정보는 다음과 같다.

- 과외 여부에 따른 학점 변화
  - 과외를 받은 학생들의 학점 평균은 2.11, 그렇지 않은 학생들의 학점 평균은 1.82이다.
  - 이 결과는 과외가 학생들의 학업 성적에 어느 정도 영향을 미친다는 것을 보여 준다.
  - 이는 학교 수업 외 추가적인 과외가 학업 성적 향상에 긍정적인 영향을 미칠 가능성을 보여 주며, 학습 효과를 높이는 하나의 요인으로 해석될 수 있다.

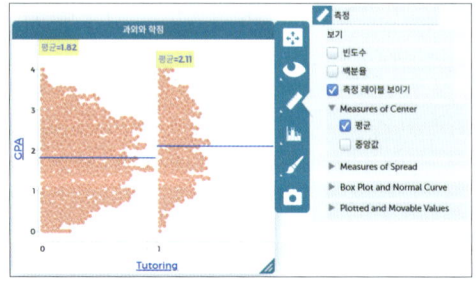

과외와 결석 횟수에 따른 학점 그래프

앞의 그래프를 통해 과외가 학생 성적 향상에 도움이 되는 것을 확인할 수 있다. 하지만 과외만으로 학업 성적에 매우 큰 영향을 주는 유일한 요인이라고 보기는 어렵다. 앞에서 다루었던 것처럼, 학교 출석률 또한 학업 성적에 중요한 영향을 미치는 요인이기 때문이다.

이에 따라, 과외 여부뿐만 아니라 출석과 과외가 함께 고려될 때 학업 성적에 더욱 긍정적인 시너지가 발생할 것으로 가정하고 추가 분석을 진행해 보자.

앞의 그래프에 '결석 횟수(Absences)' 속성을 그래프 가운데로 설정하면 결석 횟수와 과외가 학점에 미치는 복합적인 영향을 분석할 수 있다.

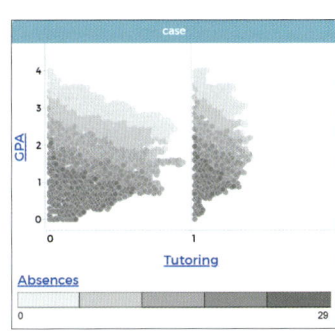

 # 해석 — 왼쪽은 결석 횟수가 '23 ~ 29일'인 구간의 학생들의 학점 분포 그래프이고, 오른쪽은 결석 횟수가 '0 ~ 6일'인 구간의 학생들의 학점 분포 그래프이다. 이를 통해 알 수 있는 정보는 다음과 같다.

Tip! 결석이 많은 학생 또는 결석이 적은 학생들 그룹의 평균을 별도로 확인하고 싶다면, 데이터가 선택되어 있을 때, 👁 메뉴를 클릭한다. 다음과 같이 '선택하지 않은 케이스 숨기기' 옵션을 선택하면 결석이 잦은 학생들의 평균 성적을 확인할 수 있다.

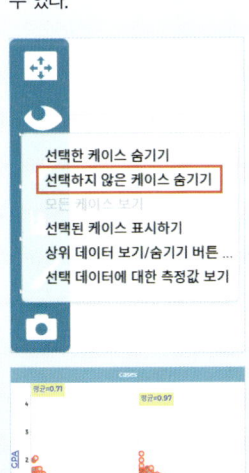

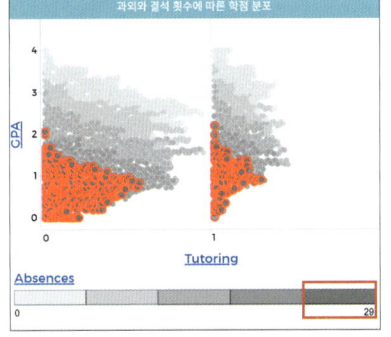 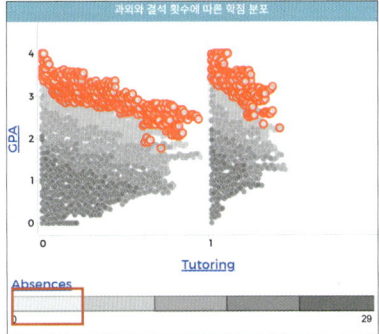

● 과외와 결석 횟수에 따른 학점 분석
  - 과외 여부와 관계없이 결석 횟수가 많은 학생들은 상대적으로 학점이 낮다.
  - 과외 여부와 관계없이 결석 횟수가 적은 학생들은 상대적으로 학점이 높다.

● 학교 출석과 학업 성적의 중요성
  - 과외는 학점의 평균을 다소 높일 수는 있지만, 학교 수업과의 병행이 이루어지지 않으면 그 효과는 제한적이다.
  - 학생들은 과외와 함께 학교 수업에 충실히 참여해야만 더 효과적인 성적 향상을 이룰 수 있다.

9. 학생 성적 데이터 분석 133

탐색적 데이터 분석

데이터의 속성을 살펴보고 앞에서 제시한 문제의 답을 찾는 것 외에 더 알 수 있는 정보를 찾아봅시다.

예시 Q 부모님의 지원은 성적과 관련이 있을까?

1. 어떤 데이터 분석 활동을 해야 할까?

> 예) 부모님의 지원이 성적 향상에 유의미한 영향을 미칠까?

2. 어떤 속성이 필요할까?

> 예) 부모님의 지원(범주형 변환), 학점

3. 어떤 그래프를 그릴까?

> 예) 부모님의 지원과 성적과의 관련성 그래프(산점도)

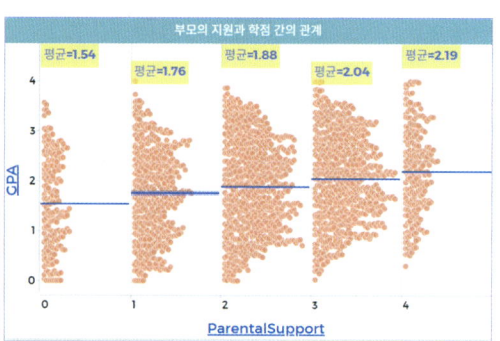

4. 알 수 있는 정보는 무엇일까?

> 예) 부모님의 지원이 낮은 학생 그룹부터 학점 평균을 살펴보면, 1.54, 1.76, 1.88, 2.04, 2.19로 점차 증가하는 추세를 보인다. 이러한 결과는 부모님의 지원이 자녀의 성적에 영향을 미치는 요인 중 하나임을 알 수 있다. 따라서 자녀의 성적 향상을 위해서는 부모님의 적극적인 지원도 중요하다고 결론을 내릴 수 있다.

5. 이 활동을 통해 얻을 수 있는 기대 효과는 무엇일까?

> 예) 학생의 성적에 부모님의 지원이 생각보다 많은 영향을 미치는 것을 알 수 있었다. 부모님의 지원에는 정서적, 물질적 지원과 자녀와의 소통 등이 포함된다. 부모님의 다양한 지원이 학생의 학업 성적에 긍정적인 영향을 주므로, 학생들이 이를 무조건적인 잔소리로 인식하지 않고 오히려 응원과 격려로 받아들인다면 더 좋은 성과를 얻을 수 있을 것이다.

10 수면의 질 데이터 분석

➤ 이 장에서는 다음의 순서로 진행합니다.

최소제곱선, 그래프

01 해결해야 할 문제는 무엇일까
- 좋은 수면의 질은 어떻게 얻을 수 있을까?

02 어떤 데이터를 분석할까
- Kaggle 데이터(건강 및 수면 통계 데이터)

03 데이터 분석 활동을 해 볼까
- 데이터 분석 1
  수면의 질에 영향을 주는 것은 무엇일까?
- 데이터 분석 2
  나이에 따라 수면의 질에 차이가 있을까?

응용하기
- 탐색적 데이터 분석
  예시 수면 장애와 일일 걸음 수의 관계는 어떨까?

01 해결해야 할 문제는 무엇일까

💬 **다음 상황을 읽고, 해결해야 할 문제를 알아봅시다.**

잠자는 시간만큼 중요한 것이 바로 수면의 '질'이다. 같은 시간 동안 잠을 자더라도 어떤 사람은 개운하고 활기찬 아침을 맞이하는 반면, 어떤 사람은 여전히 피로를 느끼며 하루를 시작하기도 한다. 이러한 수면의 질 차이는 어떤 요인들에 의해 결정되는 걸까? 또 질 높은 수면을 위해서는 어떤 점들을 고려하고, 어떤 노력을 기울여야 할까?

알아두면 쓸모있는 정보

캐글에는 이 활동에서 다루지 않는 다양한 속성과 더 많은 인원의 정보를 포함한 수면 건강 데이터도 제공되지만, 이 활동에서는 개인 100명의 수면 습관과 신체 활동 정보를 담은 데이터를 활용해 데이터 분석을 수행해 본다. 이 활동을 통해 수면의 질이 다양한 요인들과 어떤 관련이 있는지를 알 수 있다. 데이터를 활용하여 이러한 관계를 이해하는 방법을 배우고, 여러분이 양질의 잠을 자는 습관을 들이는 데 도움이 되는, 일상에 바로 활용할 수 있는 유익한 정보를 얻을 수 있을 것이다.

02 어떤 데이터를 분석할까

데이터 수집

💬 **문제 해결에 필요한 데이터를 수집하고, 속성을 살펴봅시다.**

건강 및 수면 통계(Health and sleep statistics) 데이터는 캐글에서 제공하는 데이터로, 개인 100명의 수면 습관과 신체 활동에 대한 다양한 정보를 포함한다.

데이터 속성 알아보기

 Health and sleep statistics
Han Aksoy · Updated 7 months ago
Usability 10.0 · 1 File (CSV) · 1 kB

인덱스	User ID	Age	Gender	Sleep Quality	Bedtime	Wake-up Time	Daily Steps	Calories Burned	Physical Activity Level	Dietary Habits	Sleep Disorders	Medication Usage
1	1	25	f	8	23:00	06:30	8000	2500	medium	healthy	no	no
2	2	34	m	7	00:30	07:00	5000	2200	low	unhealt…	yes	yes
3	3	29	f	9	22:45	06:45	9000	2700	high	healthy	no	no
4	4	41	m	5	01:00	06:30	4000	2100	low	unhealt…	yes	no
5	5	22	f	8	23:30	07:00	10000	2800	high	medium	no	no
6	6	37	m	6	00:15	07:15	6000	2300	medium	unhealt…	no	yes
7	7	30	f	8	22:30	06:00	8500	2600	high	healthy	no	no
8	8	45	m	4	01:30	07:00	3000	2000	low	unhealt…	yes	yes
9	9	27	f	9	23:00	07:30	9500	2750	medium	healthy	no	no
10	10	32	m	7	00:45	07:15	6500	2400	medium	medium	no	no

속성 살펴보기

- User ID: 사용자 ID
- Age: 나이
- Gender: 성별(f: 여성 / m: 남성)
- Sleep Quality: 수면의 질(1부터 9까지의 척도, 9가 가장 높은 수면의 질)
- Bedtime: 취침 시간(24시간 형식)
- Wake-up Time: 기상 시간(24시간 형식)
- Daily Steps: 일일 걸음 수
- Calories Burned: 소모 칼로리
- Physical Activity Level: 신체 활동 수준(low: 낮음 / medium: 보통 / high: 높음)
- Dietary Habits: 식습관(healthy: 건강함 / medium: 보통 / unhealthy: 건강하지 않음)
- Sleep Disorders: 수면 장애(yes / no)
- Medication Usage: 수면 장애 치료를 위해 약물을 사용하는지에 대한 여부(yes / no)

건강 및 수면 통계 데이터를 활용하면 여러 가지 정보를 알아낼 수 있고, 다양한 문제를 해결할 수 있다. 예를 들어, 수면의 질 데이터를 토대로 우리가 과학 시간에 배운 '규칙적인 운동이 수면의 질에 긍정적인 영향을 미친다.'라는 내용을 검증해 볼 수 있고, 잠드는 시간과의 연관성도 살펴볼 수 있다. 이를 통해 개인의 수면 습관을 개선하는 데 효과적인 도움이 될 수 있을 것이다.

03 데이터 분석 활동을 해 볼까

💬 **다음의 질문에 대한 답을 찾을 수 있도록 데이터 분석을 해 봅시다.**

- ☑ 수면의 질에 영향을 주는 것은 무엇일까?
- ☑ 나이에 따라 수면의 질에 차이가 있을까?

데이터 분석 ❶

📂 수면의 질에 영향을 주는 것은 무엇일까?

"좋은 수면은 건강의 기본이다.", "잘 자야 잘 산다."라는 말은 누구나 한 번쯤 들어 봤을 것이다. 하지만 우리는 실제로 어떤 요소들이 수면의 질에 큰 영향을 미치는지에 대해 깊이 고민해 본 적이 있을까? 과연 어떤 속성이 좋은 수면을 보장할 수 있을지 살펴보고, 오늘부터 꿀잠 자는 방법을 찾아보자.

수면의 질과 속성들 간의 관련성 그래프

수면의 질과 속성들의 관련성을 시각화해 본다. '수면의 질(Sleep Quality)' 속성을 y축으로, 나머지 속성들을 x축으로 설정하여 그래프를 작성하면, 각 속성이 수면의 질에 미치는 영향을 직관적으로 파악할 수 있다.

> **Tip.** 소모 칼로리(Calories Burned)는 일일 걸음 수(Daily Steps) 및 신체 활동 수준(Physical Activity Level)과 매우 밀접하게 관련된 지표이므로 분석에서 제외한다.

인덱스	User ID	Age	Gender	Sleep Quality	Bedtime	Wake-up Time	Daily Steps	Calories Burned	Physical ...ity Level	Dietary ...y Habits	Sleep ...isorders	Medication Usage
1	1	25	f	8	23:00	06:30	8000	2500	medium	healthy	no	no
2	2	34	m	7	00:30	07:00	5000	2200	low	unhealt...	yes	yes
3	3	29	f	9	22:45	06:45	9000	2700	high	healthy	no	no
4	4	41	m	5	01:00	06:30	4000	2100	low	unhealt...	yes	no
5	5	22	f	8	23:30	07:00	10000	2800	high	medium	no	no

#해석 — 수면의 질과 속성들 간의 관련성을 분석한 결과, 이를 통해 알 수 있는 정보는 다음과 같다.

- 수면의 질과 취침 시간과의 관계

> **Tip.** x축을 취침 시간(Bedtime)으로 설정하면 00:15부터 표시된다. 하지만 00:15는 자정 이후 시간이므로 실제 취침 시간 순서에 맞게 x축에 배치해야 한다. 따라서 00:15부터 01:30까지의 시간을 23:45 뒤쪽으로 마우스로 드래그해 순서를 조정한다. 또한 Sleep Quality는 범주형으로 변환한다.

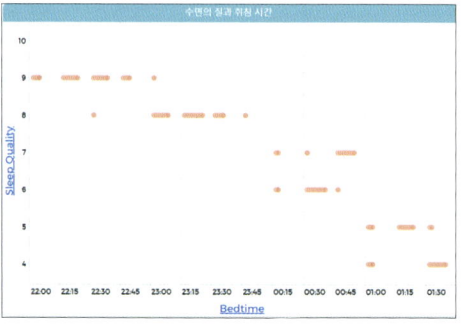

- 취침 시간이 늦어질수록 수면의 질은 낮아지는 경향이 있다.
- 특히, 자정 이전의 취침 시간에서 높은 수면의 질 점수(8점 이상)가 많이 나타나지만, 자정 이후의 취침 시간에서는 시간당 1~2점씩 점수가 떨어지는 경우가 많다.
- 적절한 취침 시간이 수면의 질에 긍정적인 영향을 미친다는 것을 의미한다.

● 수면의 질과 기상 시간과의 관계

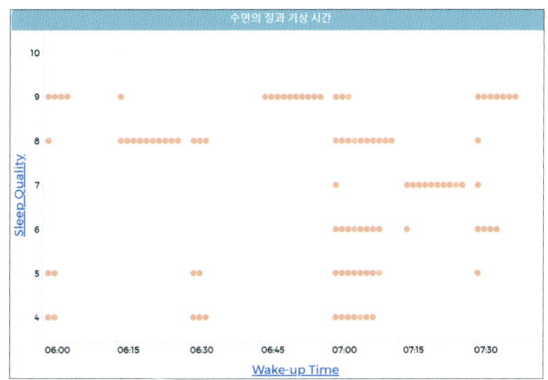

- 기상 시간과 관계없이 수면의 질은 4점에서 9점까지 다양하게 나타난다.
- 이는 기상 시간이 수면의 질에 특별히 영향을 미치지 않음을 의미한다.

● 수면의 질과 일일 걸음 수와의 관계

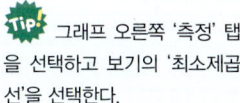 그래프 오른쪽 '측정' 탭을 선택하고 보기의 '최소제곱선'을 선택한다.

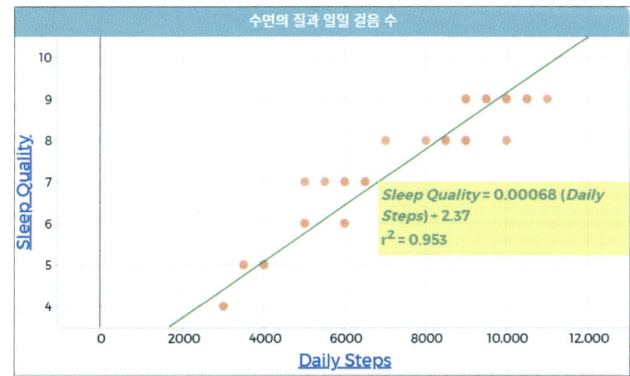

- 일일 걸음 수가 증가할수록 수면의 질이 향상되는 경향이 있다.
- 결정계수(r^2)가 0.953으로 일일 걸음 수와 수면의 질 사이에 매우 강한 상관관계가 있음을 의미한다.

03 데이터 분석 활동을 해 볼까

Tip x축이 '신체 활동 수준 (Physical Activity Level)'으로 설정되면 기본적으로 'high'가 먼저 표시된다. 신체 활동 수준을 낮음에서 높음 순으로 정렬하기 위해, 마우스로 'high'를 'medium' 뒤로 이동시킨다.

● 수면의 질과 신체 활동 수준과의 관계

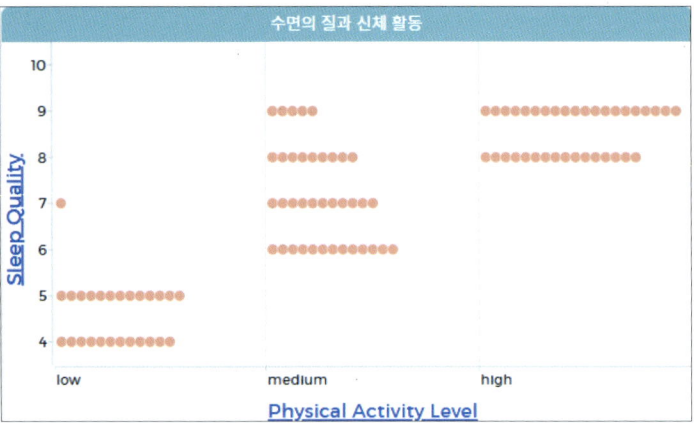

- 신체 활동 수준이 낮으면 수면의 질이 낮고, 신체 활동 수준이 높으면 수면의 질이 높다.
- 중간 강도 이상의 신체 활동이 있을 때, 수면의 질을 향상할 수 있음을 보여 준다.
- 이는 신체 활동이 수면의 질에 긍정적인 영향을 미친다는 것을 의미한다.

● 수면의 질과 식습관과의 관계

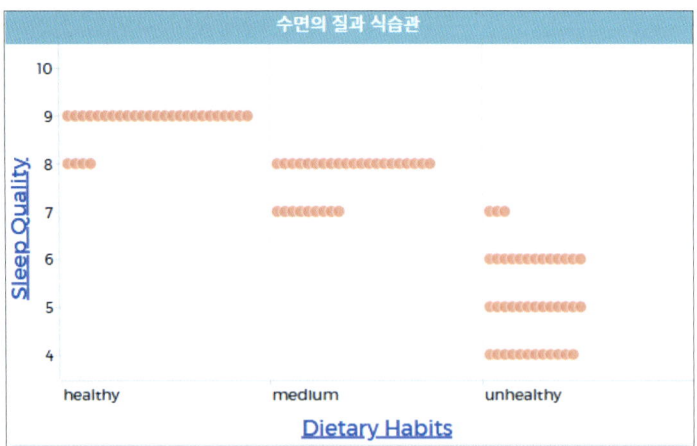

- 건강한 식습관을 가진 그룹은 높은 수면 질 점수를 보이며, 건강하지 못한 식습관을 가진 그룹은 상대적으로 낮은 수면 질 점수를 기록하고 있다.
- 또한 건강하지 못한 식습관은 수면의 질의 점수 편차(4~7점)가 크다는 것을 알 수 있다.
- 이는 건강한 식습관이 수면에 질에 긍정적인 영향을 미친다는 것을 의미한다.

● 수면의 질과 수면 장애와의 관계

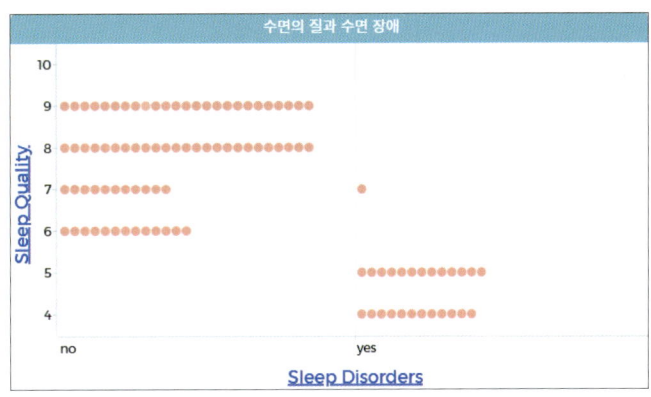

- 수면 장애가 없는 사람들은 수면의 질이 8~9점대에 주로 분포하는 반면, 수면 장애가 있는 사람들은 4~5점대에 집중되어 있다.
- 이는 수면 장애가 없는 사람들에게서 높은 수면의 질을 기대할 수 있음을 시사한다.

● 수면의 질과 약물 복용과의 관계
- 수면 장애가 있는 사람들이 약물을 복용하므로, 이들의 약물 복용 여부에 따른 수면의 질 관계를 알아본다.

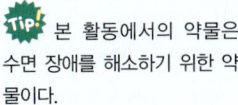 본 활동에서의 약물은 수면 장애를 해소하기 위한 약물이다.

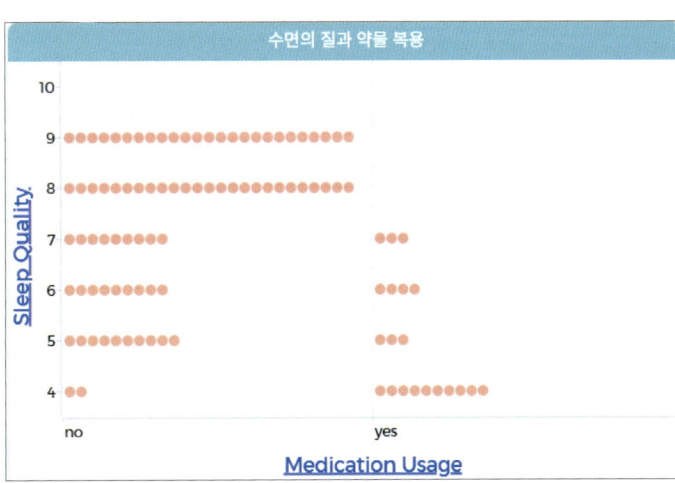

- 수면 장애를 해소하기 위한 약물을 복용한 사람들이라고 하더라도 수면의 질이 대부분 4~7에 머물므로 약물이 수면 장애를 완벽히 해소한다고 보기 어렵다.
- 이는 약물 복용이 수면의 질을 안정적으로 높여주지 않는다는 점을 의미한다.

03 데이터 분석 활동을 해 볼까

데이터 분석 ❷

📁 나이에 따라 수면의 질에 차이가 있을까?

수면은 우리의 건강과 기분에 큰 영향을 미치는 중요한 요소이다. 혹시 우리의 나이에 따라서도 달라질까? 그렇다면 어떤 이유로 나이에 따라 수면의 질이 다를 수 있는지 데이터로 검증해 보자.

나이에 따른 수면의 질 변화 그래프

'나이(Age)' 속성을 x축으로, '수면의 질(Sleep Quality)' 속성을 y축으로 그래프를 그린 후, '측정' 탭에서 '최소제곱선'을 선택하면 나이에 따른 수면의 질 사이의 관계를 파악할 수 있다.

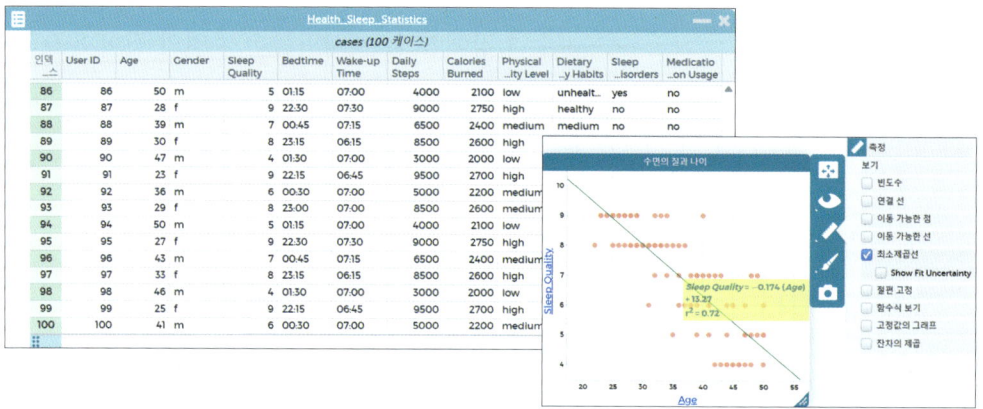

 해석

x축을 '나이(Age)', y축을 '수면의 질(Sleep Quality)'로 설정하고 '최소제곱선'을 선택하여 그래프를 그린 결과, 이를 통해 알 수 있는 정보는 다음과 같다.

- 나이에 따른 수면의 질 변화
  - 나이가 증가함에 따라 수면의 질이 감소한다.
  - 결정계수(r^2)가 0.72로, 나이와 수면의 질은 제법 관련이 있는 것을 의미하며, 이는 나이가 증가함에 따라 수면의 질이 어떻게 변화하는지 파악하는 데 유용한 정보가 될 수 있다.

나이가 증가할수록 수면의 질이 감소하는 경향이 나타났다. 이는 노화에 따른 생리적 변화나 생활 습관의 변화 등이 수면의 질에 부정적인 영향을 미치기 때문일 수 있다.

이에 따라, 나이 증가에 따른 수면 질 저하에 영향을 미치는 다양한 요인의 특성을 파악하기 위해 여러 속성을 추가하여 분석을 확장해 보자.

신체 활동에 따른 차이 분석 그래프

먼저, 신체 활동에 따른 차이를 분석하기 위해 '일일 걸음 수(Daily Steps)', '소모 칼로리(Calories Burned)', '신체 활동 수준(Physical Activity Level)' 속성을 범례로 추가한 그래프 결과를 분석해 보자.

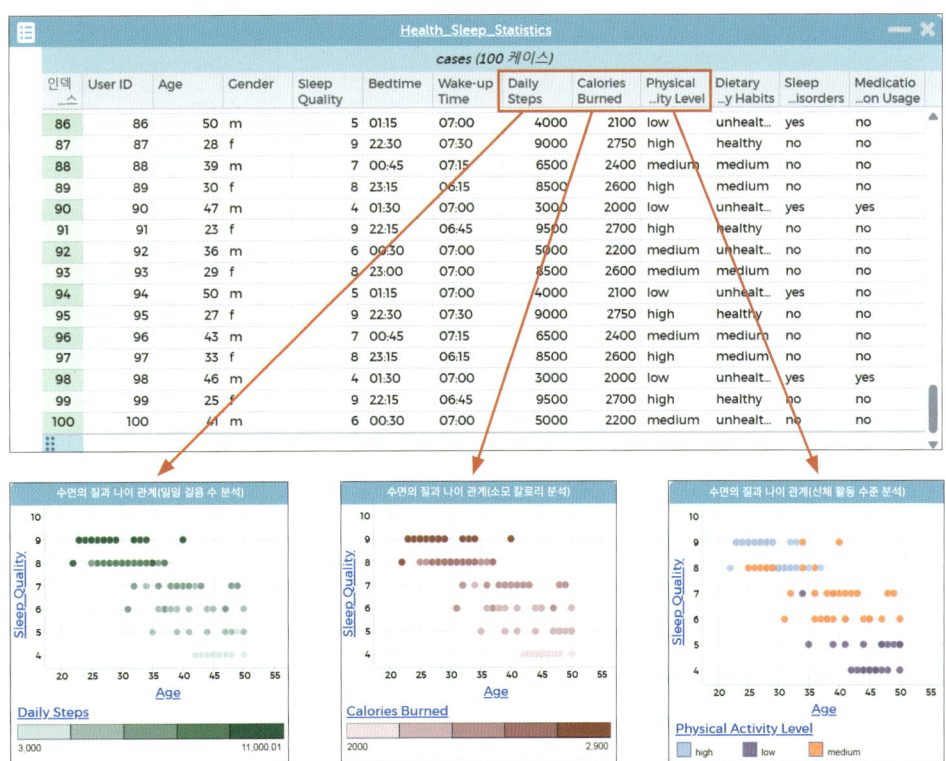

> **Tip!** 속성에 따라 그래프의 색상이 왼쪽에서 오른쪽으로 변화하므로, 대조가 잘 되는 색을 선택한다.

 # 해석 — 나이와 수면과 관련하여 신체 활동에 따른 차이를 분석한 결과, 이를 통해 알 수 있는 정보는 다음과 같다.

- 신체 활동에 따른 차이
    - 일일 걸음 수, 소모 칼로리, 신체 활동 수준은 모두 신체 활동과 관련된 요소로, 이들은 수면의 질에 긍정적인 영향을 나타낸다.
    - 일반적으로 나이가 어릴수록 신체 활동이 활발하며, 이에 따라 수면의 질이 높은 것을 알 수 있다.
    - 반면, 나이가 많아질수록 신체 활동이 줄어들고, 그에 따라 수면의 질이 낮아진다.

따라서 높은 수면의 질을 위해서는 일일 걸음 수를 늘리고, 소모 칼로리를 증가시키며, 신체 활동 수준을 높이는 것이 필요하다.

03 데이터 분석 활동을 해 볼까

신체 활동과 관련 없는 속성 분석 그래프

신체 활동과 관련 없는 '식습관(Dietary Habits)', '수면 장애(Sleep Disorders)', '약물 복용(Medication Usage)' 속성을 추가한 그래프를 분석해 보자. 앞서 진행한 활동과 같은 방법으로 속성을 추가한다.

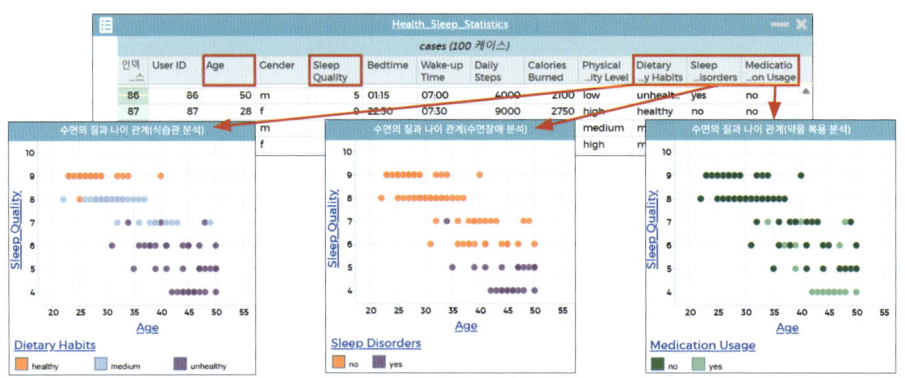

 # 해석

나이와 수면과 관련하여 나머지 속성을 추가하여 분석한 결과, 이를 통해 알 수 있는 정보는 다음과 같다.

- 식습관의 차이
  - 나이와 상관없이 건강한 또는 보통 수준의 식습관을 가진 사람들은 수면의 질이 높다.
  - 나이가 많을수록 건강하지 않은 식습관을 가진 비율이 증가한다.

- 수면 장애의 차이
  - 수면 장애는 젊은 사람들보다 나이 많은 사람들에게 더 많이 나타난다.
  - 나이가 많을수록 노화와 생활 습관 변화로 인해 수면 장애가 발생할 가능성이 높아진다.

- 약물 복용의 차이
  - 약물 복용은 나이가 많은 사람들에게서 더 많이 관찰된다.
  - 이는 위에서 언급한 것처럼, 수면 장애는 나이가 많은 사람들에게 더 흔하기 때문이다.

분석 결과, 높은 수면의 질을 유지하기 위해서는 나이가 들수록 건강한 식습관을 챙기는 것이 중요하다는 점을 알 수 있다. 또한 수면 장애는 수면의 질 저하와 밀접한 관련이 있으나 수면 장애 개선을 위해 약물을 복용하더라도 수면의 질이 크게 개선되지 않는 것으로 보아, 약물 복용만으로는 충분한 효과를 기대하기 어려울 수 있음을 시사한다.

탐색적 데이터 분석

데이터의 속성을 살펴보고 앞에서 제시한 문제의 답을 찾는 것 외에 더 알 수 있는 정보를 찾아봅시다.

예시  수면 장애 여부와 일일 걸음 수의 관계는 어떨까?

1. 어떤 정보를 탐색할 수 있을까?

> 예) 수면 장애 여부와 일일 걸음 수의 상관관계

2. 어떤 속성이 필요할까?

> 예) 수면 장애, 일일 걸음 수

3. 어떤 그래프를 그릴까?

> 예) 수면 장애 여부와 일일 걸음 수 그래프(산점도)

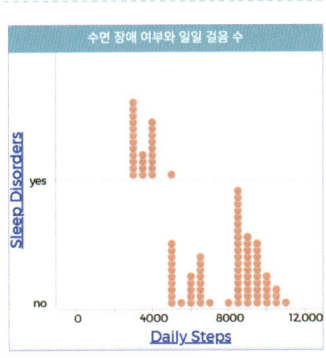

4. 알 수 있는 정보는 무엇일까?

> 예) 수면 장애가 없는 그룹은 4000보 이상 11000보 이하로 다양하게 걸음 수가 분포되어 있지만, 수면 장애가 있는 그룹은 대부분 4000보 이하로 걷고 있는 것을 알 수 있다. 이러한 경향을 보면, 일일 걸음 수가 적은 그룹이 수면 장애를 겪고 있는 것으로 나타나며, 이는 일일 걸음 수를 늘리는 것이 수면 장애를 줄이는 데 도움이 될 수 있다는 결론을 내릴 수 있다.

5. 이 활동을 통해 얻을 수 있는 기대 효과는 무엇일까?

> 예) 수면 장애와 일일 걸음 수는 서로 연관되어 있으며, 앞의 데이터 분석에서 수면 장애가 없을수록 수면의 질이 높다는 것을 확인할 수 있었다. 이는 좋은 수면을 위해서는 규칙적인 운동 습관을 통해 수면 장애를 예방하는 것이 중요하다는 것을 알 수 있다.

Part. 3
심화

① 식품 섭취 데이터 분석　　　　　　　　　147
② 토마토 재배 환경 데이터 분석　　　　　　163
③ 건강 검진 데이터 분석　　　　　　　　　175
④ 체력 관계 데이터 분석　　　　　　　　　187
⑤ 교통사고 데이터 분석　　　　　　　　　207
⑥ 해외 축구 선수 이적 시장 가치 데이터 분석　219
⑦ 지구의 평균 기온 데이터 분석　　　　　　233
⑧ 우리 동네 대기오염도 데이터 분석　　　　247
⑨ K-pop 아이돌 데이터 분석　　　　　　　265
특화 곱슬머리의 유전 시뮬레이션　　　　　　283

활동 주제를 SDGs(지속가능발전목표)와
연결해서 소개합니다.

식품 섭취 데이터 분석

➤ 이 장에서는 다음의 순서로 진행합니다.

콜렉션, 선그래프

01 해결해야 할 문제는 무엇일까
- 우리의 식습관은 어떻게 변화하고 있으며 건강 관리는 어떻게 해야 할까?

02 어떤 데이터를 분석할까
- 국가통계포털(식품 섭취 데이터, 고혈압 유병률, 당뇨병 유병률, 비만 유병률 데이터)

03 데이터 분석 활동을 해 볼까
- 데이터 분석 1
  우리의 식습관은 어떻게 변화하고 있을까?
- 데이터 분석 2
  육류와 당류 및 음료류 섭취량의 변화는 만성질환(고혈압, 당뇨병)과 연관이 있을까?
- 데이터 분석 3
  육류와 당류 및 음료류 섭취량의 변화는 비만율과 연관이 있을까?

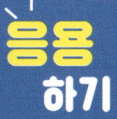 **응용하기**
- 탐색적 데이터 분석
  예시 성별에 따라 육류의 섭취량 증가 폭이 다를까?

❗ 본 활동은 육류, 당류 및 음료류 섭취량 변화가 만성질환과 비만율에 미치는 영향을 분석하는 것을 목표로 하며, SDGs 2번 '영양 개선', 3번 '모든 사람의 건강한 삶 보장과 웰빙 증진'과 관련이 있습니다.

해결해야 할 문제는 무엇일까

💬 **다음 상황을 읽고, 해결해야 할 문제를 알아봅시다.**

"한국인은 밥심이다." 우리가 예전부터 자주 들어온 말이다. 그런데 최근 들어 우리나라 사람들의 식습관이 변하고 있다는 이야기를 자주 듣게 된다.

과연 우리의 식습관은 정말 바뀌고 있을까? 만약 바뀌고 있다면, 우리의 건강에는 어떤 영향을 미치고 있을까?

알아두면 쓸모있는 정보

이 활동에서는 4개의 데이터를 사용한다. 그중 직접적인 영향을 주는 데이터는 '식품 섭취 데이터'이며, 나머지 3개의 유병률 추이 데이터(고혈압 유병률, 당뇨병 유병률, 비만 유병률 데이터)와 식품 섭취량 간의 직접적인 관계를 분석하는 활동이다. 이를 통해 우리나라의 식습관 변화와 건강 질환 데이터를 분석함으로써, 나의 식습관을 객관적인 시선으로 돌아보고 올바른 식생활이 건강한 삶에 얼마나 중요한지를 스스로 깨달을 수 있다.

02. 어떤 데이터를 분석할까

데이터 수집

국가통계포털(KOSIS)

국가 승인 통계를 국민에게 서비스하기 위하여 통계 정보를 한 곳에서 검색·분석·활용할 수 있도록 통계청에서 구축하여 운영하고 있는 사이트이다.

💬 문제 해결에 필요한 데이터를 수집하고, 속성을 살펴봅시다.

국가통계포털(KOSIS)의 공공데이터에서 제공하는 네 가지 데이터(식품 섭취 데이터, 고혈압 유병률 데이터, 당뇨병 유병률 데이터, 비만 유병률 데이터)를 활용하여 각 데이터의 특성을 분석하고 데이터 간의 상관관계를 탐색해 연관성이 있는지 살펴본다.

식품 섭취: 식품군별 1일 섭취량(만 19세 이상 표준화)	**고혈압 유병률**
당뇨병 유병률: 공복혈당 또는 당화혈색소 기준	**비만 유병률:** 체질량지수 기준

📁 식품 섭취 데이터

데이터 속성 알아보기

Tip! • **식품군별(1)**: 19개의 범주로 구성된 속성으로, 총계, 곡류, 감자·전분류, 당류, 두류, 채소류 등으로 구분된다.
• **식품군별(2)**: 총 9개의 범주로 구성된 속성으로, 소계, 채소류 육수, 해조류 육수, 육류 육수, 어패류 육수, 채소류(육수 외), 해조류(육수 외), 육류(육수 외), 어패류(육수 외)로 구분된다.

속성 살펴보기
- 시점: 연도
- 성별(1): 전체/남/녀
- 식품군별(1): 식품을 대분류한 항목
- 식품군별(2): 분류된 각 식품군에 대한 세부 항목
- 평균(g): 평균 섭취량
- 표준오차

📁 고혈압 유병률, 당뇨병 유병률, 비만 유병률 데이터

Tip! 특성별(1)은 조사 대상을 전체/연령별/거주지역별/소득수준별로 분류한 속성이다. 우리는 특성별(1)의 내용 중 '전체'로 분류된 데이터만 다룬다.

속성 살펴보기
- 시점: 연도
- 성별(1)
- 특성별(1): 전체
- 특성별(2): 조사 대상을 연령대별로 구분(여기서는 만 19세 이상)
- 응답자수(명): 응답한 전체 인원수
- 분율(%): 응답자 중 해당 질환을 가진 사람의 비율
- 표준오차

식품 섭취 데이터를 분석하면 25년간 한국인의 식습관 변화를 파악하고, 이를 바탕으로 건강 증진 계획을 세우거나 다른 데이터와 결합해 새로운 가치를 창출할 수 있다.

1. 식품 섭취 데이터 분석 149

02 어떤 데이터를 분석할까

데이터 다운로드

📁 식품 섭취 데이터

국가통계포털(https://kosis.kr) 검색창에 '식품군별 1일 섭취량'을 입력한 후, 검색 결과에서 '식품군별 1일 섭취량 추이(표준화): 만 19세 이상'을 선택한다.

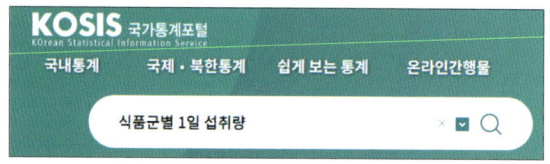

- 화면 오른쪽 위의 [조회설정] 버튼을 클릭하여 '시점' 항목을 '1998~2023'으로 설정한 후 '조회' 버튼을 클릭한다.
- 화면 왼쪽 위 메뉴에서 '행렬전환' 버튼을 선택한 다음, '시점'을 '표측'으로 드래그 앤드 드롭한 뒤 '적용' 버튼을 클릭한다.

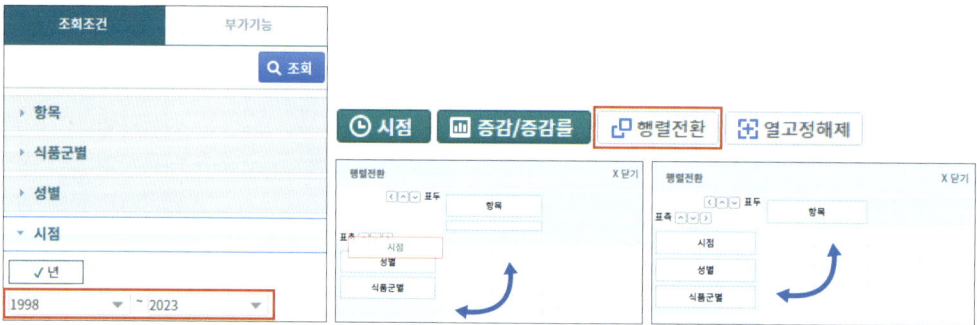

- 오른쪽 위 메뉴에서 '다운로드' 버튼을 클릭하고 파일 형태를 'CSV(인코딩:UTF-8)'로 선택한 뒤 데이터를 내려받는다.

📂 고혈압 유병률, 당뇨병 유병률, 비만 유병률 데이터

KOSIS에서 각각 '고혈압 유병률', '당뇨병 유병률(공복혈당 또는 당화혈색소 기준)', '비만 유병률(체질량지수 기준)'을 검색하고 화면 오른쪽 위의 버튼을 클릭한다.

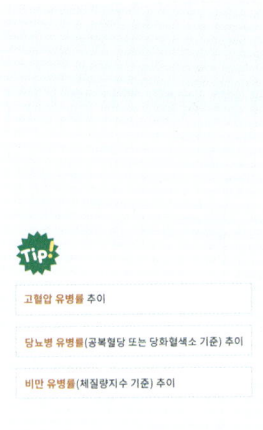

- '성별', '특성별' 항목을 다음과 같이 설정한다.

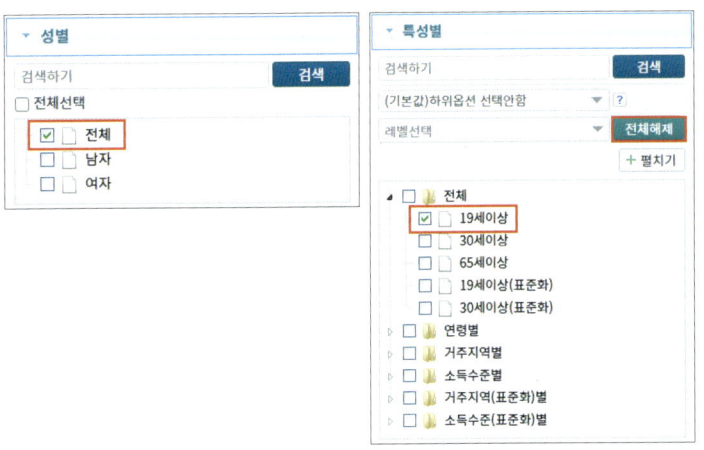

- '시점'은 제공하는 시작 연도와 끝 연도(고혈압 유병률, 비만 유병률 데이터: '1998~2023' 선택, 당뇨병 유병률 데이터: '2011~2023' 선택)를 모두 선택하고 '조회' 버튼을 클릭한다.

Tip! 당뇨병 유병률 데이터는 2011년 이후의 데이터만 존재한다.

고혈압·비만 유병률   당뇨병 유병률

- 오른쪽 위 메뉴에서 '다운로드' 버튼을 클릭하고, 파일 형태를 CSV(인코딩:UTF-8)로 선택하고 데이터를 내려받는다.

데이터 분석 활동을 해 볼까

💬 **다음의 질문에 대한 답을 찾을 수 있도록 데이터 분석을 해 봅시다.**

☑ 우리의 식습관은 어떻게 변화하고 있을까?
☑ 육류와 당류 및 음료류 섭취량의 변화는 만성질환(고혈압, 당뇨병)과 연관이 있을까?
☑ 육류와 당류 및 음료류 섭취량의 변화는 비만율과 연관이 있을까?

데이터 분석 ❶

식품 섭취 데이터

📂 **우리의 식습관은 어떻게 변화하고 있을까?**

경제 발전과 함께 우리나라의 식습관도 크게 변화하고 있다고 한다. 곡류, 육류, 당류, 음료류로 1일 평균 섭취량을 연도별로 분석하여 우리나라 식습관이 어떻게 변화하고 있는지 분석해 보자.

식품군별 평균 섭취량 그래프

식품 섭취 데이터는 18년간의 1인 평균 섭취량이 식품군별로 정리되어 있다. 각 식품군의 섭취 변화 양상을 분석하려면 시점에 따라 섭취량이 어떻게 달라졌는지를 살펴보는 것이 좋다.

하지만 이 데이터에는 '전체', '남자', '여자'의 성별 정보가 모두 포함되어 있어서, 분석 기준이 모호해질 수 있다. 먼저 '성별'과 '시점' 속성을 순서대로 왼쪽 콜렉션 부분으로 드래그하여 그룹을 만든다.

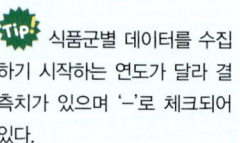 식품 섭취 데이터는 1999, 2000, 2002~2004년까지의 데이터가 비어 있다. 그러나 경향성을 살펴보기에는 문제가 없으므로 그대로 사용한다. 또한 2013년부터 육수와 육수외로 구분하기 시작하였으므로, 그 이전의 육수, 육수외 항목은 결측치로 처리된다.

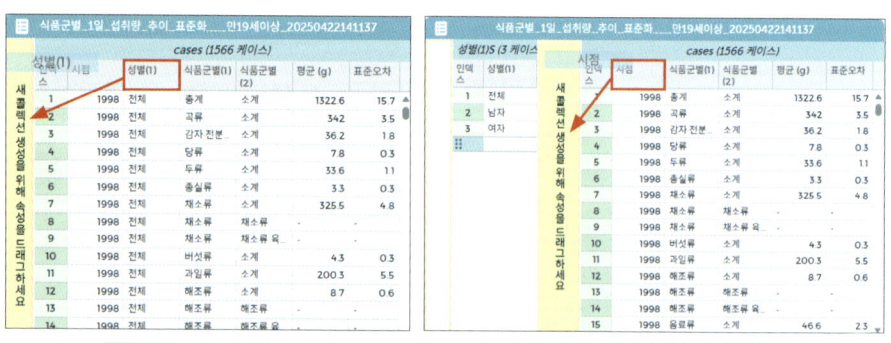

🌟 식품군별 데이터를 수집하기 시작하는 연도가 달라 결측치가 있으며 '-'로 체크되어 있다.

그래프를 생성한 뒤 '시점' 속성을 x축, '평균(g)' 속성을 y축에 배치하면 시간에 따른 평균 섭취량 변화를 시각적으로 확인할 수 있다. 이어서 '식품군별(1)' 속성을 그래프 가운데로 드래그 앤드 드롭하면 식품군별로 색이 구분된다. 마지막으로 '성별'에서 '전체'를 선택하고 눈 표시를 눌러 '선택하지 않은 케이스 숨기기'를 적용하면 전체 평균 섭취량 변화만 확인할 수 있다.

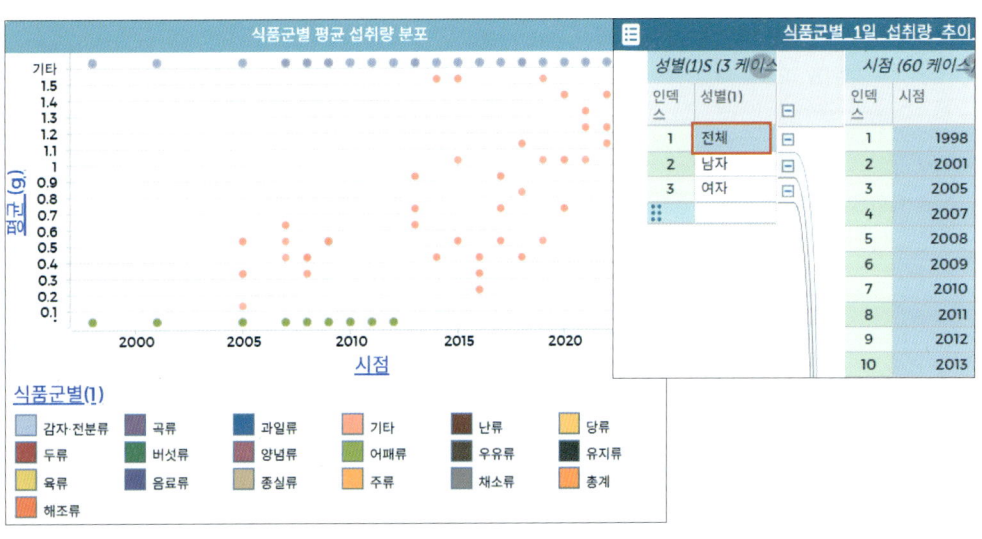

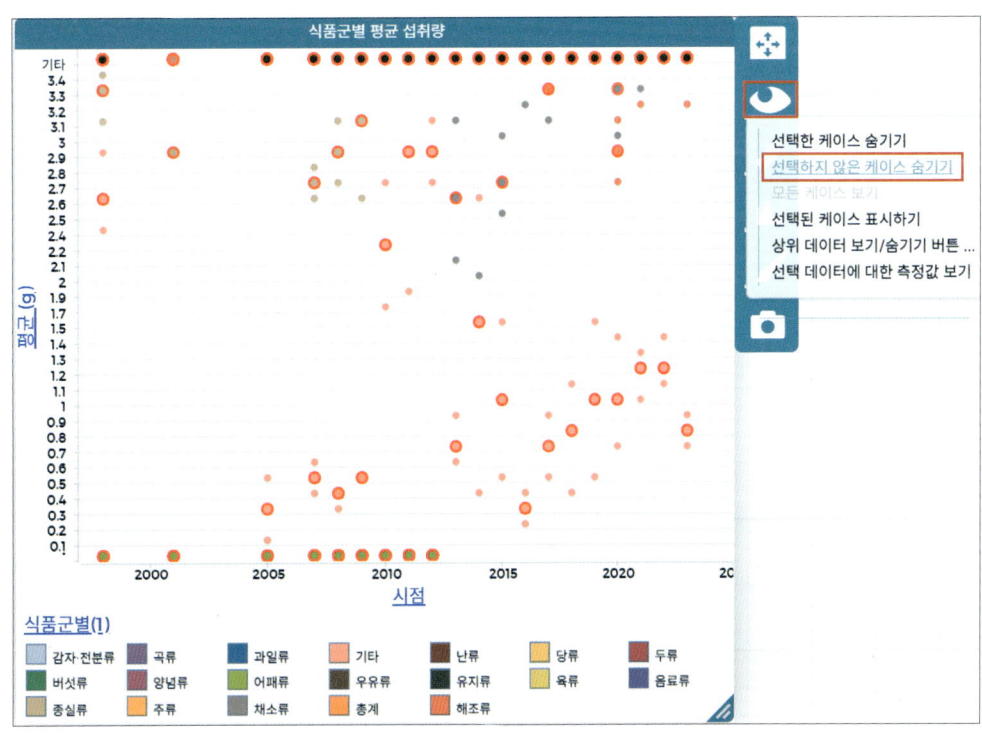

1. 식품 섭취 데이터 분석 **153**

03 데이터 분석 활동을 해 볼까

y축에 해당하는 '평균(g)'을 클릭해 '수치형으로 변환'을 선택한다.

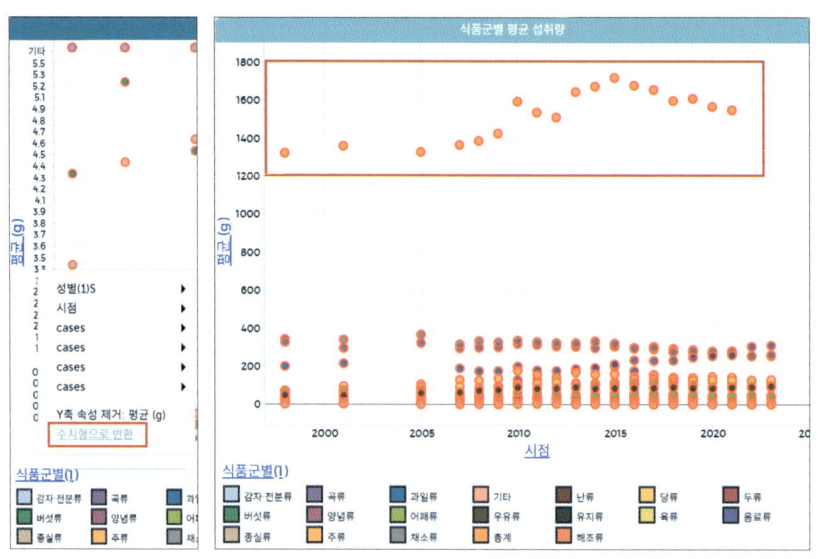

Tip! y축 범위를 조정할 때 축 중앙의 레이블을 드래그하면 범위를 조절하는 대신 축 전체를 이동하게 된다. 따라서 범위를 줄이거나 늘리려면 y축 윗부분의 레이블을 드래그해야 한다.

식품군별 총계 부분이 안 보이도록 y축 최댓값을 변경하기 위해 '축의 최댓값을 변경하려면 드래그하세요.'가 나타날 때 위로 드래그하면 아랫 부분에 몰려 있던 전체 식품군의 섭취량의 변화 추세를 한눈에 알아볼 수 있다.

Tip! 그래프의 흰 부분을 클릭하면 빨간 테두리가 사라진다.

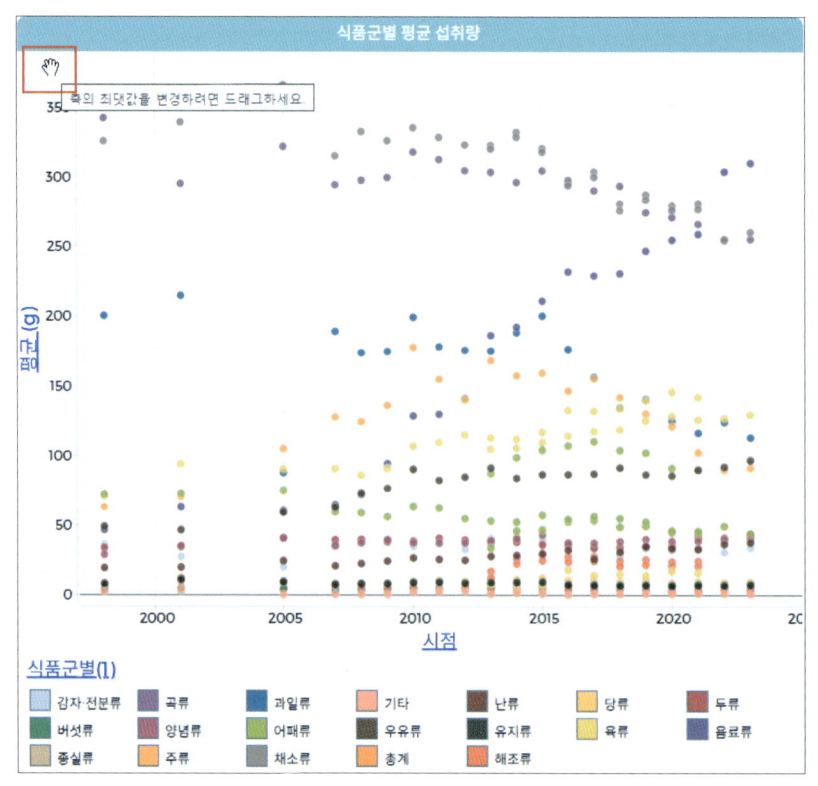

최댓값이나 최솟값을 조정할 때는 y축에 나타나는 손모양을 확인하고 조정할 수 있어요.

#해석 　대표적인 식품류인 곡류, 육류, 당류, 음료류의 식품 섭취량을 분석한 결과, 이를 통해 알 수 있는 정보는 다음과 같다.

범례에서 원하는 식품류를 선택한 뒤, 눈 표시를 눌러 '선택하지 않은 케이스 숨기기'를 클릭하세요. y축 범위를 위아래로 드래그하면 해당 식품군의 섭취량 변화를 더 집중적으로 분석할 수 있어요.

- 곡류의 소비량 감소
  - 1998년에 곡류 소비량이 가장 높았으나, 이후 전반적으로 감소하는 추세를 보인다.
  - 2007년부터 2010년까지 소비가 증가하는 경향을 보인다.
  - 이후 다시 감소세로 전환되어 지속적인 하락을 보인다.

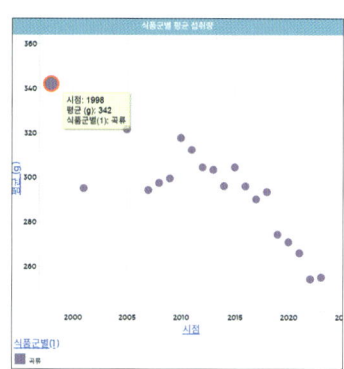

Tip! 육류는 2013년부터 2021년까지 육류와 육류 육수로 구분하여 평균 섭취량을 조사하였다. 2013년 이전의 값은 소계(총합)값과 나머지 데이터는 -로 채워져 있고 2013년부터는 소계, 육류, 육류 육수 값이 데이터에 포함이 되어 있다. 특정 연도에서 가장 위에 있는 점은 '소계', 중간 점은 '육수 외', 가장 아래의 점은 '육수'이다.

- 육류의 소비량 증가
  - 육류 소비량은 전체적으로 꾸준히 증가하는 추세를 보인다.
  - 특히 2010년대 이후에는 증가 속도가 더 빨라지는 경향이 나타난다.
  - 경제 성장과 식생활의 서구화가 육류 소비 증가에 영향을 준 것으로 해석할 수 있다.

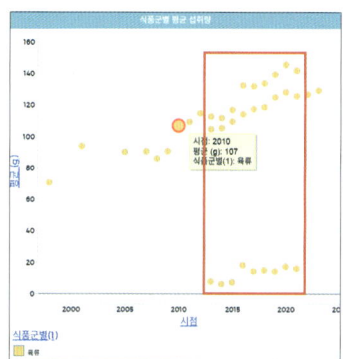

- 당류 소비량의 증감
  - 당류는 2005년부터 전반적으로 증가 추세를 보인다.
  - 2016년 이후 당류 소비량의 증가가 다소 완만해지는 경향을 보인다.

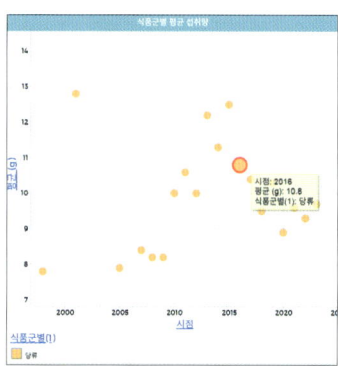

'식품군별(1)' 속성에서 각 식품군을 선택할 때는 '성별' 속성에서 '전체'를 클릭한 뒤 정보를 확인하세요.

- 음료류 섭취량의 지속적 증가
  - 음료류는 2005년부터 급격히 증가하는 특징을 보인다.
  - 특히 2013년과 2022년에서 눈에 띄는 증가폭을 기록한다.

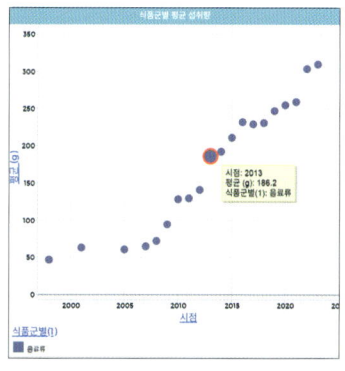

1. 식품 섭취 데이터 분석　155

03 데이터 분석 활동을 해 볼까

데이터 분석 ❷

고혈압 데이터

고혈압과 식품 관련성 그래프

🔘 **육류와 당류 및 음료류 섭취량의 변화는 만성질환(고혈압, 당뇨병)과 연관이 있을까?**

뉴스나 다른 매체를 통해 급격히 변화된 식습관으로 인해 만성질환이 증가하고 있음을 알고 있을 것이다. 과연 그 말이 사실인지 데이터를 바탕으로 분석해 보자.

정보를 알아내기 위해서는 만 19세 이상을 대상으로 한 연도별 고혈압 유병률 데이터를 사용한다. 데이터의 '시점' 속성을 x축으로, '분율(%)' 속성을 y축으로 설정하여 연도별 유병률의 변화를 확인할 수 있다.

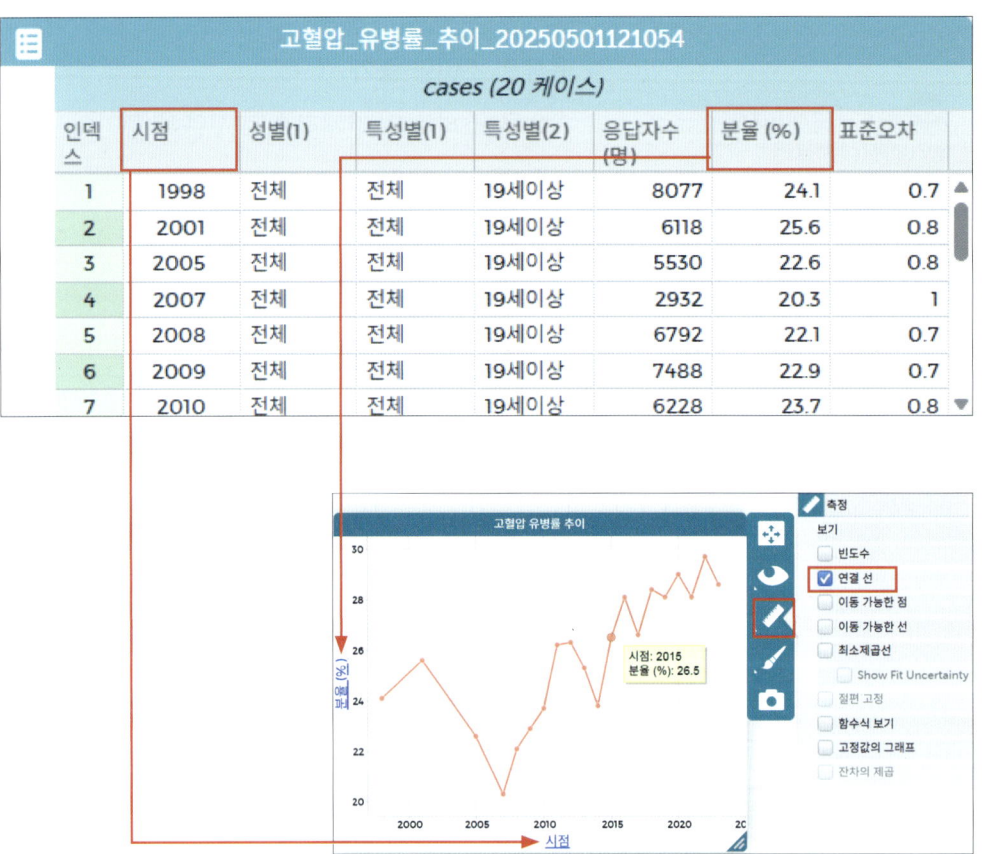

위처럼 고혈압 유병률 추이 그래프를 그린 결과, 이를 통해 알 수 있는 정보는 다음과 같다.

- 고혈압 유병률은 2005년 이후 일부 감소하다가 2015년 이후 다시 증가하는 경향을 보인다.
- 2019년 이후에도 고혈압 유병률의 상승세를 확인할 수 있다.

#해석 고혈압 유병률 추이 그래프를 분석한 결과와 '데이터 분석 ❶'의 분석 내용을 토대로 알 수 있는 정보는 다음과 같다.

고혈압 유병률 추이 그래프

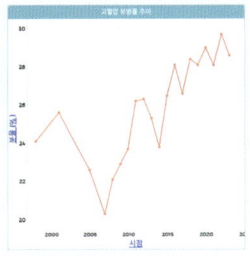

- 고혈압 유병률의 증가와 육류 섭취와의 관계
  - 2011년과 2015년의 급격한 고혈압 유병률 추이와 육류 섭취량의 추이가 유사한 패턴을 보인다.

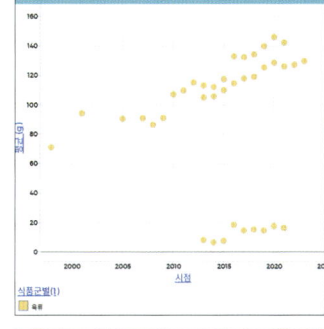

- 고혈압 유병률의 증가와 당류 섭취와의 관계
  - 당류는 2005년부터 2013년까지 증가하다가 이후 감소하는 경향을 보이고 있어 고혈압 유병률 추이와는 다른 패턴을 가진다. 따라서 관련성이 없는 것으로 판단할 수 있다.

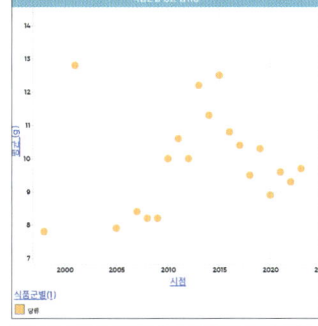

- 고혈압 유병률의 증가와 음료류 섭취와의 관계
  - 고혈압 유병률과 음료류 섭취량은 함께 증가하는 경향을 보인다.

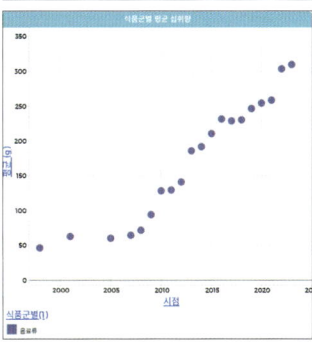

더 알아보기 ➕ 만성질환

- **고혈압**
  고혈압은 혈압이 정상 범위를 초과하여 지속해서 높은 상태를 의미한다. 주요 증상으로는 두통, 어지러움, 가슴 두근거림, 시야 장애, 피로감 등이 있다. 고혈압이 발생하는 원인은 유전적 요인, 고령, 스트레스, 비만, 과도한 염분 섭취, 운동 부족, 흡연 및 음주 습관 등이 있다.

- **당뇨병**
  당뇨병은 혈중 포도당 수치가 비정상적으로 높아지는 만성 대사 질환으로, 인슐린 분비 부족이나 인슐린 저항성이 원인이 된다. 주요 증상으로는 잦은 갈증과 배뇨, 극심한 피로, 체중 감소, 시야 흐림, 상처 치유 지연 등이 있다. 당뇨병이 발생하는 원인은 유전적 요인, 비만, 운동 부족, 고열량 식단, 스트레스 등이 있다.

03 데이터 분석 활동을 해 볼까

당뇨병과 식품 관련성 그래프

만 19세 이상을 대상으로 한 연도별 당뇨병 유병률 데이터를 사용한다. 데이터의 '시점' 속성을 x축으로, '분율(%)' 속성을 y축으로 설정하여 연도별 당뇨병 유병률의 변화를 확인할 수 있다.

위처럼 당뇨병 유병률 추이 그래프를 그린 결과, 이를 통해 알 수 있는 정보는 다음과 같다.

- 당뇨병 유병률은 2011년 이후 전반적으로 증가하는 경향을 보인다.
- 2014, 2015년에 큰 폭으로 유병률이 감소했지만 2016년 이후부터 증가세를 보인다.
- 2021, 2022년에 다시 유병률이 감소했지만 2023년부터 다시 증가하는 모습을 보인다.

 # 해석 당뇨병 유병률 추이 그래프를 분석한 결과와 **데이터 분석 ❶** 의 분석 내용을 토대로 알 수 있는 정보는 다음과 같다.

당뇨병 유병률 추이 그래프

- 당뇨병 유병률의 증가와 육류 섭취와의 관계
  - 육류 소비량은 지속적으로 증가하지만 당뇨병 유병률은 증감을 반복한다.
  - 전반적으로 증가한다는 점에서는 유사한 패턴을 보이나 패턴의 변화가 완전히 일치하는 연관성을 보이지는 않는다.

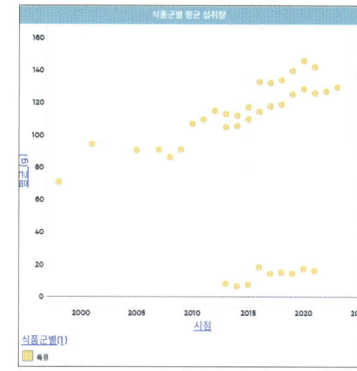

- 당뇨병 유병률의 증가와 당류 섭취와의 관계
  - 당뇨병 유병률은 2015년, 2017년, 2021~2022년에 일시적으로 감소한 것을 제외하고 꾸준히 증가하고 있다. 이에 비해 당류 섭취량은 2014년 이후 꾸준히 감소하고 있어 관련성이 보이지 않는다.

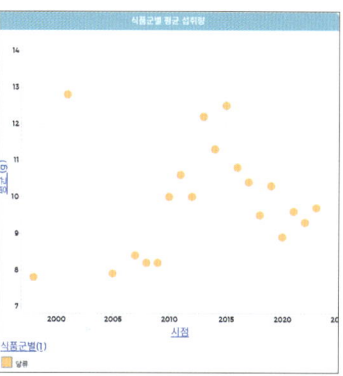

- 당뇨병 유병률의 증가와 음료류 섭취와의 관계
  - 당뇨병 유병률과 음료류 섭취는 꾸준히 증가하고 있는 추세를 볼 때 유사한 경향을 보인다고 할 수 있으나 시점별 패턴이 일치하는 것은 아니므로 관련성이 깊다고 보기는 어렵다.

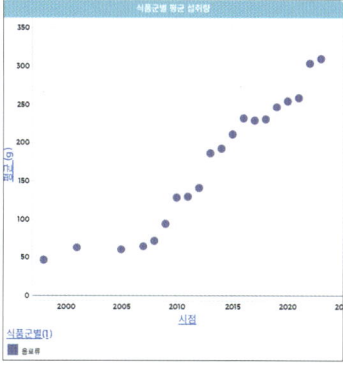

당뇨병 유병률의 증가는 특정 식품군의 섭취와 같은 식습관의 영향도 받지만, 이는 단일 요인으로 설명되기 어렵다. 체중 증가, 운동 부족, 유전적 요인, 스트레스, 생활 습관의 변화 등 다양한 요인이 복합적으로 작용하여 당뇨병의 발생과 관련이 있으므로, 이를 종합적으로 고려하는 접근이 필요하다.

03 데이터 분석 활동을 해 볼까

데이터 분석 ❸

비만 데이터

비만율과 식품 관련성 그래프

🔎 육류와 당류 및 음료류 섭취량의 변화는 비만율과 연관이 있을까?

원래 대한민국은 전 세계 기준으로 봤을 때 비만율이 낮은 국가였다. 하지만 최근 들어 비만율이 급격히 높아지고 있음을 알 수 있다. 식습관의 변화가 비만율과 큰 연관이 있는지 데이터를 통해 분석해 보자.

정보를 알아내기 위해서는 만 19세 이상을 대상으로한 연도별 비만율 데이터를 사용한다. 데이터의 '시점' 속성을 x축으로, '분율(%)' 속성을 y축으로 설정하여 연도별 비만율의 변화를 확인할 수 있다.

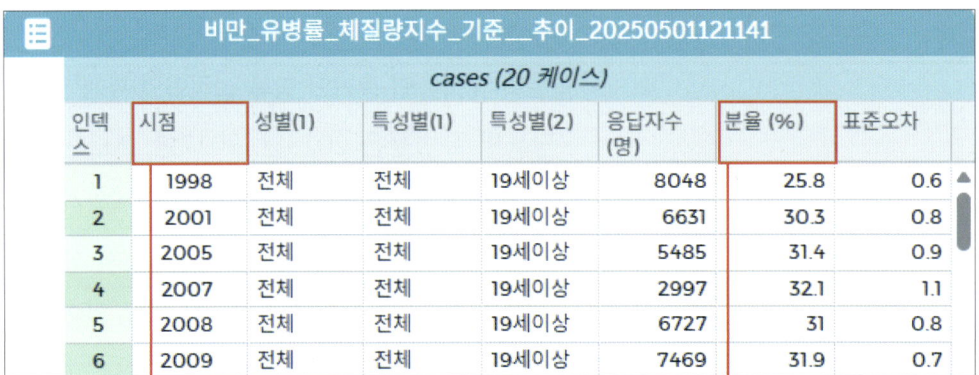

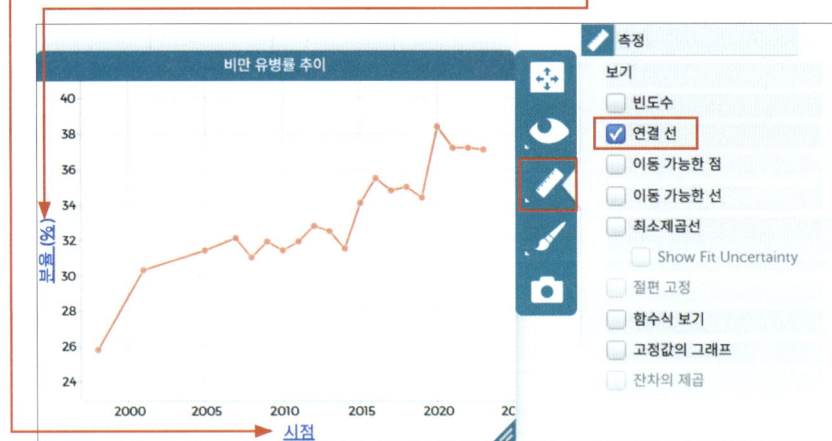

위처럼 비만 유병률 추이 그래프를 그린 결과, 이를 통해 알 수 있는 정보는 다음과 같다.

- 1998년 이후로 비만율이 지속적으로 증가하는 모습을 보인다.
- 2015년 이후와 2020년에 일시적으로 급격한 증가세를 보인다.

#해석 비만 유병률 추이 그래프를 분석한 결과와 **데이터 분석 ①** 의 분석 내용을 토대로 알 수 있는 정보는 다음과 같다.

비만 유병률 추이 그래프

- 비만율의 증가와 육류 섭취와의 관계
  - 2015년 전후로 육류 섭취량이 빠르게 증가하였으며, 이는 비만율 상승과 대체적으로 유사한 경향을 보인다. 이는 육류 섭취량의 증가가 비만율 상승에 영향을 미쳤을 가능성이 있어 보인다.

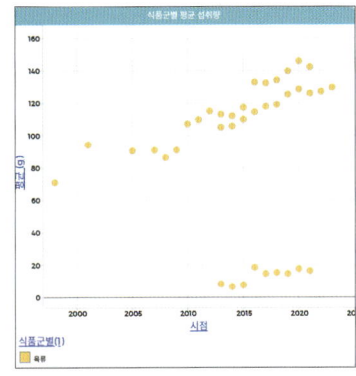

- 비만율의 증가와 당류 섭취와의 관계
  - 2014년까지는 급증하다가 이후 감소하는 경향을 보이나 비만율은 지속적으로 증가하는 경향을 보여 패턴이 일치하지 않는다. 따라서 당류의 섭취는 비만율과 직접적인 관련이 없다고 판단할 수 있다.

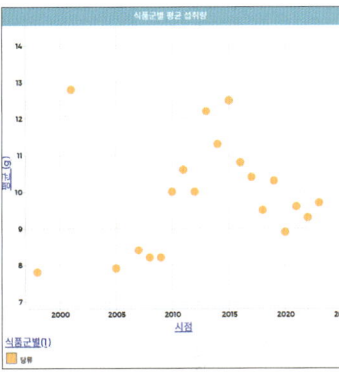

- 비만율의 증가와 음료류 섭취와의 관계
  - 음료류 섭취와 비만율 증가의 전반적인 추이는 증가하고 있다는 점에서 유사하다고 볼 수 있으나 시점별 변화 패턴 자체가 일치하는 것은 아니므로 관련성이 깊다고 보기는 어렵다.

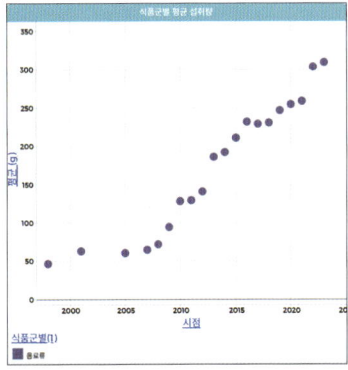

비만율의 증가는 특정 식품군의 섭취 변화와 어느 정도 연관이 있는 것을 알 수 있다. 하지만 식습관 외에도 운동량, 생활 습관, 스트레스 등 다양한 요인을 함께 고려해야 한다.

1. 식품 섭취 데이터 분석 161

탐색적 데이터 분석

데이터의 속성을 살펴보고 앞에서 제시한 문제의 답을 찾는 것 외에 더 알 수 있는 정보를 찾아봅시다.

 **성별에 따라 육류의 섭취량 증가 폭이 다를까?**

1. 어떤 데이터 분석 활동을 해야 할까?

> 예 성별에 따른 육류 섭취량의 변화량

2. 어떤 속성이 필요할까?

> 예 시점, 성별, 식품군별

3. 어떤 그래프를 그릴까?

> 예 남녀 성별에 따른 육류 평균 섭취량 비교 그래프(산점도)

4. 알 수 있는 정보는 무엇일까?

> 예 전체적으로 육류 섭취가 증가하는 그래프를 그린다. 다만 남자의 고기 섭취율의 증가폭이 여자보다 더 큼을 알 수 있다.

5. 이 활동을 통해 얻을 수 있는 기대 효과는 무엇일까?

> 예 성별에 따른 식습관 차이를 이해하고, 맞춤형 영양 교육이나 식생활 개선 방안을 마련하는 데 활용할 수 있다.

2. 토마토 재배 환경 데이터 분석

🢂 이 장에서는 다음의 순서로 진행합니다.

> 데이터 통합, 산점도 축 생성

01 해결해야 할 문제는 무엇일까
- 토마토가 쑥쑥 자라고, 열매까지 잘 맺을 수 있는 최적의 환경은 무엇일까?

02 어떤 데이터를 분석할까

- 스마트팜코리아(토마토 환경정보 데이터, 토마토 생육정보 데이터)

03 데이터 분석 활동을 해 볼까

- 데이터 분석 1
  내부 온도는 토마토의 생장 길이에 영향을 미칠까?
- 데이터 분석 2
  내부 습도는 화방 높이에 영향을 미칠까?
- 데이터 분석 3
  일사량이 많을수록 토마토의 개화군이 더 많아질까?
- 데이터 분석 4
  시간이 지날수록 토마토의 생장 길이와 열매 수는 어떻게 변할까?

응용하기

- 탐색적 데이터 분석
  CHA1 토마토의 줄기 굵기는 생장 길이와 관련이 있을까?

❗ 본 활동은 지속가능한 농업을 통해 식물의 성장을 개선하는 것을 목표로 하며, SDGs 2번 '기아 종식과 식량 안보, 영양 개선'과 관련이 있습니다.

해결해야 할 문제는 무엇일까

💬 다음 상황을 읽고, 해결해야 할 문제를 알아봅시다.

시설 안에서 키우는 토마토는 날마다 다르게 자란다. 어떤 날은 쑥쑥 자라지만 어떤 날은 꽃도 잘 안 피우고 열매도 적게 맺는다. 혹시 온도, 습도, 햇빛 같은 환경 조건이 토마토의 성장에 영향을 미치는 걸까? 그렇다면 토마토가 가장 잘 자라는 날은 언제일까? 매일 환경 조건과 토마토의 상태를 기록하면 알 수 있을까?

알아두면 쓸모있는 정보

토마토 생육에 영향을 주는 환경 조건을 분석할 때는 단순히 어떤 날 자랐다는 결과만으로 특정 요인이 효과가 있다고 판단하긴 어렵다. 이 데이터로는 전반적인 경향성을 파악할 수 있다. 그러나 성장에 보다 직접적인 영향을 미치는 요인을 찾으려면 대조군과 비교하는 것이 필요하다. 예를 들어, 햇빛의 양이 많았던 날 생장이 좋았다면, 같은 품종의 토마토를 햇빛이 적은 환경에서도 키워 보며 비교해야 한다. 그래야만 햇빛이라는 요인이 생육에 긍정적인 영향을 미쳤는지 명확히 판단할 수 있다.

어떤 데이터를 분석할까

데이터 수집

💬 **문제 해결에 필요한 데이터를 수집하고, 속성을 살펴봅시다.**

스마트팜 토마토 데이터는 스마트팜코리아에서 제공하는 데이터로, 2022년 전라남도 지역의 온실(비닐)에서 재배한 환경정보와 생육정보에 대한 정보를 포함한다.

데이터 속성 알아보기

📂 토마토 환경정보 데이터

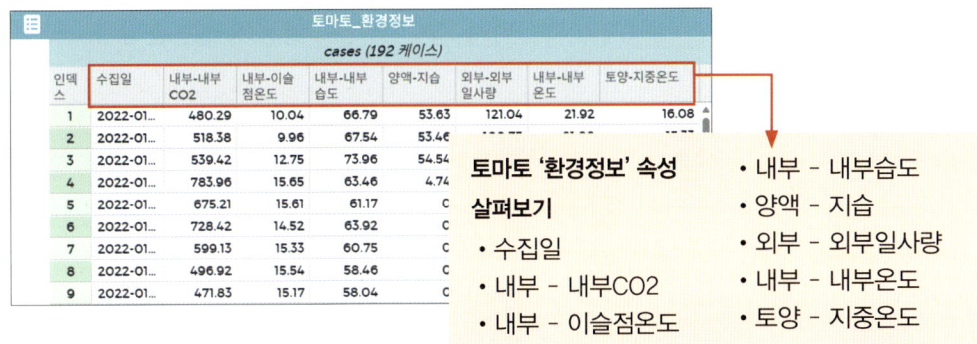

토마토 '환경정보' 속성 살펴보기
- 수집일
- 내부 - 내부CO_2
- 내부 - 이슬점온도
- 내부 - 내부습도
- 양액 - 지습
- 외부 - 외부일사량
- 내부 - 내부온도
- 토양 - 지중온도

📂 토마토 생육정보 데이터

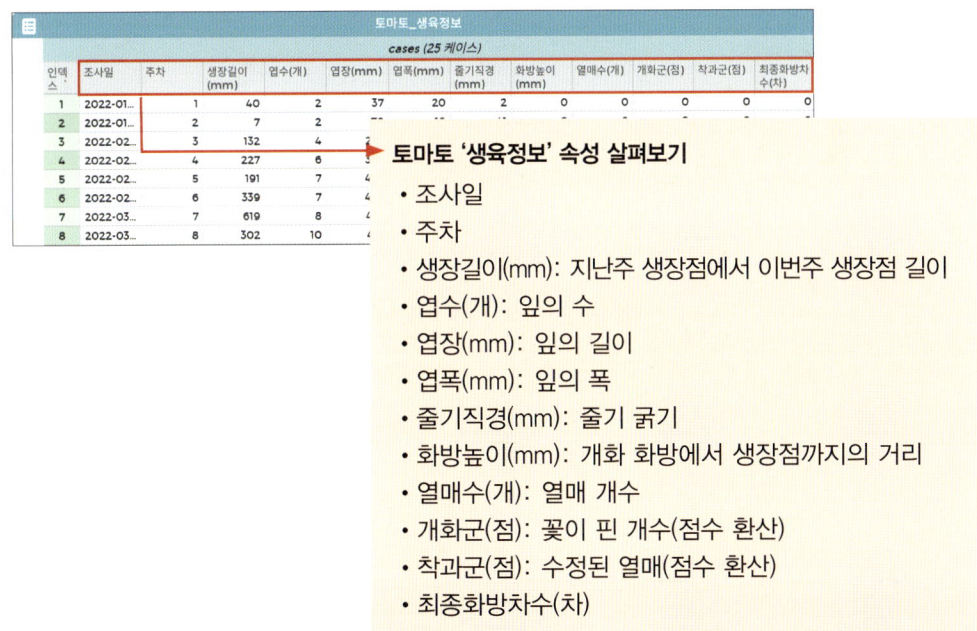

토마토 '생육정보' 속성 살펴보기
- 조사일
- 주차
- 생장길이(mm): 지난주 생장점에서 이번주 생장점 길이
- 엽수(개): 잎의 수
- 엽장(mm): 잎의 길이
- 엽폭(mm): 잎의 폭
- 줄기직경(mm): 줄기 굵기
- 화방높이(mm): 개화 화방에서 생장점까지의 거리
- 열매수(개): 열매 개수
- 개화군(점): 꽃이 핀 개수(점수 환산)
- 착과군(점): 수정된 열매(점수 환산)
- 최종화방차수(차)

토마토 환경정보와 생육정보를 이용하면 어떤 정보를 알아낼 수 있고, 어떤 문제를 해결할 수 있을까? 예를 들어, 온도별 생장 길이를 통해 어느 온도에서 잘 자라는지 확인해 볼 수 있다.

02 어떤 데이터를 분석할까

데이터 다운로드

📁 스마트팜코리아에서 데이터 내려받는 방법

'스마트팜코리아' 사이트에 접속하여 필요한 데이터를 내려받는다.

1 스마트팜코리아 사이트 접속하고 데이터 검색하기

스마트팜코리아(https://www.smartfarmkorea.net)에 접속한 뒤, '데이터 마트-정형 데이터셋-시설원예 데이터셋' 메뉴에서 '토마토-2022-전라남도' 항목을 선택하면 1개의 데이터가 조회된다. 이 활동에서는 환경정보와 생육정보 데이터를 사용한다.

> **Tip!** 스마트팜 데이터 마트는 스마트팜 관련 시설 원예, 축산에 대한 데이터를 제공하는 사이트이다. 사이트 내 자료실에 접근하면 '8월 작물 재배 가이드 공유'를 통해 토마토 재배 가이드를 제공한다.

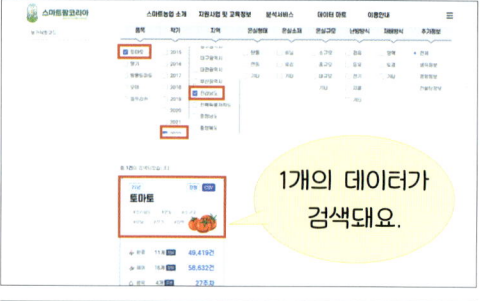

1개의 데이터가 검색돼요.

> **Tip!** '다운로드' 버튼을 클릭하면 활용 목적을 입력하는 창이 뜬다. 이때, 사유를 적당히 입력하고 '확인' 버튼을 누른다.
>
>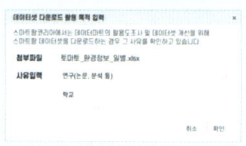

2 환경정보 데이터 내려받기

환경정보는 `일기준 다운로드` 를 선택하고, 불필요한 내용을 삭제한다.

① 먼저 '시설원예_일기준_환경정보' 데이터를 구글 Sheet로 불러온다.

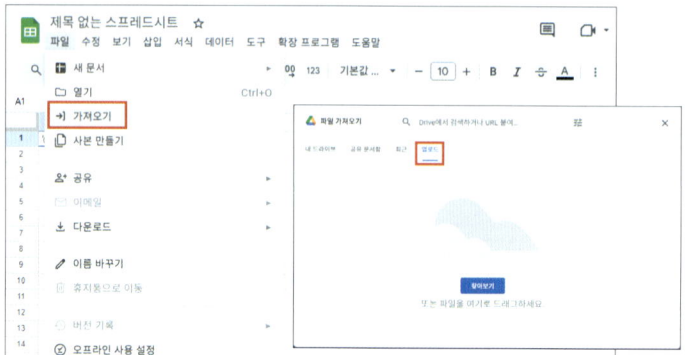

Tip! 시트에서는 행은 숫자로, 열은 알파벳으로 구분한다.

② 불필요한 2, 3행을 드래그하여 한꺼번에 선택하고 마우스 오른쪽 버튼을 클릭한 뒤 '행 삭제'를 눌러 삭제한다.

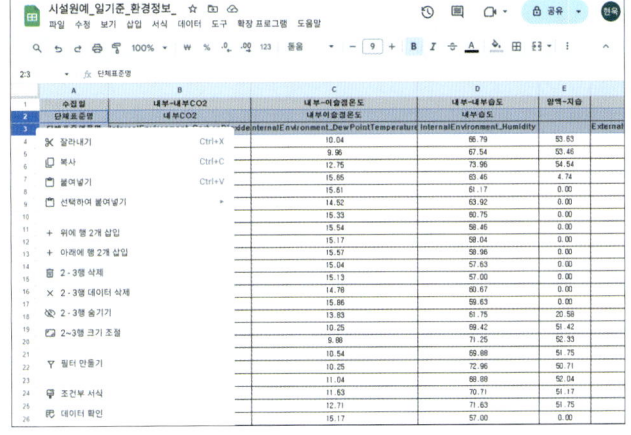

Tip! 데이터 분석을 위해서는 속성명은 1행에 배치되어야 하므로 데이터 전처리 작업이 필요하다.

③ 불필요한 속성인 '외부-외부온도', '외부-외부풍향', '외부-외부풍속', '적산온도', '24시간평균온도' 열을 삭제하기 위해 열 이름을 마우스 오른쪽 버튼을 클릭한 뒤 '선택한 열 삭제'를 선택하여 삭제한다.

Tip! 시설 안에서 기른 토마토 정보이므로 외부 환경 요소는 불필요하여 삭제한다. 단, 외부 환경 요소 중 일사량은 내부에도 영향을 주므로 남겨 놓는다.

여러 개의 열을 한꺼번에 선택할 때는 Ctrl 키를 누른 채로 해당 열을 마우스로 클릭해요.

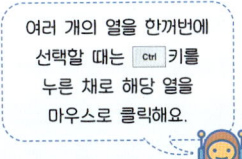

④ '쉼표로 구분된 값(csv)'으로 내려받은 뒤, CODAP으로 가져온다.

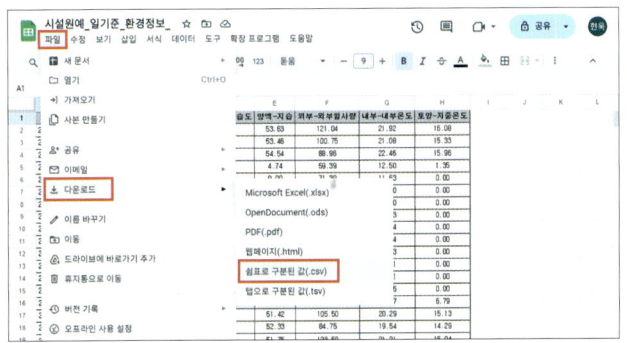

2. 토마토 재배 환경 데이터 분석 **167**

02 어떤 데이터를 분석할까

3 생육정보 데이터 내려받기

생육정보는 [정보 다운로드] 를 선택하고, 불필요한 내용을 삭제한다.

① '시설원예_생육정보' 데이터를 구글 Sheet로 불러온다.

② 불필요한 2, 3행을 삭제하고, 'SKIP' 열 2개를 삭제한다.

③ '쉼표로 구분된 값(csv)'으로 내려받은 뒤, CODAP으로 가져온다.

데이터 분석에 사용할 데이터를 준비하기 위해 결측치나 이상치가 있으면 이를 처리하거나, 공통 속성을 기준으로 두 개의 파일을 통합할 수도 있다.

데이터 전처리

> **Tip!** 이상치는 데이터 범위에서 많이 벗어난 아주 작은 값이나 큰 값을 의미한다. 이상치는 평균과 분산 등에 영향을 주어 통계값과 분포 등을 왜곡할 수 있는 문제점을 가지고 있다.

1 데이터 이상치 확인하기

데이터에 이상치를 확인하기 위해 환경정보에서 '내부-내부CO2(이하 내부CO2)', '내부-내부온도(이하 내부온도)', '내부-내부습도(이하 내부습도)', '외부-외부일사량(이하 외부일사량)' 속성을 각각 x축으로 설정한 그래프로 표현한다.

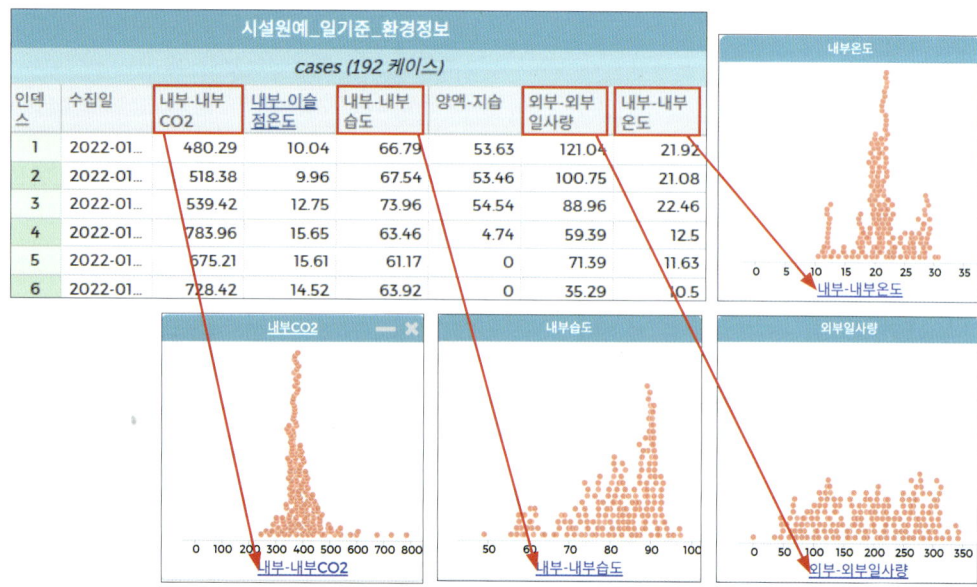

168 나는 CODAP으로 데이터 분석한다

2 데이터 통합하기

데이터 분석을 하다 보면 2개의 서로 다른 테이블을 하나로 합침으로써 더 다양한 정보를 찾아낼 때가 있다. 환경정보와 생육정보 데이터를 같은 일자로 묶으면 환경정보에 따른 생육정보를 분석하여 토마토를 효과적으로 기르도록 도울 수 있다. 환경정보의 '수집일'을 생육정보의 '조사일'에 드래그 앤드 드롭하면 생육정보 데이터 테이블에 환경정보가 연결(조인)이 된다.

> **TIP!** CODAP에서는 서로 다른 데이터 테이블을 결합하는 방법인 조인(JOIN)을 지원한다. 복잡한 코드를 이용하지 않더라도 공통 속성이 있다면 드래그 앤 드롭을 통해 쉽게 조인을 수행할 수 있다.

① 테이블 간에 공통된 속성을 파악한다.

② 테이블 중 하나에서 공통 속성을 드래그하여 나머지 테이블의 공통 속성 위에 드래그 앤드 드롭한다.

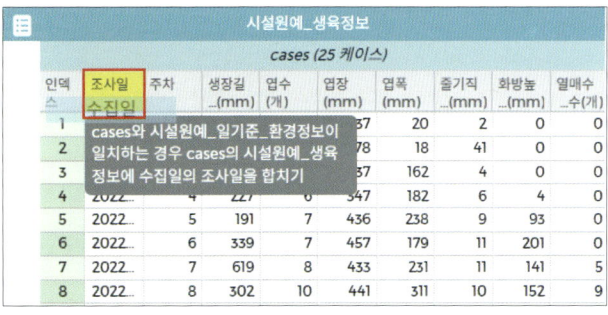

> 이 데이터의 경우, 날짜(수집일, 조사일)를 기준으로 데이터를 조인하였어요. 이때, 드래그하는 속성이 있는 테이블이 복사되어 노란색 음영으로 표시되어요.

③ 이동한 공통 속성이 있는 테이블의 내용이 다른 테이블로 복사되며, 복사된 속성은 노란색 음영으로 표시된다. 만약 양쪽 테이블 중 한쪽 테이블에만 내용이 있다면 값이 빈채로 생성된다.

2. 토마토 재배 환경 데이터 분석

데이터 분석 활동을 해 볼까

💬 **다음의 질문에 대한 답을 찾을 수 있도록 데이터 분석을 해 봅시다.**

- ☑ 내부 온도는 토마토의 생장 길이에 영향을 미칠까?
- ☑ 내부 습도는 화방 높이에 영향을 미칠까?
- ☑ 일사량이 많을수록 토마토의 개화군이 더 많아질까?
- ☑ 시간이 지날수록 토마토의 생장 길이와 열매 수는 어떻게 변할까?

데이터 분석 ❶

▶ **내부 온도는 토마토의 생장 길이에 영향을 미칠까?**

토마토의 생장이 온도에 따라 어떻게 변화하는지 분석해 보자.

내부 온도와 생장 길이 분포 그래프

내부 온도에 따른 생장 길이 데이터를 그래프로 살펴보면 토마토 데이터의 생장 길이 정보를 알 수 있다. '내부-내부온도' 속성을 x축, '생장 길이(mm)' 속성을 y축으로 설정한다.

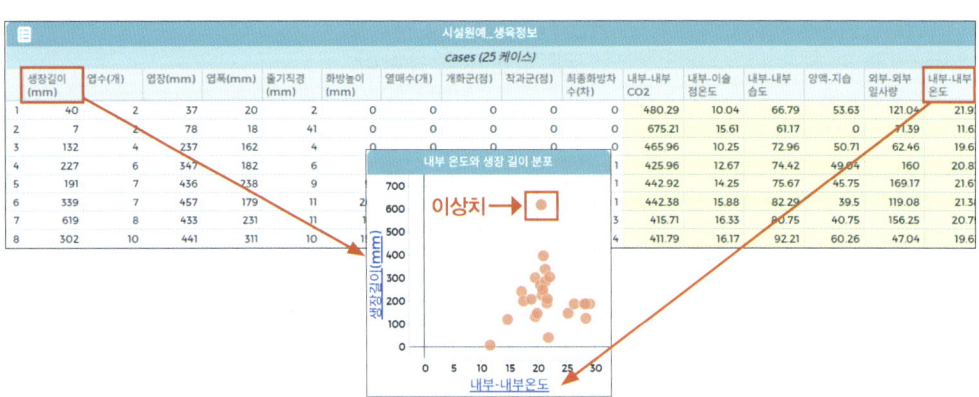

#해석 → x축은 '내부-내부온도' 속성으로, y축은 '생장 길이(mm)' 속성으로 설정하여 산점도를 그린 결과, 이를 통해 알 수 있는 정보는 다음과 같다.

- 내부 온도에 따른 생장 길이의 변화
  - 내부 온도가 약 17~25도 범위에 토마토의 성장 길이가 집중되어 있다. 한 개의 데이터는 600mm 이상으로 이상치임을 확인할 수 있다. 이 데이터는 실험 오류나 특정 조건(예 변이종, 특수 환경 등)에서 발생했을 가능성이 있다.
  - 내부 온도가 15~30도일 때 생장 길이가 100~400mm 사이에 분포한다.
  - 특히, 10도 이하 30도이상에서는 생장이 불가능한 것으로 보인다.

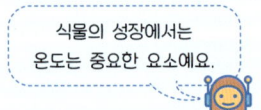

식물의 성장에서는 온도는 중요한 요소예요.

데이터 분석 ❷

📁 내부 습도는 화방 높이에 영향을 미칠까?

식물의 생장에 습도는 중요한 요소일까? 데이터를 통해 중요한 요소인지 확인을 위해 습도에 따른 화방의 높이 변화로 토마토의 생장을 분석해 보자.

내부 습도에 따른 화방 높이 그래프

내부 습도에 따른 화방 높이 데이터를 그래프로 살펴보면 전체적인 특징을 파악할 수 있다. 따라서 '내부-내부습도' 속성을 x축, '화방 높이(mm)' 속성을 y축으로 설정한다.

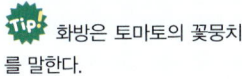
화방은 토마토의 꽃뭉치를 말한다.

화방 높이는 아래의 개화화방에서 생장점까지의 거리이다. 토마토 재배 우수 농가의 화방 높이는 일반 농가에 비해 높다는 현상을 바탕으로 화방 높이는 열매 수에 영향을 준다는 연구 결과가 있다.

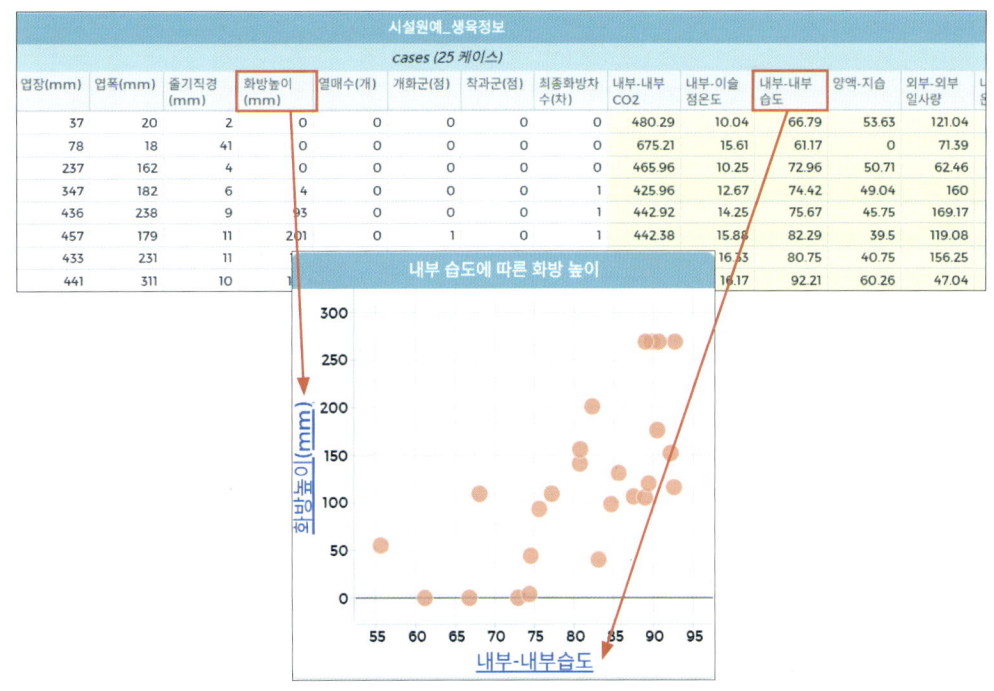

시설원예_생육정보 / cases (25 케이스)

엽장(mm)	엽폭(mm)	줄기직경(mm)	화방높이(mm)	열매수(개)	개화군(점)	착과군(점)	최종화방차수(차)	내부-내부 CO2	내부-이슬점온도	내부-내부 습도	양액-지습	외부-외부 일사량
37	20	2	0	0	0	0	0	480.29	10.04	66.79	53.63	121.04
78	18	41	0	0	0	0	0	675.21	15.61	61.17	0	71.39
237	162	4	0	0	0	0	0	465.96	10.25	72.96	50.71	62.46
347	182	6	4	0	0	0	1	425.96	12.67	74.42	49.04	160
436	238	9	93	0	0	0	1	442.92	14.25	75.67	45.75	169.17
457	179	11	201	0	1	0	1	442.38	15.88	82.29	39.5	119.08
433	231	11							16.33	80.75	40.75	156.25
441	311	10							16.17	92.21	60.26	47.04

 # 해석 — x축은 '내부-내부습도' 속성으로, y축은 '화방 높이(mm)' 속성으로 설정하여 산점도를 그린 결과, 이를 통해 알 수 있는 정보는 다음과 같다.

● 내부 습도에 따른 화방 높이의 변화
  - 내부 습도가 높을수록 화방 높이가 증가하는 경향이 있다.
  - 내부 습도가 75% 이상일때 화방 높이가 증가하는 경향을 보이는 것으로 보아, 75% 이상의 적정 습도를 유지하는 것이 토마토 생육에 필요함을 알 수 있다.
  - 몇 개의 데이터에서 화방 높이가 0인 값을 확인할 수 있어, 이 데이터들이 이상치임을 알 수 있다.

2. 토마토 재배 환경 데이터 분석 **171**

03 데이터 분석 활동을 해 볼까

데이터 분석 ❸

▶ 일사량이 많을수록 토마토의 개화군이 더 많아질까?

일사량은 식물의 생장에 영향을 미치는 중요한 요소이다. 일사량이 많아지면 토마토 개화군에는 어떤 영향을 미치는지 분석해 보자.

외부 일사량에 따른 개화군 그래프

외부 일사량에 따른 개화군 데이터를 그래프로 살펴보면 전체적인 특징을 파악할 수 있다. '외부-외부일사량' 속성을 x축, '개화군(점)' 속성을 y축으로, '주차' 속성을 범례로 설정한다.

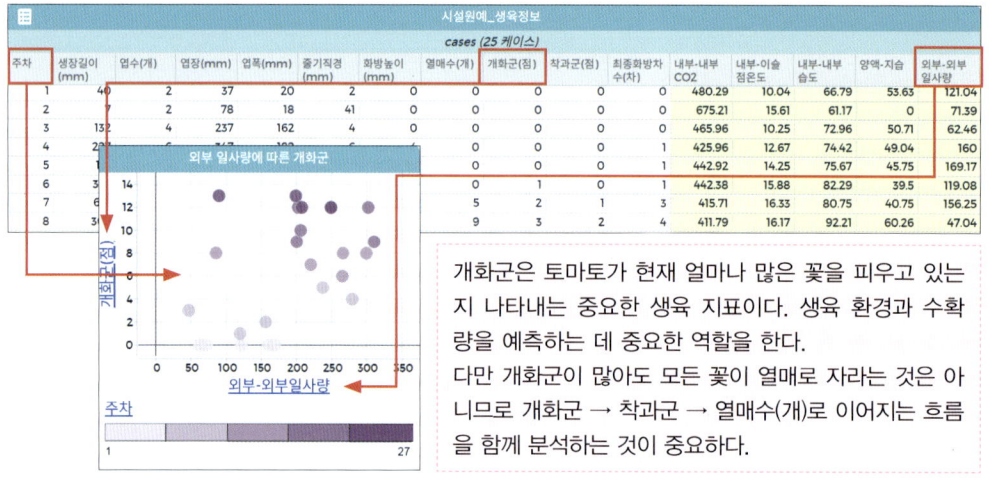

개화군은 토마토가 현재 얼마나 많은 꽃을 피우고 있는지 나타내는 중요한 생육 지표이다. 생육 환경과 수확량을 예측하는 데 중요한 역할을 한다.
다만 개화군이 많아도 모든 꽃이 열매로 자라는 것은 아니므로 개화군 → 착과군 → 열매수(개)로 이어지는 흐름을 함께 분석하는 것이 중요하다.

TIP! 주차를 범례로 입력하면 토마토 생육 시기(초기, 중기, 후기)에 따른 외부 일사량과 개화군의 관계를 확인할 수 있다.

 해석 → x축은 '외부-외부일사량' 속성으로, y축은 '개화군(점)' 속성으로 범례를 '주차'로 설정하여 산점도를 그린 결과, 이를 통해 알 수 있는 정보는 다음과 같다.

● 외부 일사량에 따른 개화군의 변화
  - 외부 일사량 200 이상에서 개화군이 활발하므로 200 이상의 일사량이 필요하다.
  - 토마토 생장 초기(1~5주)와 중기 일부(6~8주)에서는 외부 일사량이 대부분 200 이하로 분포하고, 중기(9~12주), 후기(23~27주)에서 외부 일사량이 대부분 200 이상으로 분포한다.
  - 중기, 후기 구간은 일사량에 상관 없이 개화군 6점 이상을 유지하고 있어 개화군이 일사량보다는 시간(생육 단계)에 더 밀접한 영향을 받고 있음을 알 수 있다.
  - 외부 일사량 200 이하에서 개화군이 3 이하가 대부분이지만, 유난히 큰 9점과 13점이 존재하는 것으로 보아, 일사량 외에 다양한 요소(온도, 습도 등)가 복합적으로 영향을 미칠 수 있음을 시사한다.

토마토 생장 길이에 영향을 주는 속성을 추가로 알아보는 분석 작업을 이어서 진행해요.

데이터 분석 ❹

▶ 시간이 지날수록 토마토의 생장 길이와 열매 수는 어떻게 변할까?

스마트팜 환경에서 시간의 변화에 따라 토마토의 생장과 열매 수의 변화를 분석해 보자.

조사일에 따른 생장 길이, 열매 수 그래프

조사일에 따른 생장 길이, 열매 수 데이터를 그래프로 살펴보면 전체적인 특징을 파악할 수 있다. '조사일' 속성을 x축, '생장 길이(mm)' 속성을 y축으로, '열매수(개)' 속성을 수직 레이아웃으로 설정한다.

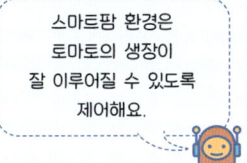

스마트팜 환경은 토마토의 생장이 잘 이루어질 수 있도록 제어해요.

Tip! 생장 길이는 지난주 생장점에서 이번주 생장점까지의 길이를 의미하며, 생장점은 보통 식물 줄기의 끝 부분을 의미한다.

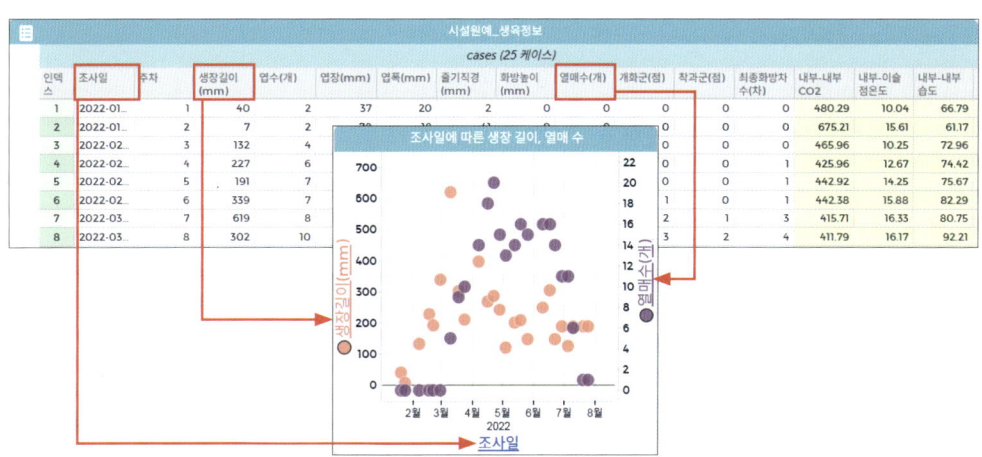

#해석

x축은 '조사일' 속성으로, y축은 '생장 길이(mm)' 속성으로, 수직 레이아웃은 '열매수(개)' 속성으로 설정하여 산점도를 그린 결과, 이를 통해 알 수 있는 정보는 다음과 같다.

- 식물의 성장기에 따른 변화
  - 1~3월에는 토마토 생장이 급격히 증가(100~600mm)하는 시기이며, 열매는 거의 없다.
  - 4월~6월 중순에는 초기에 비해 토마토 생장이 둔화되지만, 열매 수가 본격적으로 증가한다. 토마토 생장보다 열매가 활발하게 맺히는 시기임을 유추할 수 있다.
  - 6월말 이후에는 토마토 생장이 감소 및 정체(200mm 이하)되고 열매 수도 감소하는 것으로 보아, 새로운 꽃과 열매의 수가 줄어드는 시기임을 유추할 수 있다.
- 생장점과 생장 길이
  - 생장점은 초기에 급격히 증가했다가 4월 이후 감소 및 정체된다.
  - 생장 길이 증가가 둔화된 뒤(4~6월) 열매 수는 최대치에 도달하고 7월 이후에는 감소하는 패턴을 보임을 알 수 있다.

탐색적 데이터 분석

데이터의 속성을 살펴보고 앞에서 제시한 문제의 답을 찾는 것 외에 더 알 수 있는 정보를 찾아봅시다.

예시 Q 토마토의 줄기 굵기는 생장 길이와 관련이 있을까?

1. 어떤 데이터 분석 활동을 해야 할까?

> 예 생장 길이에 따른 줄기 굵기 변화

2. 어떤 속성이 필요할까?

> 예 생장길이(mm), 줄기직경(mm)

3. 어떤 그래프를 그릴까?

> 예 생장 길이에 따른 줄기 굵기 변화 그래프(산점도)
>
>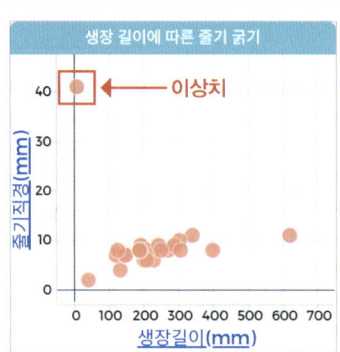

4. 알 수 있는 정보는 무엇일까?

> 예 대부분의 경우 줄기 굵기는 10mm 이하에서 일정하게 유지된다. 생장 길이가 길어져도 줄기 굵기가 일정한 이유는 줄기 성장이 일정한 수준에 도달하면 생장 속도가 줄어들거나 멈출 가능성이 있기 때문이다.

5. 이 활동을 통해 얻을 수 있는 기대 효과는 무엇일까?

> 예 줄기 굵기와 생장 길이 간의 관계를 분석함으로써 식물의 성장 패턴을 파악하고, 데이터 기반으로 해석하는 능력을 키울 수 있다.

3. 건강 검진 데이터 분석

🧭 이 장에서는 다음의 순서로 진행합니다.

> pow( ) 함수, 상관관계, if( ) 함수, 평균, 중앙값

01 해결해야 할 문제는 무엇일까
- 우리가 알고 있는 건강 상식을 데이터 분석으로 검증해 볼까?

02 어떤 데이터를 분석할까

- 공공데이터포털(건강 검진 데이터)

03 데이터 분석 활동을 해 볼까
- **데이터 분석 1**
  음주자는 흡연할 가능성이 더 높을까?
- **데이터 분석 2**
  체중 vs 허리둘레, 무엇이 건강과 더 관련 있을까?
- **데이터 분석 3**
  LDL(나쁜 콜레스테롤)이 높으면 심혈관 질환 위험도가 높아질까?

- **탐색적 데이터 분석**
  예시 혈당에 영향을 미치는 요인은 무엇일까?

⚠️ 본 활동은 일반적인 건강 상식을 확인하고, 건강에 영향을 미치는 요인을 찾는 것을 목표로 하며, SDGs 3번 '모든 사람의 건강한 삶 보장과 웰빙 증진'과 관련이 있습니다.

01 해결해야 할 문제는 무엇일까

💬 다음 상황을 읽고, 해결해야 할 문제를 알아봅시다.

일상에서 "배가 나온 사람은 건강에 안 좋다", "술 마시는 사람은 담배도 피운다", "LDL 수치가 높으면 심혈관 질환 위험이 크다" 같은 건강 상식을 흔히 듣는다. 많은 이들이 이를 당연하게 여기지만, 실제로 그런지 의문이 들기도 한다. 건강검진 데이터를 통해 이러한 상식들이 정말 타당한지 직접 확인해 보자.

알아두면 쓸모있는 정보

건강 데이터를 분석할 때는 수치의 단위와 의미를 정확히 이해해야 하며, 단순한 상관관계를 인과 관계로 해석하지 않도록 주의해야 한다. 두 변수 간 관련성이 나타나더라도, 한쪽이 다른 쪽에 영향을 준다고 단정할 수는 없다. 또한 결측값이나 이상값은 결과를 왜곡할 수 있어 적절한 전처리가 필요하다. 흡연이나 음주 같은 생활 습관 정보는 설문 응답의 신뢰도를 고려해 해석해야 하며, 분석 결과는 통계적 유의성과 함께 의학적 기준도 참고해 종합적으로 판단해야 한다.

어떤 데이터를 분석할까

데이터 수집

💬 **문제 해결에 필요한 데이터를 수집하고, 속성을 살펴봅시다.**

건강 검진 데이터는 해당 연도에 건강 검진을 수검한 국민 건강 보험 가입자 100만 명에 관한 기본 정보(시도코드, 성별, 연령대 등)와 검진 내역(신장, 체중, 혈압, 혈당, 총 콜레스테롤, 혈색소 등)을 포함한다.

건강 검진 데이터 내려받기

공공데이터포털(https://www.data.go.kr)에서 '건강검진정보'를 검색한 뒤, 데이터를 내려받는다.

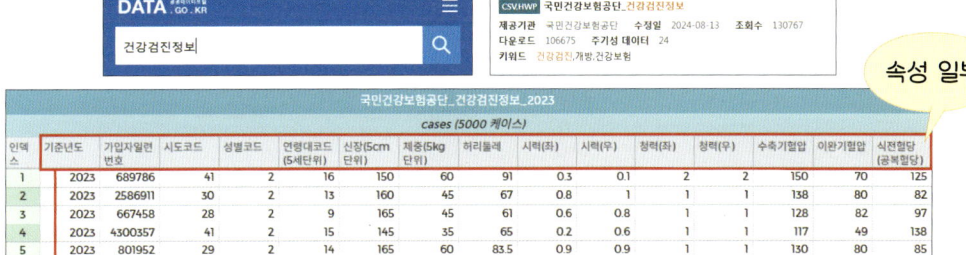

데이터 속성 알아보기

속성 살펴보기
- 기준년도: 해당 건강검진 데이터의 연도
- 가입자일련번호: 개인을 구분하는 비식별화된 번호
- 시도코드: 거주 지역을 나타내는 코드
- 성별코드: 성별(1: 남성, 2: 여성)
- 연령대코드(5세 단위): 연령을 5세 단위로 그룹화한 코드
- 신장(5cm 단위): 키를 5cm 단위로 측정
- 체중(5kg 단위): 몸무게를 5kg 단위로 측정
- 허리둘레: 허리둘레(cm)
- 시력(좌): 좌측 눈의 시력(0.1~2.5)
- 시력(우): 우측 눈의 시력(0.1~2.5)
- 청력(좌): 좌측 귀의 청력(1: 정상, 2: 비정상)
- 청력(우): 우측 귀의 청력(1: 정상, 2: 비정상)
- 수축기혈압: 최고 혈압(mmHg)
- 이완기혈압: 최저 혈압(mmHg)
- 식전혈당(공복혈당): 공복 혈당(mg/dL)
- 총콜레스테롤: 혈중 총 콜레스테롤(mg/dL)
- 트리글리세라이드: 중성지방 수치(mg/dL)
- HDL콜레스테롤: 고밀도 콜레스테롤(mg/dL)
- LDL콜레스테롤: 저밀도 콜레스테롤(mg/dL)
- 혈색소: 헤모글로빈 수치(g/dL)
- 요단백: 소변 단백질 검사 결과(1: 정상, 2~6: 비정상)
- 혈청크레아티닌: 신장 기능을 나타내는 크레아티닌 수치(mg/dL)
- 혈청지오티(AST): 간 기능 수치(AST, IU/L)
- 혈청지피티(ALT): 간 기능 수치(ALT, IU/L)
- 감마지티피: 간 기능 관련 지표(GGT, IU/L)
- 흡연상태: 흡연 여부(1: 비흡연, 2: 과거흡연, 3: 현재흡연)
- 음주여부: 음주 여부(0: 비음주, 1: 음주)
- 구강검진수검여부: 구강검진 수검 여부(0: 미수검, 1: 수검)
- 치아우식증유무: 충치 여부(0: 없음, 1: 있음)
- 치석: 치석 여부(0: 없음, 1: 있음)
- 결손치: 선천적으로 치아 갯수 부족
- 치아마모증: 이가 닳는 병
- 제3대구치(사랑니) 이상: 사랑니 이상 여부

Tip! 연령대코드(5세 단위)

그룹	연령대
1	0~4세
2	5~9세
3	10~14세
4	15~19세
5	20~24세
6	25~29세
7	30~34세
8	35~39세
9	40~44세

우리가 흔히 믿고 있는 건강 상식들, 과연 실제 데이터에서도 확인할 수 있을까? 건강 검진 데이터를 바탕으로, 그 상식들이 사실인지 직접 검증해 보자.

데이터 분석 활동을 해 볼까

 다음의 질문에 대한 답을 찾을 수 있도록 데이터 분석을 해 봅시다.

- ☑ 음주자는 흡연할 가능성이 더 높을까?
- ☑ 체중 vs 허리둘레, 무엇이 건강과 더 관련 있을까?
- ☑ LDL(나쁜 콜레스테롤)이 높으면 심혈관 질환 위험도가 높아질까?

데이터 분석 ❶

음주자는 흡연할 가능성이 더 높을까?

"술 마시는 사람이 담배를 피울 가능성이 높다."는 말을 들어 본 적 있을 것이다. 그래서 많은 사람들이 흡연과 음주가 서로 깊이 연관되어 있다고 자연스럽게 받아들이고는 한다. 하지만 이 상식은 실제로 데이터에서도 확인되는 사실일까? 건강 검진 데이터를 활용해, 이 익숙한 상식을 분석해 보자.

데이터 전처리

● 샘플링

CODAP은 데이터 양이 많아지면 속도가 느려질 수 있다. 제공된 건강 검진 데이터는 약 100만 명에 해당하지만, 분석을 원활하게 하기 위해 무작위로 5,000개만 추출하여 사용한다. 데이터 크기가 크기 때문에 다음과 같은 순서로 데이터를 불러온다.

uft-8 형식으로 변환하는 과정(인코딩)은 QR코드를 참고하세요.

① '새 문서'를 선택한다.　　② 빈 분석창에 데이터를 드래그하여 가져다 놓는다.

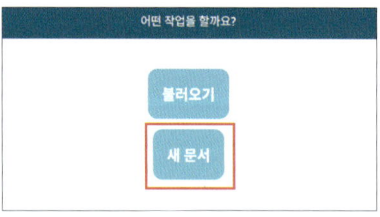
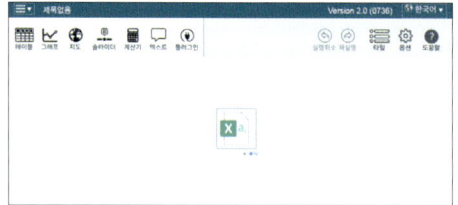

③ 임의 선택을 선택하고 확인을 선택한다.

이때 한글이 깨져 나오면 인코딩 작업을 거쳐 사용한다.

Q 데이터를 무작위로 추출해서 사용해도 괜찮을까?

A 통계에서는 무작위로 표본을 뽑으면, 전체 집단과 비슷한 분포와 특성을 가질 가능성이 높다고 본다.
예를 들어, 100만 명 중에서 5,000명을 골라도, 흡연자나 음주자, 건강 상태가 다양한 사람들이 비율에 맞게 고르게 포함될 수 있다.
이렇게 잘 뽑힌 표본을 사용하면, 전체 데이터를 분석하지 않아도 전체의 경향을 알 수 있다.

흡연 여부와 음주 여부의 관계 그래프

흡연 여부와 음주 여부의 관련성을 확인하기 위해 막대그래프를 활용하여 시각화한다.

① '음주여부' 속성을 x축으로 넣는다.

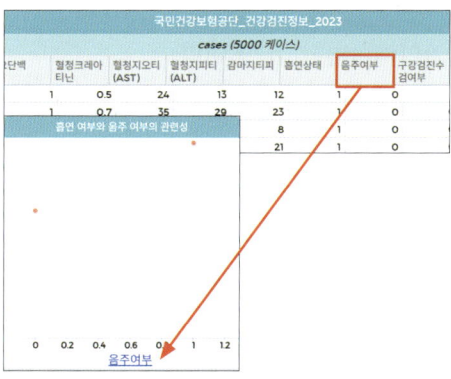

② '음주여부' 속성을 선택한 후 범주형 데이터로 변경한다.

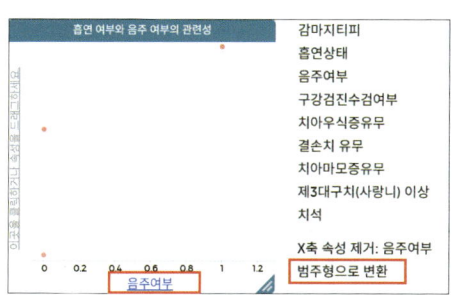

③ 그래프 오른쪽 '환경설정' 탭에서 '점을 막대로 변환'을 선택하면 y축에 '빈도수'가 나타난다.

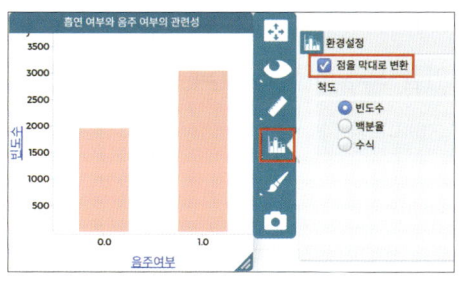

④ 음주 여부별로 흡연 비율을 확인하기 위해 '흡연상태' 속성을 그래프 가운데로 이동시켜 범례를 생성한다.

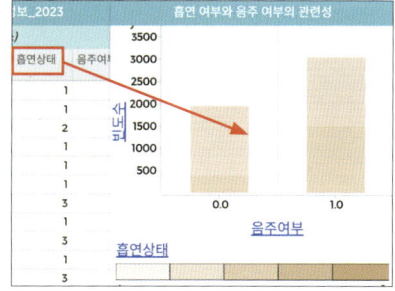

⑤ '흡연상태' 속성을 클릭하여 범주형으로 변경한다.

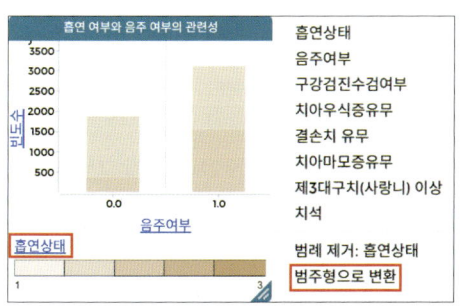

⑥ 두 집단의 비율을 효과적으로 비교하기 위해 '환경설정' 탭에서 '척도'를 백분율로 선택한다.

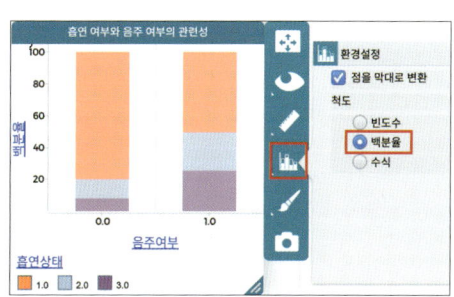

03 데이터 분석 활동을 해 볼까

 해석

> 분석 결과는 어떤 5,000개의 데이터가 선택되었는지에 따라 달라질 수 있어요.

Q 범주별 0과 1의 의미
A '음주여부' 값이 0이면 비음주, 1이면 음주를 의미한다. '흡연상태' 값이 1이면 비흡연, 2이면 과거 흡연, 3이면 현재 흡연 중임을 의미한다. 이 숫자는 측정값이 아니라 상태를 구분하는 코드이므로, 분석할 때는 단순한 수치가 아니라 각 생활 습관의 분류 정보로 해석해야 한다.

x축은 '음주여부'로, 그래프 범례는 '흡연상태'로 설정하여 막대그래프를 그린 결과, 이를 통해 알 수 있는 정보는 다음과 같다.

- 비음주자(0)의 흡연 비율
  - 비흡연(1)의 비율은 80.2%이다.
  - 금연상태(2)의 비율은 11.7%이다.
  - 흡연중(3)의 비율은 8.1%이다.

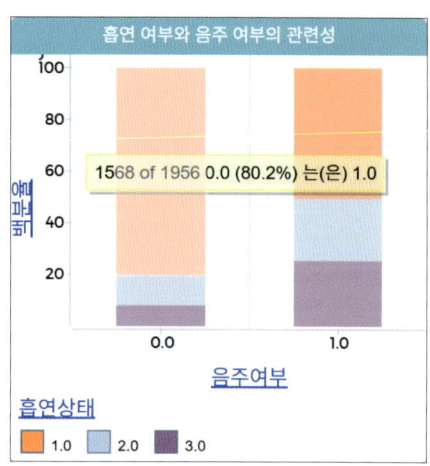

- 음주자(1)의 흡연 비율
  - 비흡연(1)의 비율은 50.4%이다.
  - 금연상태(2)의 비율은 24.1%이다.
  - 흡연중(3)의 비율은 25.5%이다.

- 비음주자와 음주자의 흡연율 비교
  - 음주와 흡연을 모두 하지 않는 사람의 비율은 음주를 하지만 흡연을 하지 않는 사람의 비율보다 약 30% 정도 많은 것을 확인할 수 있다.
  - 음주와 흡연을 모두 하는 사람의 비율은 음주를 하지 않지만 흡연을 하는 사람 비율의 약 3배나 된다.

더 알아보기 ➕ 추가적인 의미와 분석 정보

- **생물학적 및 행동적 해석**
  - 음주와 흡연은 공통적인 보상 경로(도파민 시스템)를 자극하여 함께 소비될 가능성이 높다.
  - 여러 연구에서 알코올은 도파민 시스템을 통해 니코틴의 보상 효과를 강화하거나, 니코틴 수용체의 민감도에 영향을 줄 수 있음이 보고되었다.
  - 사회적 요인도 작용할 수 있으며, 음주 환경(모임, 유흥 등)이 흡연을 촉진하는 역할을 할 수 있다.

- **탐구 확장 주제**
  - 어느 집단이 더 금연을 많이 했을까? 그리고 왜 그럴까?
  - 음주와 흡연을 같이 하는 사람은 전체 중 몇 %나 될까?
  - 음주·흡연 그룹은 다른 그룹보다 건강 수치가 더 나쁜 경향이 있는가?
  - 이 결과는 우리가 가진 어떤 건강 상식과 연결될 수 있을까?

데이터 분석 ❷

📨 체중 vs 허리둘레, 무엇이 건강과 더 관련 있을까?

우리는 흔히 건강 상태를 이야기할 때 체중을 먼저 떠올린다. 체중이 많이 나가면 건강에 좋지 않다고 생각하고, 적정 체중을 유지해야 한다는 말을 자주 듣는다. 그러나 단순히 체중만으로는 건강 상태를 완전히 설명하기 어려우며, 최근에는 허리둘레가 여러 만성 질환과 더 밀접한 관련이 있다는 연구 결과도 많이 나타난다. 그렇다면 체중과 허리둘레 중 어떤 지표가 건강과 더 깊은 관련이 있을까? 데이터를 통해 분석해 보자.

> **Tip!** WHtR은 허리둘레(cm)를 키(cm)로 나눈 비율로, 내장지방 분포와 관련된 복부 비만을 더 정밀하게 반영한다고 알려져 있다.

건강을 나타내는 지표로서 체중과 허리둘레 중 무엇이 더 유의미한지 비교하기 위해, 각각을 대표하는 '허리둘레/키(WHtR)'와 'BMI(체질량지수)'를 활용한다. 두 지표는 모두 키를 기준으로 체형 차이를 보정할 수 있어 비교 분석에 적합하다.

속성 추가

pow( ) 함수
거듭제곱 연산을 할 때 사용한다. pow(숫자, 거듭제곱 횟수)

- **'허리둘레/키' 속성 추가:** + 버튼 속성 추가 및 속성명 입력 → 수식 편집 → '허리둘레/신장(5cm단위)' 입력
- **'BMI' 속성 추가:** + 버튼 속성 추가 및 속성명 입력 → 수식 편집 → '체중(5kg단위)/pow(신장(5cm단위)/100, 2)' 입력

> **Tip!** BMI는 체중(kg)을 키(m)의 제곱으로 나눈 값으로, 전통적으로 비만도를 판단할 때 가장 많이 사용되는 지표이다.
>
> $$\text{BMI} = \frac{\text{몸무게(kg)}}{\text{키(m)}^2}$$
>
> 해당 데이터에서는 신장이 cm 단위로 나오기 때문에 100을 나누어 m 단위로 변환하여 사용한다.

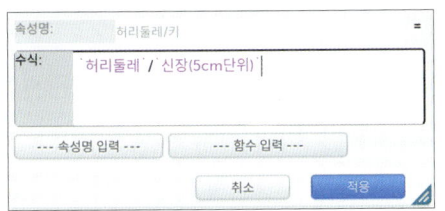
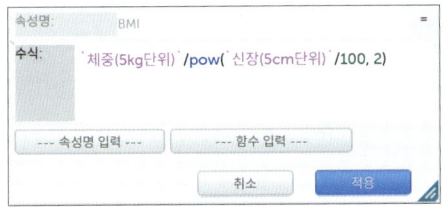

지표와 식전혈당 사이의 관계 그래프

이제 추가한 두 속성이 실제로 건강과 어떤 관련이 있는지를 시각적으로 확인해 보자. 이를 위해 '식전혈당(공복혈당)'을 건강 상태로 나타내는 지표로 사용한다. 먼저, '허리둘레/키' 속성을 x축, '식전혈당' 속성을 y축으로 설정하여 산점도 그래프를 만든다. 그래프에서 지표와 식전혈당 사이의 관계를 더 명확하게 보기 위해, '측정' 탭의 '최소제곱선'을 선택한다. 같은 방식으로 'BMI' 속성을 x축으로 설정한 그래프를 추가로 생성한다.

> **Tip!** 식전혈당은 공복 상태에서 측정한 혈당 수치로, 당뇨병 위험을 판단하는 중요한 지표이다. 100mg/dL 이상이면 주의가 필요하며, 126mg/dL 이상이면 당뇨병으로 진단한다.

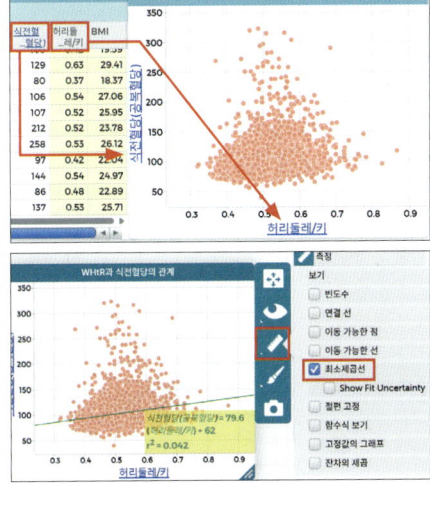

03 데이터 분석 활동을 해 볼까

 해석 '허리둘레/키'와 'BMI'가 식전혈당에 미치는 영향을 비교하기 위해 산점도 그래프로 시각화한 결과, 이를 통해 알 수 있는 정보는 다음과 같다.

> 본 활동에서는 임의의 5,000개 데이터를 사용했으므로 결과는 다소 다르게 나올 수 있어요. 하지만 근본적인 의미는 크게 다르지 않음을 기억해 두세요.

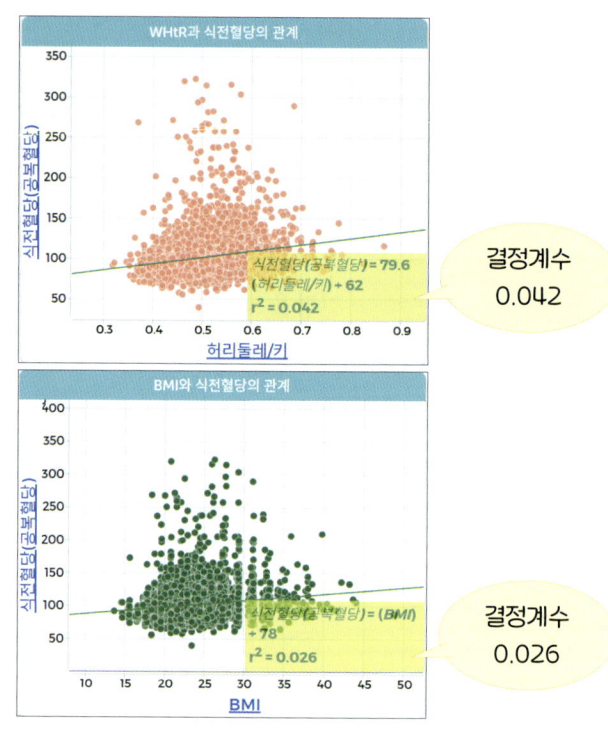

- '허리둘레/키'와 'BMI' 식전혈당과 양의 상관관계
    - 추가한 두 지표인 '허리둘레/키(WHtR)'와 '체질량지수(BMI)'는 모두 식전혈당(공복혈당)과 양의 상관관계를 갖는다.
    - 그러나 두 값 모두 매우 작기 때문에, 두 속성이 식전혈당과 전혀 관련이 없다는 것을 알 수 있다.
    - '허리둘레/키'가 'BMI'보다 상대적으로 더 유의미한 지표일 수는 있지만, 두 지표 모두 직접적인 건강 예측 지표로 보기에는 설명력이 부족하다. 따라서 건강 상태를 판단할 때는 다양한 지표와 요인을 종합적으로 고려해야 한다.

더 알아보기 ➕ 추가적인 의미와 분석 정보

앞에서는 허리둘레/키(WHtR)와 BMI가 건강에 미치는 영향을 판단하기 위하여 식전혈당(공복혈당)을 중심으로 예시를 들었으나 혈압, 콜레스테롤, 혈청 등 다른 속성과의 상관관계를 살펴봄으로써 보다 정확한 판단을 할 수 있다. 다만, 본 데이터로 분석할 경우 허리둘레/키(WHtR)와 BMI와 깊은 상관관계가 있는 속성은 찾기 어렵다.

데이터 분석 ❸

LDL(저밀도 지단백)
LDL(Low-Density Lipoprotein)은 혈액 속에서 콜레스테롤을 운반하는 단백질 복합체 중 하나로, 일반적으로 '나쁜 콜레스테롤'이라고 부른다.

속성 추가

Tip! 일반적으로 수축기 혈압이 다음과 같을 때 아래와 같이 진단한다.
- 정상: ≤ 120mmHg
- 고혈압 전단계 (주의 단계): 121-139mmHg
- 고혈압: ≥ 140mmHg

Tip! if( ) 함수의 조건에 따라 서로 다른 문자열을 출력하려면 작은따옴표(', ')나 큰따옴표(", ")로 묶어 준다.

Q 왜 심혈관 질환 지표로 수축기 혈압을 선택했을까?

A 수축기 혈압은 혈압을 측정할 때 나오는 두 수치 중 높은 쪽 값(최고 혈압)을 말하며, 심장이 수축하면서 혈액을 밀어낼 때 혈관에 가해지는 압력을 의미한다. 연구에 따르면, 수축기 혈압이 높을수록 심혈관 질환의 위험이 증가하는 것으로 알려져 있다. 따라서 심혈관 질환과 관련된 건강 지표를 분석할 때, 수축기 혈압은 위험도를 비교하고 분류하는 데에 효과적인 기준이 된다.

📂 LDL(나쁜 콜레스테롤)이 높으면 심혈관 질환 위험도가 높아질까?

건강 검진을 받을 때 "LDL 콜레스테롤 수치가 높다."라는 말을 들으면 많은 사람이 걱정하게 된다. 텔레비전 건강 프로그램에서도 LDL(저밀도 지단백)을 '나쁜 콜레스테롤'이라 부르며, 심혈관 질환의 주요 원인으로 언급된다. 그렇다면 정말 LDL 수치가 높으면 심혈관 질환의 위험이 증가할까? LDL 수치와 심혈관 질환 사이의 관계를 분석해 보자.

먼저 수축기 혈압을 기준으로 '고혈압 위험도'라는 새로운 속성을 만든다. 이 속성을 이용하면, '정상과 고혈압 위험군' 두 그룹으로 나눌 수 있다.

수축기 혈압이 120mmHg 이하이면	**정상**	수축기 혈압이 120mmHg 초과이면	**고혈압 위험군**

이 기준에 따라 CODAP에서 '고혈압 위험도'라는 새 속성을 추가하고 수식 편집기에서 다음과 같은 수식을 입력한다.

수식   if(`수축기혈압` <= 120, "정상", "고혈압 위험군")

이 수식은 수축기 혈압이 120 이하인 경우 '정상'으로, 그보다 높으면 '고혈압 위험군'으로 표시되도록 한다. 이렇게 구분된 두 집단을 기준으로 LDL 수치의 평균 차이를 비교하면, LDL과 고혈압 위험도 사이에 어떤 관련성이 있는지 확인할 수 있다.

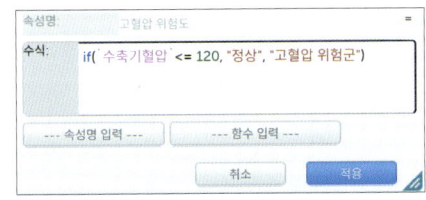

이제 LDL, 중성지방, HDL 중 어떤 지표가 심혈관 질환 위험을 더 잘 설명하는지 수축기 혈압 단계와 함께 분석해 보자.

> **짚고 가기** **if를 이용한 선택 구조 수식**
>
> 수식 편집기는 데이터를 계산하거나, 조건에 따라 새로운 값을 만들 수 있다. 값은 숫자, '문자'를 입력할 수 있고, 속성값을 불러올 수 있다. if( )함수는 조건식에 따라 true일 때 값과 false일 때 값 중 하나를 선택한다. 예를 들어 if(x>2, 'big', 'small') 이라면 x가 5라면 'big'을, x가 1이라면 'small'을 반환한다.
>
> *기본 양식: if(조건, 참, 거짓) (조건: 판단 조건, 참: 조건이 참일 때 실행할 내용, 거짓: 조건이 거짓일 때 실행할 내용)

03 데이터 분석 활동을 해 볼까

중심 경향값 비교 그래프

정상 혈압 그룹과 고혈압 위험군의 LDL 수치를 비교하기 위해, x축에는 '고혈압 위험군', y축에는 'LDL 콜레스테롤' 속성을 설정하여 산점도 그래프를 만든다. '측정' 탭에서 '평균'과 '중앙값', '측정 레이블 보이기'를 선택하면 두 집단의 중심 경향값을 함께 비교할 수 있다.

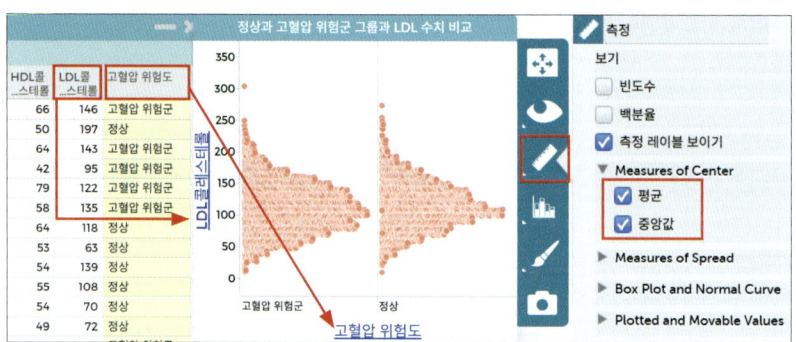

그래프를 통해 정상 혈압 그룹과 고혈압 위험군의 LDL 수치를 비교해 본 결과, 이를 통해 알 수 있는 정보는 다음과 같다.

Q 차이가 유의미한지 어떻게 확인할까?
A 단순히 평균이나 중앙값이 다르게 나왔다고 해서, 항상 의미 있는 차이라고 말할 수는 없다. 이런 경우에는 '가설 검정'이라는 통계 방법을 사용하여 두 집단의 차이가 우연인지, 실제로 의미 있는 차이인지를 통계적으로 판단할 수 있다.

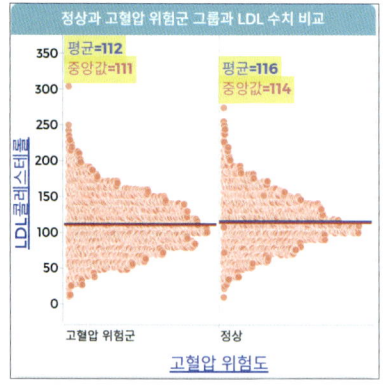

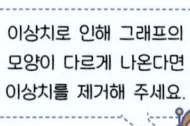
이상치로 인해 그래프의 모양이 다르게 나온다면 이상치를 제거해 주세요.

- LDL 평균값 비교
  - 정상 그룹이 고혈압 위험군보다 더 높은 수치를 보인다. 하지만 이 차이는 그리 크지 않으며, 통계적으로 유의미한 차이라고 보기는 어렵다.
  - LDL 수치가 고혈압 위험도를 예측하는 데에 직접적인 영향을 준다고 단정하기는 어렵다.
  - 이러한 결과는 LDL 수치만으로 고혈압 위험을 판단하기에는 한계가 있음을 시사한다.

- 중앙값 비교
  - 중앙값 또한 정상 그룹이 114, 고혈압 위험군이 111로 나타나 평균과 마찬가지로 큰 차이를 보이지 않는다.
- 분포 형태 비교
  - 두 집단의 전체적인 분포 모양은 매우 유사하다.
  - LDL 수치가 고혈압 위험도에 영향을 미치지 않는다는 것을 보여 준다.

따라서 심혈관 질환에 대한 보다 정확한 이해를 위해서는 HDL, 중성지방, BMI 등 다양한 건강 지표를 함께 고려한 분석이 필요하다.

더 알아보기 + 가설 검정

가설 검정은 두 집단의 차이가 단순한 우연인지, 아니면 실제로 의미 있는 차이인지를 판단하는 과정이다. 먼저, 비교할 대상을 설정하고 두 가지 가설을 세운다. 귀무가설(H_0)은 '차이가 없다.'라는 가정이며, 대립가설(H_1)은 '차이가 있다.'라는 주장이다.
데이터를 수집한 후, 두 집단의 평균을 비교하고 p-value(유의 확률)를 계산한다. p-value가 0.05보다 작으면, 두 집단의 차이가 우연이 아니라 의미 있는 차이라고 판단하여 귀무가설을 기각한다. 반면, p-value가 0.05 이상이면, 차이가 우연일 가능성이 높다고 보고 귀무가설을 유지한다.

예제 시험 준비 방법이 성적에 영향을 줄까?

1반 학생들은 기존 방식으로 공부하고, 2반 학생들은 새로운 학습법으로 공부했다. 시험을 본 후, 두 반의 평균 점수를 비교했더니 2반이 더 높았다. 하지만 이 차이가 운이 좋아서 생긴 것일까, 아니면 학습법 덕분일까?

1. 가설 설정
   ▷ H_0(귀무가설): 학습법에 따른 성적 차이는 없다.
   ▷ H_1(대립가설): 새로운 학습법을 사용한 2반의 성적이 더 높다.
2. 가설 검정 결과
   ▷ 만약 p-value가 0.03(3%)으로 나왔다면, 이는 5%보다 작기 때문에 귀무가설을 기각하고, 학습법이 성적에 영향을 미쳤다고 결론 내릴 수 있다.

인터넷에서 p-value를 구하는 방법을 찾아보고 위에서 조사한 두 집단의 평균의 차이가 유의미한지 확인해 보자.

탐색적 데이터 분석

데이터의 속성을 살펴보고 앞에서 제시한 문제의 답을 찾는 것 외에 더 알 수 있는 정보를 찾아봅시다.

 **혈당에 영향을 미치는 요인은 무엇일까?**

1. 어떤 데이터 분석 활동을 해야 할까?

> 예) 다양한 속성과 혈당의 관계

2. 어떤 속성이 필요할까?

> 예) 콜레스테롤 수치, 음주 및 흡연 여부, BMI, 허리둘레 등

3. 어떤 그래프를 그릴까?

> 예) 총콜레스테롤과 혈당, 흡연 여부와 혈당과의 관련성 그래프(산점도, 막대그래프 등)

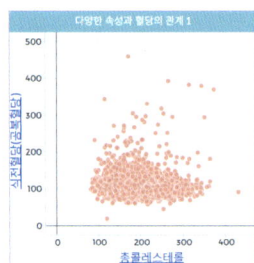 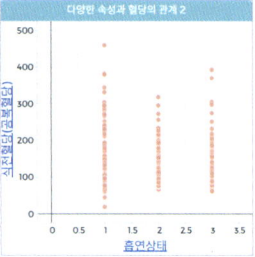

4. 알 수 있는 정보는 무엇일까?

> 예) 식전 혈당값과 다른 수치와의 관련성

5. 이 활동을 통해 얻을 수 있는 기대 효과는 무엇일까?

> 예) 기존에 당연히 알고 있던 상식을 데이터로 검증해 보며 데이터에 기반한 분석적 사고 능력을 키울 수 있다.

4 체력 관계 데이터 분석

▸ 이 장에서는 다음의 순서로 진행합니다.

if( ) 함수, 상관관계, 결측치

01 해결해야 할 문제는 무엇일까
- BMI가 유연성과 근력에도 영향을 미칠까?

02 어떤 데이터를 분석할까
- 문화 빅데이터 플랫폼
  (체력측정 항목별 측정 데이터)

03 데이터 분석 활동을 해 볼까
- 데이터 분석 1
  성별에 따른 BMI는 어떤 차이가 있을까?
- 데이터 분석 2
  BMI와 유연성은 관계가 있을까?
- 데이터 분석 3
  BMI와 근력은 관계가 있을까?

응용하기
- 탐색적 데이터 분석
  예시 연령별로 신체 능력이 어떻게 변화할까?

❗ 본 활동은 신체의 다양한 지표를 통해 건강을 증진하는 방법을 찾는 것을 목표로 하며, SDGs 3번 '건강과 웰빙'과 관련이 있습니다.

해결해야 할 문제는 무엇일까

💬 **다음 상황을 읽고, 해결해야 할 문제를 알아봅시다.**

운동을 할 때 근력이나 유연성을 따로 신경 써 본 적이 있었는지 생각해 보자. 혹시 내 BMI 수치가 이들과 어떤 관련이 있을지 궁금한 적이 있었다면 성별에 따라 달라지는 BMI와 신체 능력의 관계를 분석하여 나에게 꼭 맞는 건강한 운동법과 생활 습관을 찾아보는 건 어떨까?

알아두면 쓸모있는 정보

BMI를 중심으로 성별에 따른 차이를 비교하고, 유연성과 근력 등 다양한 체력 요소와의 관계를 분석함으로써, 신체 특성 간의 상관관계를 과학적·체계적으로 이해할 수 있다. 체력 측정 데이터가 단순한 수치나 결과에 그치지 않고, 이를 활용한 분석 과정을 통해 자신에게 맞는 건강한 생활 습관과 올바른 운동 방법을 주체적으로 찾아 실천하는 태도를 기를 수 있다. 더 나아가 신체 활동의 중요성과 그 효과를 몸소 느끼며, 평생 건강을 유지하는 데 필요한 자기 관리 능력까지 함께 함양할 수 있다.

02 어떤 데이터를 분석할까

데이터 수집

💬 **문제 해결에 필요한 데이터를 수집하고, 속성을 살펴봅시다.**

체력측정 항목별 측정 데이터는 서울올림픽기념 국민체육진흥공단에서 제공하는 자료로, 연령대, 신장, 체중, 윗몸 말아 올리기, BMI 등을 정리하여 제공한다. 문화, 예술, 관광, 그리고 체육까지 포함하는 다양한 분야의 데이터를 다루는 문화 빅데이터 플랫폼에서 다음 데이터를 내려받는다.

데이터 속성 알아보기

> **Tip!** 스크롤을 오른쪽으로 넘기면 총 55개의 속성을 확인할 수 있다.

KS_NFA_FTNESS_MESURE_ITEM_MESURE_INFO_202407										
cases (14177 케이스)										
인덱스	MESURE AGE CO	SEXDSTN FLAG CD	MESURE IEM 001 VALUE	MESURE IEM 002 VALUE	MESURE IEM 004 VALUE	MESURE IEM 007 VALUE	MESURE IEM 008 VALUE	MESURE IEM 009 VALUE	MESURE IEM 012 VALUE	MESURE IEM 018 VALUE
1	11	F	147.1	43.6	67	19.3	20.1	11	21	20.1
2	12	F	148.3	35.7	57	20.4	25.2	21	24.3	16.2
3	11	F	142.7	37.6	74	17	18.6	34	12.3	18.5
4	11	F	145.9	29.1	54.5	12.2	16.3	23	-11	13.7
5	15	M	183.7	64.1		44.1	49		14.5	19
6	15	F	160.2	43.6		21.7	26.4		-8	17
7	11	F	145.7	41.9	73	17.2	18	43	13.9	19.7
8	11	M	149.6	57.8	85	18.3	21.8	8	1.5	25.8
9	11	M	139.4	36.6	69	13.4	16.5	40	20.4	18.8
10	11	M	143.7	45.7	78.3	13.2	17.3	52	13.2	22.1
11	11	M	156.5	47.6	74	19.7	24	37	2.7	19.4
12	15	M	169	92.3		41.4	42.9		-14	32.3

> **Tip!** 데이터에는 총 55개의 속성이 있으나 우리는 그중 10개의 속성만을 이용하므로 10개만 안내한다.

속성 살펴보기
- MESURE_AGE_CO: 연령
- SEXDSTN_FLAG_CD: 성별 (F: 여성, M: 남성)
- MESURE_IEM_001_VALUE: 신장(cm)
- MESURE_IEM_002_VALUE: 체중(kg)
- MESURE_IEM_004_VALUE: 허리둘레(cm)
- MESURE_IEM_007_VALUE: 악력_좌(kg)
- MESURE_IEM_008_VALUE: 악력_우(kg)
- MESURE_IEM_009_VALUE: 윗몸 말아 올리기(회)
- MESURE_IEM_012_VALUE: 앉아 윗몸 앞으로 굽히기(cm)
- MESURE_IEM_018_VALUE: BMI(kg/m²)

체력측정 항목별 측정 데이터를 이용하면 어떤 정보를 알아낼 수 있고, 어떤 문제를 해결할 수 있을까? 예를 들어, 체력측정 항목별 측정 데이터를 토대로 다양한 신체 및 체력 관련 문제를 체계적으로 분석하고 이를 해결하는 방안을 모색할 수 있다.

02 어떤 데이터를 분석할까

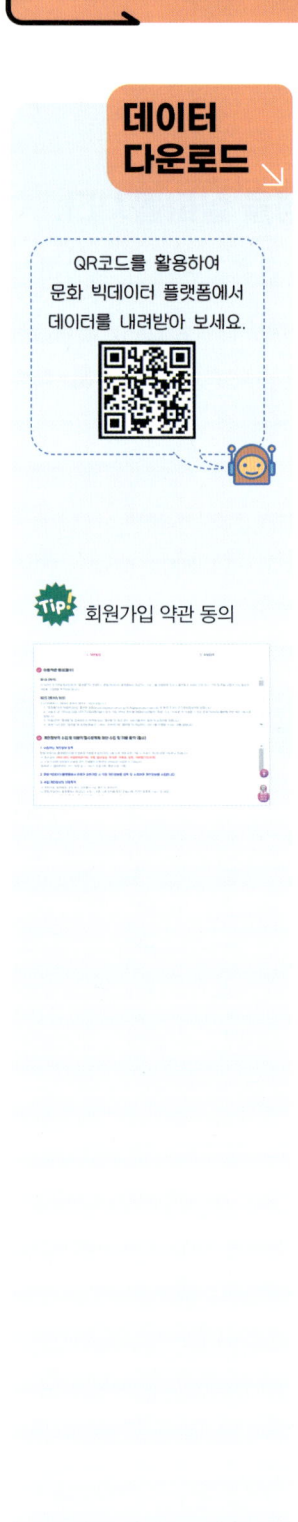

📁 문화 빅데이터 플랫폼에서 데이터 내려받는 방법

'문화 빅데이터 플랫폼' 사이트에 접속하여 필요한 데이터를 내려받는다.

1 회원 가입하기

사이트(https://www.bigdata-culture.kr/)에 접속한 뒤, 맨 오른쪽 위에 있는 회원 가입을 클릭한다.

'이용 약관 동의(필수)', '개인 정보의 수집 및 이용의 필수 항목에 대한 수집 및 이용 동의(필수)', '만 14세 이상입니다.(필수)'에 동의를 체크하고 확인을 클릭한다.

정보를 입력한 후 회원가입을 완료한다. 문화 빅데이터 플랫폼에 쉽게 가입하기 위해 네이버나 카카오 계정을 사용한다.

2 데이터 검색하기

검색창에 '체력측정 항목별 측정'을 입력한 뒤, 검색을 클릭한다.

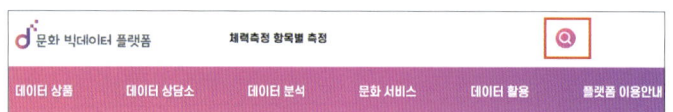

결과로 나온 '체력측정 항목별 측정 데이터'를 클릭한다.

디스트리뷰션의 '체력측정 항목별 측정 데이터(202407)'를 선택한 후 장바구니에 담는다.

3 데이터 구매하기

구매할 데이터를 선택한 후 결제하기를 클릭한다. (필수)로 되어 있는 부분들을 선택한 다음, 결제하기를 클릭한다.

Tip! 데이터 구매하기
문화 빅데이터 플랫폼에서는 무료라도 결제하기 과정을 거쳐야 한다.

Tip! 마이페이지

데이터는 오른쪽 위의 마이페이지 - 거래내역에서 내려받을 수 있다. 해당 데이터를 선택하고 다운로드 버튼을 클릭한다. 그 후, 데이터 활용목적을 선택하고 확인을 누르면 내려받기가 완료된다.

📁 '국민체력100'을 통한 체력 측정 방법 안내

'국민체력100'은 국민의 체력 및 건강 증진에 목적을 두고 체력 상태를 과학적 방법에 의해 측정·평가하여 운동 상담 및 처방해 주는 대국민 스포츠 복지 서비스이다.

체력측정 항목 동영상 가이드

'국민체력100' 사이트(https://nfa.kspo.or.kr)에 접속한 뒤, 아래로 스크롤하여 '체력측정항목 동영상 가이드'를 클릭한다. '체력측정 항목' 중 해당하는 생애 주기를 선택하여 관심 있는 해당 동영상을 시청한다.

02 어떤 데이터를 분석할까

데이터 불러오기

📁 CODAP으로 데이터 불러오기

'체력측정 항목별 측정 데이터(202407)'를 분석 활동을 위해 CODAP으로 불러온다.

1 데이터 파일 가져오기

① 빈 공간에 내려받은 파일을 드래그 앤드 드롭한다.
② '모든 행 가져오기'를 선택한 뒤 확인을 클릭한다.

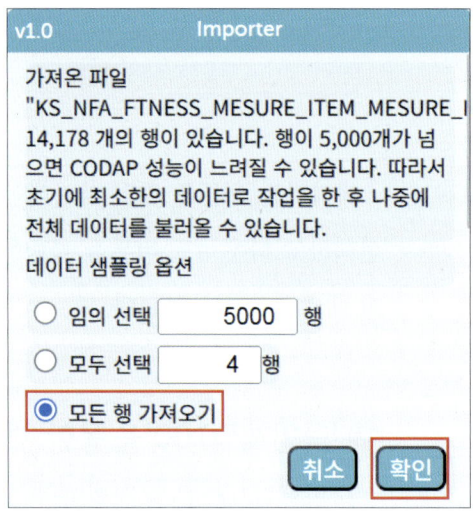

> **TIP!** 본 활동은 데이터 파일을 가져올 때 '모든 행 가져오기' 대신 '임의 선택(5000)'을 선택할 수 있으며, 이 경우 수행 속도가 다소 빨라진다.

2 데이터 속성 수정하기

① 데이터 속성이 55개로 많으므로 앞으로 데이터 분석을 위해 필요한 속성 10개만 남기고 모두 제거한다.

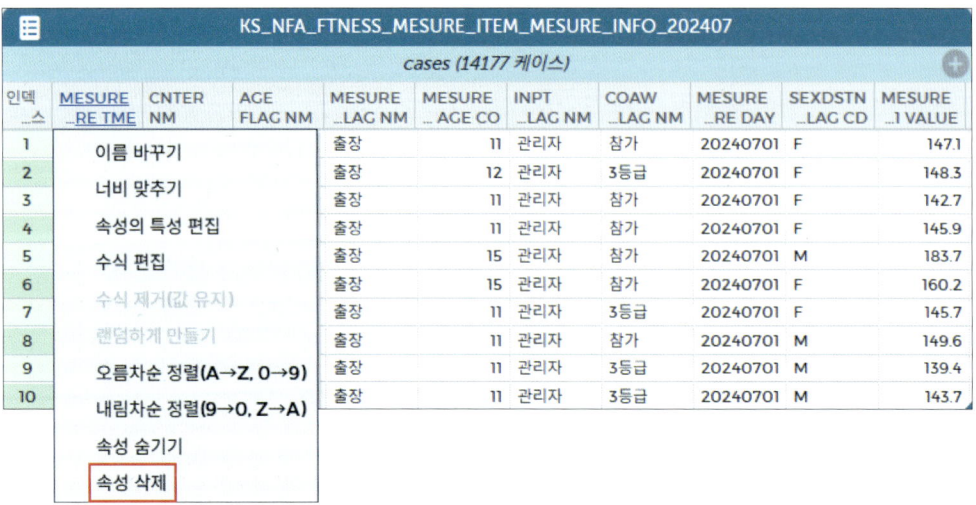

② 속성명도 다음과 같이 변경하도록 한다.

- MESURE_AGE_CO: 연령
- SEXDSTN_FLAG_CD: 성별
- MESURE_IEM_001_VALUE: 신장
- MESURE_IEM_002_VALUE: 체중
- MESURE_IEM_004_VALUE: 허리둘레
- MESURE_IEM_007_VALUE: 악력_좌
- MESURE_IEM_008_VALUE: 악력_우
- MESURE_IEM_009_VALUE: 윗몸 말아 올리기
- MESURE_IEM_012_VALUE: 앉아 윗몸 앞으로 굽히기
- MESURE_IEM_018_VALUE: BMI

인덱스	MESURE_AGE CO	INPT_LAG NM	COAW_LAG NM	MESURE_RE DAY	SEXDSTN_LAG CD	MESURE_1 VALUE	MESURE_VALUE	MESURE_3 VALUE	MESURE_VALUE	MESURE_5 VALUE
1	이름 바꾸기			20240701	F	147.1	43.6		67	
2	너비 맞추기			20240701	F	148.3	35.7		57	
3	속성의 특성 편집			20240701	F	142.7	37.6		74	
4	수식 편집			20240701	F	145.9	29.1		54.5	
5	수식 제거(값 유지)			20240701	M	183.7	64.1	14.4		72
6	랜덤하게 만들기			20240701	F	160.2	43.6	26.9		81
7	오름차순 정렬(A→Z, 0→9)			20240701	F	145.7	41.9		73	
8	내림차순 정렬(9→0, Z→A)			20240701	M	149.6	57.8		85	
9	속성 숨기기			20240701	M	139.4	36.6		69	
10	속성 삭제			20240701	M	143.7	45.7		78.3	

③ 최종 결과는 다음과 같다.

인덱스	연령	성별	신장	체중	허리둘레	악력 좌	악력 우	윗몸 말아 올리기	앉아 윗몸 ...로 굽히기	BMI
1	11	F	147.1	43.6	67	19.3	20.1	11	21	20.1
2	12	F	148.3	35.7	57	20.4	25.2	21	24.3	16.2
3	11	F	142.7	37.6	74	17	18.6	34	12.3	18.5
4	11	F	145.9	29.1	54.5	12.2	16.3	23	-11	13.7
5	15	M	183.7	64.1		44.1	49		14.5	19
6	15	F	160.2	43.6		21.7	26.4		-8	17
7	11	F	145.7	41.9	73	17.2	18	43	13.9	19.7
8	11	M	149.6	57.8	85	18.3	21.8	8	1.5	25.8
9	11	M	139.4	36.6	69	13.4	16.5	40	20.4	18.8
10	11	M	143.7	45.7	78.3	13.2	17.3	52	13.2	22.1
11	11	M	156.5	47.6	74	19.7	24	37	2.7	19.4

03 데이터 분석 활동을 해 볼까

💬 **다음의 질문에 대한 답을 찾을 수 있도록 데이터 분석을 해 봅시다.**

- ☑ 성별에 따른 BMI는 어떤 차이가 있을까?
- ☑ BMI와 유연성은 관계가 있을까?
- ☑ BMI와 근력은 관계가 있을까?

데이터 분석 ❶

▶ **성별에 따른 BMI는 어떤 차이가 있을까?**

BMI는 체질량 지수로 개인의 체중과 키를 바탕으로 체지방 수준을 평가하는 지표이다. BMI는 건강 상태를 간접적으로 평가할 때 사용되며, 저체중, 정상, 과체중, 비만을 판별할 수 있다. 이러한 BMI는 성별에 따라 차이가 있는지 분석해 보자.

성별과 BMI 관계 그래프

체력측정 항목별 측정 데이터에는 성별과 BMI 정보가 포함되어 있다. 성별에 따른 BMI를 분석하기 위해 x축은 '성별' 속성으로, y축은 'BMI' 속성으로 설정한다.

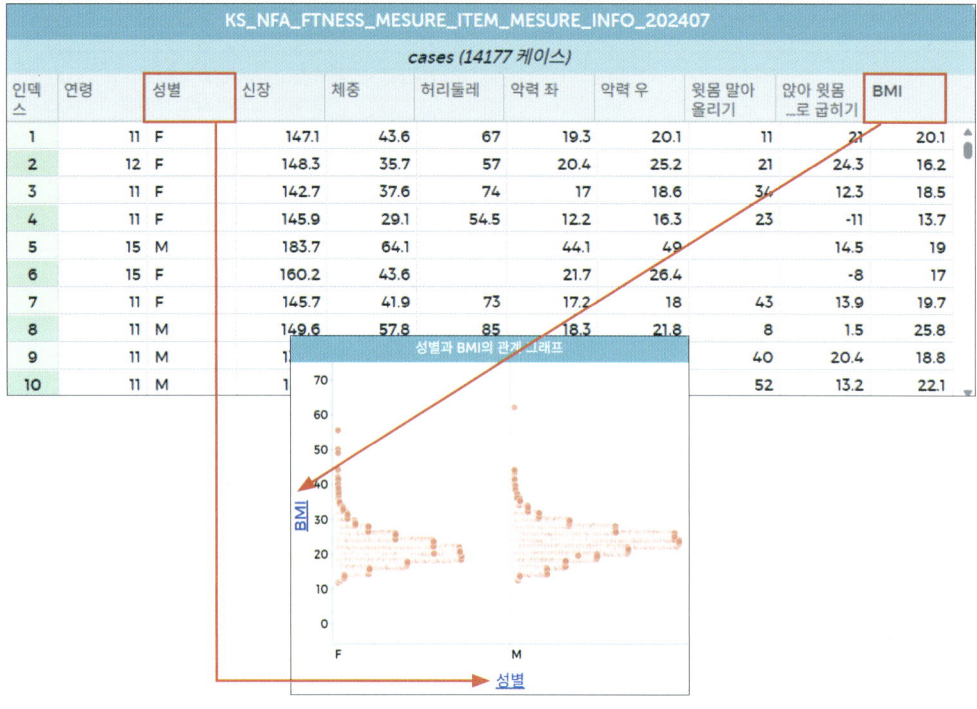

다음으로 '측정' 탭에서 '측정 레이블 보이기'와 'Measures of Center'의 '평균'과 '중앙값'을 선택한다.

다음과 같이 평균과 중앙값이 거의 일치한다는 것은 데이터가 대칭 분포일 가능성이 있다는 의미이다.

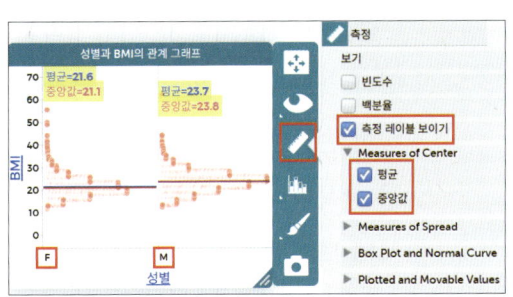

 BMI, 성별 속성은 결측치가 없어, 별도의 전처리를 할 필요가 없다.

 # 해석 x축을 '성별' 속성으로, y축을 'BMI' 속성으로 설정하여 그래프를 작성한 결과, 이를 통해 알 수 있는 정보는 다음과 같다.

- 성별에 따른 BMI의 차이
  - 여성(F)과 남성(M)의 BMI 평균값은 각각 21.6, 23.7로 2.1만큼 차이가 나며 남성의 BMI가 여성보다 상대적으로 높은 경향을 보인다.
  - 남성의 BMI와 여성의 BMI의 차이는 단순한 수치 차이가 아니라 BMI 구간(저체중, 정상, 과체중, 비만)을 구분하는 기준값을 고려하면 한 단계 이상 차이가 발생할 수 있음을 의미한다.

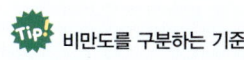 비만도를 구분하는 기준

BMI 범위	판정
18.5 미만	저체중
18.5~24.9	정상 체중
25.0~29.9	표준
30.0 이상	비만

더 알아보기 ➕ 추가적인 의미와 분석 정보

- **BMI의 한계**
BMI는 근육량, 유전적 요인, 개인의 신체 차이 등을 반영하지 못하는 단점이 있다. 예를 들어, 같은 BMI 수치를 가진 두 사람이라도 한 사람은 근육량이 많아 건강한 체형일 수 있고, 다른 한 사람은 체지방이 높은 상태일 수도 있다. 그럼에도 불구하고 BMI는 간단하고 빠르게 비만도를 평가할 수 있어 대중적으로 널리 사용되는 지표 중 하나이다.

- **생물학적 해석**
남성의 BMI가 여성보다 다소 높은 경향은 일반적으로 남성이 여성보다 근육량이 많아 체중이 더 높게 나가는 경향과 관련이 있을 수 있다. 여성은 체지방 비율이 상대적으로 높아도 BMI가 남성보다 낮을 수 있으며, 이는 BMI가 단순 체중 기반으로 비만을 평가하기 때문이다.

- **추가 고려 사항**
성별에 따른 BMI의 차이를 보다 명확히 이해하기 위해서는 나이, 신체 활동량, 식습관, 생활 환경 등 다른 요인을 분석할 필요가 있다. 이를 통해 성별 간 차이를 넘어 개인 맞춤형 건강 관리 전략을 설계할 수 있을 것이다.

03 데이터 분석 활동을 해 볼까

데이터 분석 ❷

앉아 윗몸 앞으로 굽히기

🗂 BMI와 유연성은 관계가 있을까?

체중이 증가하면 신체 균형과 움직임이 달라질 수 있다. 그렇다면 BMI가 높은 사람이 유연성이 높을까, 아니면 오히려 낮을까?

같은 BMI를 가진 두 사람이라도 근육량과 체지방 분포에 따라 유연성 차이가 클 수 있다. '앉아 윗몸 앞으로 굽히기'는 바닥에 앉은 상태에서 다리를 뻗고 상체를 앞으로 숙여 손끝이 발끝에 닿도록 노력하는 동작으로, 허리와 하체의 유연성을 평가하는 측정 항목이다. 그렇다면 BMI와 유연성(앉아 윗몸 앞으로 굽히기)은 관계가 있는지 분석해 보자.

데이터 전처리

● '앉아 윗몸 앞으로 굽히기' 속성의 결측치 처리

'앉아 윗몸 앞으로 굽히기' 속성에는 결측치가 존재한다. 결측치를 포함한 상태로 이용하면 부정확한 결과가 도출되거나, 신뢰할 수 없는 정보를 제공할 위험이 있다. 물론, CODAP에서는 결측치를 제외하고 그래프를 그리지만, 여기서는 결측치를 제거하는 방법을 알아본다.

- **결측치 제거 방법**

① '앉아 윗몸 앞으로 굽히기' 속성명을 클릭하여 데이터를 오름차순으로 정렬한다.

② 앉아 윗몸 앞으로 굽히기의 값이 비어 있는 1~78행을 드래그한다.
③ 테이블 오른쪽에 '휴지통' 탭을 선택하고, '선택한 케이스 삭제'를 선택한다.

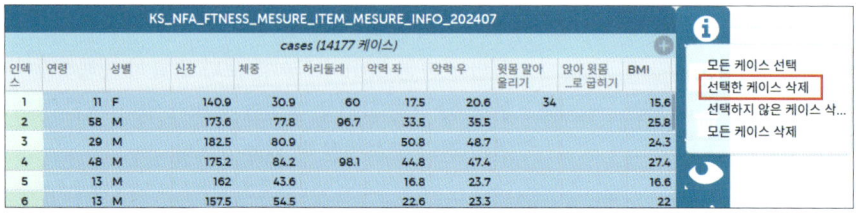

> '선택한 케이스 삭제' 버튼을 선택할 경우 복원이 어려워요. 복원이 필요하다면 '눈' – '선택한 케이스 숨기기'를 선택해야 해요.

앉아 윗몸 앞으로 굽히기와 BMI 관계 그래프

유연성에 따라 분석하기 위해 x축은 '앉아 윗몸 앞으로 굽히기' 속성으로, y축은 'BMI' 속성으로 설정한다.

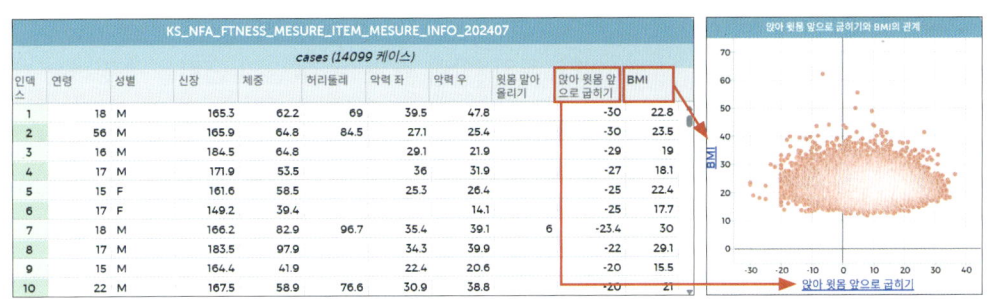

다음으로 '측정' 탭에서 '최소제곱선'을 선택한다.

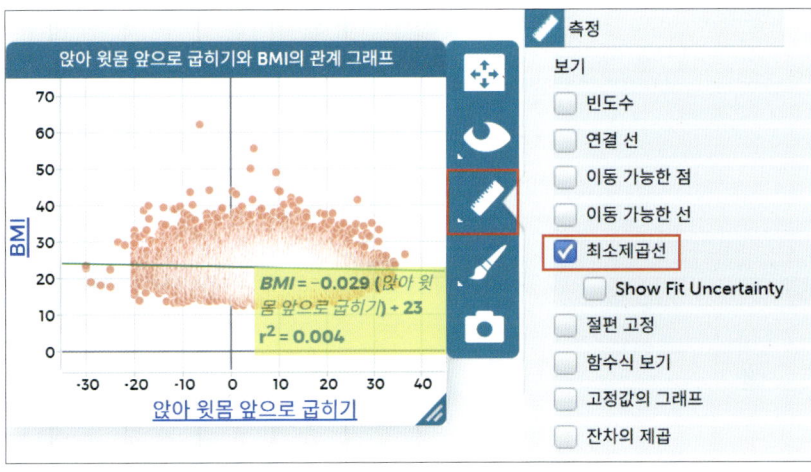

 # 해석 — 유연성에 따른 BMI를 분석하기 위해 x축을 '앉아 윗몸 앞으로 굽히기' 속성으로, y축을 'BMI' 속성으로 설정하여 그래프로 분석한 결과, 이를 통해 알 수 있는 정보는 다음과 같다.

- 앉아 윗몸 앞으로 굽히기에 따른 BMI의 차이
  - BMI가 증가할수록 유연성이 감소하는 경향이 있지만, 결정계수($r^2 = 0.004$)로 볼 때 상관관계는 매우 낮음을 확인할 수 있다.

- 데이터 활용 가능성
  - BMI 증가로 인해 유연성이 감소할 가능성은 있지만, 다양한 요인의 영향을 받을 수 있기 때문에 추가적인 분석이 필요하다.

03 데이터 분석 활동을 해 볼까

▶ BMI와 근력은 관계가 있을까?

근육량이 많으면 체중이 늘어나면서 BMI도 높아질 수 있다. 그렇다면 BMI가 높은 사람이 근력도 강할까? 같은 BMI를 가진 두 사람이라도 근육량에 따라 근력 차이가 클 수 있다. 특히 '악력 좌'는 손과 팔의 근력을 측정하는 대표적인 지표로 손으로 쥐는 힘을 평가하며, 이는 상체 근력과 전신 근력의 일부를 반영하는 중요한 체력 요소이다. 그렇다면 BMI와 근력(악력 좌)은 관계가 있는지 분석해 보자.

Tip 악력 측정

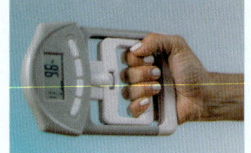

데이터 전처리

Tip 데이터 분석 ❷ 의 데이터를 이어서 사용한다.

● '악력 좌' 속성의 결측치 처리

'악력 좌' 속성에는 결측치가 포함되어 있다. 결측치를 포함한 상태로 이용하면 부정확한 결과가 도출되거나 신뢰할 수 없는 정보를 제공할 위험이 있다. 따라서 분석의 정확성을 높이기 위해 결측치를 제거하는 과정이 필요하다.

• 결측치 제거 방법

① '악력 좌' 속성명을 선택하여 데이터를 오름차순으로 정렬한다.

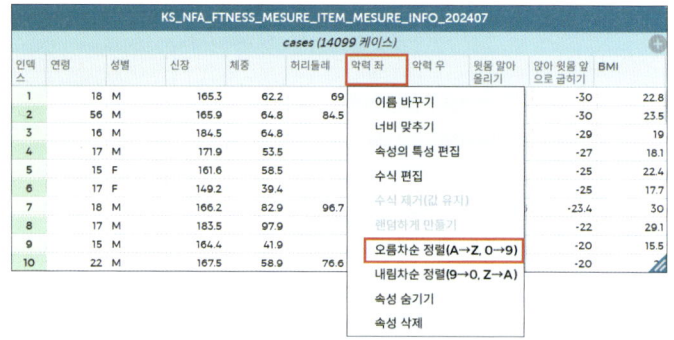

② '악력 좌'의 값이 비어 있거나 0값을 갖는 1~17행을 드래그한다.
③ 테이블 오른쪽에 '휴지통' 탭을 선택하고, '선택한 케이스 삭제'를 선택한다.

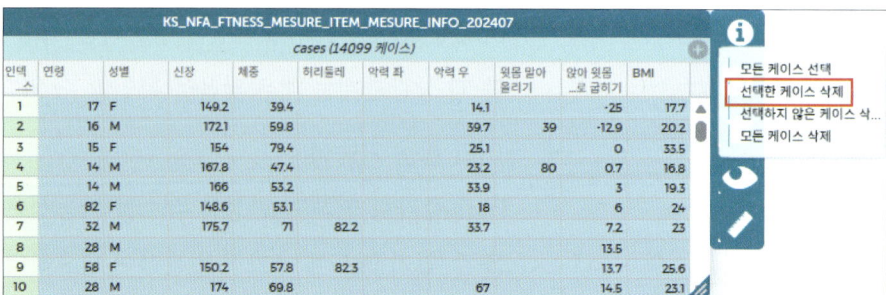

'악력 좌'와 BMI 관계 그래프

제공된 데이터에는 BMI와 근력(예 '악력 좌', '악력 우' 등)에 대한 정보가 포함되어 있다. 근력에 따라 분석하기 위해 x축은 '악력 좌' 속성으로, y축은 'BMI' 속성으로 설정한다.

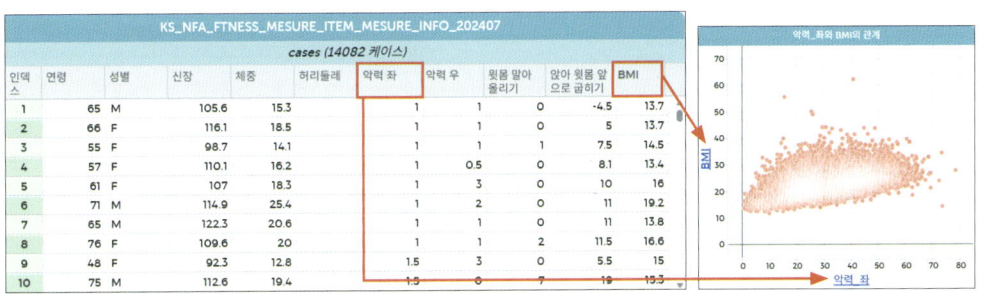

다음으로 '측정' 탭에서 '최소제곱선'을 선택한다.

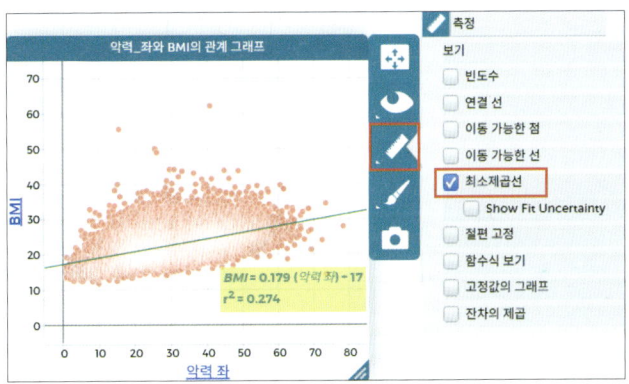

해석

근력에 따른 BMI를 분석하기 위해 x축을 '악력 좌' 속성으로, y축을 'BMI' 속성으로 설정하여 그래프로 분석한 결과, 이를 통해 알 수 있는 정보는 다음과 같다.

- '악력 좌'에 따른 BMI의 차이
  - BMI가 증가할수록 '악력 좌'도 증가하는 경향이 있지만, 결정계수($r^2 = 0.274$)로 약한 양의 상관관계를 보임을 확인할 수 있다.

- 데이터 활용 가능성
  - BMI와 악력 간의 관계는 존재하지만, 근육량과 체지방률을 구분하지 않고 단순한 BMI 수치로 체력을 판단하는 것은 한계가 있음을 알 수 있다.
  - 추가로 근육량, 체지방률, 신체 활동량 등의 데이터를 분석하면 BMI와 체력 간의 관계를 명확하게 파악할 수 있다.

03 데이터 분석 활동을 해 볼까

199쪽의 그래프에는 BMI와 '악력_좌' 정보가 포함되어 있다. BMI를 이용하여 비만도를 구분하고, 이 비만도별로 '악력_좌'에 따른 BMI를 분석할 수 있도록 다음과 같은 순서로 데이터를 처리한다.

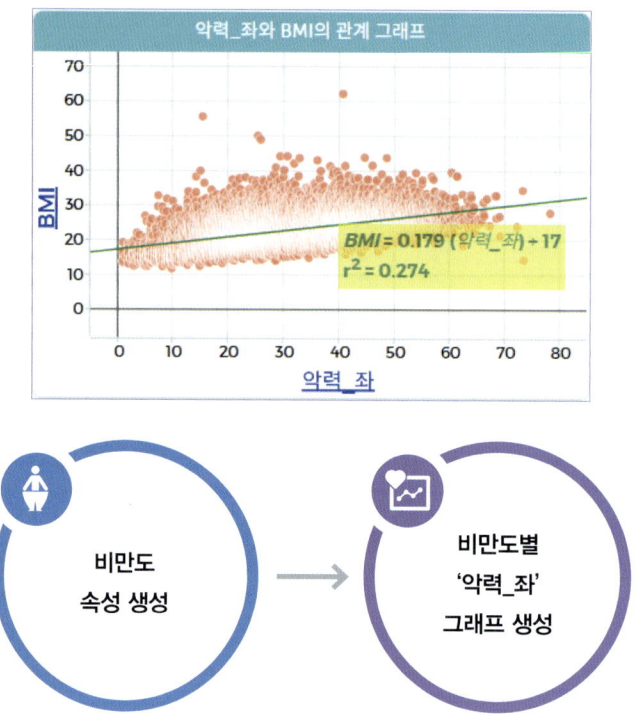

1 비만도 속성 생성하기

BMI를 저체중, 정상, 과체중, 비만으로 판단하기 위해, 새로운 속성을 생성하고 수식 편집을 통해 BMI 판단 정보를 할당하는 과정을 수행한다.

① 테이블 오른쪽 위의 '+'를 눌러 '새 속성'을 추가한다.

인덱스	연령	성별	신장	체중	허리둘레	악력 좌	악력 우	윗몸 말아 올리기	앉아 윗몸 앞으로 굽히기	BMI
1	65	M		105.6	15.3	1	1	0	-4.5	13.7
2	66	F		116.1	18.5	1	1	0	5	13.7
3	55	F		98.7	14.1	1	1	1	7.5	14.5
4	57	F		110.1	16.2	1	0.5	0	8.1	13.4
5	61	F		107	18.3	1	3	0	10	16
6	71	M		114.9	25.4	1	2	0	11	19.2
7	65	M		122.3	20.6	1	1	0	11	13.8
8	76	F		109.6	20	1	1	2	11.5	16.6
9	48	F		92.3	12.8	1.5	3	0	5.5	15
10	75	M		112.6	19.4	1.5	0	7	19	15

② '새 속성'을 클릭한 뒤, '이름 바꾸기'를 선택한다.

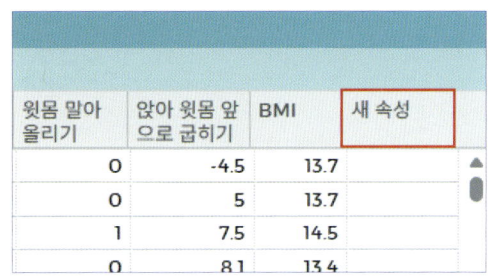

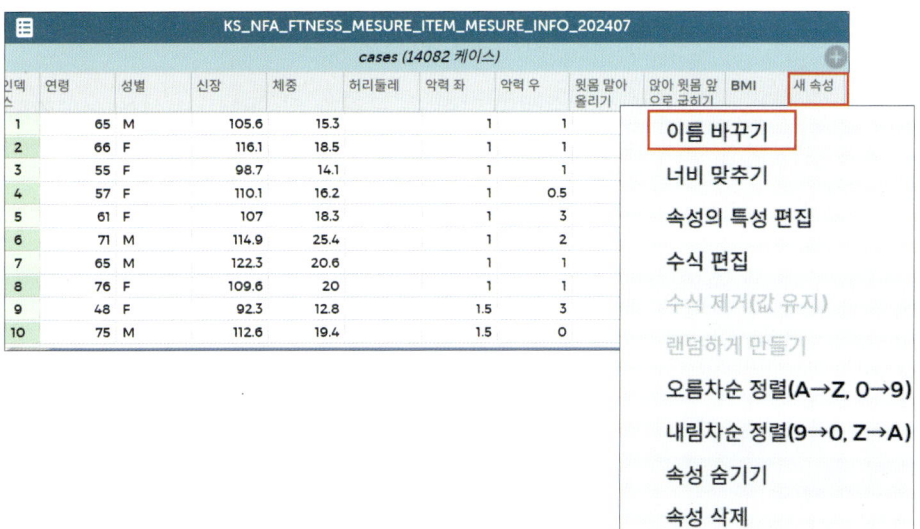

③ 속성명을 '비만도'로 변경한다.

④ '비만도' 속성을 클릭한 뒤, '수식 편집'을 선택한다.

03 데이터 분석 활동을 해 볼까

> **Tip!** 수식 편집창에서 if를 직접 타이핑해도 함수를 불러 올 수 있다.

⑤ '함수 입력'을 클릭한 뒤, 기타 함수 목록에서 if(expression, value_if_true, value_if_false)를 선택한다.

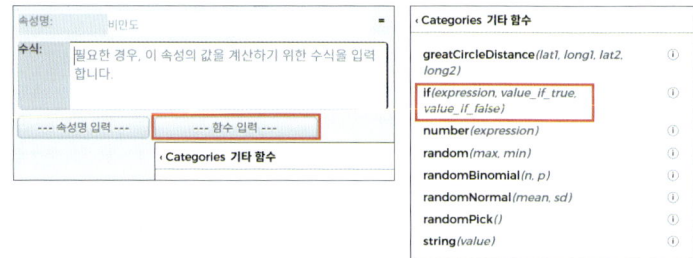

> **Tip!** 속성명이 영문인 경우, 첫 글자를 직접 타이핑하면 펼침 목록에 해당 속성명이 보이므로 이를 선택해도 된다.

⑥ '속성명 입력'을 클릭한 뒤, 'BMI' 속성을 선택한다. if( ) 안에 다음과 같이 수식을 입력한다.

- 'BMI' 속성을 직접 입력하면 속성을 인식하지 못하는 경우가 있으므로, 반드시 '속성명 입력' 목록을 이용해서 선택해야 한다.

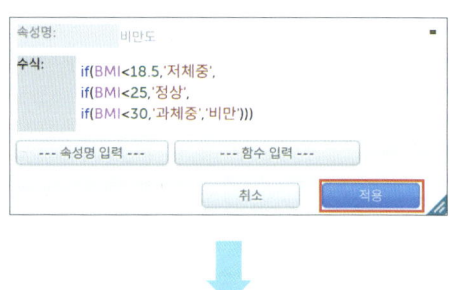

> **Tip!** 우리가 구하고자 하는 BMI 판단 속성은 각 BMI값에 따라 저체중, 정상, 과체중, 비만으로 구분하는 과정이므로, if( ) 함수를 사용하는 것이 적합하다.

인덱스	연령	성별	신장	체중	허리둘레	악력 좌	악력 우	윗몸 말아 올리기	앉아 윗몸 앞으로 굽히기	BMI	비만도
1	65	M	105.6	15.3	1	1	0		-4.5	13.7	저체중
2	66	F	116.1	18.5	1	1	0		5	13.7	저체중
3	55	F	98.7	14.1	1	1	1		7.5	14.5	저체중
4	57	F	110.1	16.2	1	0.5	0		8.1	13.4	저체중
5	61	F	107	18.3	1	3	0		10	16	저체중
6	71	M	114.9	25.4	1	2	0		11	19.2	정상
7	65	M	122.3	20.6	1	1	0		11	13.8	저체중
8	76	F	109.6	20	1	1	2		11.5	16.6	저체중
9	48	F	92.3	12.8	1.5	3	0		5.5	15	저체중
10	75	M	112.6	19.4	1.5	0	7		19	15.3	저체중
11	63	F	116.9	22.5	2	5	27		-4	16.5	저체중
12	65	M	109	19	2	4	0		-1	16	저체중
13	78	F	116.2	18.5	2	2.5	7		0	13.7	저체중
14	57	F	106.2	17.9	2	4	0		2.5	15.9	저체중
15	59	F	105.9	20.4	2	3	0		3	18.2	저체중
16	62	F	109.6	18.1	2	5	0		3	15.1	저체중
17	50	M	103.2	20.1	2	2	7		4	18.9	정상
18	52	F	109.1	22.1	2	5	0		4.3	18.6	정상
19	73	M	114.2	21.3	2	3	0		5.5	16.3	저체중
20	55	M	101.5	18	2	3	0		6	17.5	저체중

2 비만도별 '악력_좌' 그래프 생성하기

'악력_좌'에 따른 BMI의 변화를 효과적으로 파악하기 위해, '악력_좌' 속성을 x축으로, 'BMI' 속성을 y축으로, '비만도' 속성을 설정하여 범례로 그래프를 생성한다. 이러한 시각화를 통해 저체중, 정상, 과체중, 비만에 따라 근력이 어떻게 변하는지 구분하여 분석할 수 있다.

'악력_좌' 속성을 x축으로, 'BMI' 속성을 y축으로, 범례를 지정하기 위해 '비만도' 속성을 가운데로 드래그 앤드 드롭한다.

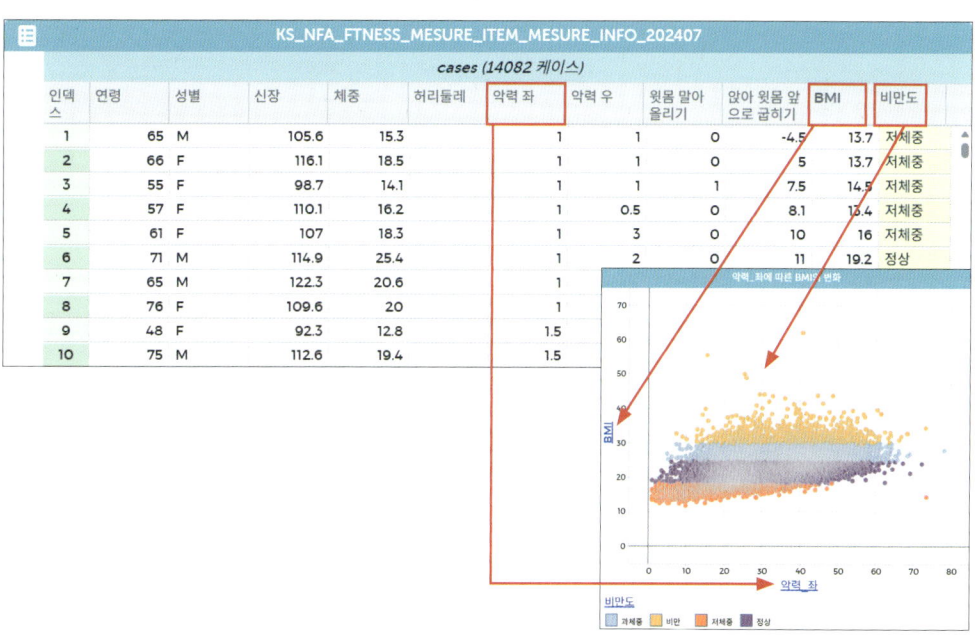

'측정' 탭에서 '최소제곱선'을 선택한다. 단, 비만도별로 보기 편하도록 최소제곱선 값들을 드래그하여 보기 편한 위치로 이동한다.

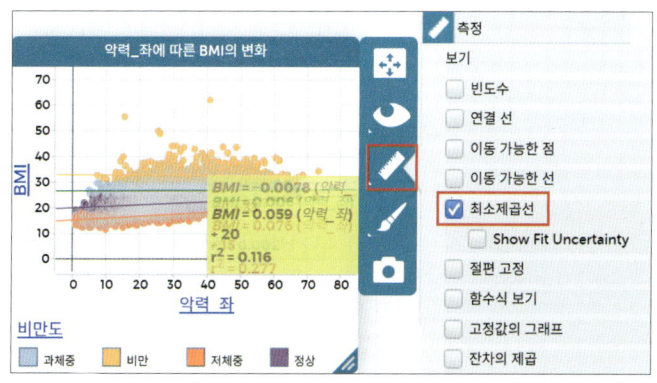

4. 체력 관계 데이터 분석 203

03 데이터 분석 활동을 해 볼까

#해석 BMI 구간을 비만도별로 나눠 근력에 따른 BMI를 분석하기 위해 x축을 '악력_좌' 속성으로, y축을 'BMI' 속성으로, 범례를 '비만도' 속성으로 설정하여 그래프를 그린 결과, 이를 통해 알 수 있는 정보는 다음과 같다.

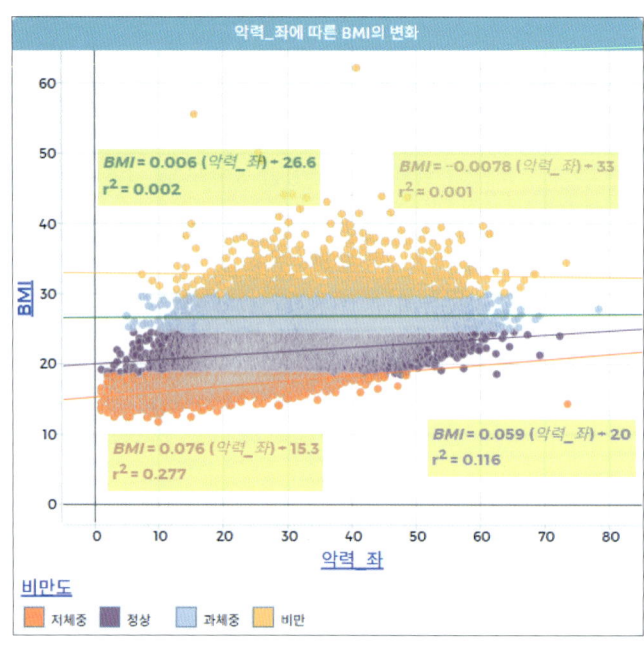

- **'악력_좌'에 따른 BMI 구간별 차이**
  - 그래프는 네 가지 색상(보라, 파랑, 주황, 회색)을 통해 서로 다른 비만도 구간(저체중, 정상, 과체중, 비만)을 시각화한다.
  - 전반적으로 모든 구간에서 악력이 증가할수록 BMI가 다소 증가하는 경향을 보인다.

- **회귀선 분석 결과**
  - 각 구간별로 회귀 직선과 그에 따른 결정계수(r^2)가 표시되어 있다.
  - 결정계수(r^2)가 매우 낮은 값(대부분 0.001~0.277)을 보이며, 이는 '악력_좌'가 BMI를 설명하는 데 있어 영향력이 크지 않음을 의미한다.

- **데이터 활용 가능성**
  - BMI 구간별 분석을 통해 BMI 증가가 곧 근력의 증가로 이어지는 것이 아님을 확인했으며, 정확한 체력 평가를 위해서는 추가적인 신체 구성 분석(근육량, 체지방률, 신체 활동량 등)이 필요하다.

탐색적 데이터 분석

데이터의 속성을 살펴보고 앞에서 제시한 문제의 답을 찾는 것 외에 더 알 수 있는 정보를 찾아봅시다.

예시  연령별로 신체 능력이 어떻게 변화할까?

1. 어떤 데이터 분석 활동을 해야 할까?

> 예) 연령에 따른 신체 능력 변화(악력, 유연성, 근지구력 등)

2. 어떤 속성이 필요할까?

> 예) 연령, 악력_좌, 악력_우, 앉아 윗몸 앞으로 굽히기 등

3. 어떤 그래프를 그릴까?

> 예) 연령에 따른 신체 능력 변화 그래프(산점도)

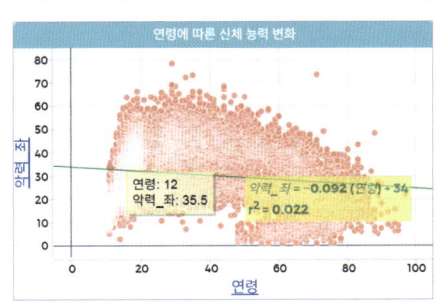

4. 알 수 있는 정보는 무엇일까?

> 예) 연령이 증가할수록 악력(좌)은 전반적으로 감소하는 경향이 있음을 확인할 수 있으나, 결정계수(r^2 = 0.022)로 낮아, 연령과 악력 간의 직접적인 상관관계는 크지 않음을 의미한다. 즉 악력은 단순히 연령에 의해 결정되는 것이 아니라, 운동 습관, 근육량, 건강 상태 등 다양한 요인의 영향을 받기 때문일 가능성이 크다.

5. 이 활동을 통해 얻을 수 있는 기대 효과는 무엇일까?

> 예) 악력 감소가 단순히 연령 때문만은 아니라는 점을 통해, 건강한 생활 습관(운동, 영양 등)의 중요성을 인식하게 되고, 자신의 건강 관리에 대한 동기 부여가 될 수 있다.

근력과 근지구력의 특징과 효과

근력(Muscular strength)은 근육이 발휘하는 힘으로써 수축하는 근섬유의 수이다. 근육의 크기, 근육을 연결하는 조직의 특성, 근육이 신전된 정도 등에 따라 결정된다. 근력을 평가하는 방법으로는 악력과 배근력이 있다.

근지구력(muscular endurance)은 근육이 얼마나 운동을 오래 지속할 수 있는 지에 대한 능력을 의미한다. 즉 근력이 근수축에 의해 발휘되는 근력이라면, 근지구력은 근수축의 지속 시간을 의미한다. 근지구력을 평가하는 방법으로는 팔 굽혀 펴기, 윗몸 일으키기가 있다. 근력과 근지구력을 향상시키기 위한 운동 방법으로 맨몸 운동, 웨이트 트레이닝, 저항 밴드 운동, 서킷 트레이닝을 소개하고 있으며, 청소년들의 운동 수준과 환경을 고려하여 난이도와 함께 운동이 실시 될 수 있는 장소(피트니스 센터, 집, 교실, 체육관)를 제시하고 있다.

맨몸 운동(Total Body Exercise)

맨몸 운동이란 외부 중량 즉 바벨이나 덤벨과 같은 도구의 사용 없이 우리 몸의 체중만을 가지고 하는 운동 방법을 의미한다. 맨몸 운동을 바르게 이해하기 위해서는 저항의 원리를 알아야 한다. 우리 몸의 근력이 증가하기 위해서는 시간의 경과에 따른 총 저항력과 하중이 반드시 같이 증가해야 하는데 우리의 몸은 일정한 몸무게를 유지하고 있기 때문에 저항력과 하중을 늘리기는 쉽지 않다. 따라서 동작의 난이도를 높이거나 운동 반복 횟수, 운동 지속 시간 등을 조절하여 난이도를 높일 수 있다.

웨이트 트레이닝(Weight Training)

웨이트 트레이닝은 웨이트머신, 아령, 바벨 또는 모래주머니처럼 간단하게 만들 수 있는 중량물 등 부하를 걸어서 하는 훈련 방법을 가리킨다. 웨이트 트레이닝은 근력 증강에 따라 저항 부하의 강도를 계속 높여 가는 '점진적 과부하의 원칙'을 따르는 것이 기본이다.

저항밴드 운동(Resistance Band Exercise)

저항밴드 운동은 고무로 만든 밴드나 튜브를 이용하여 하는 운동을 말하며 간편하고 경제적이어서 안전하고 광범위하게 응용할 수 있는 장점을 가지고 있다. 무엇보다 부하가 중력의 영향을 거의 받지 않아 강도를 개인이 자유롭게 조절할 수 있고 신축성이 있는 밴드를 이용하므로 부하의 방향을 자유자재로 설정이 가능하다.

(출처: https://nfa.kspo.or.kr/classroom/program/0/selectPhysicalUpProgramByAgeSe03.kspo)

5 교통사고 데이터 분석

➤ 이 장에서는 다음의 순서로 진행합니다.

테이블, 그래프, 케이스 카드

01 해결해야 할 문제는 무엇일까
- 인명 피해와 재산상의 피해를 주는 교통사고를 사전에 예방할 수는 없을까?

02 어떤 데이터를 분석할까
- 공공데이터포털
  (사망 교통사고 정보를 가공한 데이터)

03 데이터 분석 활동을 해 볼까
- 데이터 분석 1
  사망 교통사고와 차대사람 사고는 주간과 야간 중 언제 더 많이 발생했을까?
- 데이터 분석 2
  사망 교통사고는 무슨 요일에 가장 많이 발생했을까?
- 데이터 분석 3
  보행자는 어떤 유형의 교통사고를 많이 겪을까?

- 탐색적 데이터 분석
  예시 횡단보도를 건널 때 사고를 당한 차량은 무엇일까?

⚠ 본 활동은 주요 교통사고 유형을 분석하여 교통사고 패턴을 이해하는 것을 목표로 하며, SDGs 목표 3번 '건강과 웰빙'이 중심이며, 11번 '지속가능한 도시와 공동체_교통안전'과도 관련이 있습니다.

01 해결해야 할 문제는 무엇일까

💬 다음 상황을 읽고, 해결해야 할 문제를 알아봅시다.

"사고는 반복된다."라는 말이 있다. 실제 한 연구에 따르면, 특정 장소에서 반복적으로 교통사고가 발생하는 경향이 있다고 한다. 이로 인해 '블랙스팟'이라는 개념이 생겨났으며, 위치 기반 사고 데이터를 분석해 해당 지역에 과속 방지턱이나 신호등을 설치하여 사고율을 감소시킬 수 있다. 그렇다면 보행자는 어떻게 교통사고 피해를 예방할 수 있을까?

알아두면 쓸모있는 정보

2023년에 발생한 교통사고 데이터를 사용했다. 데이터 분석 전 알아두어야 할 점은 한 개의 관측치가 교통사고 한 건의 정보를 의미하며 사망자 수 한 명임을 의미하지는 않는다는 것이다. 학습자들이 일상생활에서 교통안전 수칙 준수의 중요성을 깨닫고 데이터 분석이 인명, 재산상의 피해 예방에 도움이 됨을 알도록 내용을 구성했다.

02 어떤 데이터를 분석할까

데이터 수집

공공데이터 활용
이번 활동에서 사용하는 데이터는 한국도로교통공단에서 제공한 공공데이터를 기반으로 가공한 것으로, 원본 데이터에 개인 정보 등 문제가 될 수 있는 항목은 삭제하였다.

데이터 속성 알아보기

💬 **문제 해결에 필요한 데이터를 수집하고, 속성을 살펴봅시다.**

사망 교통사고 정보 데이터는 공공데이터포털(https://www.data.go.kr/)에서 제공하는 데이터를 가공한 것으로, 2023년에 발생한 사망 교통사고 2,468건에 대한 정보를 제공한다.

> 본 데이터는 가공하여 출판사에서 제공합니다. 출판사 자료실에서 내려받아 사용하세요.

교통사고 데이터.csv
cases (2468 케이스)

인덱스	발생년	주야	요일	사망자수	부상자수	중상자수	경상자수	부상신고자수	사고유형 대분류	사고유형 중분류	사고유형	가해자법규 위반	도로형태 대분류	도로형태	가해자 당사자종별	피해자 ...자종별
1	2023	주	일	1	0	0	0	0	차대사람	기타	기타	안전운전	단일로	기타단일로	건설기계	보행자
2	2023	주	일	1	0	0	0	0	차량단독	기타	기타	안전운전	단일로	기타단일로	이륜차	없음
3	2023	주	일	1	0	0	0	0	차대사람	기타	기타	안전운전	단일로	기타단일로	화물차	보행자
4	2023	주	일	1	0	0	0	0	차량단독	공작물충돌	공작물충돌	안전운전	단일로	기타단일로	이륜차	없음
5	2023	야	일	1	0	0	0	0	차량단독	기타	기타	안전운전	단일로	기타단일로	이륜차	없음
6	2023	주	월	1	0	0	0	0	차대차	기타	기타	신호위반	교차로	교차로횡...	승용차	자전거
7	2023	주	월	1	0	0	0	0	차대사람	횡단중	횡단중	보행자 보...	교차로	교차로부근	건설기계	보행자
8	2023	주	월	1	0	0	0	0	차대사람	횡단중	횡단중	보행자 보...	단일로	기타단일로	화물차	보행자
9	2023	주	월	1	1	0	0	1	차대차	기타	기타	신호위반	교차로	교차로부근	승용차	이륜차
10	2023	야	월	1	0	0	0	0	차대사람	차도통행중	차도통행중	안전운전	단일로	기타단일로	화물차	보행자
11	2023	야	화	1	1	1	0	0	차대차	정면충돌	정면충돌	중앙선 침...	단일로	교량위	승용차	승용차
12	2023	야	화	1	1	1	0	0	차대사람	횡단중	횡단중	보행자 보...	교차로	교차로내	승용차	보행자
13	2023	주	화	1	0	0	0	0	차대사람	길가장자...	길가장자...	안전운전	교차로	교차로내	화물차	보행자
14	2023	주	화	1	0	0	0	0	차대사람	횡단중	횡단중	안전운전	교차로	교차로내	화물차	보행자
15	2023	야	수	1	0	0	0	0	차대사람	횡단중	횡단중	안전운전	단일로	기타단일로	승용차	보행자
16	2023	주	수	1	0	0	0	0	차대사람	횡단중	횡단중	안전운전	단일로	기타단일로	승용차	보행자
17	2023	주	수	1	0	0	1	0	차대차	측면충돌	측면충돌	교차로 통...	교차로	교차로내	화물차	화물차
18	2023	주	수	1	1	0	1	0	차대차	측면충돌	측면충돌	안전운전	단일로	기타단일로	화물차	화물차
19	2023	주	수	1	1	0	1	0	차대차	정면충돌	정면충돌	중앙선 침...	단일로	기타단일로	승용차	승용차
20	2023	주	수	1	0	0	0	0	차대사람	횡단중	횡단중	안전운전	단일로	기타단일로	승용차	보행자

부상 참고 자료
- 중상자수: 3주 이상의 치료를 요하는 부상을 입은 경우
- 경상자수: 5~3주 미만의 치료를 요하는 부상을 입은 경우
- 부상 신고자수: 교통사고로 인해 5일 미만의 치료를 요하는 부상을 입은 경우

속성 살펴보기
- 주야: 사고 발생 시간대(주: 주간, 야: 야간)
- 요일: 사고 발생 요일(일, 월, 화, 수, 목, 금, 토)
- 사망자수
- 부상자수: 중상자수＋경상자수＋부상 신고자수
- 사고유형 대분류: 차대차, 차대사람, 차량 단독, 철길 건널목
- 사고유형: 횡단중, 차도 통행중, 보도 통행중, 길가장자리구역 통행중, 공작물 충돌, 기타 등
- 가해자 법규 위반: 교차로 통행 방법 위반, 안전운전 의무 불이행, 신호 위반, 중앙선 침범, 보행자 보호 의무 위반, 안전거리 미확보, 기타
- 가해자 당사자종별: 가해 차량 종류(승용차, 화물차, 이륜차, 건설기계 등)
- 피해자 당사자종별: 피해 차량 종류(보행자, 승용차, 화물차, 자전거 등)

사망 교통사고 정보 데이터를 이용하면 어떤 정보를 알아낼 수 있고, 어떤 문제를 해결할 수 있을까? 예를 들어, 사고유형 대분류에서 차대사람 교통사고가 자주 발생되는 곳의 정보를 알고 있으면 보행자 또는 운전자로서 교통사고를 예방할 수 있다.

02 어떤 데이터를 분석할까

데이터 불러오기

CODAP으로 데이터 불러오기

1 메인 화면의 Launch CODAP 클릭하기

오른쪽 위의 'Launch CODAP'을 클릭한 뒤 빈 공간에 내려받은 파일을 드래그 앤 드 드롭한다.

2 파일을 CODAP 화면으로 끌어오기

CODAP 새 문서 - 가져오기 - 로컬 파일 - '교통사고 데이터.csv' 파일을 드래그 앤 드 드롭하여 가져온다.

> Tip! 메뉴에서 '불러오기'는 확장자가 .codap인 파일을 여는 기능이고 '가져오기'는 외부 데이터를 불러오는 기능을 의미한다.

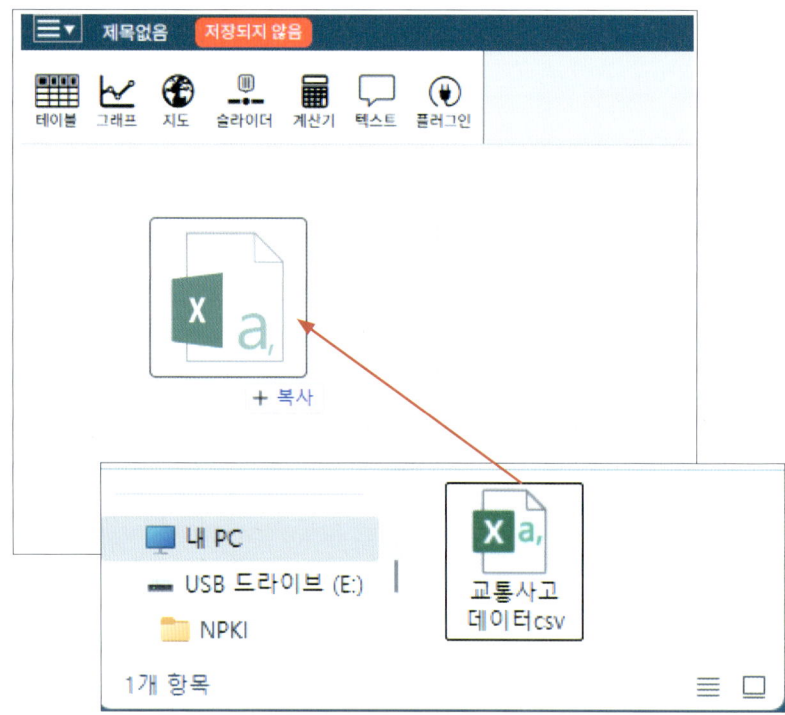

인덱스	발생년	주야	요일	사망자수	부상자수	중상자수	경상자수	부상신고자수	사고유형대분류	사고유형중분류	사고유형	가해자법규위반	도로형태대분류	도로형태	가해자 당사자종별	피해자_자종별
2459	2023	주	토	1	0	0	0	0	차량단독	전도	전도	안전운전...	단일로	기타단일로	사륜오토...	없음
2460	2023	주	토	1	0	0	0	0	차대차	측면충돌	측면충돌	안전운전...	단일로	기타단일로	승용차	농기계
2461	2023	야	토	1	6	0	5	1	차대차	정면충돌	정면충돌	중앙선 침...	단일로	기타단일로	화물차	승합차
2462	2023	야	토	1	0	0	0	0	차대사람	횡단중	횡단중	안전운전...	단일로	기타단일로	화물차	보행자
2463	2023	야	토	1	0	0	0	0	차대사람	횡단중	횡단중	안전운전...	단일로	기타단일로	승용차	보행자
2464	2023	야	일	1	0	0	0	0	차량단독	공작물충돌	공작물충돌	안전운전...	단일로	기타단일로	승용차	없음
2465	2023	주	일	1	0	0	0	0	차대차	기타	기타	안전운전...	교차로	교차로내	화물차	화물차
2466	2023	주	일	1	0	0	0	0	차량단독	기타	기타	안전운전...	단일로	기타단일로	이륜차	없음
2467	2023	야	일	1	0	0	0	0	차대사람	횡단중	횡단중	안전운전...	단일로	기타단일로	승용차	보행자
2468	2023	야	일	1	2	1	1	0	차대차	측면충돌	측면충돌	안전운전...	단일로	기타단일로	승용차	승용차

03 데이터 분석 활동을 해 볼까

💬 다음의 질문에 대한 답을 찾을 수 있도록 데이터 분석을 해 봅시다.

- ☑ 사망 교통사고와 차대사람 사고는 주간과 야간 중 언제 더 많이 발생했을까?
- ☑ 사망 교통사고는 무슨 요일에 가장 많이 발생했을까?
- ☑ 보행자는 어떤 유형의 교통사고를 많이 겪을까?

데이터 전처리

● 데이터 기초 정보 살펴보기

사망 교통사고 데이터에서 결측치나 이상치가 있는지 확인해 보자. 먼저 오른쪽 위의 '케이스 카드 보기로 전환'을 선택하면 속성에 대한 정보를 파악할 수 있다. 전반적으로 각 속성별 값의 분포 범위를 파악하기 용이하다. 예를 들어, '주야' 속성은 '주'와 '야'로 구분되며, '요일'은 7개로 분류된다는 것을 알 수 있다. 사망자수는 일별 1인~5인 사이인 것을 알 수 있다. 또한 범주형 속성의 경우, 몇 가지의 고윳값을 갖는지도 쉽게 파악할 수 있다. 사고유형_대분류의 경우, 네 가지의 고윳값을 가지며, 데이터를 분석해 보면 이 네 가지는 차대차, 차대사람, 차량 단독, 철길 건널목으로 구분된다.

> **Tip!** CODAP에서는 데이터를 카드 형식으로 하나씩 확인하는 '케이스 카드 보기'와 표 형식으로 한눈에 비교할 수 있는 '테이블 보기'로 전환할 수 있다.

> **Tip!** '케이스 카드 보기'로 전환을 선택하면 각 속성별 분포를 한눈에 볼 수 있다. 예를 들어, '주야' 속성은 범주형 데이터로 주간이거나 야간임을 의미한다.

인덱스	발생년	주야	요일	사망자수
2445	2023	주	수	1
2446	2023	주	수	1
2447	2023	주	수	1
2448	2023	야	수	1
2449	2023	야	수	1
2450	2023	주	목	1
2451	2023	주	목	1
2452	2023	주	목	1
2453	2023	야	목	1
2454	2023	야	금	1
2455	2023	주	금	1
2456	2023	야	토	1
2457	2023	주	토	1
2458	2023	주	토	1
2459	2023	주	토	1
2460	2023	주	토	1
2461	2023	야	토	1
2462	2023	야	토	1
2463	2023	야	토	1
2464	2023	야	일	1
2465	2023	주	일	1
2466	2023	주	일	1
2467	2023	야	일	1
2468	2023	야	일	1

교통사고 데이터.csv (2468)

속성	값
발생년	2023
주야	주, 야
요일	7 개
사망자수	1-5
부상자수	0-54
중상자수	0-13
경상자수	0-54
부상신고자수	0-6
사고유형_대분류	4 개
사고유형_중분류	15 개
사고유형	16 개
가해자법규위반	7 개
도로형태_대분류	5 개
도로형태	11 개
가해자_당사자종별	12 개
피해자_당사자종별	14 개

5. 교통사고 데이터 분석

03 데이터 분석 활동을 해 볼까

데이터 분석 ❶

📂 **사망 교통사고와 차대사람 사고는 주간과 야간 중 언제 더 많이 발생했을까?**

사망 교통사고는 언제 더 많이 발생하는지 알면 미리 조심할 수 있지 않을까? 특히 보행자로서 차대사람 사고가 주간과 야간 중 자주 일어나는지 시간대를 알면 유용할 것이다. 차대사람 교통사고가 주간과 야간 중 어느 시간대에 더 많이 발생하는지 데이터를 통해 분석해 보자.

'주야' 속성별 교통사고 빈도수 측정 그래프

사망 교통사고가 주간과 야간 중 언제 더 많이 발생하는지는 주간, 야간 교통사고의 빈도수로 파악할 수 있다. 따라서 '주야' 속성을 필요로 한다.

1 '주야' 속성 x축 설정하기

기준이 되는 '주야' 속성을 x축으로 설정하면 교통사고가 주간과 야간 중 언제 더 많이 발생하는지 파악할 수 있다.

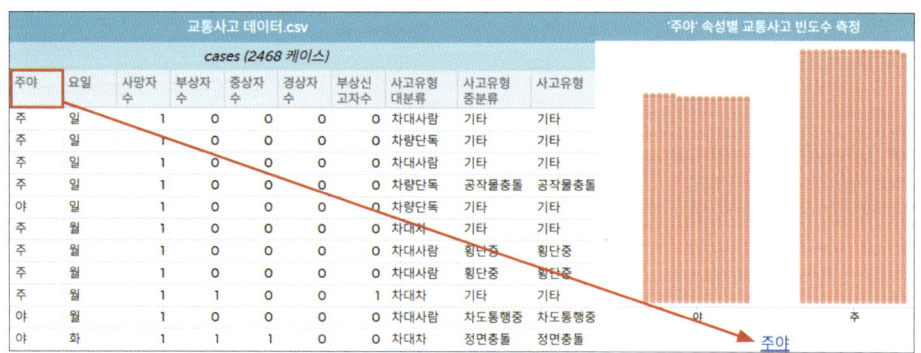

2 빈도수 확인하기

수치를 확인하려면 '측정' 탭의 '빈도수'와 '백분율'을 체크하고, '환경설정' 탭의 '점을 막대로 변환'을 클릭하여 y축을 '빈도수'로 설정한 막대그래프로 표현해 보자.

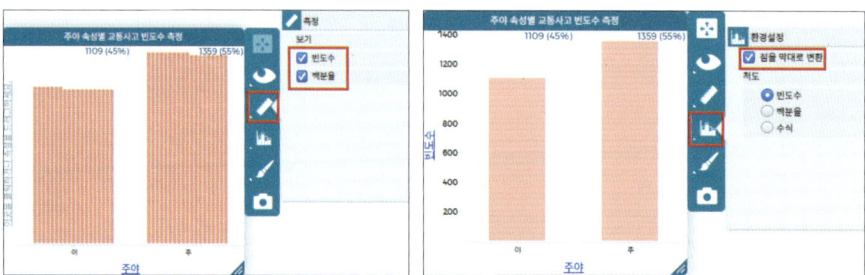

#해석 교통사고 데이터로 x축을 '주야', y축을 '빈도수'로 설정하여 막대그래프를 그린 결과, 이를 통해 알 수 있는 정보는 다음과 같다.

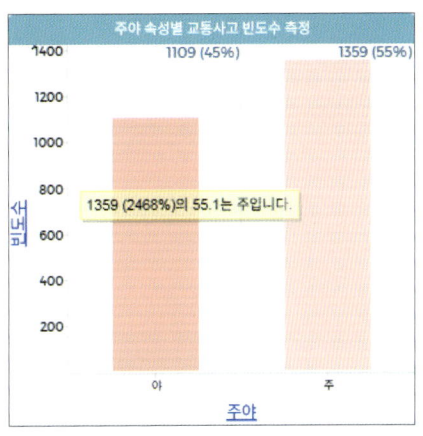

Tip! 주간과 야간 중 언제 교통사고가 더 많이 발생하는지 정확히 파악하기 위해서는 주간 사망 사고 수/주간 통행자 수와 야간 사망 사고 수/야간 통행자 수를 비교해 보아야 한다.

- 사망 교통사고는 야간보다 주간에 많이 발생하는 경향
  - 2023년에 발생한 사망 교통사고 2,468건 중 주간에 1,359건(약 55%), 야간에 1,109건(약 45%) 발생했다.
  - 사망 교통사고 데이터의 각 행이 사망자 수 1명을 의미하지 않기 때문에 1건이 사망자 수 1명을 의미하지는 않는다.
  - 사망 교통사고는 주간에 더 자주 발생했지만 주간이 야간보다 위험하다고 판단하기 어렵다. 왜냐하면 유동인구는 야간에 비해 주간이 많기 때문이다.

사고유형별 빈도수 측정 그래프

차대사람 사고는 언제 많은지 확인하기 위해서는 앞에서 그린 그래프에서 '사고유형 대분류' 속성이 필요하다. '사고유형 대분류' 속성을 그래프 가운데로 드래그 앤드 드롭해 범례를 생성한다.

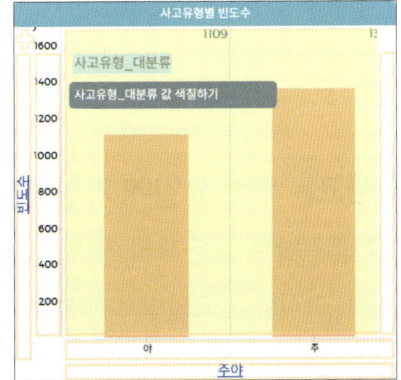
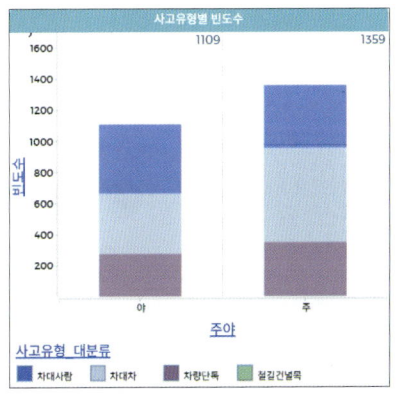

03 데이터 분석 활동을 해 볼까

#해석 교통사고 데이터로 x축을 '주야', y축을 '빈도수'로, '사고유형 대분류'를 범례로 생성하여 막대그래프를 그린 결과, 이를 통해 알 수 있는 정보는 다음과 같다.

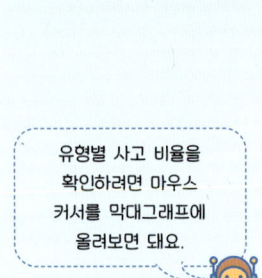

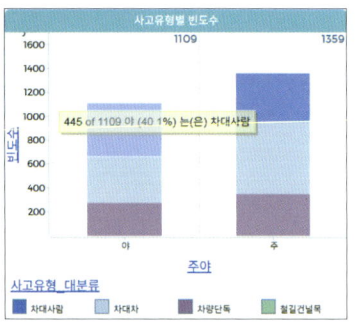

- 차대사람 사고는 주간보다 야간에 많이 발생하는 경향
  - 차대사람 사고는 주간에 404건, 야간에 445건이 발생했다.
  - 야간에 발생한 사고 중 40.1%는 차대사람, 35.2%는 차대차, 24.7%는 차량단독 사고로 차대사람 유형이 가장 높은 비중을 차지한다.
  - 2023년도 사망 교통사고가 야간보다 주간에 많이 발생했으나 차대사람 사고는 주간보다 야간에 많이 발생했다. 이는 야간 유동 인구가 적은 것을 감안할 때 야간 차대사람 사고가 상당히 많다는 것을 의미한다.
  - 보행자는 야간 교통사고가 발생하지 않도록 밝은 옷을 입는 등 항상 주의를 기울이고 다녀야 함을 시사한다.

- 차대차 사고는 야간보다 주간에 많이 발생하는 경향
  - 차대차 사고는 주간에 607건, 야간에 390건이 발생했다.
  - 주간에 발생한 사고 중 44.7%는 차대차, 29.7%는 차대사람, 25.5%는 차량단독 사고순으로 많다. 차대차 유형이 가장 높은 비중을 차지한다.
  - 주간 차량 이동이 많은 것을 감안하면, 차량 운전 시 안전거리 확보, 신호 준수 등 차량 간 사고가 발생하지 않도록 유의해야 함을 시사한다.

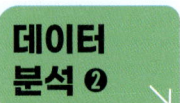

📁 사망 교통사고는 무슨 요일에 가장 많이 발생했을까?

유난히 차량이 많은 날이 있듯 특히 사망으로 이어지는 사고 또한 특정 요일에 더 많이 발생할 수 있다. 그렇다면 요일별로 교통사고 발생 빈도를 분석해 보면 어떨까? 사망 교통사고가 어느 요일에 많이 발생하는지 분석해 보자.

요일별 교통사고 빈도수 그래프

요일은 월~일의 7개 범주로 구성된 속성이다. 그래프의 x축을 '요일'로 y축을 '빈도수'로 설정하면 사망 교통사고가 가장 자주 발생한 요일을 알 수 있다.

1 '요일' 속성 x축 설정하기

'요일' 속성을 그래프 x축으로 드래그 앤드 드롭한다.

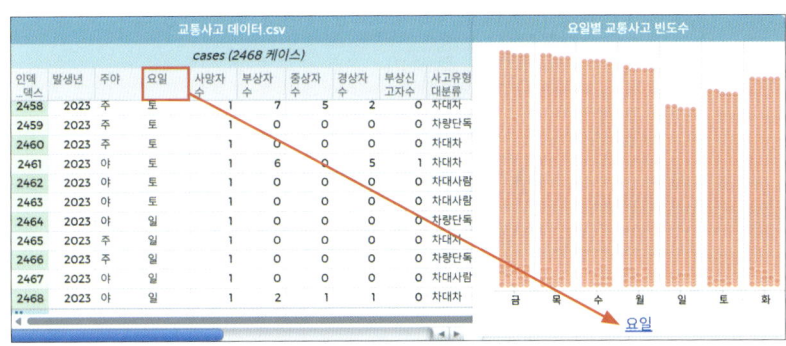

2 빈도수 확인하기

수치를 확인하려면 '측정' 탭의 '빈도수'와 '백분율'을 선택하고, '환경설정' 탭의 '점을 막대로 변환'을 선택하여 막대그래프로 표현한다.

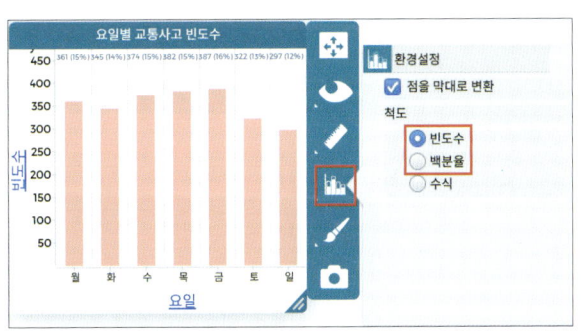

Tip! 요일 속성의 레이블을 드래그하면 요일의 위치를 월~일 순서로 변경할 수 있다.

 # 해석 — 교통사고 데이터로 x축을 '요일', y축을 '빈도수'로 막대그래프를 그린 결과, 이를 통해 알 수 있는 정보는 다음과 같다.

- 주말보다 평일에 사망 교통사고가 자주 발생하는 경향
  - 2023년 사망 교통사고 2,468건 중 금요일이 16%로 가장 많았고, 가장 많이 발생한 요일은 금요일, 목요일, 수요일순이며, 가장 적게 발생한 요일은 일요일, 토요일, 화요일순이다.
  - 그래프에 따르면 주말보다 평일에 사망 교통사고가 자주 발생했음을 알 수 있다.

5. 교통사고 데이터 분석

03 데이터 분석 활동을 해 볼까

데이터 분석 ❸

보행자 사고 유형별 빈도수 그래프

🔹 보행자는 어떤 유형의 교통사고를 많이 겪을까?

보행자가 언제 교통사고를 가장 많이 겪는지 알면, 보행 시 더욱 안전을 확보할 수 있다.

이 정보를 알아내기 위해서는 '피해자 당사자종별' 속성이 필요하다. '피해자 당사자종별' 속성은 14개의 값으로 구분되는 범주형 데이터이며 이 중 보행자 값만 필요하다.
x축을 '피해자 당사자종별' 속성으로 하고 '사고유형' 속성을 그래프 y축으로 드래그 앤드 드롭한다.

1 '피해자 당사자종별' 속성 x축 설정하기

'피해자 당사자종별' 속성을 x축으로 드래그 앤드 드롭하고 '환경설정' 탭에서 '점을 막대로 변환'을 선택한다. 그리고 '보행자' 데이터만 선택하고 '선택하지 않은 케이스 숨기기'를 한다.

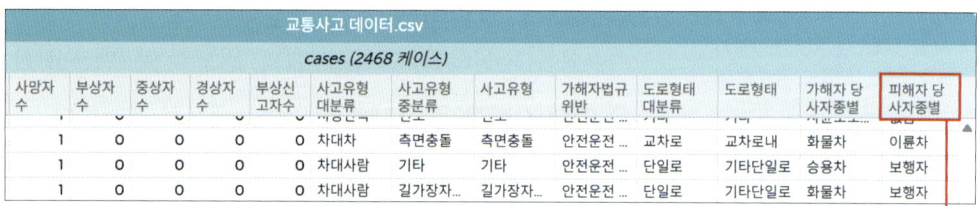

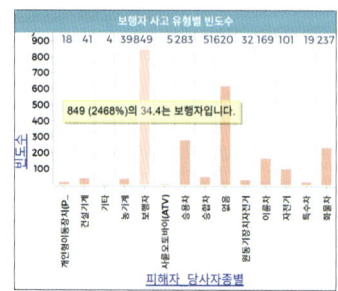

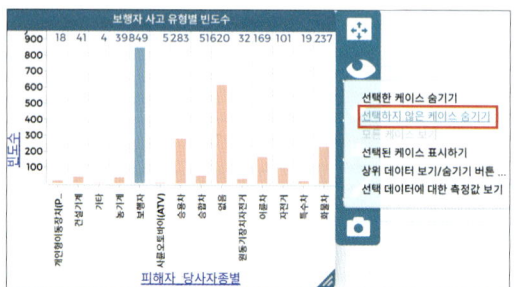

2 '사고유형' 속성 y축 설정하기

'사고 유형' 속성을 y축으로 드래그 앤드 드롭한다. '측정' 탭에서 '빈도수'와 '백분율'을 선택한다.

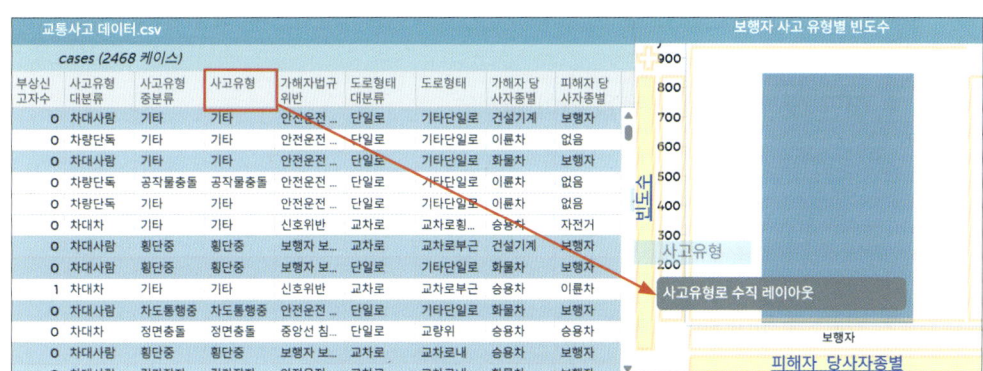

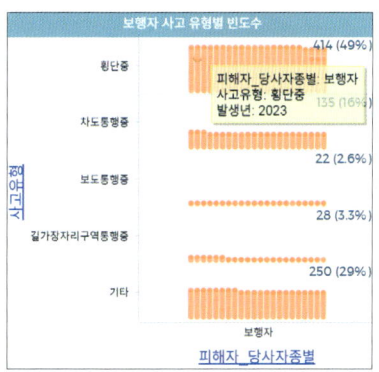

 # 해석 — x축의 '피해자 당사자종별' 속성 중 '보행자'를 선택하고, y축을 '사고유형'으로 설정하여 산점도를 그린 결과, 이를 통해 알수 있는 정보는 다음과 같다.

- 보행자 사고유형
  - 보행자 사고 849건 중 '횡단중'이 414건으로 가장 많았다.
  - 사고유형 중 기타가 250건으로 그다음으로 많은 비중을 차지한다. 어떤 사고유형인지 기타에 대한 추가적인 데이터가 존재하지 않으므로 알 수 없으나 파악이 가능하다면 교통사고 예방에 도움이 될 것이다.
  - '보도통행중'이 22건으로 가장 적으며, 그다음이 '길가장자리구역통행중'으로 28건이었다.
  - 보행자 사고의 대부분이 길을 건너는 중에 발생하므로, 횡단할 때는 특히 사고에 주의해야 한다.

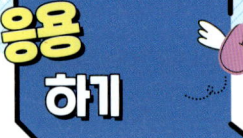

탐색적 데이터 분석

데이터의 속성을 살펴보고 앞에서 제시한 문제의 답을 찾는 것 외에 더 알 수 있는 정보를 찾아봅시다.

 횡단보도를 건널 때 사고를 당한 차량은 무엇일까?

1. 어떤 데이터 분석 활동을 해야 할까?

> 예) 횡단 중 가해 차량의 종류

2. 어떤 속성이 필요할까?

> 예) 피해자 당사자종별, 가해자 당사자종별, 사고 유형

3. 어떤 그래프를 그릴까?

> 예) 보행자 횡단보도 사고의 차량 비율 그래프(산점도)
>
>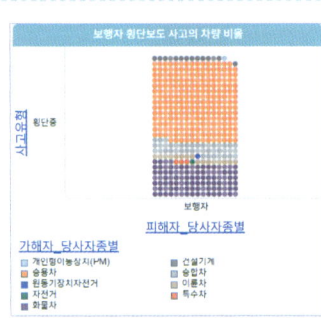

4. 알 수 있는 정보는 무엇일까?

> 예) 횡단 중 가해 차량의 비율이 높은 순서대로 나열하면 승용차, 화물차, 승합차이다.

5. 이 활동을 통해 얻을 수 있는 기대 효과는 무엇일까?

> 예) 횡단 중 어떤 차량 종류로 사고가 발생했는지 분석함으로써, 실생활에 데이터 분석이 도움이 됨을 알고 활용할 수 있다.

6 해외 축구 선수 이적 시장 가치 데이터 분석

> 이 장에서는 다음의 순서로 진행합니다.

히스토그램, sum( ) 함수, 콜렉션

01 해결해야 할 문제는 무엇일까
- 축구 선수의 시장 가치(이적료)에 어떤 요인이 영향을 미칠까?

02 어떤 데이터를 분석할까
- 축구 통계 사이트 트랜스퍼마크트(세계 축구 선수들의 이적 시장 가치를 가공한 데이터)

03 데이터 분석 활동을 해 볼까
- **데이터 분석 1**
  축구 선수의 나이는 이적 시장 가치에 어떤 영향을 미칠까?
- **데이터 분석 2**
  포지션별로 축구 선수의 시장 가치는 어떻게 평가받을까?
- **데이터 분석 3**
  전통적인 축구 강국 출신 선수들은 여전히 시장 가치가 높고, 주요 리그에서 활약하는 경향이 있을까?
- **데이터 분석 4**
  어떤 리그에서 연봉이 가장 높은 선수들이 뛰고 있을까?

응용하기
- **탐색적 데이터 분석**
  예시 공격 포인트를 많이 생산하는 공격수의 이적 시장 가치가 높을까?

본 활동은 축구 선수의 정보를 분석하여 축구 선수들의 경제적 가치를 이해하는 것을 목표로 하며, SDGs 8번 '양질의 일자리와 경제 성장'과 관련이 있습니다.

해결해야 할 문제는 무엇일까

💬 **다음 상황을 읽고, 해결해야 할 문제를 알아봅시다.**

킬리안 음바페, 엘링 홀란드 같은 세계적인 축구 선수들이 팀을 옮길 때마다 천문학적인 이적료가 발생하며, 이는 선수의 시장 가치를 반영하는 중요한 지표이다. 축구 선수의 이적 시장 가치는 나이, 출전 경기 수, 포지션, 득점 수, 출신 리그, 국적, 잠재력 등 다양한 요인의 영향을 받는다. 그렇다면 어떤 요인들이 이적 시장 가치에 가장 큰 영향을 미칠까?

수집된 데이터는 2024-25 시즌 기록을 기반으로 하였으므로 시간이 지나면 일부 데이터가 달라질 수 있다. 또한 이중 국적의 경우, 제 1국적으로 명시했음을 고려해야 한다.

02 어떤 데이터를 분석할까

데이터 수집

💬 **문제 해결에 필요한 데이터를 수집하고 속성을 살펴봅시다.**

이 데이터는 축구 통계 사이트인 '트랜스퍼마크트(Transfermarkt)'에서 24-25 시즌 세계 축구 선수들의 이적 시장 가치 Top 200 자료를 기반으로 수집해 정리한 데이터이다.

데이터 속성 알아보기

본 데이터는 가공하여 출판사에서 제공합니다.
출판사 자료실에서 내려받아 사용하세요.

해외 선수 이적 시장 가치
cases (200 케이스)

인덱스	순번	이름	포지션	나이	국가	리그	시장가치(억원)	경기 수	골	어시스트	나이 그룹
1	1	Erling H…	공격수	24	노르웨이	프리미어…	3000	33	28	2	22-25
2	2	Vinicius…	공격수	24	브라질	라리가	3000	24	13	10	22-25
3	3	Lamine …	공격수	17	스페인	라리가	2700	26	8	13	17-21
4	4	Jude Be…	미드필더	21	잉글랜드	라리가	2700	28	10	10	17-21
5	5	Kylian …	공격수	26	프랑스	라리가	2400	29	14	3	26-29
6	6	Bukayo …	공격수	23	잉글랜드	프리미어…	2250	27	9	13	22-25
7	7	Florian …	미드필더	21	독일	분데스리가	2100	32	15	11	17-21
8	8	Jamal …	미드필더	21	독일	분데스리가	2100	26	16	9	17-21
9	9	Phil Fod…	공격수	24	잉글랜드	프리미어…	2100	25	5	3	22-25
10	10	Cole Pal…	미드필더	22	잉글랜드	프리미어…	1950	24	13	6	22-25
11	11	Federic…	미드필더	26	우루과이	라리가	1950	29	7	3	26-29
12	12	Rodri	미드필더	28	스페인	프리미어…	1950	4	0	0	26-29

속성 살펴보기

- 이름: 축구 선수의 이름
- 포지션: 축구 선수의 포지션(공격수/미드필더/수비수/골키퍼)
- 나이: 축구 선수의 나이
- 국가: 출신 국가
- 리그: 축구 선수가 속해 있는 리그(프리미어리그/라리가/분데스리가/세리에A/리그앙/프리메이라리가/브라질레우/수페르리가/에레디비지에)
- 시장가치(억원): 축구 선수의 이적 시장 가치(화폐 단위 '유로'를 한화 '억원'으로 환산)
- 경기 수: 출전 경기 수
- 골: 24-25 시즌 골 수
- 어시스트: 24-25 시즌 어시스트 수

축구 선수 이적 시장 가치 데이터를 활용하면 다양한 인사이트를 도출하고 여러 문제를 해결할 수 있다. 예를 들어, 선수가 나이가 많아질수록 시장 가치가 낮아지는 경향이 있는지, 특정 리그에서 활약하는 선수들이 더 높은 가치를 가지는지와 같은 질문을 던지고, 데이터 분석을 통해 검증할 수 있다.

03 데이터 분석 활동을 해 볼까

💬 **다음의 질문에 대한 답을 찾을 수 있도록 데이터 분석을 해 봅시다.**

- ☑ 축구 선수의 나이는 이적 시장 가치에 어떤 영향을 미칠까?
- ☑ 포지션별로 축구 선수의 시장 가치는 어떻게 평가받을까?
- ☑ 전통적인 축구 강국 출신 선수들은 여전히 시장 가치가 높고, 주요 리그에서 활약하는 경향이 있을까?
- ☑ 어떤 리그에서 연봉이 가장 높은 선수들이 뛰고 있을까?

데이터 분석 ❶

📂 **축구 선수의 나이는 이적 시장 가치에 어떤 영향을 미칠까?**

유망한 젊은 선수들은 미래의 가능성으로 높은 가치를 받는 반면, 경험이 많은 선수들은 현재의 실력만으로 인정받기도 한다. 해외 축구 남자 이적 시장에서 가장 가치가 높은 200명의 선수들 중 어떤 연령대가 가장 많을지 분석해 보자.

축구 이적 시장 나이 분포 그래프

이적 시장 가치 상위 200명 선수들의 연령대 분포를 확인하기 위해, '나이' 속성을 x축에 설정한다. 그래프 오른쪽의 '환경설정' 탭에서 '히스토그램으로 변환'을 선택한다.

점 크기와 간격을 조절하여 그래프를 더 명확하게 보이도록 설정하면, 특정 연령대의 선수들이 시장에서 차지하는 비중을 한눈에 파악할 수 있는 시각화가 완성된다.

Tip! 축구 선수는 짧은 시간 안에 성장과 전성기를 거치기 때문에 연령대별 구간을 잘 정하는 것이 데이터 분석에서 중요하다. 축구 선수 경력 주기를 어떻게 보는가에 따라 나이 구간을 나누는 급간이 달라질 수 있다.

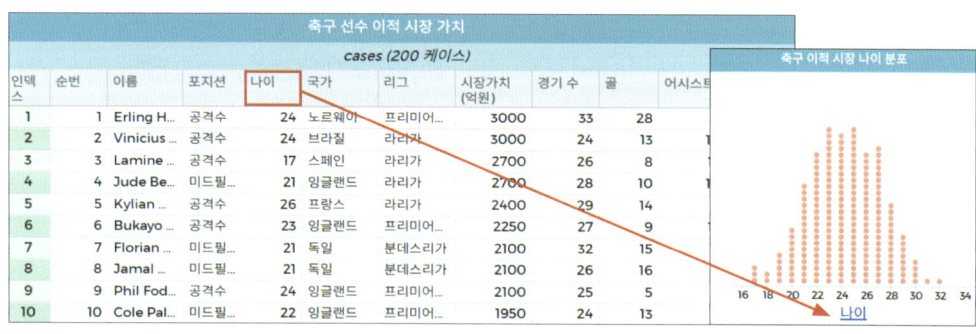

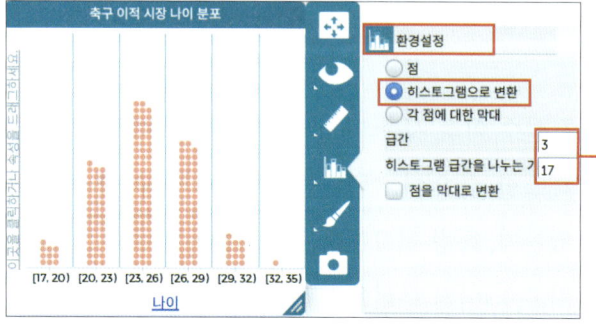

축구 선수는 성장기, 전성기, 하락기의 전환점이 뚜렷하게 구분되는 시점이 대략 2~4년 간격으로 나타나기 때문에 3년 단위는 이를 균형 있게 포착할 수 있는 단위이다. 따라서 3세 단위 구간을 설정하면 통계적으로 유의미한 집단 간 비교가 가능하다.

'측정' 탭에서 '빈도수'를 선택하면 범주별 빈도수를 한눈에 파악할 수 있다.

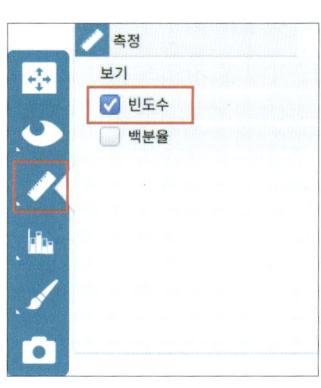 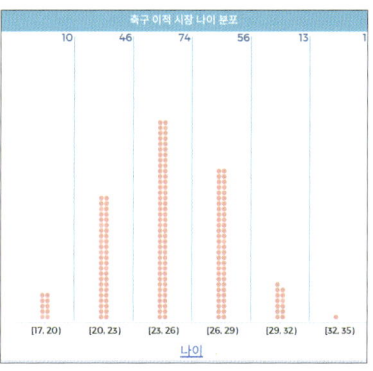

 # 해석

축구 선수의 나이대별 빈도수를 시각화하기 위해 x축은 '나이'로 설정하고 히스토그램으로 그래프를 그린 결과, 이를 통해 알 수 있는 정보는 다음과 같다.

● 가장 가치를 인정받는 나이대
- 가장 많은 선수들이 분포한 나이대는 [23-26] 구간 (23 ~ 25세), 그다음으로 [26-29] 구간 (26 ~ 28세), [20-23] 구간 (20 ~ 22세) 순으로 나타났다.
- [32-35] 구간 (32 ~ 34세)은 가장 적은 빈도수를 보이며, 이는 나이가 들수록 시장 가치가 감소하는 추세를 보여 준다.
- 이 결과는 축구 선수로 가장 좋은 능력을 발휘할 수 있는 나이대가 20대 중반임을 보여 준다. 이 시기는 체력과 경험의 균형이 가장 잘 맞는 시기로, 선수들이 최고의 가치를 인정받는 시기라고 할 수 있다.

Tip! 히스토그램에서 '구간'은 연속된 수치형 데이터를 일정한 범위로 나눈 구획을 의미한다. 각 구간에 속한 데이터의 개수를 세어 막대의 높이로 나타낸다. 반면, 막대그래프는 보통 범주형 데이터를 다루며, 각 범주별로 해당 값의 크기를 막대로 비교한다.

> **짚고 가기** 히스토그램
>
> 히스토그램은 연속적인 데이터(예 나이, 키 등)를 특정 구간(범위)으로 나누고, 각 구간에 속하는 데이터의 빈도수를 막대그래프로 표현한 것이다. 히스토그램은 데이터가 어디에 집중되어 있는지, 이상치가 있는지, 데이터의 경향성을 시각적으로 파악하는 데 유용하며, 구간 너비를 조절해 데이터의 세부적인 분포를 파악할 수 있다. 예를 들어, 구간 너비가 2로 설정될 경우의 [22-24] 구간은 22세 이상 24세 미만을 의미하며, 이는 22세, 23세의 데이터가 속한 구간이다.

03 데이터 분석 활동을 해 볼까

데이터 분석 ❷

🏴 포지션별로 축구 선수의 시장 가치는 어떻게 평가받을까?

포지션이란 축구 선수가 경기장에서 주로 맡는 역할과 위치를 의미한다. 일반적으로 공격수, 미드필더, 수비수, 골키퍼로 나뉘며, 각각의 포지션은 경기에서 요구되는 기술과 역할이 다르다. 이러한 차이로 인해 이적 시장에서도 포지션에 따라 선수의 가치가 달라질 수 있다. 그렇다면 포지션별로 축구 선수의 이적 시장 가치는 어떻게 분포되어 있는지 분석해 보자.

포지션별 시장 가치 그래프

포지션별 축구 선수의 시장 가치를 비교하려면 '포지션'과 '시장 가치(억원)' 속성을 활용해야 한다. 선수들의 시장 가치가 포지션별로 어떻게 분포하는지 알아보기 위해 '포지션'을 x축, '시장 가치(억원)'를 y축으로 설정하여 그래프를 그린다. 이를 통해 어떤 포지션의 선수들이 평균적으로 더 높은 시장 가치를 가지는지, 특정 포지션이 시장에서 더 가치 있게 평가되는지 시각적으로 분석할 수 있다. '측정' 탭에서 '빈도수'와 '평균'을 선택하면 포지션별 빈도수와 평균값이 표시되어 보다 직관적으로 비교할 수 있다.

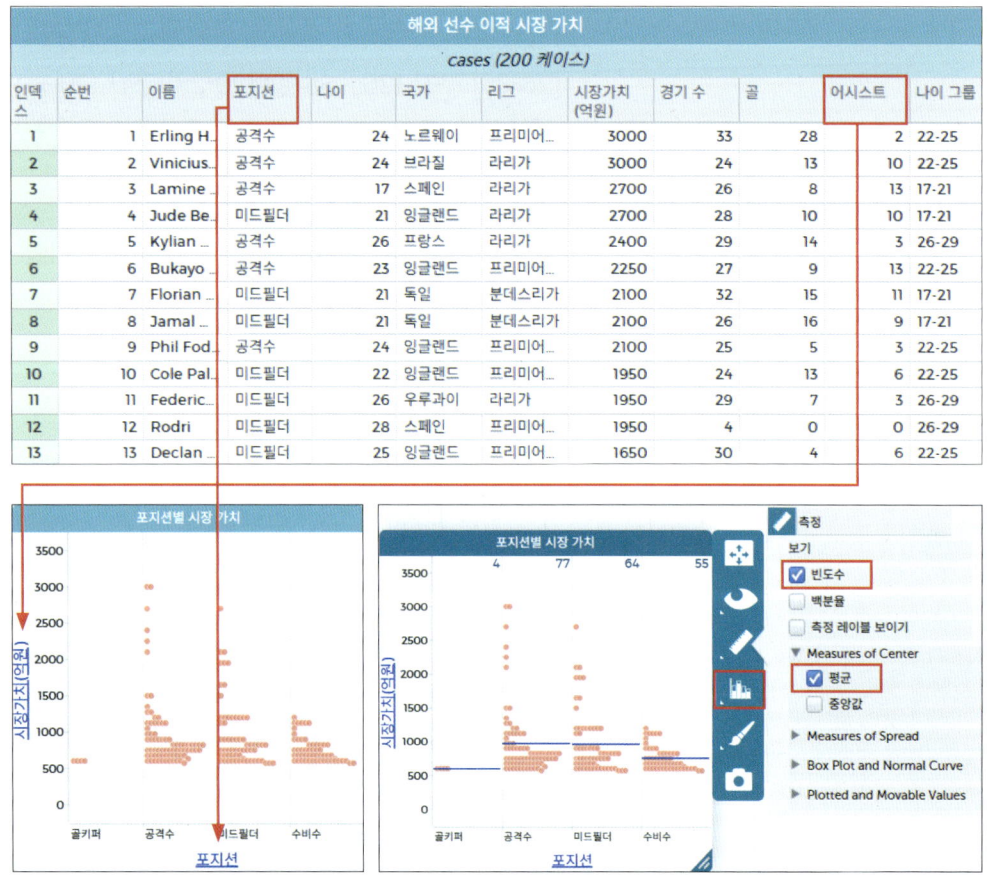

#해석 ┃ 포지션별로 선수의 이적 시장 가치를 분석한 결과를 토대로 '포지션'을 x축으로, '시장 가치(억원)'을 y축으로 그래프를 그린 결과, 이를 통해 알 수 있는 정보는 다음과 같다.

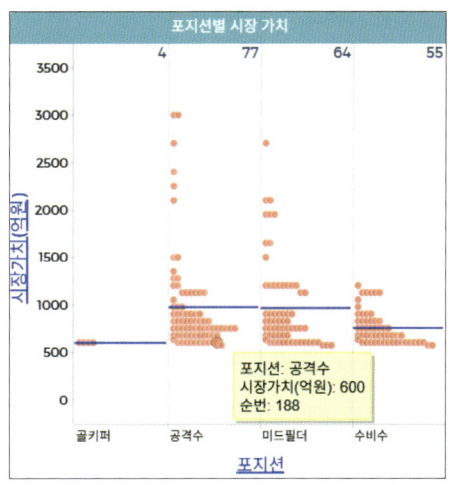

- 포지션별 평균 시장 가치 비교
  - 포지션별 시장 가치 차이가 존재하며, 특정 포지션이 더 높은 평가를 받는 경향이 있음을 확인할 수 있다.
  - 상위 200명 중 차지하는 비중은 공격수, 미드필더, 수비수, 골키퍼 순이며, 공격수(77명)와 미드필더(64명)가 가장 많은 비중을 차지한다.
  - 공격수와 미드필더는 득점 기회 창출과 골 결정력 등 경기 결과에 직접적인 영향을 주기 때문에, 수비수보다 상대적으로 높은 이적 시장 가치를 가진다.
  - 골키퍼의 경우 그래프상 다른 포지션에 비해 상대적으로 이적 시장의 가치가 낮다. 그러나 소수의 표본만 있기 때문에 포지션을 대표한다고 보기 어렵다.
  - 일반적으로 Top 200의 선수들은 시장 가치가 500억원 이상인 것을 알 수 있다.
  - 공격수와 미드필더는 유난히 시장 가치가 높은 선수들이 존재한다.

더 알아보기 추가적인 의미와 분석 정보

• **선수 이적 시장 가치에 영향을 끼치는 다양한 요인들**

선수의 시장 가치는 포지션뿐만 아니라 나이, 리그, 경기 성적(득점, 어시스트, 평점 등), 경기 기여도 등 다양한 요인에 의해 결정된다. 또한 특정 시즌에는 여러 팀이 특정 포지션의 선수를 원하면서 실력에 비해 그 포지션 선수의 이적 시장 가치가 일시적으로 높아지기도 한다.

03 데이터 분석 활동을 해 볼까

데이터 분석 ❸

🔎 전통적인 축구 강국 출신 선수들은 여전히 시장 가치가 높고, 주요 리그에서 활약하는 경향이 있을까?

일반적으로 우리가 알고 있는 전통적인 축구 강국에는 잉글랜드, 프랑스, 브라질, 스페인, 아르헨티나 등이 있다.

그렇다면 이 국가들이 여전히 가장 높은 시장 가치를 가진 선수들을 배출하고 있을까? 아니면 새로운 축구 강국들이 부상하고 있을까? 특히 국가별로 시장 가치가 높은 선수들이 활약하는 리그는 어떻게 다를지, 전통적 축구 강국들은 여전히 주요 유럽 리그(프리미어리그, 라리가, 세리에A)에서 영향력을 유지하고 있는지 데이터를 통해 그 흐름을 분석해 보자.

국가와 리그 분포 그래프

국가별 데이터를 비교하기 위해 x축에 '국가'를 설정한 막대그래프로 이적 시장 가치가 높은 선수들의 분포를 살펴볼 수 있다. 하지만 단순히 국가별 선수 수만 비교하기보다는, 이들이 소속된 리그까지 함께 고려하면 분석이 더 풍부해진다.

1 '리그' 속성 콜렉션 생성, '국가' 속성 x축으로 막대그래프 설정하기

'리그' 속성을 왼쪽의 새 콜렉션으로 드래그 앤 드롭하고, '국가' 속성 x축으로 설정한 뒤, '환경설정' 탭에서 '점을 막대로 변환'을 선택한다.

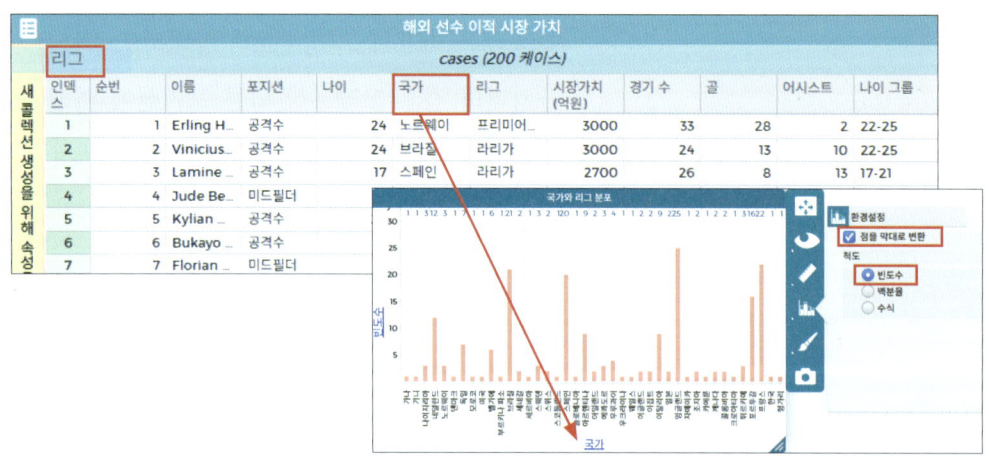

2 '리그' 속성을 범례로 추가하기

리그별 콜렉션을 생성한 뒤, 리그를 범례로 추가하면 프리미어리그, 라리가, 세리에A 등 특정 리그에 어떤 국가의 선수들이 많이 분포되어 있는지 확인할 수 있다.

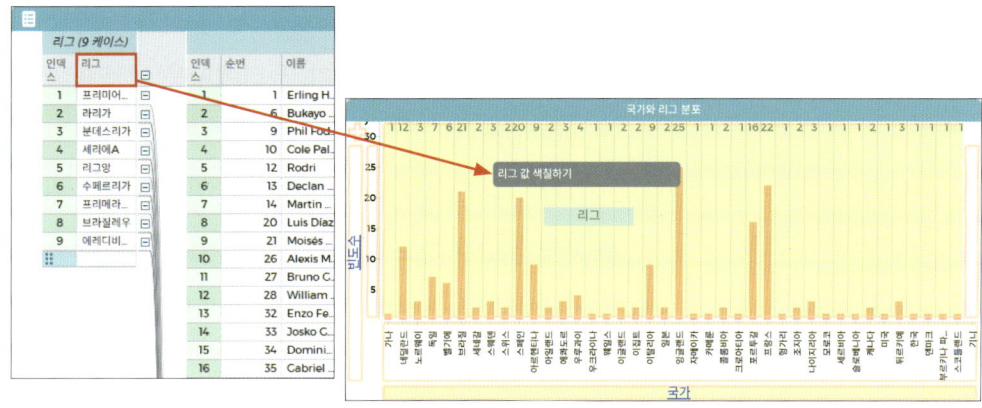

#해석 국가별로 선수의 이적 시장 가치를 분석한 뒤, '리그'를 범례로 추가하여 그래프를 그린 결과, 이를 통해 알 수 있는 정보는 다음과 같다.

> **Tip!** 시장 가치 상위 200명 중 대한민국 국적의 선수는 분데스리가에서 활약중인 김민재 선수 1명 뿐이다. 한국 축구의 아이콘인 손흥민 선수는 2025년 6월 기준 약 300억원으로 495위에 랭크되어 있으며, 이강인 선수는 약 380억원 정도로 383위에 랭크되어 있다. 선수의 이적 시장 가치는 나이, 국적, 활약도, 인기 등 다양한 요인의 영향을 받는다. 선수의 이적 시장 가치에 대한 정보를 얻고 싶다면 www.transfermarkt.com에서 정보를 얻을 수 있다.

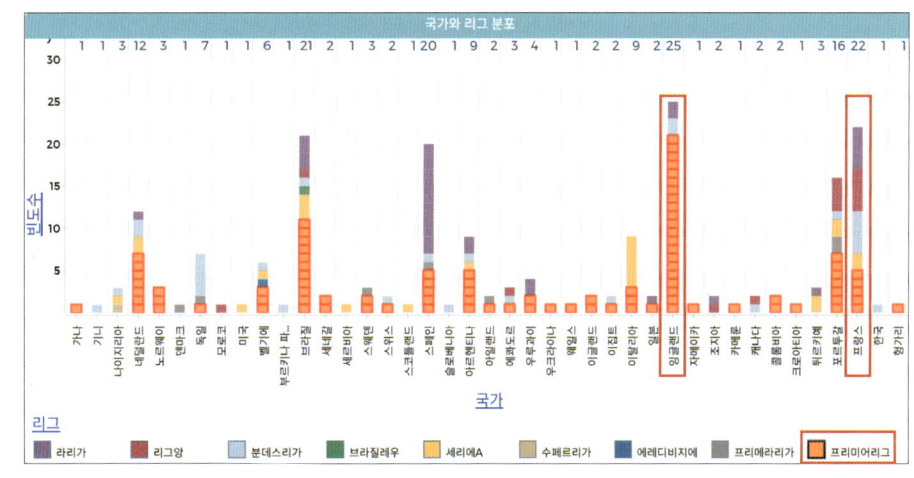

- 국가별 선수 분포 분석
    - 전통적인 축구 강국인 잉글랜드, 프랑스, 브라질, 스페인, 포르투갈이 여전히 이적 시장 가치 Top 200에서 많은 선수들을 배출한다.
    - 특히 잉글랜드(25명)와 프랑스(22명)가 가장 많은 선수들을 배출하며 강세를 보인다.

- 리그별 소속 선수 분포 분석
    - 유럽 5대 리그인 프리미어리그(잉글랜드), 라리가(스페인), 리그앙(프랑스), 세리에A(이탈리아), 분데스리가(독일)가 대부분의 선수를 포함하고 있다.
    - 프리미어리그 선수들이 대부분의 국가에서 높은 비율을 차지한다.

03 데이터 분석 활동을 해 볼까

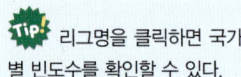
Tip! 리그명을 클릭하면 국가별 빈도수를 확인할 수 있다.

- 브라질과 아르헨티나 등의 남미 국가는 자국 리그보다 유럽 리그(프리미어리그, 라리가, 분데스리가, 세리에A 등)에서 활약하는 선수가 많다.
- 특히 프리미어리그는 가장 많은 국가에서 소속 선수가 높은 시장 가치를 기록하고 있어, 전 세계적으로 가장 영향력 있는 리그임을 알 수 있다.

● 새로운 축구 강국의 부상 가능성
- 전통적 축구 강국이 여전히 강세를 보이고 있지만, 일부 국가(우루과이, 튀르키예, 스웨덴, 노르웨이 등)에서도 주목할 만한 선수들이 새롭게 등장하고 있음을 알 수 있다.

더 알아보기 ➕ 추가적인 의미와 분석 정보

• 과거와 비교했을 때, 축구 이적 시장 가치의 변화
- 5년 전 이적 시장 가치 Top200 선수들 데이터를 수집하고, 현재 데이터와 비교하여 선수들의 가치 변동과 국가별 변화 추이를 분석해 볼 수 있다.
- 특정 리그(예 프리미어리그, 라리가 등)의 선수들이 이전보다 더 높은 가치를 가지게 되었는지, 혹은 새로운 리그가 부상하고 있는지도 확인할 수 있다.

데이터 분석 ④

▶ 어느 리그에서 가장 비싼 선수들이 뛰고 있을까?

국가별 선수 이적 시장 가치에서 범례로 '리그'를 추가해 그래프를 확인했을 때, 프리미어리그를 비롯한 유럽 5대 리그에 시장 가치가 높은 선수들이 많이 분포하고 있음을 확인했다. 어느 리그가 더 높은 가치를 가지고 있는지 분석해 보자.

리그별 이적 시장 가치 총합 그래프

리그별 이적 시장 가치를 비교하려면 리그별 선수들의 시장 가치 총합을 계산해야 한다. 이를 위해 **데이터 분석 ❸** 에서 리그를 기준으로 만든 콜렉션을 활용한다.

1 새 속성 추가하기

'리그'의 오른쪽에 새로운 속성을 추가하여 '시장 가치 총합(억원)'으로 이름을 변경하고, 리그별 선수들의 시장 가치를 합산하여 최종 분석을 위한 데이터 테이블을 완성한다.

2 '시장 가치 총합(억원)' 수식 입력하기

CODAP에서 리그별 시장 가치의 총합을 계산할 때 sum( ) 함수를 사용하면 편리하게 계산할 수 있다. 이를 통해 각 리그에 속한 선수들의 시장 가치가 자동으로 합산되며, 그래프를 통해 리그별 시장 가치 비교가 가능해진다.

> **TIP!** sum( ) 함수는 sum(표현, 필터) 형식을 가지며, 표현 칸에는 더하고자 하는 속성값을, 필터 칸에는 그룹화할 속성을 입력하면 된다. 필터는 생략할 수 있다.

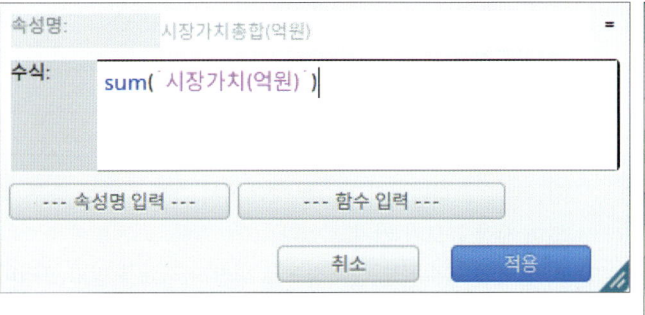

6. 해외 축구 선수 이적 시장 가치 데이터 분석 **229**

03 데이터 분석 활동을 해 볼까

3 '리그' x축, '시장 가치 총합(억원)' y축 설정하기

x축에 '리그', y축에 '시장 가치 총합(억원)' 설정하고, 막대그래프로 나타낸다.

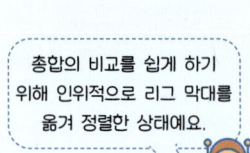

총합의 비교를 쉽게 하기 위해 인위적으로 리그 막대를 옮겨 정렬한 상태에요.

 # 해석 — 리그별 이적시장 가치 총합(억원)을 그래프를 시장가치 총합순으로 정렬해 나타낸 결과, 이를 통해 알 수 있는 정보는 다음과 같다.

● 리그 간 시장 가치 총합 분석
- 높은 시장 가치를 가진 리그들은 세계적인 수준의 선수들을 보유하고 있다.
- 프리미어리그는 2순위인 라리가의 2배 이상의 가치를 갖고 있을만큼 다른 리그에 비해 시장 가치가 상당히 크며, 이는 리그 간의 경제력, 경쟁력 격차를 반영한다고 볼 수 있다.
- 이적 시장 가치가 높은 선수들 200명 가운데 93명이 프리미어리그에서 뛰는 것으로 나타나는데, 이는 프리미어리그 팀들의 자본력이 매우 막강하다는 것을 보여 준다고 할 수 있다.

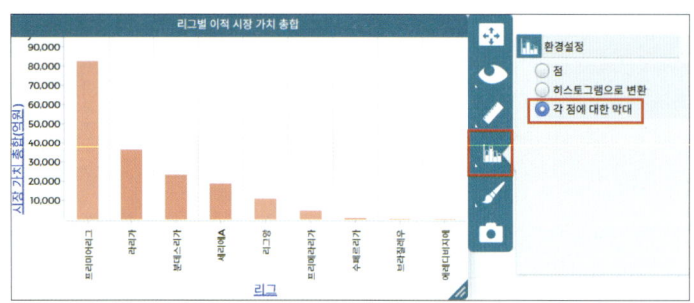

리그 (9 케이스)		
인덱스	리그	시장 가치 총합(억원)
1	프리미...	82815
2	라리가	36675
3	분데스...	23580
4	세리에...	19020
5	리그앙	11250
6	수페르...	1125
7	프리메...	4995
8	브라질...	750
9	에레디...	600

더 알아보기 ➕ 추가적인 의미와 분석 정보

• 프리미어리그로 돈이 몰리는 이유
- 잉글랜드 프리미어리그는 전 세계에서 가장 유명한 축구 리그로, 최근 다양한 자본이 유입되며 시장 규모가 커지고 있다.
- 이에 따라 선수들도 상대적으로 비싼 이적료를 받고 프리미어리그로 이동하는 추세이다.
- 관련 기사에 따르면 막대한 중계권 수익과 성적, 수익 분배 구조로 인해 이러한 현상이 나타나고 있다고 한다.

탐색적 데이터 분석

데이터의 속성을 살펴보고 앞에서 제시한 문제의 답을 찾는 것 외에 더 알 수 있는 정보를 찾아봅시다.

예시 공격 포인트를 많이 생산하는 공격수의 이적 시장 가치가 높을까?

1. 어떤 데이터 분석 활동을 해야 할까?

> 예) 공격수의 공격 포인트와 이적 시장 가치의 상관관계

2. 어떤 속성이 필요할까?

> 예) 공격 포인트, 시장 가치(억원)
>
>
>
> 1. '포지션'을 왼쪽으로 콜렉션하고, '공격수'를 선택하여 '선택하지 않는 케이스는 따로 보관' 선택한다.
> 2. '공격 포인트'를 새 속성으로 추가하고 수식 편집을 한다.
>
> 수식: '골' + '어시스트'

3. 어떤 그래프를 그릴까?

> 예) 공격 포인트와 시장가치의 관련성 그래프(산점도)
>
>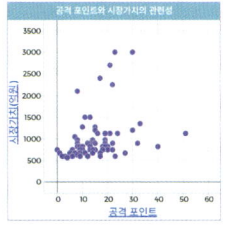

4. 알 수 있는 정보는 무엇일까?

> 예) 공격수의 공격 포인트와 해당 선수의 이적 시장 가치 간 상관관계는 낮다. 선수의 이적 시장 가치는 단순히 공격 포인트만이 아닌 나이, 활약도, 리그 등 다양한 요인이 복합적으로 영향을 끼치는 것으로 보인다.

5. 이 활동을 통해 얻을 수 있는 기대 효과는 무엇일까?

> 예) 공격 포인트와 시장 가치 사이의 실제 관계를 분석하고, 수치로 나타나는 데이터를 근거로 합리적인 해석과 결론을 도출하는 능력을 키울 수 있다.

해외 축구 이야기

유럽 축구 리그 중 프리미어 리그에 가장 비싼 선수들이 몰려 있다는 데이터 분석 결과가 나왔다. 그렇다면 다른 리그와는 얼마나 큰 차이를 보일까?

'프리미어 리그 수익, 라리가·분데스리가의 두 배에 육박'

UEFA(유럽 축구 연맹)가 최근 발표한 수치에 따르면 프리미어 리그의 재정적 힘은 유럽 경쟁자들을 계속 압도하고 있으며, 두 리그의 합산 수익은 독일과 스페인의 거의 두 배에 달한다.

잉글랜드의 상당한 경쟁 우위를 보여 주는 최근 증거로, UEFA의 연례 유럽 클럽 재정 및 투자 현황 보고서에 따르면 다음과 같다.

2023 회계연도에 프리미어 리그 클럽들은 총 71억 유로(약 59억 파운드)의 매출을 기록했다. 이는 최상위 리그 중 가장 높은 수치로, 라리가(37억 유로)와 분데스리가(36억 유로)를 큰 폭으로 앞질렀다. 유럽 주요 리그 전체로는 총 268억 유로의 매출을 올리며, 코로나19 팬데믹 이전보다 17% 성장한 것으로 나타났다.

중위권 클럽들 간의 비교에서도 프리미어 리그 클럽의 중간 매출은 분데스리가보다 60% 높았으며, 세리에 A와 라리가보다 세 배 이상 많았다. 이러한 격차는 주로 중계권 수익에서 비롯되었으며, 다른 리그의 중계권 수익이 정체된 가운데 이러한 차이는 앞으로 더 커질 것으로 전망된다.

프리미어 리그 구단들의 평균 선수 임금은 매출의 49%를 차지했다. 2023년 유럽 전체 축구 클럽의 연봉은 평균 3% 상승했으며, 2024년에는 주요 클럽들의 연봉이 4.5% 증가했다. UEFA는 다음 시즌부터 임금 및 이적료 지출을 매출의 70% 이내로 제한하는 비용 통제 규정을 본격 시행 중이다. 특히, 비선수 임금은 19% 증가해 구단들이 기술 및 행정 인력에 대한 투자를 확대하고 있음을 보여 준다. 현재 유럽 1부 리그 전체 임금 총액은 180억 유로를 넘어섰다.

2024 회계연도 말, 첼시는 역대 최고 금액인 총 16억 6천만 유로를 이적료에 지출하며, 2020년 레알 마드리드의 13억 3천만 유로 기록을 넘어섰다. 맨체스터 시티, 맨체스터 유나이티드, 아스널 등 3개 프리미어 리그 구단도 선수단 구성에 10억 유로 이상을 사용했다.

2023-24 시즌 급여 상위 20개 유럽 클럽 중 9개가 잉글랜드 클럽이었으며, 맨체스터 시티는 파리 생제르맹에 이어 2위에 올랐다. 아스널, 유나이티드, 토트넘, 리버풀은 입장료 수입이 1억 유로를 넘은 유럽 8개 클럽 중 하나로 이름을 올렸다.

(출처: The Guardian 2025.3.6.)

7 지구의 평균 기온 데이터 분석

▶ 이 장에서는 다음의 순서로 진행합니다.

테이블(속성명 변경), 산점도(수치형 변환)

01 해결해야 할 문제는 무엇일까
- 지구 온난화와 빙하 면적 변화를 분석하여 생태계 보호 방안을 찾을 수 있을까?

02 어떤 데이터를 분석할까

- NASA GISS(북반구와 남반구의 지구 평균 기온 데이터)
- Our World in data(북극과 남극의 빙하 면적 데이터)

03 데이터 분석 활동을 해 볼까

- 데이터 분석 1
  지구의 평균 기온은 어떻게 변화해 왔을까?
- 데이터 분석 2
  북극과 남극의 빙하 면적은 어떻게 변화했을까?
- 데이터 분석 3
  지구 평균 기온과 빙하 면적은 어떤 연관이 있을까?

응용

- 탐색적 데이터 분석
  예시 평균 기온이 급격하게 상승했던 때, 빙하의 면적은 어떻게 변했을까?

⚠️ 본 활동은 지구 평균 기온과 북극, 남극의 빙하 면적 변화 간의 연관성을 분석하는 것을 목표로 하며, SDGs 13번 '기후 변화 대응', 14번 '해양 생태계 보호', 15번 '육상 생태계 보호'와 관련이 있습니다.

해결해야 할 문제는 무엇일까

💬 **다음 상황을 읽고, 해결해야 할 문제를 알아봅시다.**

과거 수능을 보던 수험생들의 옷차림과 2024년 11월 수험생들의 옷차림을 비교해 보면 기온 변화가 체감될 만큼 달라졌음을 알 수 있다. 최근에는 여름이 더 덥고 길어지고 있다는 이야기도 자주 들린다. 지구의 기온은 실제로 어떻게 변해왔을까? 이러한 변화는 극지방의 빙하 면적에 어떤 영향을 미치고 있을까?

알아두면 쓸모있는 정보

이 활동에서는 4개의 데이터를 사용한다. 북반구의 지구 평균 기온 데이터와 남반구의 지구 평균 기온 데이터, 그리고 북극의 빙하 면적 데이터와 남극의 빙하 면적 데이터를 분석함으로써 기후 변화가 실제로 진행되고 있음을 수치로 확인하고, 그 심각성을 체감하여 환경 보호의 필요성을 스스로 인식할 수 있다. 나아가 데이터를 시각화하고 비교 분석하는 과정을 통해 과학적 사고력과 데이터 해석 능력을 기를 수 있으며, 지구 환경 문제에 대한 관심과 책임 의식을 높이는 계기가 된다.

어떤 데이터를 분석할까

데이터 수집

💬 **문제 해결에 필요한 데이터를 수집하고, 속성을 살펴봅시다.**

나사(NASA)에서 제공하는 북반구와 남반구의 지구 평균 기온 데이터와 Our World in Data의 북극과 남극의 빙하 면적 데이터를 활용하여 각 데이터의 특성을 분석하고 데이터 간의 상관관계를 탐색해 연관성이 있는지 살펴본다.

데이터 속성 알아보기

📁 북반구와 남반구의 지구 평균 기온 데이터

북반구와 남반구의 지구 평균 기온 데이터는 나사에서 제공하는 자료로 1880년부터 현재까지의 지구 매월 평균 기온을 정리한 데이터이다.

북반구 NH.Ts+dSST cases (146 케이스)			
인덱스	Year	Jan	Feb	Mar
1	1880	-0.37	-0.53	-0.24
2	1881	-0.33	-0.24	-0.06
3	1882	0.24	0.19	0
4	1883	-0.59	-0.68	-0.17
5	1884	-0.18	-0.12	-0.65
6	1885	-1.02	-0.47	-0.25

남반구 SH.Ts+dSST cases (146 케이스)			
인덱스	Year	Jan	Feb	Mar
1	1880	0	0.04	0.0
2	1881	-0.08	-0.05	0
3	1882	0.07	0.08	0.0
4	1883	-0.02	-0.08	-0.0
5	1884	-0.08	-0.05	-0.0
6	1885	-0.19	-0.22	-0.2

속성 살펴보기
- Year: 연도
- Jan~Dec: 1월부터 12월까지의 월별 기온
- J-D: 1월부터 12월까지의 연평균 기온
- D-N: 12월부터 다음 해 11월까지의 평균 기온
- DIF: 12월~2월(겨울)
- MAM: 3월~5월(봄)
- JJA: 6월~8월(여름)
- SON: 9월~11월(가을)

📁 북극과 남극의 빙하 면적 데이터

북극과 남극의 빙하 면적 데이터는 Our World in Data에서 제공하는 자료로 북극과 남극의 빙하 면적이 월별로 기록되어 있다.

💡 **Tip!** 이번 활동에서는 '북극과 남극의 빙하 면적 데이터' 원본의 속성명을 독자의 이해를 돕기 위해 오른쪽 테이블처럼 수정한다. 속성명을 수정하는 내용은 240쪽에 제시되어 있다.

북극 monthly-sea-ice-extent-in- cases (540 케이스)			
인덱스	Year	Month	Extent
1	1980	1	14.86
2	1980	2	15.96
3	1980	3	16.04
4	1980	4	15.43
5	1980	5	13.79

남극 monthly-sea-ice-extent-in-t cases (540 케이스)			
인덱스	Year	Month	Extent
1	1980	1	4.56
2	1980	2	2.82
3	1980	3	3.3
4	1980	4	5.41
5	1980	5	8.86

속성 살펴보기
- Year: 연도
- Month: 월
- Extent: 면적

02 어떤 데이터를 분석할까

데이터 다운로드

🔹 북반구와 남반구의 지구 평균 기온 데이터

구글 검색창에 'NASA GISS Surface Temperature Analysis'를 검색하고 가장 상단에 위치하는 링크를 클릭한다.

북반구와 남반구의 지구 평균 기온 데이터 수집

Tip! https://data.giss.nasa.gov에 접속해서 왼쪽 메뉴 Datasets – GISTemp Surface Temperature를 차례로 선택한다.

화면을 아래로 내리면 하단 부분에 'Tables of Global and Hemispheric Monthly Means and Zonal Annual Means(지구 및 반구 월평균, 위도별 연평균 기온 데이터 표)' 단락이 보인다.

우리는 이후 평균 기온에 따른 남극과 북극의 빙하 면적의 변화를 살펴볼 것이기 때문에 두 번째와 세 번째 항목의 CSV 링크를 클릭하여 데이터를 내려받는다.

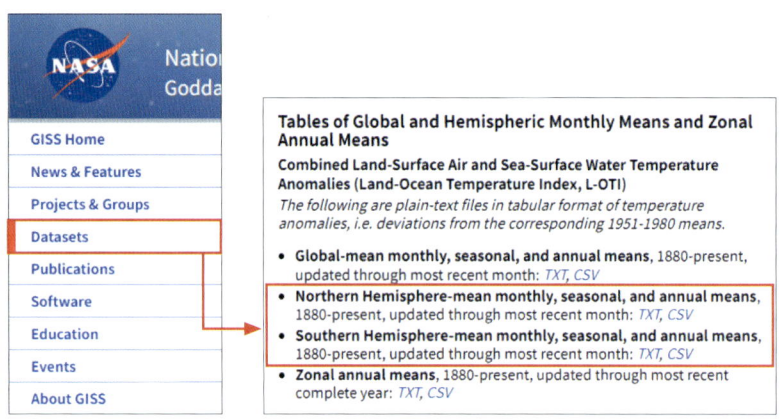

내려받은 데이터를 열어 보면 첫 번째 행이 제목으로 되어 있다. CODAP에서 데이터를 가져올 때, 오류가 생기므로 첫 번째 행은 엑셀이나 구글 스프레드시트를 사용하여 삭제한다.

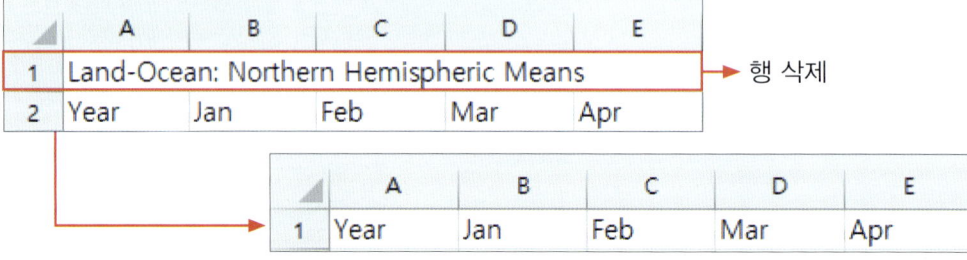

236 나는 CODAP으로 데이터 분석한다

📁 북극과 남극의 빙하 면적 데이터

북극 빙하 면적 데이터 수집

구글 검색창에 'Our World in Data'를 입력하고 가장 상단에 위치하는 링크를 클릭한다.

상단 검색창에 'Montly sea ice extent in the Arctic(북극의 월별 빙하 면적)'을 검색하여 나온 가장 상단의 데이터셋을 클릭한다.

시각화된 그래프 하단의 다운로드 버튼을 클릭한 뒤, 'Data' 탭에서 'Download full data'를 선택하면 데이터셋이 압축 파일 형태로 저장된다.

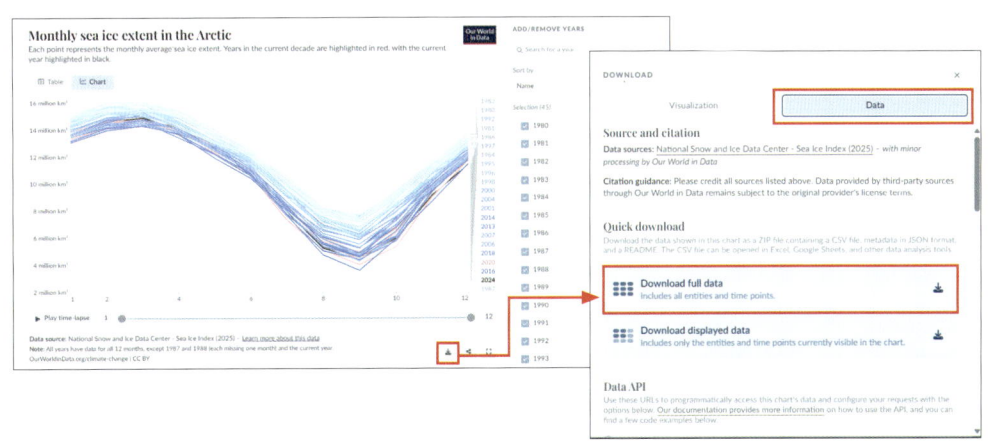

남극 빙하 면적 데이터 수집

남극의 데이터를 얻고 싶다면 검색어의 'Arctic'을 'Antarctic'으로 바꾸어 같은 방법으로 진행하면 된다.

7. 지구의 평균 기온 데이터 분석 237

03 데이터 분석 활동을 해 볼까

💬 **다음의 질문에 대한 답을 찾을 수 있도록 데이터 분석을 해 봅시다.**

- ✅ 지구의 평균 기온은 어떻게 변화해 왔을까?
- ✅ 북극과 남극의 빙하 면적은 어떻게 변화했을까?
- ✅ 지구 평균 기온과 빙하 면적은 어떤 연관이 있을까?

데이터 분석 ❶

지구 평균 기온 데이터

📂 **지구의 평균 기온은 어떻게 변화해 왔을까?**

우리는 어렸을 때부터 지구 온난화라는 말을 자주 들어왔다. 그런데 정말로 지구는 점점 더워지고 있을까? 만약 그렇다면 언제부터 기온이 상승하기 시작했을까? 지구의 기온 변화를 데이터로 분석하여 우리가 체감하는 기후 변화가 실제로 어떤 양상을 보이고 있는지 분석해 보자.

연도별 지구 평균 기온 변화 추이 그래프

💡 **Tip** J-D란 1월(January)부터 12월(December)까지를 뜻하는 약자이다. 우리가 일반적으로 말하는 그 해의 연간 평균값을 의미한다.
D-N은 12월부터 다음해 11월까지를 뜻한다. 겨울의 변화를 알기 위해 한 해의 겨울 시작과 다음 해의 시작을 묶어 사용한다.

평균 기온의 변화는 연도별 기온 편차 데이터를 활용해 분석할 수 있다. 분석을 위해 남극과 북극의 평균 기온 데이터를 불러와 2개의 그래프 창을 띄우고 'Year' 속성을 x축, 'J-D' 속성을 y축으로 설정하면 연도별 평균 기온의 변화를 파악할 수 있다. 이때 연도별 변화 추이를 시각적으로 표현하기 위해 'J-D' 속성을 수치형으로 변환해 준다. 이제 북반구와 남반구 모두 이와 같은 방식으로 산점도를 그려 보자.

💬 오른쪽은 남반구 데이터의 예시로 북반구 데이터로도 산점도를 그려 보세요.

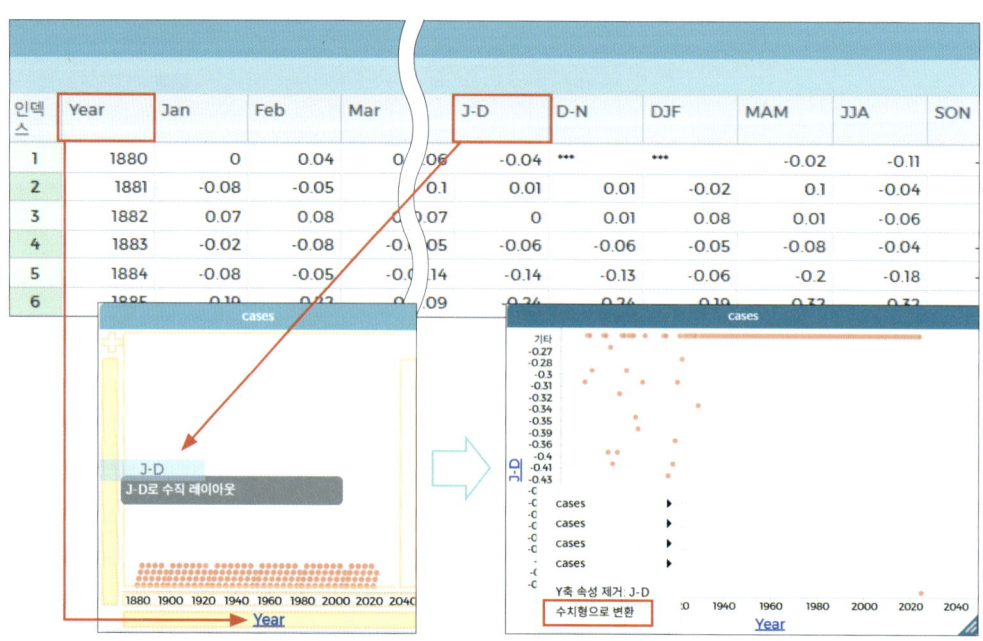

1880년부터 현재까지의 지구 평균 기온 데이터를 바탕으로 북반구와 남반구의 평균 기온을 그래프로 나타내면 다음과 같다.

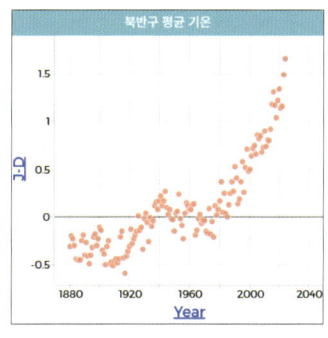 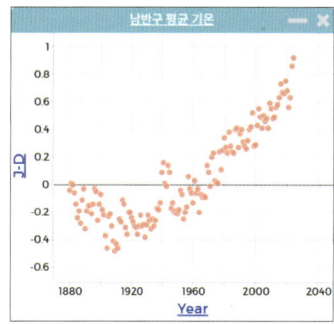

 # 해석 x축을 'Year' 속성으로, y축을 'J-D' 속성으로 설정하여 산점도를 그린 결과, 이를 통해 알 수 있는 정보는 다음과 같다.

- 장기적인 기온 상승 추세
  - 북반구와 남반구 모두 관측이 시작된 이후 전반적으로 기온이 상승하는 경향을 보인다.
  - 1980년대 이후부터는 두 반구 모두 지속적인 상승세를 보이며 가장 최근 (2024년) 북반구는 1.66도 상승, 남반구는 약 0.92도 상승하였다.

- 기온 변동성 증가
  - 최근 기온은 이전보다 더욱 빠른 속도로 상승하고 있고 그 폭도 점점 커지고 있다.
  - 지구 온난화의 심각성을 해마다 강조하고 있음에도 불구하고 기온이 지속적으로 상승하고 있어 지구 온난화를 감속시키기 위한 적극적인 노력이 필요하다.

더 알아보기 파리기후협약과 지구 평균 기온

2015년 파리에서 열린 기후협약에서는 지구 평균 기온의 상승폭을 산업화 이전 시기(1850~1900년) 평균 대비 1.5℃ 이내로 제한하는 것에 합의했다. 하지만 2024년 지구 평균 기온은 1.5도를 넘은 상태이다. 기온이 계속 상승할 경우, 생물 다양성의 손실, 폭염·폭우·홍수 등 이상 기후 현상의 발생 가능성이 더욱 높아진다. 따라서 지구를 지키기 위한 우리의 노력이 그 어느 때보다 절실한 상황이다.

03 데이터 분석 활동을 해 볼까

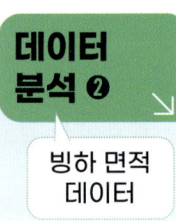

데이터 분석 ❷
빙하 면적 데이터

북극과 남극의 빙하 면적은 어떻게 변화했을까?

지구 온난화와 관련하여 널리 알려진 이미지 중 하나는 녹아내리는 빙하 위에 홀로 남겨진 북극곰의 모습이다. 이는 빙하 면적 감소가 극지방 생태계에 미치는 영향을 상징적으로 보여 준다.

그렇다면 실제로 북극과 남극의 빙하 면적은 어떻게 변화하고 있을까? Our World in Data에서 제공하는 빙하 면적 데이터를 분석해 보자.

데이터 전처리

'Code' 속성 삭제, 속성명 변경

'Code' 속성은 모든 값이 비어 있기 때문에 속성명을 클릭하여 '속성 삭제'를 해 준다. 'Monthly sea ice extent in Arctic'처럼 긴 속성명은 'Extent'로 줄이고, 기존 'Year' 속성은 실제로는 월을 나타내므로 'Month'로, 'Entity' 속성은 연도를 나타내므로 'Year'로 변경한다.

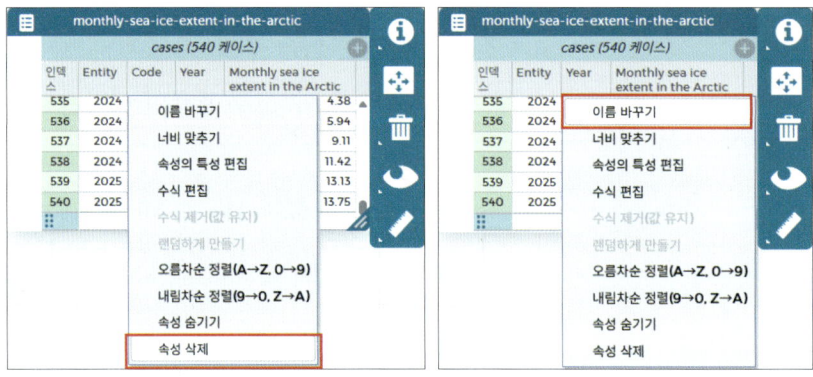

'Entity' 속성을 먼저 'Year'로 변경하면 기존의 'Year' 속성과 중복되어 변경이 불가능하므로, 반드시 정해진 순서에 따라 속성명을 변경한다.

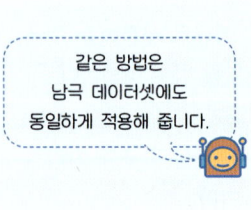

같은 방법은 남극 데이터셋에도 동일하게 적용해 줍니다.

속성명 변경하기
1. Monthly sea ice extent in the Antarctic → Extent
2. Year → Month
3. Entity → Year

북극·남극의 빙하 면적 그래프

연도별 변화를 중심으로 북극과 남극의 빙하 면적 변화를 살펴보자. 산점도를 작성할 때, 'Year' 속성을 x축에, 'Extent' 속성을 y축에 설정한다. 월별 변화도 포함시키려면 'Month' 속성을 그래프 가운데로 이동시킨다.

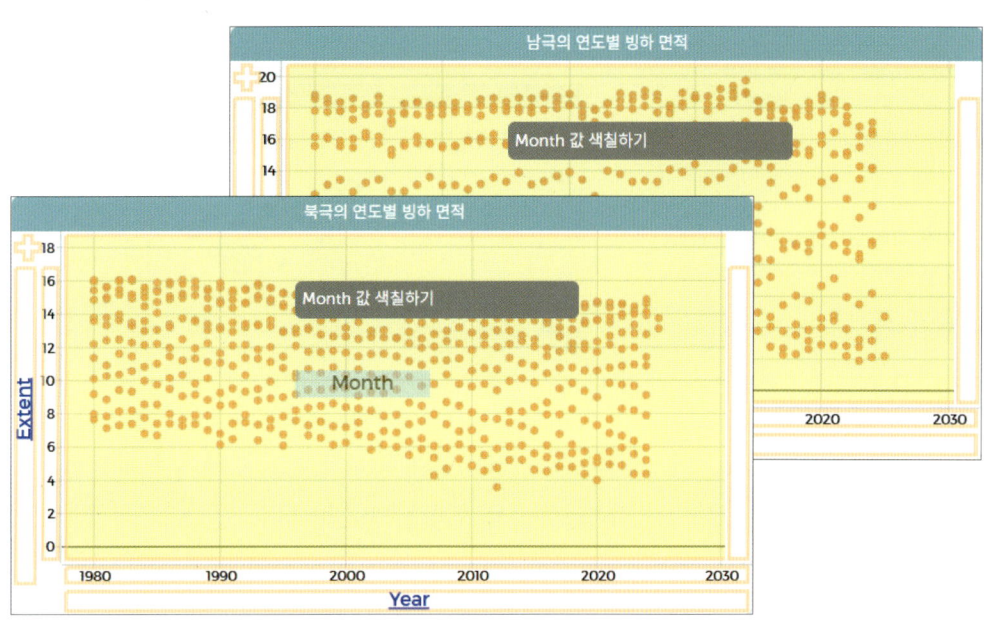

남극과 북극도 계절 변화에 따른 기온차가 있다 보니 월별로 면적이 다른 것을 확인할 수 있다.

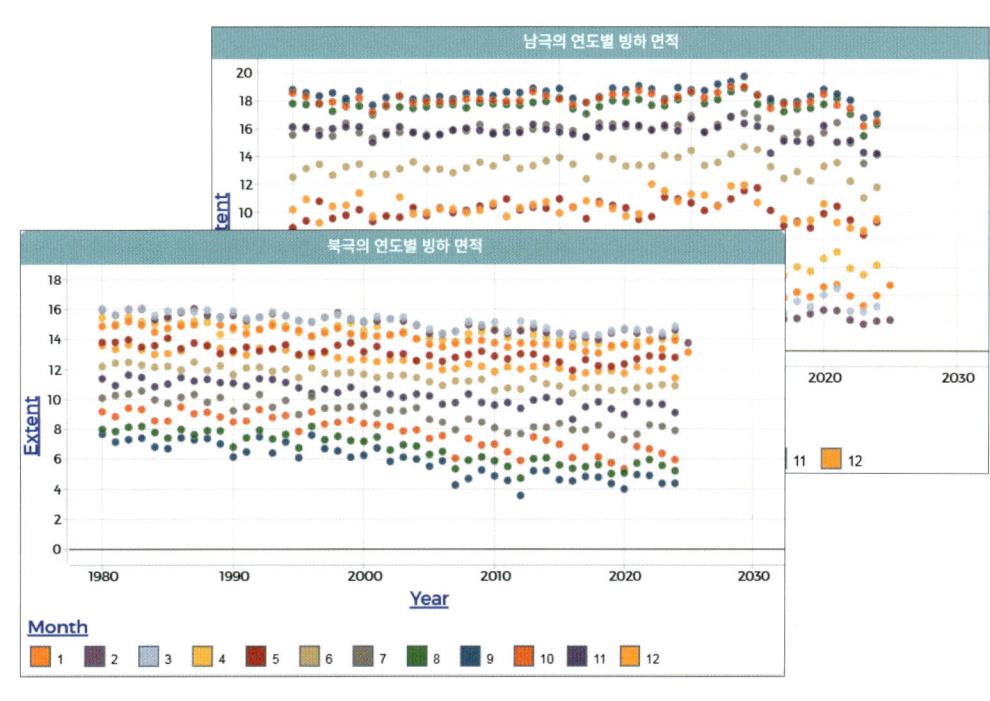

> 'Month' 속성은 범례 역할을 하므로 그래프에 드래그 앤 드롭한 뒤 '범주형으로 변환'합니다.

7. 지구의 평균 기온 데이터 분석 **241**

03 데이터 분석 활동을 해 볼까

> **Tip!** 기후 변화 분석에서 가장 자주 언급되는 것은 북극의 9월 데이터이다. 이는 9월이 북극 빙하 면적이 가장 작아지는 시기이기 때문이다. 하지만 남극은 북극과는 계절이 반대이기 때문에 남극의 최소 빙하 면적은 일반적으로 2월에 나타난다.

북극의 빙하 면적 그래프의 범례 중 9월을 선택한 뒤 그래프 우측 메뉴의 눈 모양에서 '선택하지 않은 케이스 숨기기'를 클릭하면 빙하의 변화 추세를 보다 명확하게 확인할 수 있다. 남극의 경우에도 동일한 방식으로 시각화하면 두 극지방의 빙하 면적 감소 패턴을 비교할 수 있다.

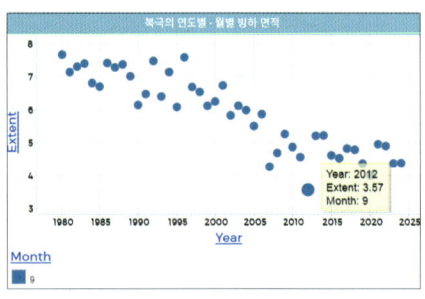
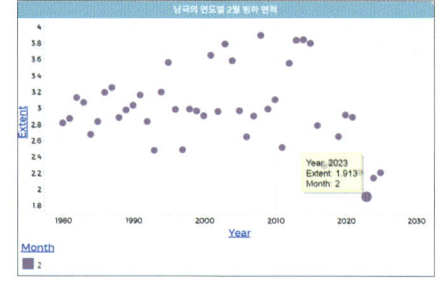

> **Tip!** 이후 빈 공간을 클릭하면 강조된 빨간색 테두리를 삭제할 수 있다.

#해석
산점도로 나타낸 연도별·월별 빙하 면적 변화에서 알 수 있는 정보는 다음과 같다.

- **북극의 평균 빙하 면적 변화**
  - 1980년 이후 북극의 평균 빙하 면적은 지속적으로 감소하는 추세를 보인다.
  - 1990년~2010년까지는 감소 속도가 빠르나 2010년 이후부터는 감소 속도가 다소 완화되는 경향을 보인다.
  - 2012년 빙하 면적이 급격히 감소했던 시기의 기후 변화를 살펴보면 폭우, 폭염 등 기상 이변이 급증한 것을 알 수 있다.

- **남극의 평균 빙하 면적 변화**
  - 남극의 평균 빙하 면적은 초기에는 비교적 안정적인 수준을 유지한다.
  - 그러나 2000년대 이후 변동성이 커지며 일시적으로 증가하는 경향도 보인다.
  - 2015년부터 다시 감소하는 모습을 보이며 2023년에 2월에 급격히 감소 추세로 전환된다.

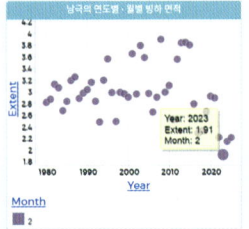

더 알아보기 + 북극의 빙하와 남극의 빙하의 차이

북극의 빙하는 바다에 떠 있는 해빙으로, 계절 변화에 따라 면적이 크게 달라지며 기후 변화의 영향을 민감하게 받는다. 반면, 남극의 빙하는 육지 위에 쌓인 매우 두꺼운 빙하층으로 구성되어 있어, 북극에 비해 상대적으로 안정성이 높은 것으로 여겨진다. 이러한 특성 때문에 북극의 해빙 면적은 지구 온난화의 주요 지표로 활용된다. 한편 최근에는 남극의 빙하도 급격히 감소하고 있으며, 2023년 2월에는 관측 이래 최저 수준의 해빙 면적을 기록하였다.

데이터 분석 ❸

지구 평균 기온 데이터
빙하 면적 데이터

지구 평균 기온과 빙하 면적은 어떤 연관이 있을까?

지구의 평균 기온이 상승하면서 빙하가 녹고 있다는 주장이 많다. 과연 기온의 상승과 빙하 면적 감소 사이에 어떤 연관이 있을까? 데이터 분석을 통해 이를 확인해 보자.

지금까지 시각화한 데이터를 활용하여 지구 평균 기온 변화와 빙하 면적 변화를 비교해 보자. 계절별 기온의 변화를 고려했을 때 9월을 기준으로 지구 평균 기온과 극지방의 평균 빙하 면적의 크기를 분석한다.

북반구의 지구 기온 데이터에서 x축을 '연도(Year)' 속성으로, y축을 '9월(Sep)' 속성으로 설정하면, 연도별 9월 평균 기온 변화를 파악할 수 있다. 이때 연도별 변화 추이를 시각적으로 표현하기 위해 'Sep' 속성을 클릭하여 수치형으로 변환한다.

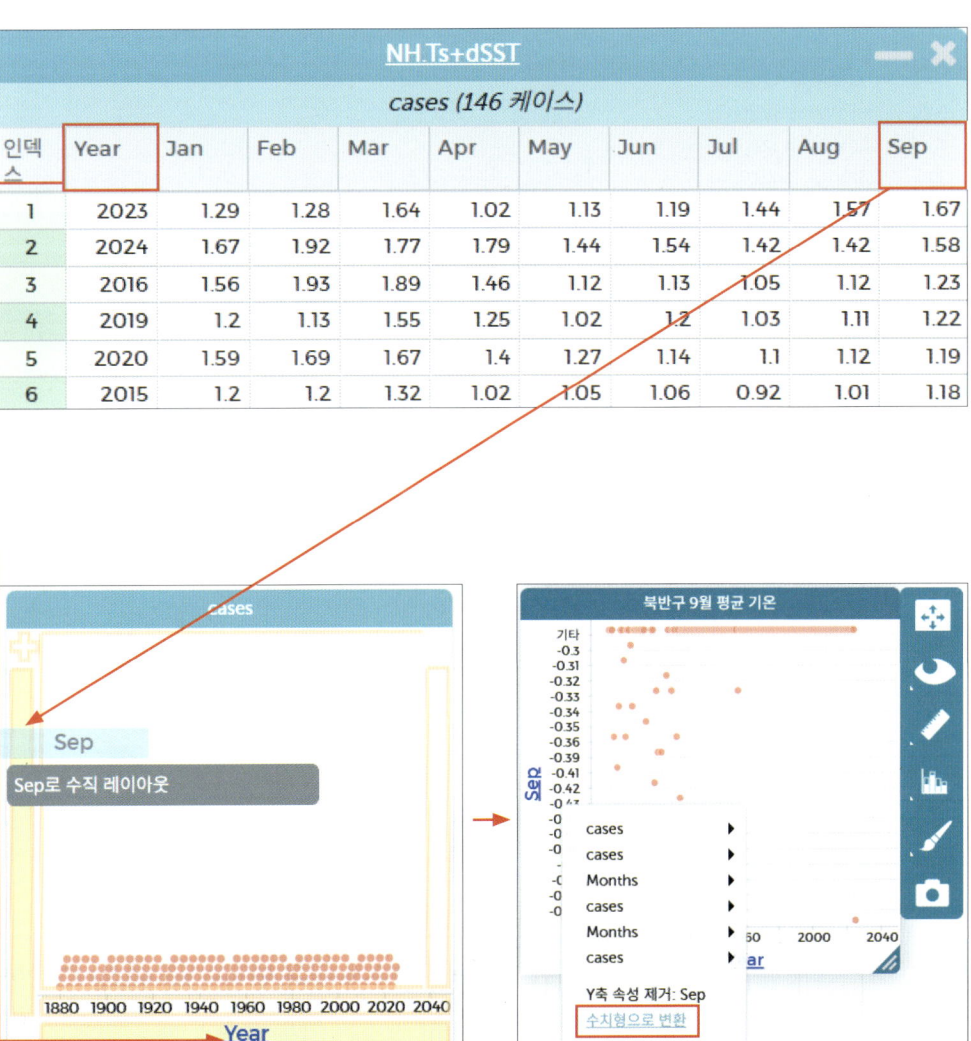

Tip! 남극의 빙하 면적을 비교하기 위해서는 남반구의 2월 데이터를 기준으로 한다.

7. 지구의 평균 기온 데이터 분석 243

03 데이터 분석 활동을 해 볼까

 # 해석 — 지구 평균 기온의 변화와 극지방의 평균 빙하 면적을 비교한 결과, 이를 통해 알 수 있는 정보는 다음과 같다.

1 북반구 지구 온도 변화와 북극의 빙하 면적 그래프(9월 데이터 기준)

> **Tip!** 지구 평균 기온 데이터는 1880년부터 제공되지만 빙하 면적 데이터는 1980년부터 관측되기 시작해 두 데이터의 시작 시점이 일치하지 않는다. 이 경우 CODAP에서 x축 레이블을 조정하여 두 그래프의 시작 연도를 맞추면 비교 분석이 더 효과적으로 이루어진다.

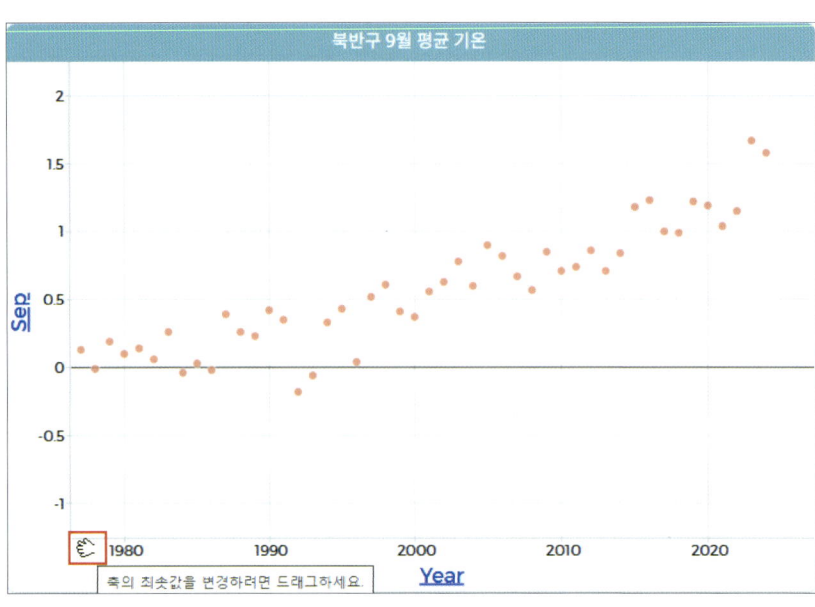

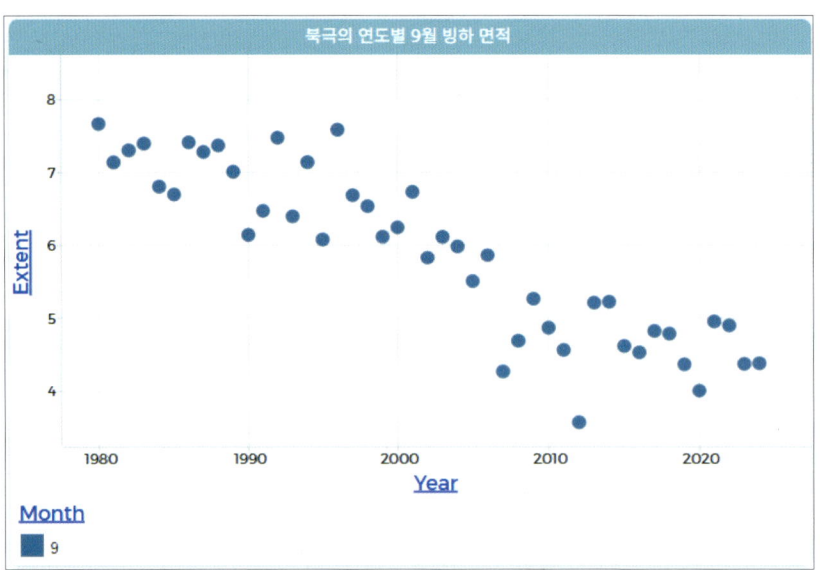

- 기온 상승과 북극의 빙하 면적 감소의 관계
    - 기온이 상승할수록 빙하 면적이 줄어드는 경향이 뚜렷하게 나타난다.
    - 북극의 빙하 감소는 기온 상승과 매우 밀접한 연관이 있는 것으로 보인다.

❷ 남반구 지구 온도 변화와 남극의 빙하 면적 그래프(2월 데이터 기준)

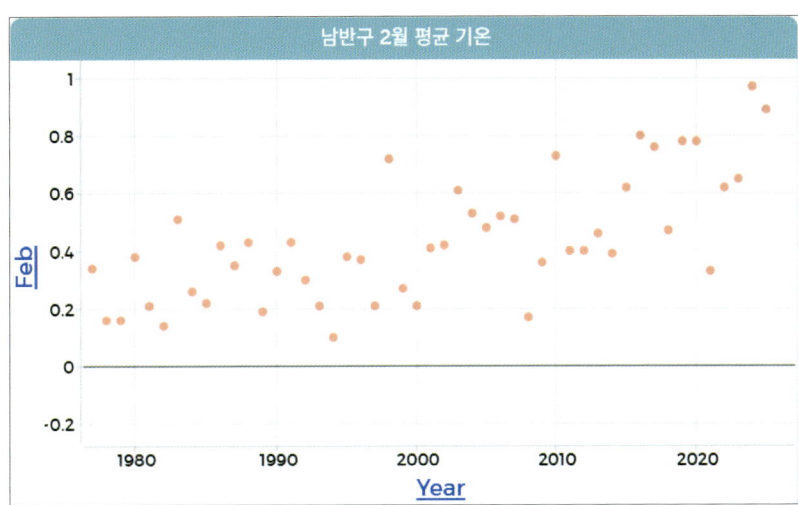

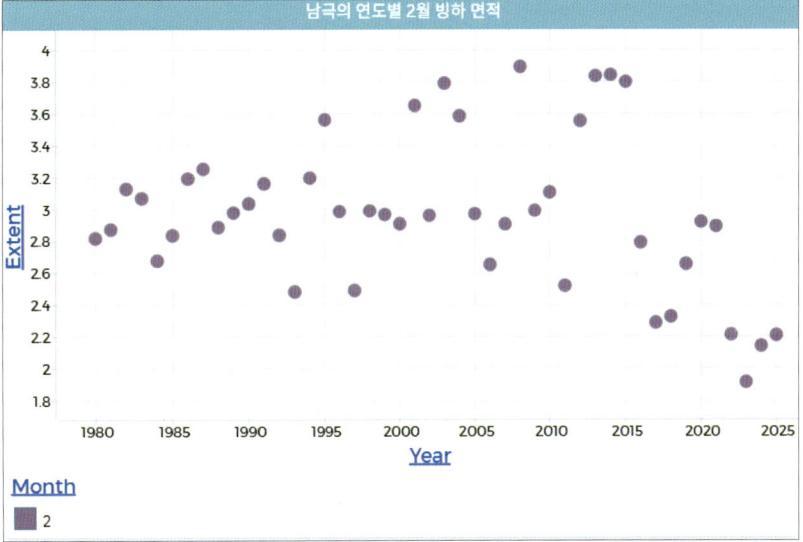

> **TIP!** 남극은 북반구와 계절이 반대이기 때문에 해빙 면적은 일반적으로 2월을 기준으로 분석한다. 따라서 남반구 평균 기온과 남극 해빙 면적을 시각화할 때는 2월 데이터를 기준으로 비교하는 것이 적절하다.

- 기온 상승과 빙하 면적 감소의 관계
  - 기온이 상승할수록 빙하 면적이 줄어드는 경향을 보인다.
  - 남극의 빙하 감소는 북극보다 온도 변화에 덜 민감하게 반응하지만, 전체적으로는 감소 추세를 보이고 있다.

지구 평균 기온은 북반구와 남반구 모두에서 꾸준히 상승하고 있으며, 특히 1980년대 이후 그 속도가 빨라졌다. 기온 상승에 따라 북극은 빠르게, 남극은 점진적으로 빙하 면적이 줄어들고 있어, 지구 온난화의 영향이 실제로 나타나고 있음을 보여 준다.

탐색적 데이터 분석

데이터의 속성을 살펴보고 앞에서 제시한 문제의 답을 찾는 것 외에 더 알 수 있는 정보를 찾아봅시다.

 평균 기온이 급격하게 상승했던 때, 빙하의 면적은 어떻게 변했을까?

1. 어떤 데이터 분석 활동을 해야 할까?

> 예) 평균 기온의 급격한 상승 시점과 같은 해의 빙하 면적의 변화 양상

2. 어떤 속성이 필요할까?

> 예) 평균 기온 데이터: Year, Sep
> 빙하 데이터: Year, Sep, Extent

3. 어떤 그래프를 그릴까?

예) 북반구 9월의 평균 기온과 북극 빙하 면적 그래프(산점도)

4. 알 수 있는 정보는 무엇일까?

> 예) 북반구의 9월 평균 기온 중 편차가 가장 큰 연도는 2023년이다. 같은 해 빙하 면적 그래프를 보면 2023년에 급격하게 빙하 면적의 크기가 줄어드는 모습을 볼 수 있다.

5. 이 활동을 통해 얻을 수 있는 기대 효과는 무엇일까?

> 예) 기온 변화와 빙하 면적 감소 사이의 연관성을 파악하고, 지구 온난화의 심각성을 데이터로 체감할 수 있다.

8 우리 동네 대기오염도 데이터 분석

➤ 이 장에서는 다음의 순서로 진행합니다.

subString( ) 함수, mean( ) 함수, 콜렉션

01 해결해야 할 문제는 무엇일까
- 대기오염을 줄이기 위해 우리 동네에서는 무엇을 할 수 있을까?

02 어떤 데이터를 분석할까

- 서울 열린데이터광장(일별 평균 대기오염도 데이터)

03 데이터 분석 활동을 해 볼까

- 데이터 분석 1
  미세 먼지는 계절에 따라 어떻게 달라질까?
- 데이터 분석 2
  미세 먼지는 어느 월에 제일 심각할까?
- 데이터 분석 3
  미세 먼지가 적은 청정 지역은 어디일까?

응용하기

- 탐색적 데이터 분석
  대시 미세 먼지의 농도와 초미세 먼지의 농도는 어떤 상관관계가 있을까?

⚠️ 본 활동은 미세 먼지의 계절 및 월별 농도, 청정 지역을 분석하여 미세 먼지의 분포와 환경 문제를 이해하는 것을 목표로 하며, SDGs 11번 '지속가능한 도시와 공동체', 13번 '기후 변화 대응'과 관련이 있습니다.

해결해야 할 문제는 무엇일까

💬 다음 상황을 읽고, 해결해야 할 문제를 알아봅시다.

우리는 일상생활에서 '오늘 미세 먼지 농도는 어떨까?' 하고 궁금해하고는 한다. 어떤 날은 하늘이 온통 뿌옇고 숨쉬기조차 어려울 만큼 미세 먼지가 심하지만, 또 어떤 날은 푸르고 맑은 하늘이 끝없이 펼쳐지기도 한다. 그렇다면 이처럼 날마다 달라지는 미세 먼지 변화에는 일정한 규칙이 숨어 있는 걸까?

대기오염 데이터를 활용하면 특정 지역의 환경 문제를 보다 명확하게 발견할 수 있고, 오염의 원인을 과학적 근거를 바탕으로 분석하여 실질적이고 효과적인 해결 방안을 모색할 수 있다. 단순히 수치를 읽는 데서 그치는 것이 아니라, 데이터를 통해 지역의 대기질 상태를 종합적으로 파악하고 환경 문제의 심각성을 인식하게 된다. 이러한 과정을 거치며 일상생활 속에서 환경을 보호하기 위해 실천할 수 있는 다양한 방법들(예 대중교통 이용하기, 자전거 타기, 일회용품 사용 줄이기 등)을 능동적으로 고민하게 된다.

02 어떤 데이터를 분석할까

데이터 수집

💬 **문제 해결에 필요한 데이터를 수집하고, 속성을 살펴봅시다.**

공공데이터인 '일별 평균 대기오염도'를 활용하여 어떤 물질이 대기오염도에 영향을 미치는지 속성 간의 관계를 탐색하여 연관성을 살펴본다.

📁 **일별 평균 대기오염도 데이터**

일별 평균 대기오염도 데이터는 '서울 열린데이터광장'에서 제공하는 공공데이터로, 1년(365일) 동안 측정된 평균 대기오염 물질의 농도 정보를 포함한다.

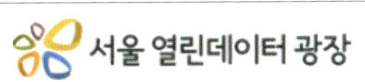

인덱스	측정일시	측정소명	이산화질소 농도(ppm)	오존농도 (ppm)	일산화탄소 농도(ppm)	아황산가스 농도(ppm)	미세먼지농 도(µg/㎥)	초미세먼지 농도(µg/㎥)
1	20230101	강남구	0.02	0.02	0.6	0	52	36
2	20230101	강동구	0.03	0.02	0.7	0	56	43
3	20230101	강북구		0.03	0.7	0	51	34
4	20230101	강서구	0.02	0.03	0.6	0	62	38
5	20230101	관악구	0.03	0.02	0.6	0	54	35
6	20230101	광진구	0.02	0.02	0.79	0	48	36

데이터 속성 알아보기

💡 이번 활동에 사용한 대기오염도 데이터는 2023년 자료이며, 포함된 속성과 그 의미에 대해서도 함께 살펴본다.

속성 살펴보기

- 이산화질소농도(ppm): NO_2, 자동차 및 산업 시설에서 사용되는 연료가 연소될 때 발생하는 가스로, 식물 세포를 파괴하고 산성비, 오존, 스모그 형성의 원인이 된다.
- 오존농도(ppm): O_3, 질소산화물과 휘발성 유기화합물이 자외선과 반응하여 생성되는 2차 오염물질로, 인체 및 식물의 호흡기에 피해를 줄 수 있다.
- 일산화탄소농도(ppm): CO, 연료의 불완전 연소로 발생하는 맹독성 기체로, 산소 흡입을 방해하여 협심증, 뇌 기능 저하 등의 건강 문제를 유발할 수 있다.
- 아황산가스농도(ppm): SO_2, 석탄 및 석유의 연소, 금속 제련 공정 과정에서 발생하는 기체로, 호흡기 질환을 유발하고 인체에 강한 자극을 줄 수 있다.
- 미세먼지농도(µg/㎥): PM10, 대기 중에 떠다니는 지름 10µm(10/1000mm, 머리카락 직경의 약 1/5) 이하의 먼지로, 크기가 작아 눈에 보이지 않는다. 중금속을 함유할 가능성이 높아 인체에 해로운 영향을 미칠 수 있다.
- 초미세먼지농도(µg/㎥): PM2.5, 지름 2.5µm 이하의 초미세 먼지로, 머리카락 직경의 1/20~1/30 수준으로 매우 작다. 호흡기 및 심혈관 질환을 유발할 가능성이 높다.

일별 평균 대기오염도 데이터를 활용하면 어떤 정보를 알아낼 수 있고, 어떤 문제를 해결할 수 있을까? 예를 들어, 어떤 물질이 대기오염도에 영향을 미치는지 검증해 볼 수 있다.

02 어떤 데이터를 분석할까

데이터 다운로드

📁 서울시 일별 평균 대기오염도 데이터

'서울 열린데이터광장(https://data.seoul.go.kr/)' 사이트에서 데이터를 내려받는 방법은 다음과 같다.

데이터 내려받는 방법

1 사이트 접속하고 데이터 검색하기

검색창에 '서울시 일별 평균 대기오염도'를 입력한 뒤, 검색을 클릭한다.

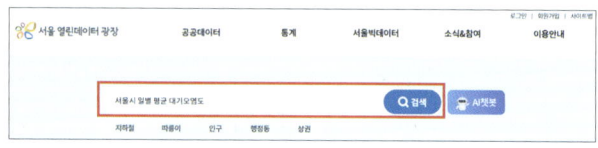

결과로 나온 공공데이터 '서울시 일별 평균 대기오염도 정보'를 클릭한다.

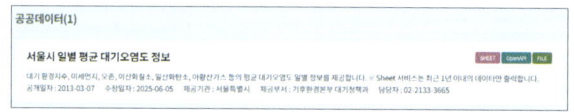

QR코드를 활용하여 '서울 열린데이터 광장'에서 데이터를 내려받아 보세요.

Tip! 열린데이터광장은 서울시에서 수집·관리하는 공공데이터를 제공하는 사이트이다.

파일이 최신 데이터로 업데이트되었다면 최신 파일을 사용해도 무방해요.

Tip! 한글이 포함된 파일을 CODAP에서 직접 불러올 때 한글 깨짐 현상이 발생할 수 있으므로, UTF-8로 인코딩해야 한다.

2 데이터 내려받고 파일 형식 변경하기

'파일내려받기'에 있는 파일들 중 '일별평균대기오염도_2023.csv' 파일을 내려받은 뒤, 파일 형식을 'CSV UTF-8(쉼표로 분리)'로 설정하여 저장한다.

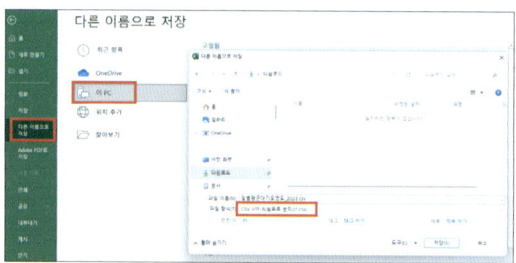

📁 CODAP에서 데이터 불러오기

'일별평균대기오염도_2023' 파일을 빈 곳에 드래그 앤드 드롭한다. '모든 행 가져오기'를 선택한 뒤 '확인'을 선택한다.

Tip! 대기오염도 데이터는 18,000개의 행이 포함되어 있어, 5,000개를 샘플링할 것을 권장하나, 아주 많아서 처리를 못할 수준은 아니므로 전체를 불러온다.

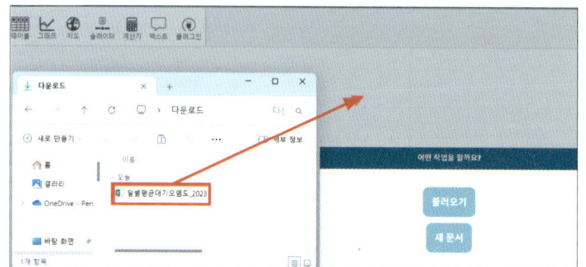

데이터 분석 활동을 해 볼까

💬 **다음의 질문에 대한 답을 찾을 수 있도록 데이터 분석을 해 봅시다.**

- ✅ 미세 먼지는 계절에 따라 어떻게 달라질까?
- ✅ 미세 먼지는 어느 월에 제일 심각할까?
- ✅ 미세 먼지가 적은 청정 지역은 어디일까?

데이터 분석 ❶

📂 **미세 먼지는 계절에 따라 어떻게 달라질까?**

계절별로 미세 먼지 농도는 어떻게 변하고, 특정 계절에서 농도가 유독 높아지는 시기가 있는지 살펴보자. 이를 분석하기 위해 계절별 미세 먼지 농도의 변화를 살펴보고, 주요 원인을 분석해 보자.

제공된 데이터에는 계절별 미세 먼지 농도 정보가 포함되어 있다. 서울시 내 약 50개 지역의 미세 먼지 농도를 계절별로 분석할 수 있도록 다음과 같은 순서로 데이터를 처리한다.

| '계절' 속성 추가 | ➡ | 계절별 평균 미세 먼지 농도(μg/㎥) 그래프 생성 |

데이터 전처리

● **'계절' 속성 추가**

계절별 미세먼지 농도를 분석하기 위해, 테이블에서 새로운 속성을 생성하고 수식을 편집한다.

① + 표시를 클릭하여 새로운 속성을 생성한 후, 이름을 '계절'로 변경한다.

계절별 미세 먼지 특징

봄
황사 발생 시 미세 먼지 농도 급격히 증가할 가능성 있음.

여름
강수량 증가와 대기 순환으로 인해 미세 먼지 농도가 낮아지는 경향이 있음.

가을
기온 하강, 난방 사용, 대기 정체로 인해 미세 먼지 농도가 다시 증가할 가능성이 큼.

겨울
난방 연료 사용 증가로 인해 미세 먼지 농도가 높아지는 경향임.

일별평균대기오염도_2023
cases (18250 케이스)

인덱스	측정일시	측정소명	이산화질소 농도(ppm)	오존농도 (ppm)	일산화탄소 농도(ppm)	아황산가스 농도(ppm)	미세먼지농도(μg/㎥)	초미세먼지 농도(μg/㎥)	새 속성
1	20230101	강남구	0.02	0.02	0.6	0	52	36	
2	20230101	강동구	0.03	0.02	0.7	0	56	43	이름 바꾸기
3	20230101	강북구		0.03	0.7	0	51	34	너비 맞추기
4	20230101	강서구	0.02	0.03	0.6	0	62	38	속성의 특성 편집
5	20230101	관악구	0.03	0.02	0.6	0	54	35	수식 편집
6	20230101	광진구	0.02	0.02	0.79	0	48	36	수식 제거(값 유지)
7	20230101	구로구	0.02	0.02	0.4	0	53	35	랜덤하게 만들기
8	20230101	금천구	0.02	0.02	0.6	0	47	38	오름차순 정렬(A→Z, 0→9)
9	20230101	노원구	0.03	0.02	0.7	0	51	39	내림차순 정렬(9→0, Z→A)
10	20230101	도봉구	0.02	0.03	0.7	0	43	32	속성 숨기기
									속성 삭제

03 데이터 분석 활동을 해 볼까

② '계절' 속성을 클릭한 뒤 '수식 편집'을 선택하여 다음과 같이 입력한다.

> Tip '측정일시' 속성을 직접 입력하면 종종 오류가 발생하므로 반드시 '속성명 입력' 목록을 이용한다.

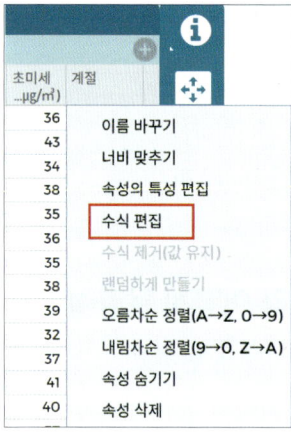

- '함수 입력'을 클릭한 뒤, 기타 함수 목록에서 if(expression, value_if_true, value_if_false)를 선택한다.
- '속성명 입력'을 클릭한 뒤, '측정일시'를 이용해서 if( ) 안에 다음과 같이 입력하고 '적용'을 선택한다.

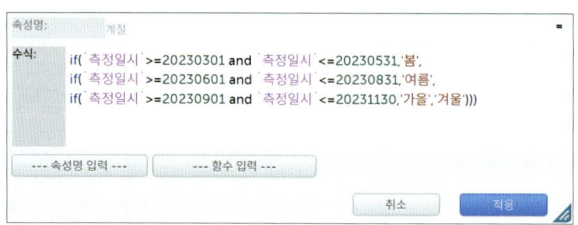

> 일반적으로 3~5월을 봄, 6~8월을 여름, 9~11월을 가을, 12~2월을 겨울로 보므로, 이를 기준으로 계절을 구분해요.

③ 수식에 맞춰 '계절' 속성값이 자동으로 채워지는 것을 확인할 수 있다.

일별평균대기오염도_2023
cases (18250 케이스)

인덱스	측정일시	측정소명	이산화질소 농도(ppm)	오존농도 (ppm)	일산화탄소 농도(ppm)	아황산가스 농도(ppm)	미세먼지농도(μg/㎥)	초미세먼지 농도(μg/㎥)	계절
1	20230101	강남구	0.02	0.02	0.6	0	52	36	겨울
2	20230101	강동구	0.03	0.02	0.7	0	56	43	겨울
3	20230101	강북구		0.03	0.7	0	51	34	겨울
4	20230101	강서구	0.02	0.03	0.6	0	62	38	겨울
5	20230101	관악구	0.03	0.02	0.6	0	54	35	겨울
6	20230101	광진구	0.02	0.02	0.79	0	48	36	겨울
7	20230101	구로구	0.02	0.02	0.4	0	53	35	겨울
8	20230101	금천구	0.02	0.02	0.6	0	47	38	겨울
9	20230101	노원구	0.03	0.02	0.7	0	51	39	겨울
10	20230101	도봉구	0.02	0.03	0.7	0	43	32	겨울

> Tip 데이터가 많아 수식 계산, 그래프 생성이 지연될 수 있으나, 대기 버튼을 눌러 기다리면 결과가 출력된다.

짚고 가기 if( ) 함수

if(expression, value_if_true, value_if_false) 함수는 주어진 조건(expression)이 참이면 value_if_true 값을 반환하고, 거짓이면 value_if_false 값을 반환하는 함수이다.
우리가 구하고자 하는 '계절' 속성은 각 '측정일시'를 이용하여 조건에 맞게 봄, 여름, 가을, 겨울로 구분하는 과정이므로, if( ) 함수를 사용하는 것이 적합하다.

계절별 평균 미세 먼지 농도 그래프

계절별 미세 먼지 농도의 변화를 효과적으로 파악하기 위해 '계절' 속성을 x축으로, '미세먼지농도(㎍/㎥)' 속성을 y축으로 설정하여 그래프를 생성한다.

1 '계절'을 x축, '미세먼지농도(㎍/㎥)'를 y축으로 설정하기

'계절' 속성을 x축, '미세먼지농도(㎍/㎥)' 속성을 y축으로 드래그 앤 드롭한다.

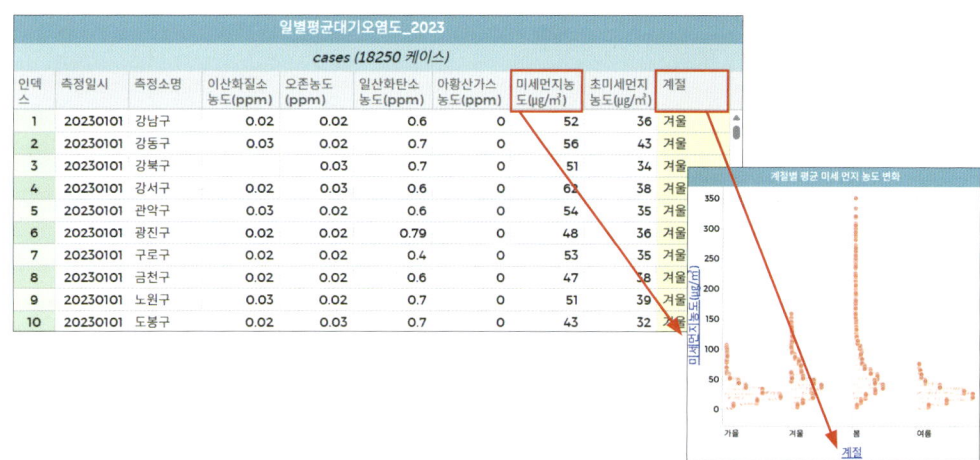

2 '측정' 탭에서 설정하기

① 오른쪽 '측정' 탭에서 '측정 레이블 보이기', '평균', '중앙값'을 선택하여 계절별 미세 먼지 농도의 차이를 더욱 명확하게 시각화한다.

> **Tip!** 오른쪽 시각화를 통해 특정 계절에 미세 먼지 농도가 급증하거나 감소하는 패턴을 확인할 수 있다. 더불어 기온 변화, 강수량, 황사 발생 등 계절적 요인과 기상 조건이 미세 먼지 농도에 미치는 영향을 분석할 수 있다.

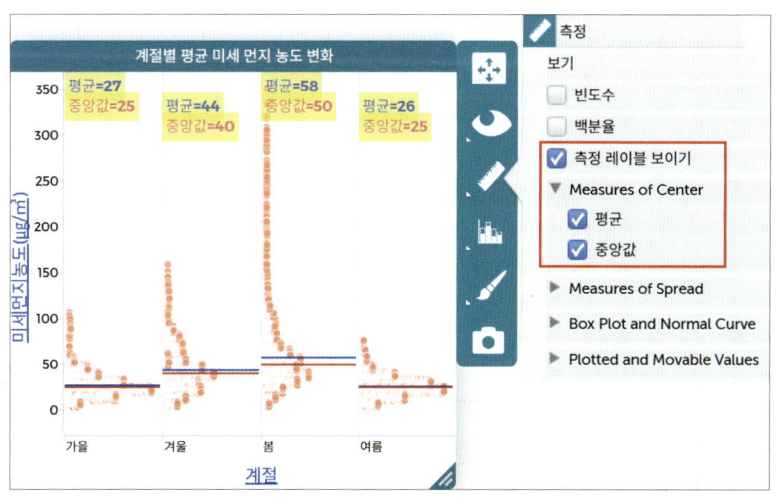

② '계절' 축의 가을, 겨울, 봄, 여름 레이블을 드래그하면서 순서를 봄, 여름, 가을, 겨울 순으로 정렬한다.

8. 우리 동네 대기오염도 데이터 분석 **253**

03 데이터 분석 활동을 해 볼까

 계절별 평균 미세 먼지 농도를 관찰한 데이터로, x축을 계절, y축을 미세먼지농도(μg/㎥)로 설정하여 그래프로 시각화한 결과, 이를 통해 알 수 있는 정보는 다음과 같다.

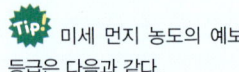 미세 먼지 농도의 예보 등급은 다음과 같다.
- 좋음: 0~30μg/㎥
- 보통: 31~80μg/㎥
- 나쁨: 81~150μg/㎥
- 매우 나쁨: 151μg/㎥

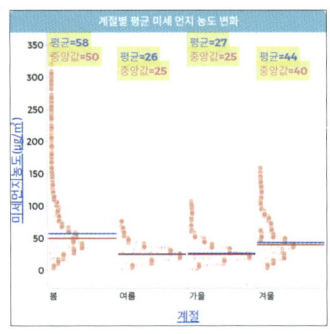

● 계절별 미세 먼지 농도 평균 변화
　- '봄-겨울-가을-여름' 순으로 높다.

● 최대 농도 및 최소 농도
　- 봄: 0~351μg/㎥ 사이에 분포하며, 날짜별 편차가 매우 큰 계절이다. 매우 나쁨의 일수가 많은 계절이다.
　- 여름: 0~76μg/㎥ 사이에 분포하며, 좋음과 보통의 날들이 이어진다.
　- 가을: 0~107μg/㎥ 사이에 분포하며, 좋음, 보통, 나쁨 상태를 반복하나, 나쁨에 해당하는 일수는 거의 없다.
　- 겨울: 0~159μg/㎥ 사이에 분포하며, 매우 나쁨 상태가 극히 일부(2건) 존재한다.

더 알아보기 ➕ 추가적인 의미와 분석 정보

• 계절적 변화와 대기오염의 원인 분석
　- 봄: 황사 및 건조한 기후, 대기 정체 현상이 원인으로 미세 먼지 농도 급상승
　- 여름: 강수량 증가, 대기 순환 원활, 여름철 강한 바람이 원인으로 미세 먼지 농도 감소
　- 가을: 기온 하강, 난방 사용 증가, 대기 정체가 원인으로 미세 먼지 농도 점진적 증가
　- 겨울: 난방 연료 사용 증가, 대기 정체 현상 심화가 원인으로 미세 먼지 농도 다시 상승

• 추가 고려 사항
　- 날씨 데이터: 강수량, 바람의 방향과 속도, 온도 등의 기상 조건 분석
　- 계절적 요인: 봄철 황사 발생 빈도 및 강도, 겨울철 난방 사용 증가에 따른 배출량 변화 등을 분석하면 미세 먼지 농도 변화를 보다 정확하게 예측 가능

데이터 분석 ❷

Tip 데이터 분석 1의 데이터를 이어서 사용한다.

📁 미세 먼지는 어느 월에 제일 심각할까?

동일 계절 내에서도 어떤 달은 미세 먼지 농도가 유독 높고, 어떤 달은 상대적으로 낮다. 이처럼 월마다 차이가 있는 시기가 있을까? 이를 해결하기 위해 월별 평균 미세 먼지 농도 변화를 분석해 보자.

데이터 전처리

● '미세먼지농도' 속성의 결측치 제거

'미세먼지농도($\mu g/㎥$)' 속성에는 결측치가 포함되어 있다. 결측치를 포함한 상태로 월별 미세 먼지 농도의 평균을 계산하면 부정확한 결과가 도출되며, 신뢰할 수 없는 정보를 제공할 위험이 있다. 따라서 분석의 정확성을 높이기 위해 다음과 같이 결측치를 제거하는 과정이 필요하다.

결측치 처리 방법
- **삭제**: 가장 쉬운 방법으로, 결측치가 포함된 데이터를 제거하는 방식이다. 결측치가 많으면 데이터 손실이 크므로, 신중하게 적용한다.
- **대체**: 결측값을 특정 값으로 대체하여 데이터 손실을 최소화하는 방법이다. 대체할 값으로 선택할 수 있는 것은 평균(Mean), 중앙값(Median), 최빈값(Mode), 상수(Constant) 등이다.

• 결측치 제거 방법

① '미세먼지농도($\mu g/㎥$)' 속성명을 클릭하여 데이터를 오름차순으로 정렬한다.

② '미세먼지농도($\mu g/㎥$)'의 값이 비어 있는 1~113행을 드래그한다.

③ 테이블 오른쪽 '휴지통' 탭의 '선택한 케이스 삭제' 버튼을 선택한다.

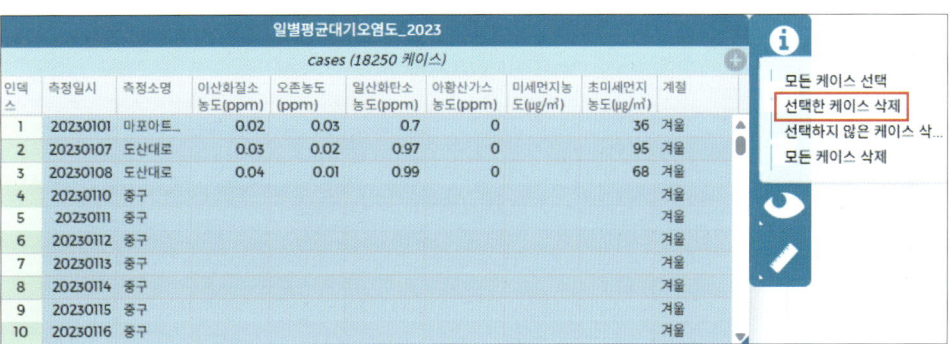

8. 우리 동네 대기오염도 데이터 분석 **255**

03 데이터 분석 활동을 해 볼까

월별 미세 먼지 농도 분석

서울시 약 50개 지역의 미세 먼지 농도를 월별로 분석할 수 있도록 다음과 같은 순서로 데이터를 처리한다.

측정월 속성 생성 및 데이터 그룹화하기 ⇨ 측정월별 '평균 미세먼지농도(μg/㎥)' 속성 생성하기 ⇨ 측정월별 '평균 미세먼지농도(μg/㎥)'의 그래프 생성하기

① 측정월 속성 생성 및 데이터 그룹화하기

데이터에 측정월 속성이 없으므로 측정 일시에서 '측정월' 속성을 추출하여 새로운 속성을 만든다.

① '+' 표시를 클릭하여 새로운 속성을 생성한 뒤, 속성명을 '측정월'로 변경한다.

② 생성한 '측정월' 속성을 클릭한 뒤 '수식 편집'을 선택하여 다음과 같이 입력한다.

- '함수 입력'을 클릭한 뒤, '문자 함수' 목록에서 'subString(string, position, length)'을 선택한다.
- '속성명 입력'을 클릭한 뒤, string 부분에 '측정일시'를, position 부분에 월이 시작하는 위치인 5, length 부분에 추출할 문자 개수인 2를 입력하고 '적용'을 클릭한다. 즉, '측정일시'에서 5번째 글자부터 2개를 추출한다.

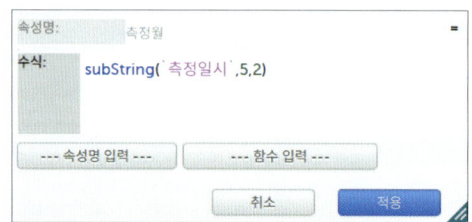

③ 수식에 맞춰 '측정월' 속성값이 채워진다.

④ 다시 '측정월' 속성을 클릭한 뒤, '수식 제거(값 유지)'를 선택한다.

> **Tip!** 수식을 포함한 상태에서 그룹화를 진행하면 구문 오류가 발생하므로 그룹화 전에 수식을 제거한다.

⑤ '측정월' 속성명을 테이블의 제일 왼쪽 흰색 공간(콜렉션)으로 드래그하여 '측정월'을 기준으로 데이터를 그룹화한다.

짚고 가기   subString( ) 함수

subString(string, position, length) 함수는 주어진 문자열(string)에서 특정 위치(position)부터, 지정한 길이(length)만큼의 부분 문자열을 추출하는 함수이다. 우리가 구하고자 하는 '측정월'은 '측정일시'에서 5번째와 6번째 문자(총 2자리 숫자)이다. 따라서 subString( ) 함수를 활용하면 '측정일시'에서 월 정보를 정확하게 추출할 수 있다.

03 데이터 분석 활동을 해 볼까

2 측정월별 '평균 미세먼지농도' 속성 생성하기

월별 평균 미세 먼지 농도를 계산하기 위해 새로운 속성을 생성하고, 수식 편집을 통해 평균을 산출하는 과정을 수행한다.

① 콜렉션의 '+' 표시를 클릭하여 새로운 속성을 생성한 뒤, 속성명을 '평균 미세먼지농도'로 변경한다.

② 생성한 '평균 미세먼지농도' 속성을 클릭한 뒤 '수식 편집'을 선택하여 다음과 같이 입력한다.

- '함수 입력'을 클릭한 뒤, '통계 함수' 목록에서 mean(expression, filter)을 선택한다.
- '속성명 입력'을 클릭한 뒤, expression 부분에 '미세먼지농도µg/㎥'를 입력하고 '적용'을 클릭한다.

③ 수식에 맞춰 '평균 미세먼지농도' 속성값이 채워진다.

> **짚고 가기** mean( ) 함수
>
> mean(expression, filter) 함수는 주어진 식(expression)의 평균을 계산하면서, 특정 조건(filter)에 맞는 데이터만 포함하여 평균을 산출하는 함수이다. 우리가 구하고자 하는 '평균 미세먼지농도' 속성값은 각 측정월별로 미세 먼지 농도의 평균을 계산하는 값으로, mean( ) 함수를 사용하는 것이 적합하다.

3 측정월별 '평균 미세먼지농도' 그래프 생성하기

월별 미세 먼지 농도의 변화를 효과적으로 파악하기 위해, '측정월' 속성을 x축으로, '평균 미세먼지농도' 속성을 y축으로 설정하여 그래프를 생성한다.

① '측정월' 속성을 클릭한 뒤 1월부터 12월까지로 오름차순 정렬하여 데이터의 흐름을 명확하게 만든다.

> **Tip!** 이러한 시각화를 통해 특정 달에 미세 먼지 농도가 급증하거나 감소하는 패턴을 확인할 수 있다. 더불어 계절적 변화, 기상 조건 등의 환경적 요인이 미세 먼지 농도에 미치는 영향을 분석할 수도 있다.

② '측정월' 속성을 x축으로, '평균 미세먼지농도' 속성을 y축으로 드래그 앤 드롭한다.

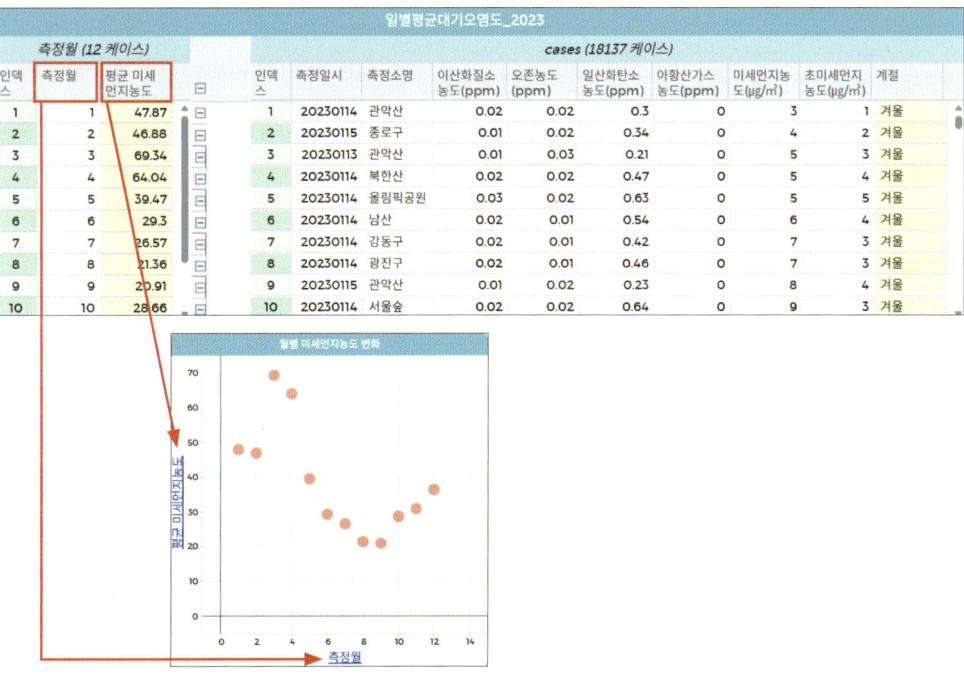

8. 우리 동네 대기오염도 데이터 분석

03 데이터 분석 활동을 해 볼까

③ 그래프 오른쪽 '측정' 탭에서 '연결 선'을 선택하여 데이터 포인트 간 변화를 직관적으로 확인할 수 있도록 한다.

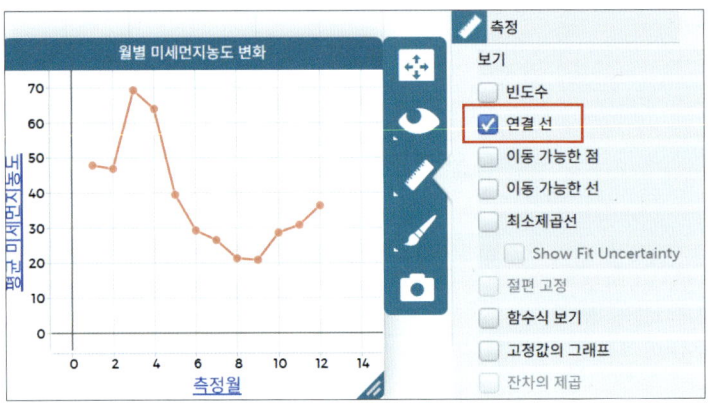

 # 해석

월별 평균 대기오염도를 관찰한 데이터를 바탕으로 '측정월' 속성을 x축, '평균 미세먼지농도' 속성을 y축에 설정하여 그래프로 시각화한 결과, 이를 통해 알 수 있는 정보는 다음과 같다.

- 월별 대기오염 수준의 변화
  - 3월이 가장 높고, 9월까지 꾸준히 감소하다가 10월부터 다시 증가하는 경향을 보인다.
  - 4월에서 5월로 넘어가면서 급격히 감소하며, 2월에서 3월로 가면서 급격히 증가하는 경향을 보인다.
  - 이는 봄철 황사, 겨울철 난방 연료 사용 증가 등의 요인으로 인한 것임을 유추할 수 있다.

- 최대 농도 및 최소 농도
  - 9월의 미세 먼지 농도가 가장 낮으며, 3월의 미세 먼지 농도가 가장 높다. 6월에서 10월까지는 미세 먼지 농도 예보에서 좋음 등급에 해당하는 날들이 이어지며, 나머지 월은 보통 등급에 해당한다.
  - 월별 평균으로 볼 때, 서울은 보통 이하의 등급을 연중 유지하면서 미세 먼지로부터 위험하지 않은 것으로 보이나 데이터 분석 1의 결과까지 종합적으로 볼 때, 실제로는 날짜별 편차가 크므로 미세 먼지 농도 예보에 주의를 기울여 조심하도록 노력할 필요는 있다.

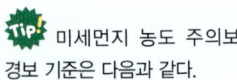

Tip! 미세먼지 농도 주의보 경보 기준은 다음과 같다.

구분	미세먼지 (PM10, μg/㎥)	초미세먼지 (PM2.5, μg/㎥)	권고 사항
주의보	150 이상 (2시간 지속)	75 이상 (2시간 지속)	민감군 실외 활동 자제 권고
경보	300 이상 (2시간 지속)	150 이상 (2시간 지속)	모든 실외 활동 제한, 학교·공공기관 야외 활동 금지

데이터 분석 ❸

🔎 미세 먼지가 적은 청정 지역은 어디일까?

월별 미세 먼지 농도는 지역에 따라 차이가 있을까? 만약 지역별 대기오염원의 차이, 지형적 특성, 교통량, 공업 시설 분포, 대기 순환 패턴 등의 요인에 의해 영향을 받는다면 지역마다 차이가 날 수 있다.

따라서 측정소별 미세 먼지 농도의 변화를 분석해 보자. 서울시 내 약 50개 지역의 미세먼지 농도를 측정월별로 분석할 수 있도록 다음과 같은 순서로 데이터를 처리하여 결과를 확인한다.

측정소별로 데이터 그룹화 ⇨ 측정소별 평균 미세먼지농도(μg/m³)의 변화 그래프 생성

'측정소명' 속성 기준으로 그룹화

● 측정소별 데이터 그룹화

'측정소명' 속성을 왼쪽 콜렉션으로 드래그하여 데이터를 그룹화한다.

> Tip! 2단계로 그룹화를 하면, 측정소별 월단위 미세 먼지 농도를 분석할 수 있다.

측정소별 평균 미세먼지 농도 그래프

측정소별로 월단위 평균 미세 먼지 농도를 비교하면, 특정 지역에서 미세 먼지가 급증하거나 감소하는 원인을 분석할 수 있다. 이를 통해 지역적 특성과 환경적 요인이 미세 먼지 농도에 미치는 영향을 파악할 수 있다.

여기서는 마포구와 한강대로 측정소의 미세 먼지 농도를 집중 분석하여 비교해 보려고 한다. 이 분석을 통해 지역별 미세 먼지 농도의 차이를 이해하고, 미세 먼지 저감 대책을 수립하는 데 활용할 수 있다.

03 데이터 분석 활동을 해 볼까

① '측정월' 속성을 x축으로, '평균 미세먼지농도' 속성을 y축으로, '측정소명' 속성을 그래프 가운데 영역으로 드래그 앤 드롭한다.

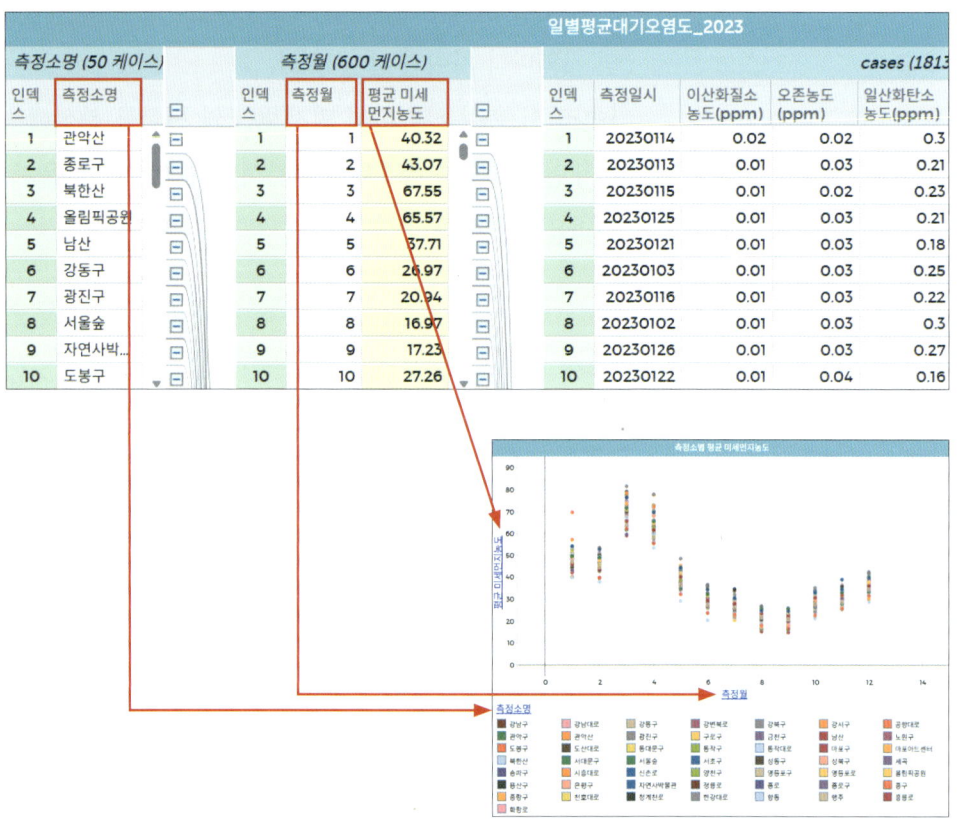

> **Tip!** 측정소명이 많아 그래프가 보이지 않으므로 그래프의 크기를 늘려 확인한다.

> **Tip!** 마포구는 주거지, 상업지, 공원 등이 혼재된 복합 지역으로 공기 순환이 잘 되는 곳이다. 한강대로는 서울의 대표적인 대형 간선도로 중 하나로, 차량 통행량이 매우 많은 교통 집중 지역이다. 이 두 지역은 교통량, 지형, 공기 흐름 등이 다르므로 비교 대상으로 적합하다.

항목	마포구	한강대로
특성	주거·상업 복합, 공원 존재	교통량 밀집, 도로 중심
교통량	중간 수준	매우 높음
공기 순환	한강 인접, 바람 통로 존재	빌딩 밀집, 공기 정체 가능
비교 목적	생활권 공기질 평가	교통 오염원 영향 측정

② 데이터 테이블의 맨 왼쪽 '측정소명 목록'에서 '마포구'를 선택한 뒤, '한강대로'를 추가하려면 키보드의 Ctrl 키를 누른 상태에서 '한강대로'를 클릭한다. 이를 통해 두 개의 측정소를 동시에 선택할 수 있다.

③ 생성한 그래프의 오른쪽 '눈 모양' 탭에서 '선택된 케이스 표시하기'를 선택한다.

④ 그래프의 '측정' 탭에서 '연결 선'을 선택하여 월별 평균 미세 먼지 농도의 변화를 확인한다.

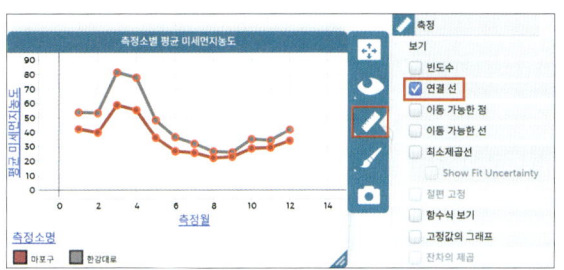

 # 해석 — 일별 평균 대기오염도 데이터로, '측정월' 속성을 x축, '평균 미세먼지농도' 속성을 y축으로, '측정소명' 속성을 가운데 영역으로 설정하여 그래프를 작성한 결과, 이를 통해 알 수 있는 정보는 다음과 같다.

> 모든 측정소의 데이터가 그래프에 나타나도록 '눈 모양' 탭에서 '모든 케이스 보기'로 재설정 후 범례의 측정소를 범례에서 구를 하나씩 클릭하면 측정소별 특징을 파악할 수 있다. 예를 들어, 한강대로는 평균 미세 먼지 농도가 하절기보다 동절기에 유독 높은 편이다.

● 지역별 미세 먼지 농도의 차이 분석

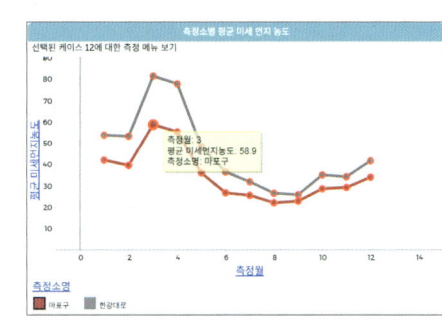

예시는 마포구와 한강대로 지역을 시각화한 결과예요.

- 마포구와 한강대로의 미세 먼지 농도를 비교한 결과, 두 지역 모두 3월에 미세 먼지 농도가 급격히 상승하는 패턴을 보인다.
- 마포구의 평균 미세 먼지 농도는 58.9이고, 한강대로의 평균 미세 먼지 농도는 81.6으로 한강대로가 마포구보다 상대적으로 더 높은 미세 먼지 농도를 기록한다.
- 한강대로가 교통량이 많은 도로변에 위치하여 차량 배기가스 및 대기오염원이 집중될 가능성이 크다. 반면, 마포구는 도로보다는 주거 지역과 공원이 많아 상대적으로 미세 먼지 농도가 낮게 나타날 수 있다.
- 그러나 미세 먼지가 낮은 8월은 측정소 간 차이가 거의 없다. 3월의 한강대로 통행량이 유난히 많은 것이 아닌 이상 미세 먼지가 많은 시기에 차량의 배기가스 배출 등이 미세 먼지 농도를 더욱 짙게 만드는 경향이 있는 것으로 유추해 볼 수 있다.

탐색적 데이터 분석

데이터의 속성을 살펴보고 앞에서 제시한 문제의 답을 찾는 것 외에 더 알 수 있는 정보를 찾아봅시다.

예시 Q 미세 먼지(PM10) 농도와 초미세먼지(PM2.5) 농도는 어떤 상관관계가 있을까?

1. 어떤 데이터 분석 활동을 해야 할까?

> 예) 미세 먼지(PM10)와 초미세먼지(PM2.5) 농도의 상관관계 분석

2. 어떤 속성이 필요할까?

> 예) 미세먼지농도($\mu g/m^3$), 초미세먼지농도($\mu g/m^3$)

3. 어떤 그래프를 그릴까?

> 예) 미세 먼지 농도와 초미세 먼지 농도의 상관관계 그래프(산점도와 결정계수)

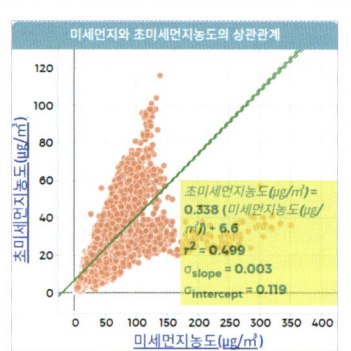

4. 알 수 있는 정보는 무엇일까?

> 예) 미세 먼지 농도가 증가하면 초미세 먼지도 함께 증가하는 경향이 있다. 그러나 결정계수 값이 0.499로 1에 가깝지 않다는 점에서, 초미세먼지 농도는 미세 먼지 외에도 다양한 요인에 의해 영향을 받는다는 점을 시사한다.

5. 이 활동을 통해 얻을 수 있는 기대 효과는 무엇일까?

> 예) 미세 먼지와 초미세 먼지 농도를 알면 건강 관리, 대기질 파악, 정책 대응, 공기 관리 등의 여러 방면에서 유용하게 활용할 수 있다.

9. K-pop 아이돌 데이터 분석

▶ 이 장에서는 다음의 순서로 진행합니다.

분포, 표준편차, 정규분포, 상자그림, if() 함수

01 해결해야 할 문제는 무엇일까
- 아이돌의 키, 체형, 나이, 데뷔 시기를 보면 아이돌이 되는 공통된 공식이 정말 있을까?

02 어떤 데이터를 분석할까

- Kaggle 데이터(K-pop 아이돌 데이터)

03 데이터 분석 활동을 해 볼까

- 데이터 분석 1
  남녀 아이돌의 키는 일반인보다 클까?
- 데이터 분석 2
  아이돌은 정말 '뼈마름'일까?
- 데이터 분석 3
  시간이 흐를수록 아이돌 데뷔가 증가할까?
- 데이터 분석 4
  아이돌은 주로 몇 살에 데뷔할까?

응용하기

- 탐색적 데이터 분석
  예시 데뷔 연도에 따라 아이돌 멤버의 출신 국가에 변화가 있을까?

⚠️ 본 활동은 아이돌의 신체적 특성, 데뷔 나이 등을 분석하여 아이돌 산업의 특징을 이해하는 것을 목표로 하며, SDGs 3번 '건강과 웰빙', 8번 '양질의 일자리와 경제 성장'과 관련이 있습니다.

01 해결해야 할 문제는 무엇일까

💬 **다음 상황을 읽고, 해결해야 할 문제를 알아봅시다.**

텔레비전 속 화려한 무대 위의 아이돌을 보면, 마르고 키가 큰 체형, 어린 나이의 데뷔한 모습 등 비슷한 이미지들이 떠오르곤 한다. 정말로 이러한 공통점들이 실제로 있는 걸까? 혹시 '아이돌이 되는 공식' 같은 게 있는 것은 아닐까? 이러한 질문에 대한 답을 찾기 위해 아이돌의 신체적 특성이나 데뷔 나이 등을 분석하는 것이 필요하지 않을까?

알아두면 쓸모있는 정보

아이돌에 대한 데이터는 공개된 정보나 대중적으로 알려진 인물들을 기반으로 수집된 것이므로, 모든 아이돌을 대표하는 데이터로 한다고 보기엔 한계가 있을 수 있다. 또한 특정 시기나 소속사, 성별 등에 따라 아이돌 선발 기준이나 트렌드가 다르게 작용했을 가능성도 존재한다. 따라서 일부 데이터만을 근거로 아이돌의 공통된 특성을 단정 짓는 것은 성급한 일반화가 될 수 있으며, 이를 해석할 때는 다양한 맥락을 고려해야 한다.

02 어떤 데이터를 분석할까

데이터 수집

💬 **문제 해결에 필요한 데이터를 수집하고 속성을 살펴봅시다.**

K-pop 아이돌 데이터(K-pop Idols)는 Kaggle에서 사용자가 제공하는 데이터로, 1,700명 이상의 K-pop 아이돌에 대한 정보를 포함한다.

1700+ K-Pop Idols Dataset
Nicolás Ismael Alayo Arias · Updated 2 years ago
Usability 10.0 · 1 File (CSV) · 56 kB

데이터 속성 알아보기

속성 살펴보기

- Stage Name: 활동 이름
- Full Name: 이름
- Korean Name: 한국 이름
- K Stage Name: 한국 활동 이름
- Date of Birth: 생일
- Group: 그룹 이름
- Debut: 데뷔일
- Company: 소속사
- Country: 국적
- Second Country: 이중국적
- Height(cm): 키
- Weight(kg): 체중
- Birthplace: 출생지
- Other Group: 서브그룹
- Former Group: 이전 그룹
- Gender: 성별(M:남, F:여)

K-pop 아이돌 데이터를 활용하면 어떤 정보를 알아낼 수 있고, 어떤 문제를 해결할 수 있을까? 예를 들어, 아이돌은 일반인에 비해 키가 큰지 체형은 더 말랐는지 등을 알아낼 수 있다. 또한 이러한 아이돌 산업의 트렌드와 선발 기준, 데뷔 나이 등 다양한 특성을 분석하여 아이돌 산업의 변화와 발전 양상을 예측하고, 관련된 사회적 문제를 해결하는 데 도움을 줄 수 있다.

02 어떤 데이터를 분석할까

데이터 다운로드

📂 Kaggle에서 데이터 내려받기

'1700+ K-pop Idols Dataset'을 클릭하여 'kpopidolsv3.csv'를 선택한 뒤, 다운로드 버튼을 클릭하여 데이터를 내려받는다.

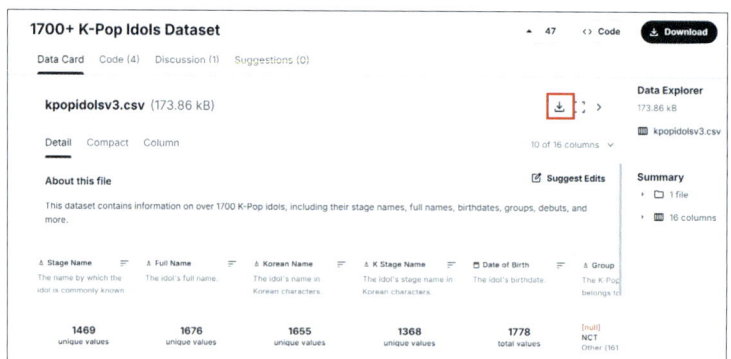

📂 데이터 준비하기

CODAP에서 날짜 속성으로 인식하기 위해서는 연/월/일 형식으로 지정을 해 주어한다. 데이터셋에서는 '일/월/연도' 형식으로 지정되어 있으므로 데이터 전처리를 진행해야 한다.

① 구글 Sheet로 데이터를 가져온다.

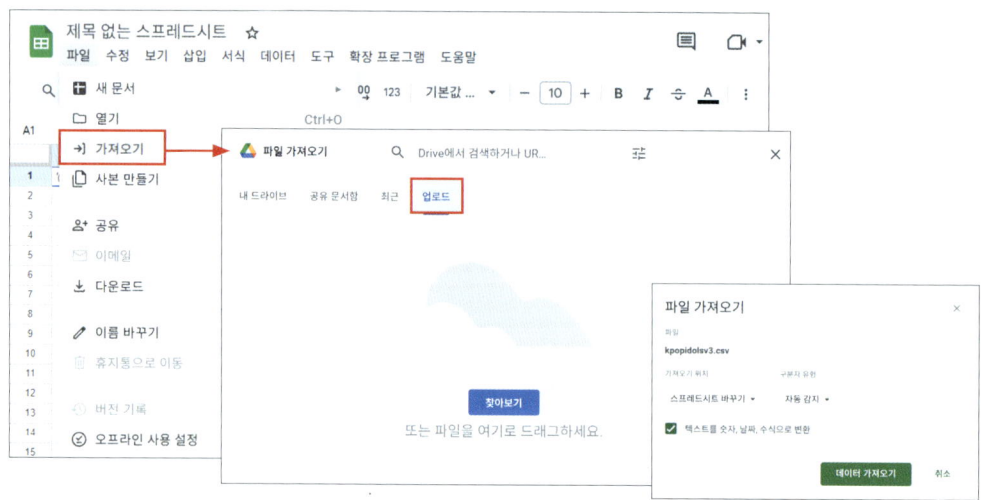

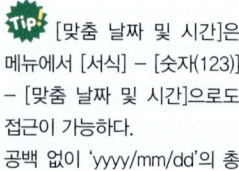
[맞춤 날짜 및 시간]은 메뉴에서 [서식] – [숫자(123)] – [맞춤 날짜 및 시간]으로도 접근이 가능하다.
공백 없이 'yyyy/mm/dd'의 총 10자리로 설정한다.

② 'Date of Birth', 'Debut'는 날짜 관련 속성이므로 해당 열의 데이터를 전부 선택하여 위 메뉴에서 '서식 더보기(123)'를 열어준다. '맞춤 날짜 및 시간'에서 기존 형식을 삭제하고 '연도(1930)/월(08)/일(05)'로 설정한다.

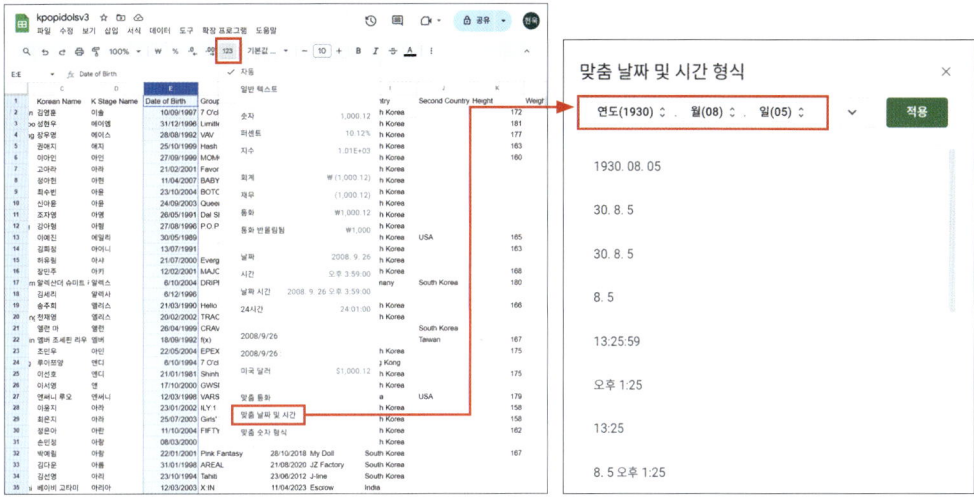

③ CODAP으로 불러오기 위해 파일-다운로드-쉼표로 구분된 값(csv)를 클릭하여 데이터를 내려받는다.

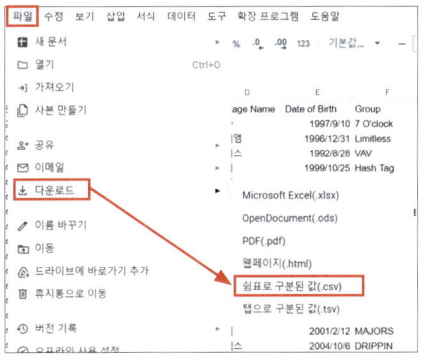

데이터 불러오기

📁 CODAP으로 데이터 불러오기

파일 탐색기의 다운로드 폴더에서 데이터를 드래그 앤 드롭하여 CODAP으로 데이터를 가져온다.

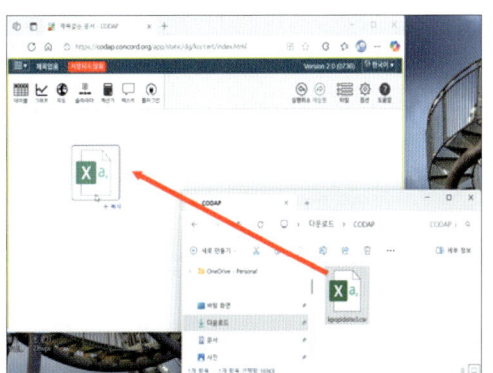

9. K-pop 아이돌 데이터 분석 269

03 데이터 분석 활동을 해 볼까

💬 다음의 질문에 대한 답을 찾을 수 있도록 데이터 분석을 해 봅시다.

- ☑ 남녀 아이돌의 키는 일반인보다 클까?
- ☑ 아이돌은 정말 '뼈마름'일까?
- ☑ 시간이 흐를수록 아이돌 데뷔가 증가할까?
- ☑ 아이돌은 주로 몇 살에 데뷔할까?

데이터 분석 ❶

📂 남녀 아이돌의 키는 일반인보다 클까?

대중들에게 보여지는 아이돌의 외모는 중요하다. 그중 키는 자주 언급되는 요소로 성별에 따라 키의 분포가 어떻게 다른지 분석해 보자.

아이돌 키 그래프

성별에 따른 키에 대한 데이터를 그래프로 살펴보면 전체적인 특징을 파악할 수 있다. 따라서 '키(Height)'와 '성별(Gender)' 속성을 필요로 한다. 이때, 기준이 되는 '키(Height)' 속성을 x축으로, '성별(Gender)' 속성을 범례로 설정하면 성별에 따른 키 분포를 파악할 수 있다.

> **Tip** 데이터상에 결측치가 보이지만, 수치형 결측치는 그래프에 나타나지 않는다.

 # 해석   x축은 '키(Height)' 속성으로, 범례는 '성별(Gender)' 속성으로 설정하여 그래프를 그린 결과, 이를 통해 알 수 있는 정보는 다음과 같다.

- 전반적인 경향
    - 아이돌의 키는 150~190cm 사이에 분포한다.
    - 아이돌 키의 평균은 170.6cm이다.
- 성별에 따른 키 차이
    - 여자 아이돌은 155~172cm 구간, 남자 아이돌은 170~185cm 구간에 집중되어 있다.

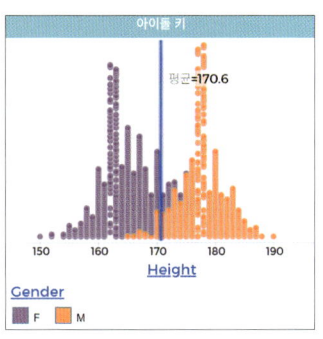

성별에 따른 아이돌 키 그래프

앞에서 아이돌 성별 키 분포가 다른 것을 확인했으므로, 성별을 구분하여 성별에 따른 키의 평균과 분포를 알기 위해 그래프로 표현해 보자.

정규분포(Normal Curve)
데이터가 평균을 중심으로 종 모양으로 분포하며, 표준편차를 기준으로 좌우 대칭을 이루는 통계적 분포이다.

분산과 표준편차
데이터가 평균을 기준으로 어느 정도 흩어져 있는지 알려 주는 지표이다.

(편차) = (각 변량) − (전체 평균)

$$(\text{분산}) = \frac{\text{편차의 제곱(편차}^2\text{)의 합}}{\text{총 변량의 개수}}$$

(표준편차) = 분산의 제곱근($\sqrt{\text{분산}}$)

1 '성별(Gender)' 속성 y축으로 설정하기

270쪽 '아이돌 키' 그래프에 y축을 '성별(Gender)' 속성으로 설정하여 남녀를 구분하고, '측정' 탭에서 '빈도수', '백분율', '측정 레이블 보이기', '정규분포'를 선택하여 그래프에 표현한다.

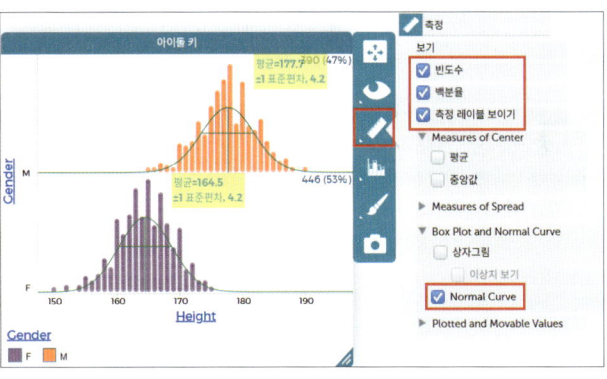

TIP! 사람의 키는 유전, 환경 등의 복합적인 요인에 의해 결정되며, 일반적으로 정규분포를 따른다. 대규모 모집단에서 측정한 데이터는 평균을 중심으로 분포하며, 특정 범위를 벗어난 극단적인 값은 소수에 불과하다. K-pop 아이돌도 모집단에서 선별된 그룹이므로 전체 인구의 키 분포와 유사하게 정규분포를 따른다.

> **짚고 가기** **정규분포의 표준편차**
>
> 정규분포에서 표준편차는 시그마(σ) 기호를 사용하여 나타낸다. 예를 들어, 아래 그래프에서 1시그마(평균±σ) 구간은 전체 데이터의 68%를 차지하며 분포의 일반적인 값들이다. 2시그마(평균±2σ) 구간은 전체 데이터의 95%, 3시그마(평균±3σ)구간은 전체 데이터의 99%를 차지한다. 3시그마 이상의 값은 드물기 때문에 특이값으로 본다.
>
>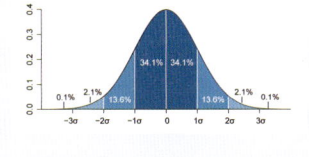

9. K-pop 아이돌 데이터 분석 271

03 데이터 분석 활동을 해 볼까

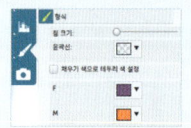

Tip! 상자그림만 확인하고 싶다면 '형식' 탭에서 점 크기를 가장 작게 조절을 하면 된다.

2 이상치 확인하기

'측정' 탭에서 상자그림을 추가하여 이상치를 확인한다.

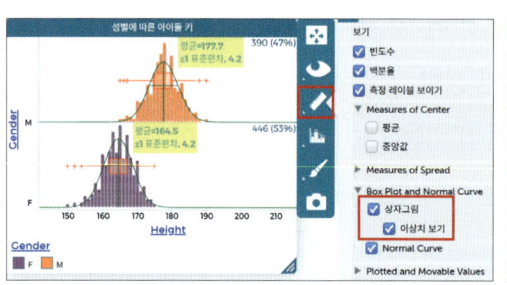 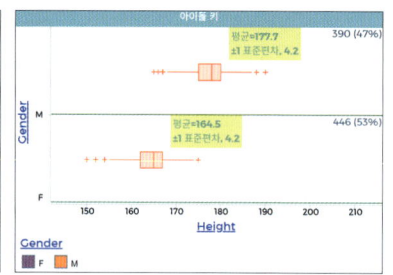

 해석

x축은 '키(Height)' 속성으로, y축은 '성별(Gender)' 속성으로 설정하여 막대그래프와 상자그림을 그린 결과, 이를 통해 알 수 있는 정보는 다음과 같다.

그래프의 크기에 따라 평균값의 소숫점이 달라질 수 있어요.

- 성별에 따른 키에 대한 정규분포
  - 대체로 정규분포를 따르며, 상자그림을 통해 이상치(키가 매우 크거나 작은 경우)가 일부 있는 것을 알 수 있다.
  - 남자 아이돌의 평균키는 177.7cm, 표준편차는 4.2cm이고, 1시그마(σ) 구간의 키는 173~182cm이다. 2024년 20대 남성 평균키가 약 174.4cm임을 고려할 때, 남자 아이돌의 키는 일반인보다 약 3.3cm 정도 큰 경향을 보인다.
  - 여자 아이돌의 평균키는 164.5cm, 표준편차는 4.2cm이고, 1시그마(σ) 구간의 키는 160~169m이다. 2024년 20대 여성 평균키가 약 161.8cm임을 고려할 때, 여자 아이돌의 키는 일반인보다 약 2.7cm 정도 큰 경향을 보인다.

Tip! 2024년 건강검진통계 자료에 의하면 20대 남자의 평균키는 174.4cm이고, 20대 여자의 평균키는 161.8cm로 조사되었다.

Tip! 상자그림에서는 Q1−1.5*(Q3−Q1) ~ Q3+1.5*(Q3−Q1)을 벗어난 데이터를 이상치로 처리한다.

Tip! 정규분포에서는 주로 3시그마(σ) 구간을 벗어난 데이터를 이상치로 처리한다.

짚고 가기 | 상자그림(Box Plot)

상자그림은 데이터의 분포와 변동성을 한눈에 보여 주는 그래프이다. 박스의 중앙선은 중앙값 또는 2사분위(Q2, 50%)를 나타내고, 박스의 위아래 경계는 1사분위(Q1, 25%)와 3사분위(Q3, 75%)를 나타낸다. 박스 바깥의 수염은 데이터 범위를 나타내며, 그 밖의 값들은 이상치로 표시된다. 박스가 한쪽에 치우쳐져 있으면 데이터가 한쪽으로 몰려있다는 것이고, 중앙값이 박스의 한쪽에 가까우면 데이터의 편향이 있다고 해석할 수 있다.

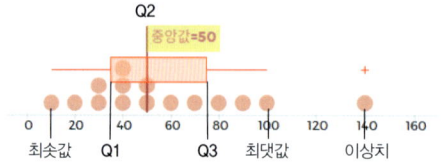

1사분위수(Q1): 35, 중앙값(Q2): 50,
3사분위수(Q3): 75, 이상치: 140,
최솟값: 10, 최댓값: 100

데이터 분석 ❷

아이돌 비만도 그래프

📁 아이돌은 정말 '뼈마름'일까?

아이돌은 체형이 마른 경우가 많아 연예인에게 '뼈마름' 이라는 표현도 등장했다. 아이돌의 키와 체중 속성을 이용하여 BMI를 산출한 다음 비만도를 분석해 보자.

K-pop 아이돌 데이터에는 아이돌의 키와 체중에 대한 정보가 포함되어 있다.

1 'BMI 수치' 속성 생성하기

새 속성으로 'BMI 수치'를 만들고, '키(Height)' 속성과 '체중(Weight)' 속성을 이용하여 수식으로 표현하면 BMI를 계산할 수 있다.

> **Tip!** 'BMI 수치'는 체중과 키를 이용해 비만도를 측정하는 대표적인 지표이다.
>
> $$BMI = \frac{체중(kg)}{키(m)^2}$$
>
> 이때, 키의 단위는 'm'임을 유의한다.

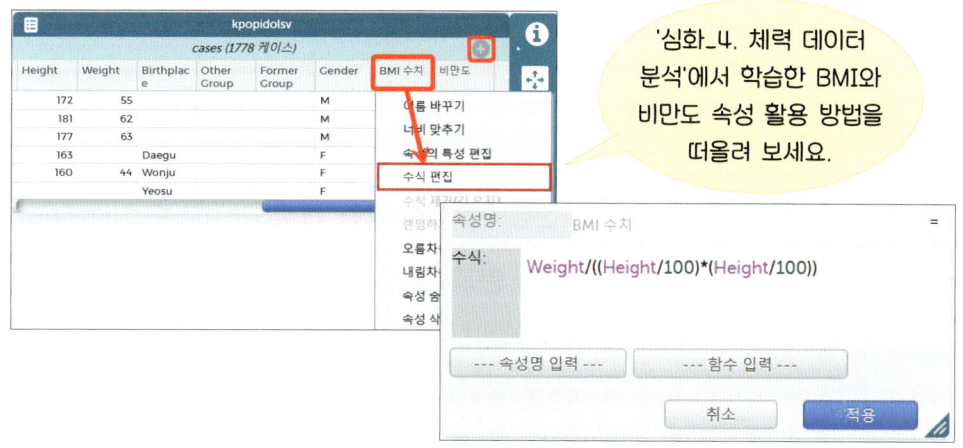

'심화_4. 체력 데이터 분석'에서 학습한 BMI와 비만도 속성 활용 방법을 떠올려 보세요.

> **Tip!** 비만도는 BMI 지표를 활용해 비만 여부를 판단하는 기준이다.
>
> | BMI 범위 | 판정 |
> |---|---|
> | 18.5 미만 | 저체중 |
> | 18.5~24.9 | 정상 체중 |
> | 25.0~29.9 | 표준 |
> | 30.0 이상 | 비만 |

2 '비만도' 속성 생성하기

새 속성으로 '비만도'를 만들고, 'BMI수치' 속성을 이용하여 구간을 나누어 비만도를 표현한다.

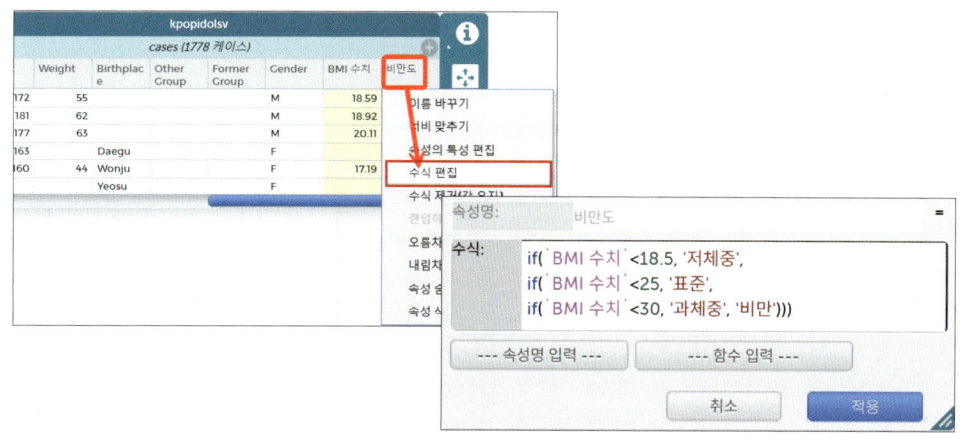

9. K-pop 아이돌 데이터 분석 273

03 데이터 분석 활동을 해 볼까

3 '비만도' 속성은 x축, '성별(Gender)' 속성은 y축, '성별(Gender)' 속성을 범례로 설정하기

생성된 'BMI 수치'와 '비만도' 속성의 수식에 맞게 값이 채워진 것을 확인한 뒤, 빈도수를 설정하여 키와 체중에 따른 비만도 분포를 파악한다.

> **Tip!** 빈도수를 전체 누적해 보면 전체 데이터 개수보다 적은 것을 확인할 수 있다. 이는 데이터 속에 포함된 결측치 때문이다.

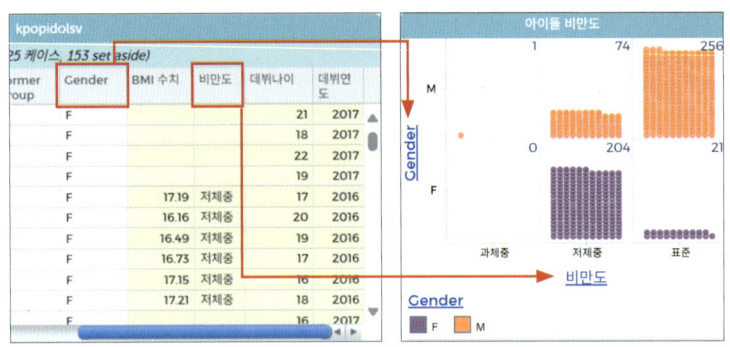

#해석 x축은 '비만도' 속성으로, y축은 '성별(Gender)' 속성으로, 범례를 '성별(Gender)'로 설정하여 산점도를 그린 결과, 이를 통해 알 수 있는 정보는 다음과 같다.

- 비만도 분포
    - 과체중인 남자 아이돌이 1명 있다.
    - K-pop 아이돌은 대부분 저체중과 표준으로 분포되어 있다. 단, 결측치로 인해 약 1,000명에 대한 데이터는 빠져 있으므로 일반화에 대한 주의가 필요하다.

성별에 따른 아이돌 비만도 그래프

비만도는 성별에 따라 다를 수 있으므로 성별에 따른 결과를 확인할 필요가 있다.

1 '키(Height)' 속성은 x축, '체중(Weight)' 속성은 y축, '비만도' 속성을 범례로 설정하기

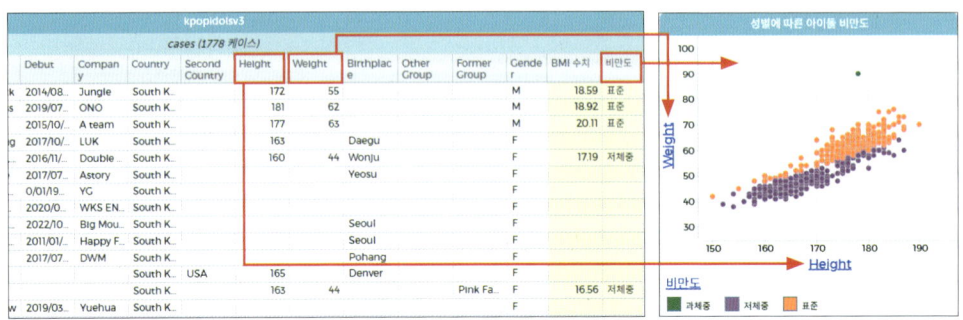

274 나는 CODAP으로 데이터 분석한다

❷ 키와 체중 분포를 성별로 구분하기

성별 키와 체중 분포의 차이를 확인하기 위해 '성별(Gender)' 속성을 오른쪽 y축으로 설정하고, 성별을 분리하여 성별 키와 체중 분포 차이를 확인한다.

> **Tip!** '성별(Gender)'로 구분하기 위해 아이돌 비만도 그래프의 '성별(Gender)' 범례에서 M 또는 F를 선택한 후, 성별에 따른 아이돌 비만도의 '측정' 탭에서 '선택하지 않은 케이스 숨기기'를 눌러 남녀를 분리한다.

남자 아이돌 중 체중이 제일 적게 나가는 48kg의 아이돌은 동표, 문복이고, 키가 가장 큰 아이돌은 서함인 것을 알 수 있어요.

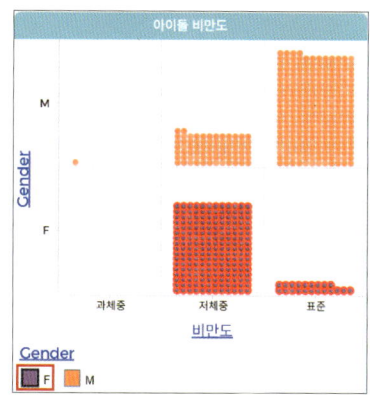
여자 아이돌 중 체중이 제일 적게 나가는 38kg의 아이돌은 은채이고, 키가 가장 큰 아이돌은 리아인 것을 알 수 있어요.

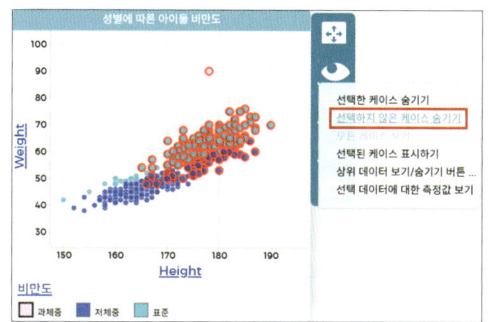

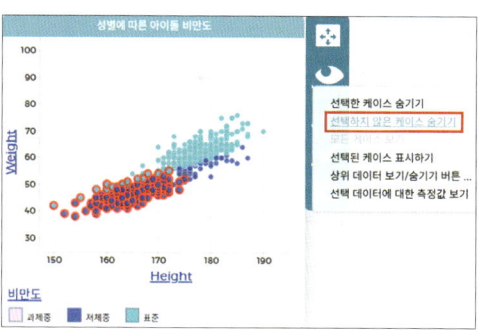

 # 해석 x축은 '키(Height)' 속성으로, y축은 '체중(Weight)'속성으로, 범례는 '비만도'로 설정하여 산점도를 그린 결과, 이를 통해 알 수 있는 정보는 다음과 같다.

> **Tip!** 축 눈금에 따라 데이터가 다르게 보일 수 있으므로 축의 눈금 확인이 필요하다.

● 남자 아이돌 그래프
- 키가 클수록 체중이 증가하는 경향을 보인다.
- 표준의 비율이 높고, 저체중의 비율이 낮다.
- 체중은 대부분 약 50~80kg 사이에 분포하며, 키는 170~185cm 사이에 밀집되어 있다.

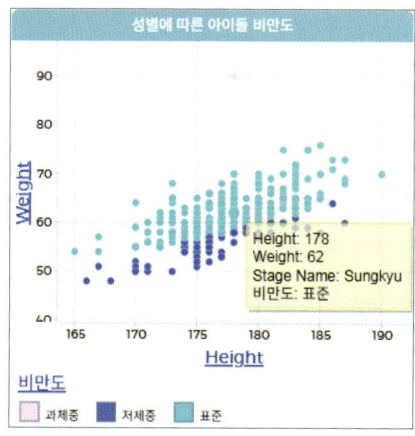

9. K-pop 아이돌 데이터 분석 **275**

03 데이터 분석 활동을 해 볼까

- 여자 아이돌 그래프
  - 키가 클수록 체중이 증가하는 경향을 보이지만, 남자 아이돌에 비해 완만한 편이다.
  - 체중은 대부분 약 40~50kg 사이에 분포하며, 키는 157~172cm 사이에 밀집되어 있다.
  - 저체중의 비율이 매우 높고, 표준이 일부 존재한다.

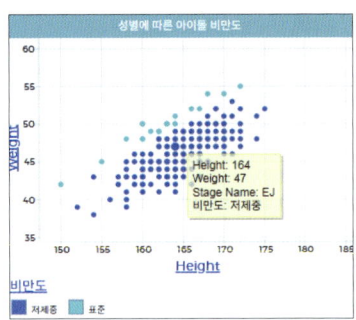

데이터 분석 ❸

🗂 시간이 흐를수록 아이돌 데뷔가 증가할까?

아이돌은 최근 10대들에게 인기 직업으로 부상하고 있다. 시간의 흐름에 따라 데뷔하는 인원도 증가하고 있는지 분석해 보자.

데뷔연도에 따른 분포 그래프

새 속성으로 '데뷔연도'를 만들고 수식 편집을 통해 '데뷔(Debut)'에서 연도만 구할 수 있다. x축에 '데뷔연도'를 설정해 보면 1900년대 데뷔가 나온다. 오류 데이터이므로 '데뷔연도' 속성을 '오름차순으로 정렬'하여 1881년부터 1900년 데이터를 드래그하여 '선택한 케이스 따로 보관'을 선택하여 분포에서 제외한다.

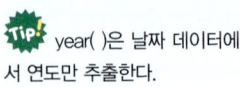 year( )은 날짜 데이터에서 연도만 추출한다.

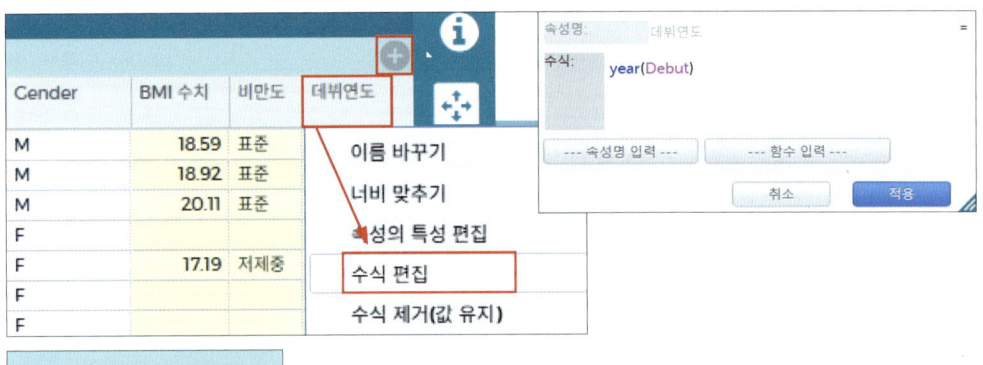

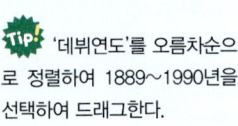 '데뷔연도'를 오름차순으로 정렬하여 1889~1990년을 선택하여 드래그한다.

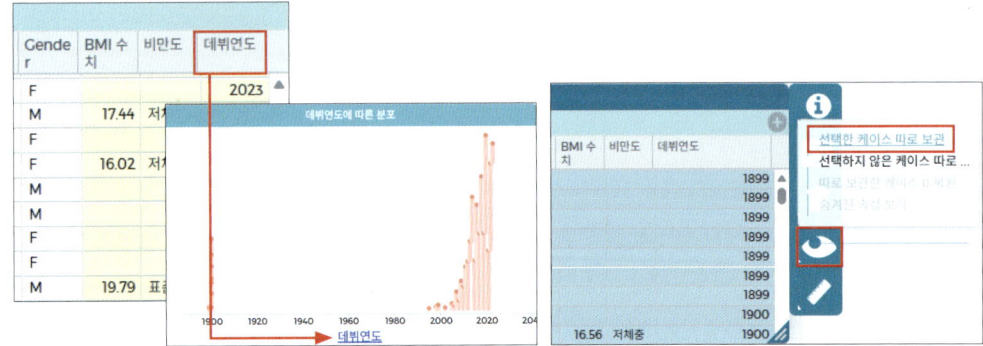

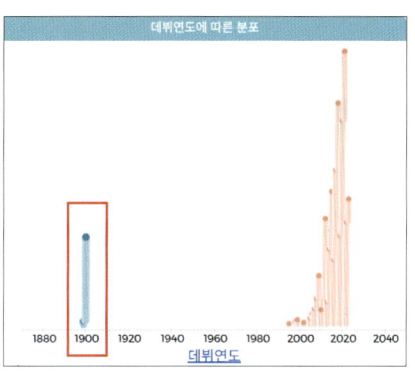
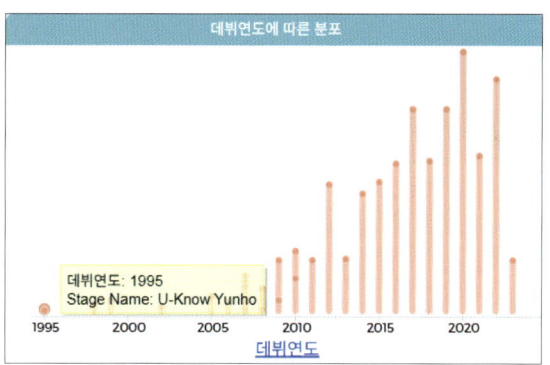

1889~1990년 데이터를 제외하고 다시 그래프를 그리면 1995~2025년의 분포를 더 잘 볼 수 있어요.

해석

x축은 '데뷔연도' 속성으로 설정하여 그래프를 그린 결과, 이를 통해 알 수 있는 정보는 다음과 같다.

- 그래프 경향
    - 2005년 이전에는 아이돌 데뷔 사례가 거의 없다.
    - 2005년 이후로 아이돌 데뷔 수가 증가한다.
    - 데뷔가 가장 빠른 아이돌은 1995년 유노윤호와 최강창민이다.
    - 2020년, 2022년 순으로 아이돌이 많이 데뷔했다.

데뷔연도에 따른 그룹멤버수 변화 그래프

그룹멤버수를 구해서 데뷔연도에 따라 멤버 수 데이터를 그래프로 살펴보면 멤버 수 변화를 파악할 수 있다. 그룹멤버수를 구하기 위해서 '그룹(Group)' 속성을 왼쪽 새 콜렉션으로 드래그 앤 드롭하면 같은 그룹 데이터끼리 묶인다.

Tip! '그룹(Group)' 속성이 결측치로 있는 경우는 솔로이므로 1을 입력한다.

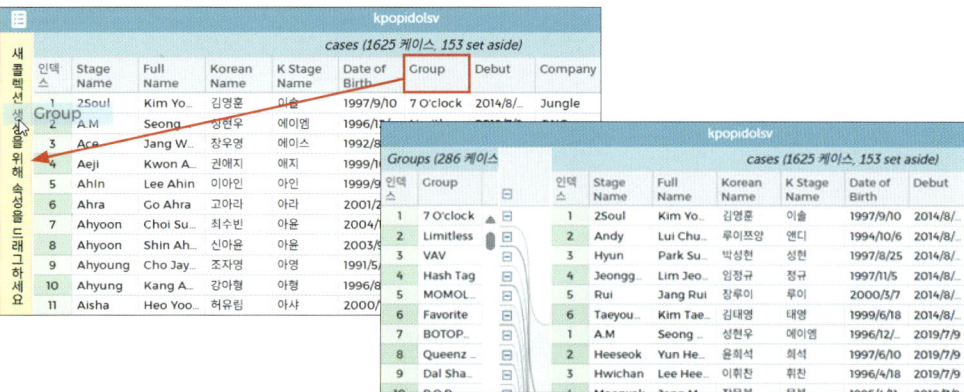

그룹멤버수를 구할 때는 '활동 이름(Stage Name)'이 아닌 다른 속성을 이용해도 돼요.

콜렉션 부분에서 새 속성으로 '그룹멤버수'를 만들고 수식으로 '활동 이름(Stage Name)' 개수를 계산하면 멤버 수를 구할 수 있다.

9. K-pop 아이돌 데이터 분석 277

03 데이터 분석 활동을 해 볼까

'데뷔연도' 속성을 x축으로, '그룹멤버수' 속성을 y축으로 설정한다.

> **Tip!** isMissing( )은 빈 데이터인지를 확인한다.

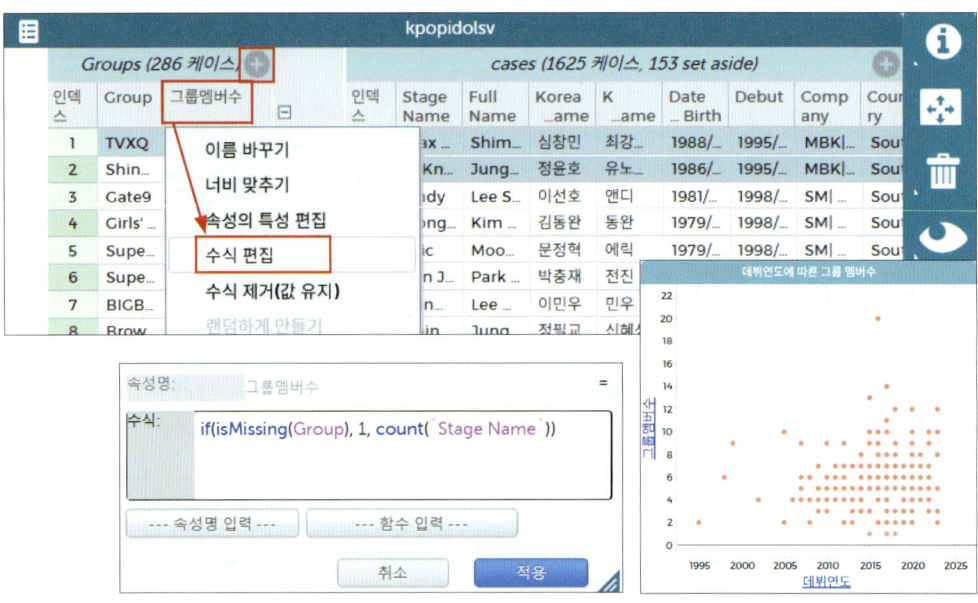

 # 해석 — x축은 '데뷔연도' 속성으로, y축은 '그룹멤버수' 속성으로 설정하여 그래프를 그린 결과, 이를 통해 알 수 있는 정보는 다음과 같다.

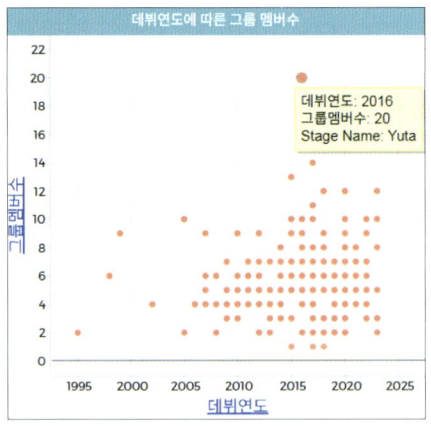

> **Tip!** 1995년 그룹 '동반신기'는 2004년 데뷔, 1999년 그룹 'Gate9'은 2017년 데뷔한 그룹이다. 즉, 데뷔연도에 오류가 있음을 알 수 있다. 데뷔연도에는 오류가 있으므로 데이터 해석에 주의가 필요하다.

● 그래프 경향
  - 2005년 이전: 그룹 자체가 거의 없었던 것을 알 수 있다.
  - 2015년 이후: 멤버 수가 8인 이상인 그룹이 증가했다.
  - 가장 많은 멤버 수를 갖는 그룹은 2016년에 데뷔한 NCT로 20명으로 구성되어 있다.

데이터 분석 ❹

📂 아이돌은 주로 몇 살에 데뷔할까?

아이돌은 어린 나이에 활동을 시작한다. 가장 많이 데뷔를 하는 나이는 어떻게 되는지 분석해 보자.

성별에 따른 데뷔나이 분포 그래프

이 정보를 알아내기 위해서는 데뷔나이를 구해야 한다. 새 속성으로 '데뷔나이'를 만들고 수식 편집을 통해 데뷔연도에서 태어난 연도를 빼면 나이를 구할 수 있다. 단, 생일이나 데뷔연도가 없거나 잘못된 값이 포함되어 있으므로, '데뷔나이' 속성값을 14세 이상 30세 이하까지의 아이돌 값만 산출한 뒤, 오름차순 정렬을 통해 결측치 또는 오류 데이터를 제외하도록 한다.

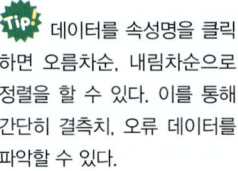

수식에서 속성명에 띄어쓰기가 있으면 백틱(`)으로 속성명을 묶어야 해요. 백틱(`)은 키보드의 ~`키에서 shift를 누르지 않으면 가능해요. 속성명에 띄어쓰기가 없으면 백틱(`)으로 묶지 않아요.

Tip. 데이터를 속성명을 클릭하면 오름차순, 내림차순으로 정렬을 할 수 있다. 이를 통해 간단히 결측치, 오류 데이터를 파악할 수 있다.

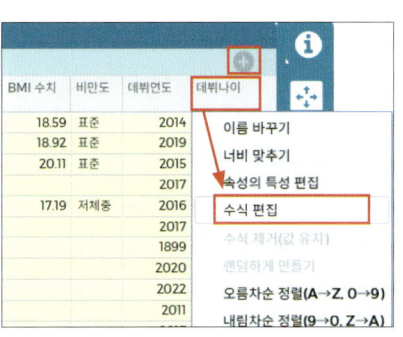

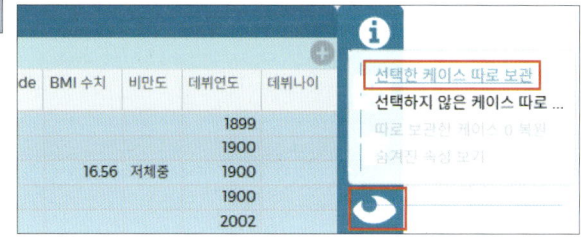

키보드 '&'을 입력한다.

1 '데뷔나이' 속성은 x축, '성별(Gender)' 속성은 y축으로 설정하기

'데뷔나이(Debut)' 속성을 x축으로, '성별(Gender)' 속성을 y축으로 설정하여 성별에 따른 데뷔 나이 변화를 파악한다.

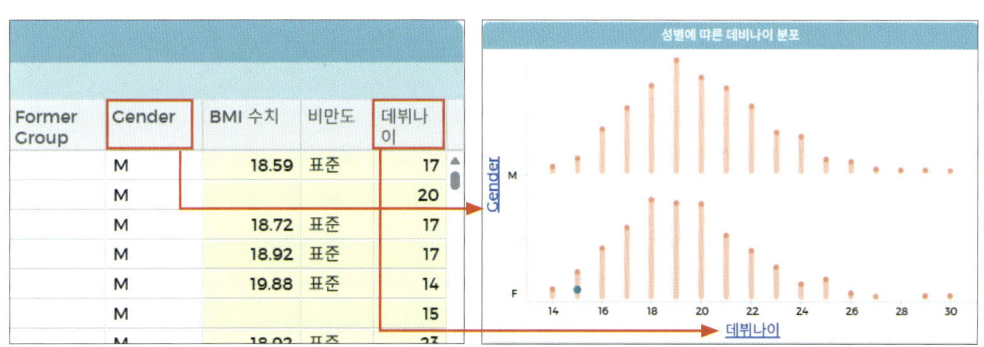

9. K-pop 아이돌 데이터 분석

03 데이터 분석 활동을 해 볼까

2 빈도수, 측정 레이블, 평균 설정하기

'측정' 탭에서 '빈도수', '측정 레이블 보이기', '평균'을 선택하여 그래프로 표현한다.

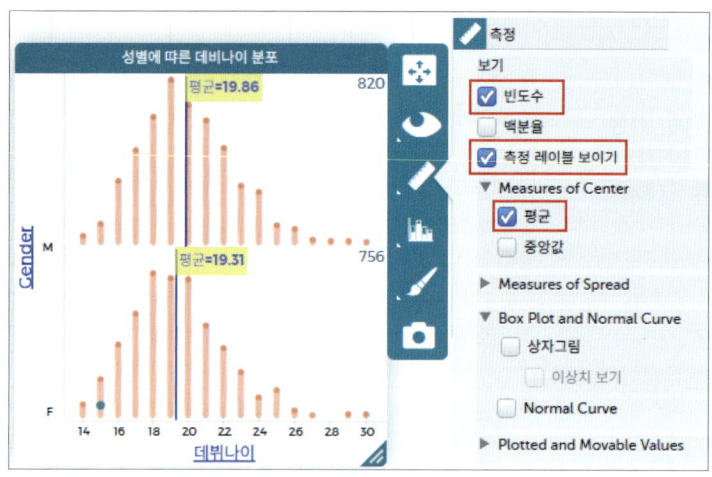

 # 해석 — x축은 '데뷔나이' 속성으로, y축은 '성별(Gender)' 속성으로 설정한 결과, 이를 통해 알 수 있는 정보는 다음과 같다.

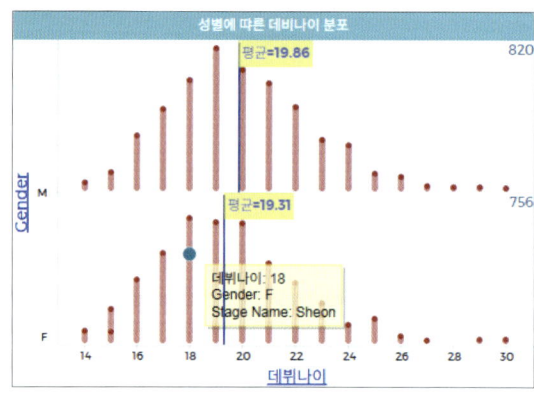

- 남녀 평균 데뷔 나이
  - 남성과 여성의 데뷔 나이 분포는 매우 유사하다.
  - 남자 아이돌은 평균 19.86세, 여자 아이돌은 평균 19.31세로 남녀 모두 평균적으로 19세경에 데뷔하는 경향을 보인다.
  - 남자 아이돌이 약간 더 늦게 데뷔하는 경향이 있지만, 의미가 있는 것은 아니다.
  - 데뷔 나이 중 남성은 19세, 여성은 18세에 데뷔를 가장 많이 한다. 데이터 분포가 정규분포에 가깝다.

탐색적 데이터 분석

데이터의 속성을 살펴보고 앞에서 제시한 문제의 답을 찾는 것 외에 더 알 수 있는 정보를 찾아봅시다.

 아이돌 출신 국가가 데뷔연도에 따라 변화가 있을까?

1. 어떤 데이터 분석 활동을 해야 할까?

> 예) 데뷔연도에 따른 외국 출신 멤버 분석

2. 어떤 속성이 필요할까?

> 예) 데뷔연도, 국적(Country)(한국 제외)
> ※ 'South Korea'를 선택하여 '선택한 데이터 숨기기'를 한다.

3. 어떤 그래프를 그릴까?

> 예) 데뷔연도별 '국적(Country)' 속성을 범례로 한 그래프(산점도)

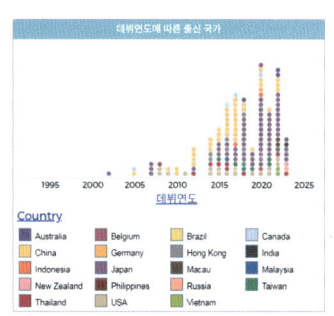

4. 알 수 있는 정보는 무엇일까?

> 예) 외국인 멤버는 2015년 이후 급격히 증가하며 중국, 일본, 태국 출신이 가장 많다. 이는 K-pop의 글로벌 인기 상승과 해외 시장 공략 등의 이유로 보인다.

5. 이 활동을 통해 얻을 수 있는 기대 효과는 무엇일까?

> 예) K-pop의 글로벌 흐름을 이해하고, 외국인 멤버 증가가 시장 전략과 어떤 관련이 있는지 분석하는 능력을 기를 수 있다.

K-pop 아이돌 세대

최근 언론과 방송에서는 '4세대 아이돌'이라는 표현이 자주 등장한다. 그런데 아이돌의 세대는 단순히 데뷔 시기로만 구분되는 걸까? 각 세대는 어떤 특징을 가지고 있으며, 무엇이 달라졌을까?

4세대? 5세대? 아이돌 세대론은 어떻게 만들어지는가?

최근 4세대 아이돌들이 세계적인 지명도를 획득하면서 소위 '아이돌 세대론'의 의미와 근거에 대한 관심이 높아지고 있다. 1세대 아이돌들은 10대 위주의 마이크로 타깃팅을 처음으로 구사했으며, 국내 시장을 중심으로 지상파 및 케이블TV 등 전통적인 미디어들에 의존했다. 2세대를 통해 K-pop은 서구권으로 그 영역을 확장하는데, 사실상 최초의 'K-pop 팬'이 이 시기를 통해 만들어졌다. 기획사마다의 음악 스타일도 서로 간의 분명한 차이를 드러내기 시작했다. 3세대는 방탄소년단을 중심으로 한국 대중음악이 사상 처음으로 세계 시장의 정상을 정복한 세대다. '글로벌 K-pop'이라는 개념이 이 시기에 탄생했다. 4세대는 팬데믹 와중에 등장해 글로벌 시장에서 K-pop의 위상을 자리매김한 중요한 시기다. 특히 이 시기는 해외 시장에 대한 의존도가 압도적으로 커졌으며, 대부분의 신인 그룹들이 글로벌 시장을 겨냥하고 준비돼 스타덤에 오르는 모습을 보이고 있다.

(김○○ 음악평론가)

- K-pop 1세대: 1990~2000년대 초반으로 H.O.T., 핑클, god 등이 있다.
- K-pop 2세대: 2000년대 중반으로 동방신기, 슈퍼주니어, 원더걸스, 소녀시대 등이 있다.
- K-pop 3세대: 2012년 전후로 방탄소년단, 블랙핑크, 엑소 등이 있다.
- K-pop 4세대: 코로나19 이후로 뉴진스, 피프티피프티, 르세라핌, 아이브, 케플러, 엔하이픈 등이 있다.

(출처: 한류 동향 심층 분석 보고서 〈한류NOW〉, 아이돌 세대론은 어떻게 만들어지는가?)

이처럼 K-pop 아이돌은 세대별로 변화하는 환경에 맞춰 전략을 고도화하며 성장해 왔다. 1세대가 TV 중심의 활동과 국내 팬덤을 기반으로 삼았다면, 4세대는 SNS, 유튜브, 글로벌 플랫폼을 통해 전 세계 팬들과 소통하며 활동 영역을 넓히고 있다. 각 세대별로 달라지는 트렌드, 음악 스타일, 데뷔 시기, 활동 방식은 데이터로도 확인할 수 있고 이를 통해 케이팝의 변화 양상을 좀 더 객관적으로 이해할 수 있다. K-pop을 데이터로 바라보는 시선은 그 자체가 흥미로운 문화 분석이 될 수 있다.

곱슬머리의 유전 시뮬레이션

특화

▸ 이 장에서는 CODAP용 시뮬레이션 플러그인을 활용하여 블록 코딩(Blockly)으로 데이터를 생성하고, 이를 통해 머리카락의 유전에 대해 분석해 보겠습니다.

01 해결해야 할 문제는 무엇일까

- 부모의 유전자 조합에 따라 자녀의 머리카락 형태를 시뮬레이션으로 예측할 수 있을까?

02 알아야 할 정보는 무엇일까

- CODAP의 Simmer 플러그인
- Blockly 기반 프로그래밍

03 곱슬머리 유전 형질 데이터를 수집해 볼까

- 프로그래밍을 통한 곱슬머리 유전 형질 데이터 생성

04 곱슬머리 유전 데이터를 분석해 볼까

- 데이터 분석 1
  유전 형질 간의 비율은 어떻게 될까?
- 데이터 분석 2
  곱슬머리와 직모 자녀의 비율은 어떻게 될까?

01 해결해야 할 문제는 무엇일까

💬 다음 상황을 읽고, 해결해야 할 문제를 알아봅시다.

어떤 사람은 곱슬머리라 파마를 하지 않아도 되고, 어떤 사람은 직모라 머리를 펴는 수고를 덜 수 있다며 서로를 부러워하기도 한다. 곱슬머리와 직모는 유전 형질에 따라 결정되며, 부모의 유전자 조합에 따라 자녀의 머리카락 형태가 달라질 수 있다. 부모의 유전형에 따라 자녀에게 나타날 머리카락의 형태를 시뮬레이션으로 예측해 보자.

이 활동에서는

프로그래밍을 활용하여 사용자가 설정한 조건에 따라 임의의 데이터를 자동으로 수집하고, 수집된 데이터를 다양한 방식으로 분석한 뒤 의미 있는 결과를 도출하는 전체적인 과정을 다룬다. 플러그인의 'Simmer' 메뉴에서는 Blockly 기반의 시각적 명령 블록을 조합하여 프로그램을 작성할 수 있으며, 일정한 규칙에 따라 데이터를 생성하게 된다. 이렇게 생성된 데이터는 CODAP의 데이터 테이블로 전송되고 누적되며, 사용자는 이 데이터를 기반으로 다양한 그래프나 표를 구성하여 시각적으로 분석할 수 있고, 이를 통해 프로그래밍과 데이터 분석 간의 연계성을 학습할 수 있다.

02 알아야 할 정보는 무엇일까

💬 CODAP의 Simmer 개념을 알고 이를 활용한 프로그래밍을 살펴봅시다.

'Simmer'는 원래 요리에서 '약한 불로 천천히 끓이다.'라는 뜻을 가진다. CODAP에서의 Simmer 플러그인은 이 개념을 빌려와 작은 변화나 반복되는 사건으로 데이터를 형성하는 과정을 비유적으로 표현한 것에서 따온 이름이다.

1 플러그인에서 Simmer 선택하기

Simmer 플러그인을 사용하기 위해서 'Plugins'의 'Simulation'에 있는 'Simmer' 메뉴를 통해 실행시킬 수 있다.

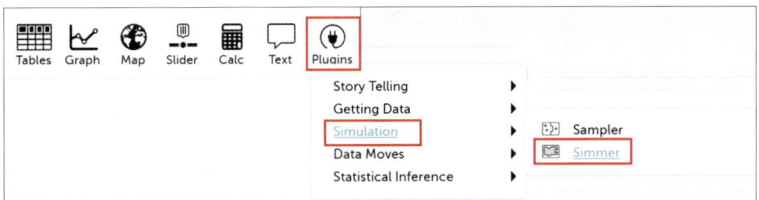

2 프로그래밍하기

Simmer 플러그인은 Blockly 기반으로 명령 블록을 조합하여 프로그램을 완성한다. 왼쪽은 명령 블록 리스트, 오른쪽은 프로그램을 만드는 공간, 위쪽은 프로그램을 실행 또는 삭제하거나 'Simmer' 창을 축소하는 기능들을 포함한다.

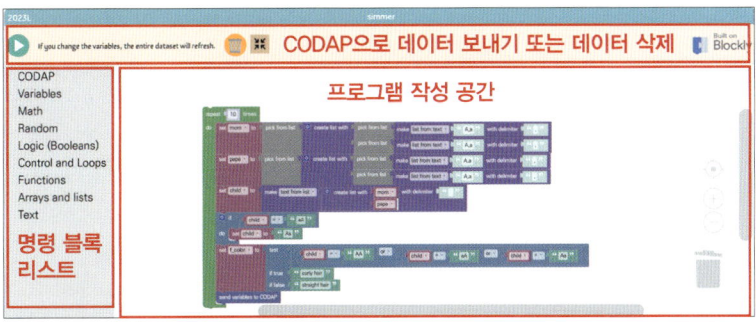

> '명령 블록 리스트'는 프로그래밍 과정에서 사용되므로 각각의 역할을 기억해 두도록 하세요.

명령 블록 리스트 살펴보기

- Variables: 변수 생성 및 활용
- Math: 연산자
- Random: 임의의 값 생성
- Logic(Booleans): 논리 또는 비교 연산
- Control and Loops: 선택 및 반복
- Functions: 함수
- Arrays and lists: 배열 및 리스트
- Text: 텍스트 생성 및 출력

03 곱슬머리 유전 형질 데이터를 수집해 볼까

💬 **문제 해결에 필요한 데이터를 준비하기 위해 CODAP 기능을 활용하여 프로그래밍해 봅시다.**

어떤 사람은 곱슬머리로 태어나고, 또 어떤 사람은 직모를 가지고 태어난다. 이러한 머리카락의 형태는 단순한 스타일이 아니라, 우리 몸속 유전자에 의해 결정되는 유전 형질 중 하나이다.

그렇다면, 부모님 중 한 분이 곱슬머리라면 내가 곱슬머리를 물려받을 확률이 얼마나 될까? 또 두 분 모두 곱슬머리인 경우는 어떨까? 만약 부모님이 모두 직모인데도 내가 곱슬머리로 태어날 가능성은 없을까?

CODAP의 Simmer 플러그인을 활용하여 곱슬머리 유전이 자녀에게 어떻게 나타나는지 다음의 조건을 읽어 보고 시뮬레이션해 보자.

우성과 열성
- **우성**: 더 강하게 나타나는 성질로 유전자에 우성 하나만 있어도 나타난다.
- **열성**: 약하게 나타나는 성질로 모두 열성일 때만 나타난다.

우리 몸에는 머리카락 모양을 결정짓는 유전자가 쌍으로 존재
- 곱슬머리 유전자(C)는 우성
- 직모 유전자(c)는 열성

곱슬머리 유전자 조합에 따른 머리카락 형태
- CC: 곱슬머리
- Cc: 곱슬머리
- cc: 직모

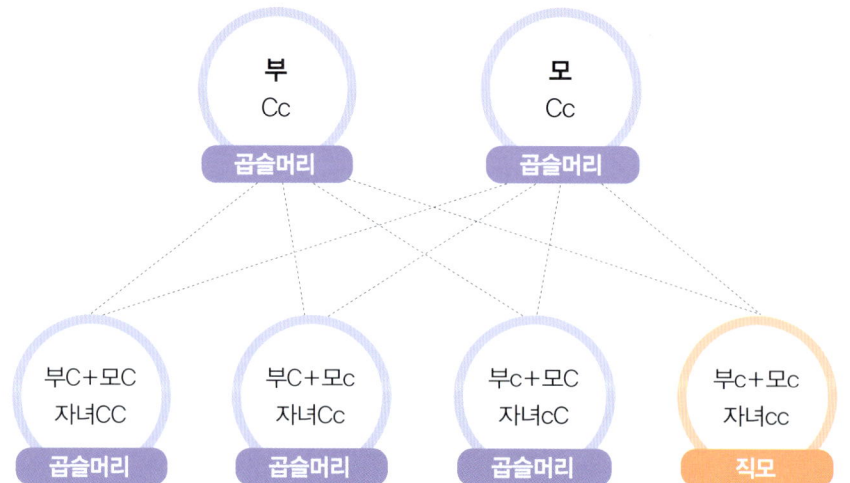

각 부모는 자녀에게 C 또는 c 유전자를 자녀에게 물려주며 그 조합에 따라 자녀는 CC, Cc, cC, cc 중 하나의 유전형을 갖는다.

프로그래밍 준비하기

📁 Simmer 플러그인 설정하기

Simmer 플러그인은 CODAP의 설정 언어가 영어로 설정되어 있을 때 작동하므로 CODAP의 홈페이지 `Launch CODAP` 버튼을 클릭한 후 '새 문서'를 선택하고 우측 상단의 언어를 'English'로 설정한다.

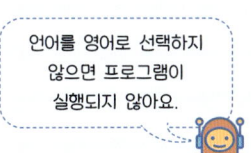
언어를 영어로 선택하지 않으면 프로그램이 실행되지 않아요.

상단 메인 메뉴의 'Plugins'에서 'Simulation' 메뉴의 'Simmer'를 선택한다.

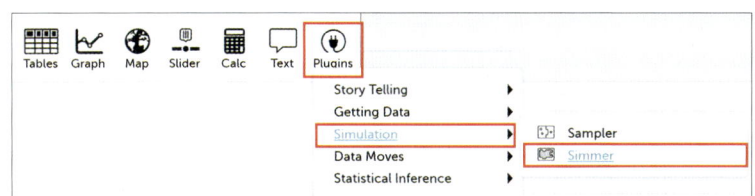

다음과 같이 'Simmer' 창이 열린 것을 확인한다.

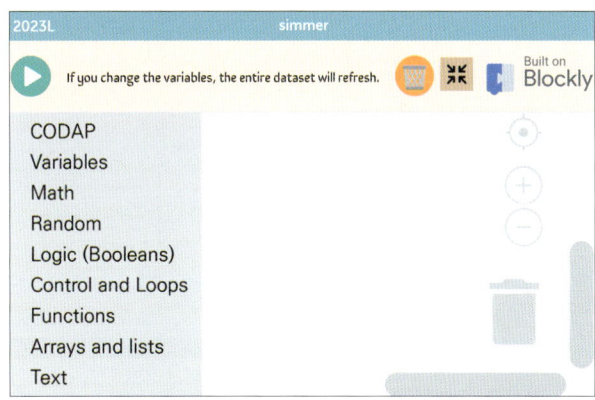

주요 기능을 확인한 후, 다음 단계에서 이 기능을 적용하여 프로그램을 작성하세요.

'Simmer' 창을 확인한 후, 다음의 주요 기능을 반영한 프로그램 계획을 세워 보자.

① 아버지와 어머니의 유전 형질을 임의로 생성한다.
② 부모의 유전자를 1개씩 임의로 자녀에게 물려준다.
③ 자녀의 유전 형질에 따라 곱슬머리와 직모를 판단한다.

03 곱슬머리 유전 형질 데이터를 수집해 볼까

1 데이터를 저장할 변수 생성하기

데이터 테이블에 생성되는 데이터들은 Simmer의 변수에 저장되는 값들이다. 따라서 어떤 값이 변수에 저장되어야 하는지 사전에 설계하여 변수를 생성한다.

여기서는 부모와 자식의 유전 형질, 머리카락 모양 데이터를 생성할 것이므로 다음의 6가지 변수를 설정한다.

> **Tip!** Simmer에서 변수에 저장되는 값들이 데이터 테이블로 저장된다.

변수명	설명
father	아버지의 유전 형질
mother	어머니의 유전 형질
f_pick	아버지로부터 물려받을 유전자
m_pick	어머니로부터 물려받을 유전자
child	자녀의 유전 형질
hair_type	머리카락 모양(곱슬머리 curly hair, 직모 straight hair)

> **Tip!** CODAP에서 변수명에 띄어쓰기가 있으면, 데이터가 생성되지 않는다. 한글명으로도 설정할 수 없다.

① 변수를 생성하기 위해서는 'Variables'에서 'Create variable' 버튼을 클릭하여 변수를 생성한다.

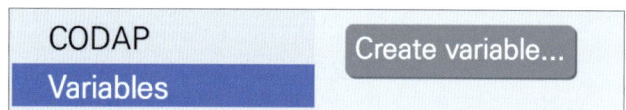

② 팝업창에 변수명을 입력하면 변수가 생성되면서 관련 명령 블록이 나타난다.

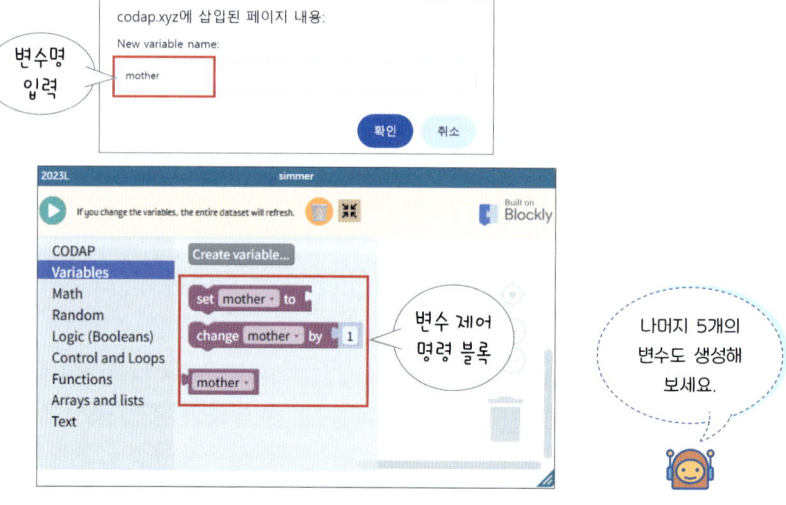

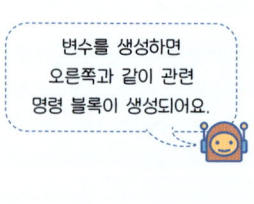

변수를 생성하면 오른쪽과 같이 관련 명령 블록이 생성되어요.

나머지 5개의 변수도 생성해 보세요.

2 부모의 유전 형질 생성하기

부모의 유전 형질은 곱슬머리 유전자(C)와 직모 유전자(c) 임의의 조합으로 이루어지도록 코드를 생성하며 이때 사용하는 명령 블록은 다음과 같다.

Tip! 블록에 대한 설명을 보고 싶은 경우, 블록에 마우스 오른쪽 버튼을 클릭하여 Help를 선택한다.

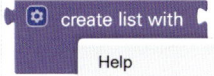

위 블록 코드를 바탕으로 다음과 같이 프로그래밍해 보자.

부모의 유전 형질은 'C'와 'c'로 이루어진 임의의 조합으로 생성되므로 C와 c 중 하나를 선택하는 작업을 두 번 반복하여 부모 각각의 유전 형질을 생성한다.

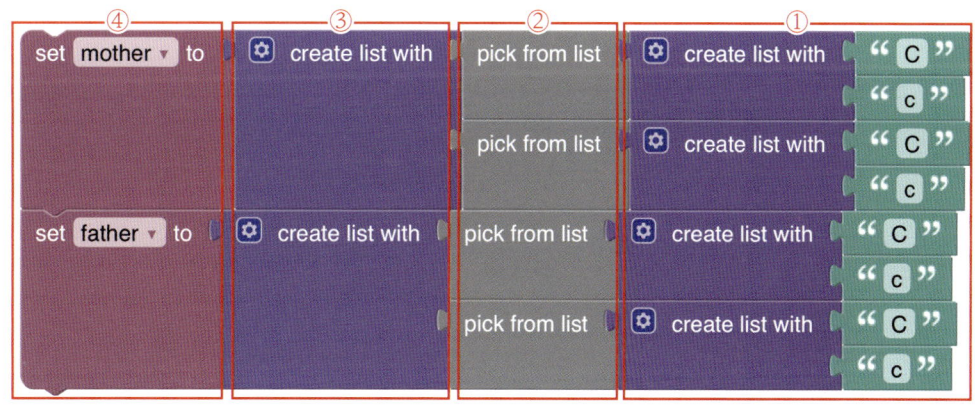

코드 설명
① 텍스트 'C, c'로 구성된 리스트를 만든다.
② ①에서 만든 리스트에서 원소를 임의로 1개 선택한다.(변수별 2회 실행)
③ ②에서 임의로 선택한 원소 2개로 리스트를 생성한다.
④ ③에서 생성한 리스트를 mother와 father에 각각 저장한다.

03 곱슬머리 유전 형질 데이터를 수집해 볼까

3 부모로부터 자녀의 유전 형질 생성하기

자녀의 유전 형질은 부모가 가진 유전자 2개 중 1개를 임의로 자녀에게 물려준다. 이때 사용하는 명령 블록은 다음과 같다.

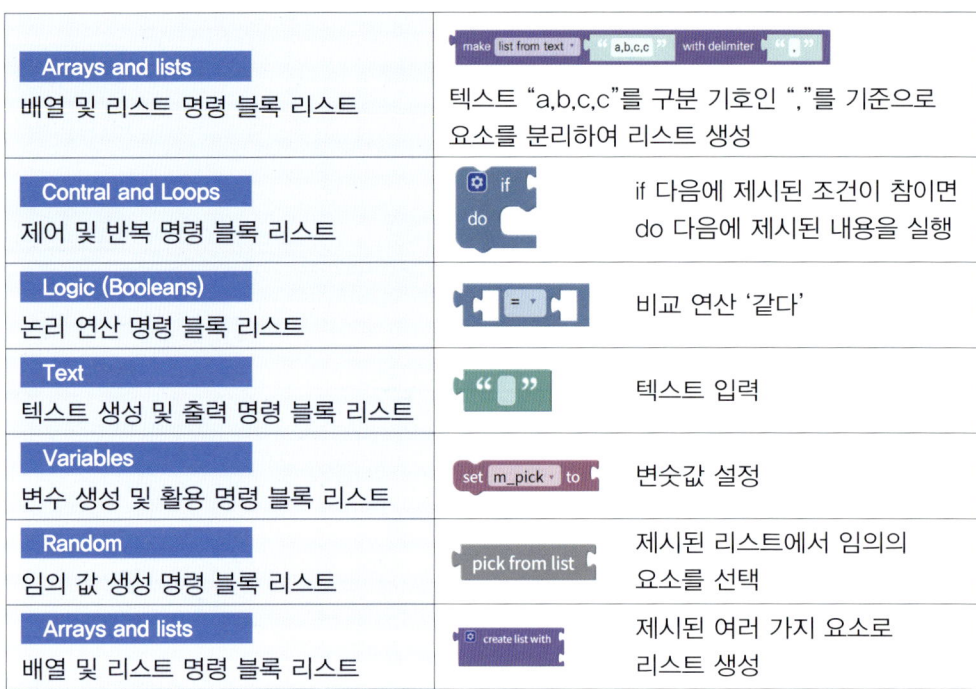

mother와 father에서 임의의 요소를 추출한 결과를 조합하여 새로운 리스트를 만들어 child에 저장한다. 다음 코드는 앞에서 만든 코드에 이어서 생성한다.

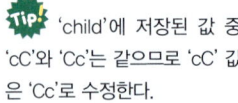
'child'에 저장된 값 중 'cC'와 'Cc'는 같으므로 'cC' 값은 'Cc'로 수정한다.

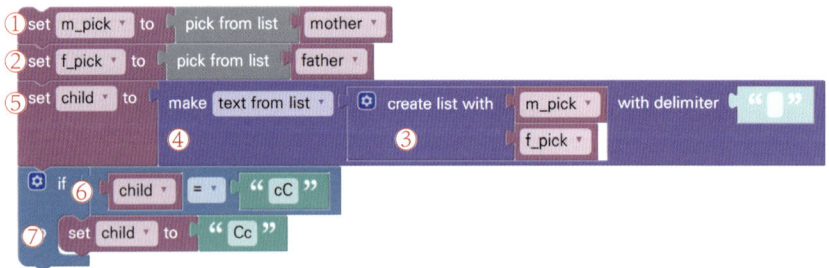

리스트 형식['C', 'c']을 텍스트 형식 'Cc'로 변환한다.

코드 설명
① 어머니 유전자 1개 추출: mother에서 1개의 요소를 선택하여 m_pick에 저장한다.
② 아버지 유전자 1개 추출: father에서 1개의 요소를 선택하여 f_pick에 저장한다.
③ 어머니 유전자와 아버지 유전자의 결합: m_pick과 f_pick의 값을 합쳐서 리스트를 생성한다.
④ ③에서 생성한 리스트를 구분 기호(delimiter) 없이 텍스트로 변환(text from list)한다.
⑤ ④에서 생성한 텍스트를 child에 저장한다.
⑥ child의 값 'cC'와 'Cc'를 Cc로 통일하기 위해 child의 값이 'cC'인지 판단한다.
⑦ child의 값이 'cC'이면 child의 값을 'Cc'로 수정한다.

❹ 자녀의 유전 형질에 따라 머리카락 모양 설정하기

자녀의 유전 형질이 'CC'이거나 'Cc'인 경우에는 곱슬머리, 'cc' 경우에는 직모로 설정한다. 이때 사용하는 명령 블록은 다음과 같다.

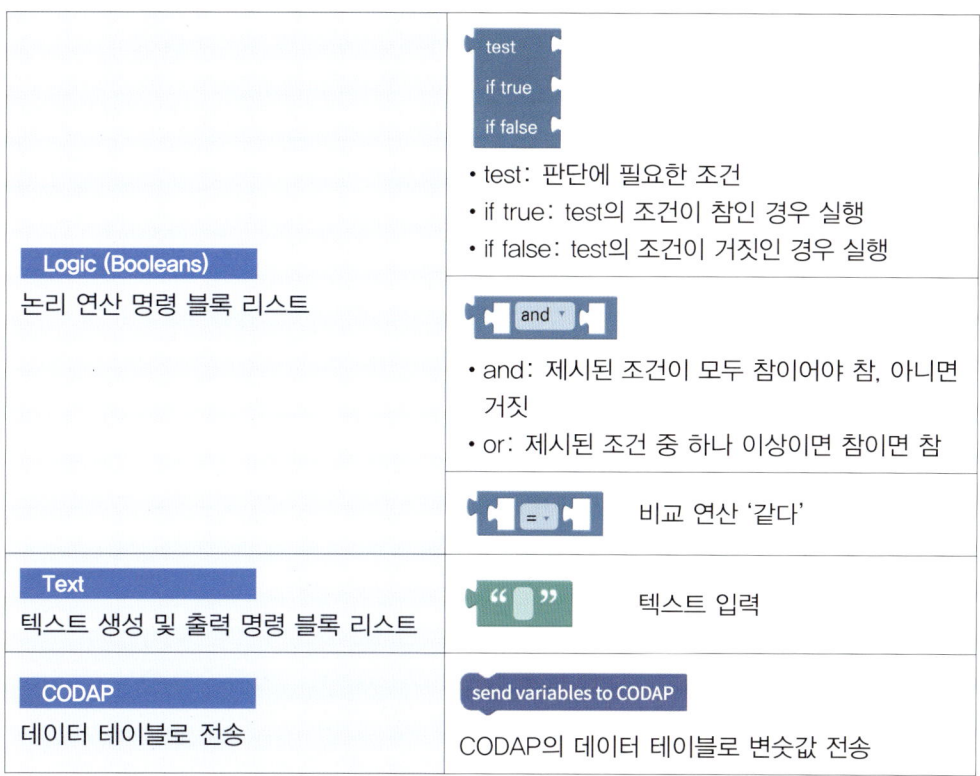

곱슬머리가 우성, 직모가 열성이므로 자녀의 유전 형질이 'CC', 'Cc'인 경우에는 곱슬머리(curly hair), 'cc'인 경우에는 직모(straight hair)가 된다. 따라서 child에 저장된 값에 따라 hair_type에 곱슬머리 또는 직모 중 하나가 저장되도록 한다.

완성된 코드에서 사용된 변숫값들은 데이터 테이블로 전송한다.

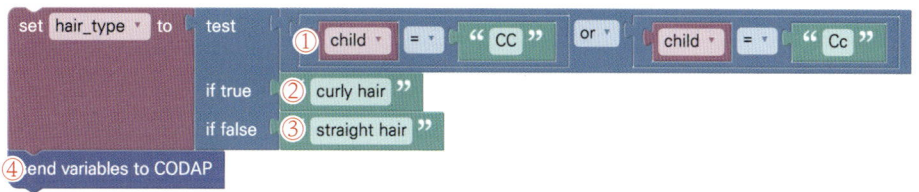

코드 설명
① 자녀의 유전 형질(child)이 'CC' 또는 'Cc'인지 판단한다.
② ①의 결과가 참(true)이면 'curly hair'를 hair_type 변수에 저장한다.
③ ①의 결과가 거짓(false)이면 'straight hair'를 hair_type 변수에 저장한다.
④ 프로그램에 활용된 모든 변숫값을 CODAP의 데이터 테이블로 전송한다.

03 곱슬머리 유전 형질 데이터를 수집해 볼까

5 반복 실행하기

지금까지 작성한 프로그램을 다음의 반복 블록 안으로 배치시켜 반복 실행한다.

Contral and Loops 제어 및 반복 명령 블록 리스트	repeat 10 times do do 안의 내용을 제시한 횟수만큼 반복
CODAP 데이터 테이블로 전송	send variables to CODAP CODAP의 데이터 테이블로 변숫값 전송

10명의 자녀 유전자 데이터를 생성하는 코드를 다음과 같이 완성한다. 프로그램이 실행되면 반복 회수만큼 변숫값들을 발생시킨다.

최종 코드는 다음과 같다.

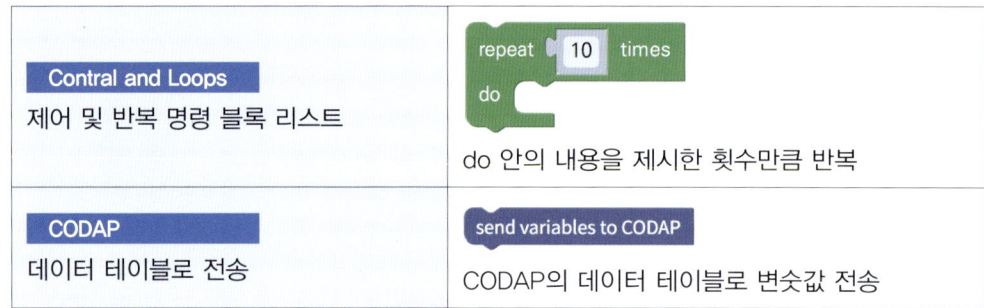

최종으로 작성한 프로그래밍을 실행시키면 반복 횟수만큼 데이터가 생성되어요. 실행 버튼을 누를 때마다 데이터가 누적되므로 충분한 양의 데이터가 생성된 뒤 데이터 분석 활동을 진행하도록 해요.

6 CODAP의 데이터 테이블로 변숫값 전송하기

프로그램을 실행(▶)시켜 데이터를 CODAP의 데이터 테이블로 전송한다. 이를 위해서는 다음의 메뉴를 활용한다.

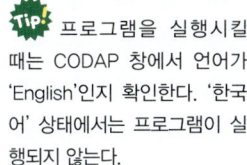
Tip! 프로그램을 실행시킬 때는 CODAP 창에서 언어가 'English'인지 확인한다. '한국어' 상태에서는 프로그램이 실행되지 않는다.

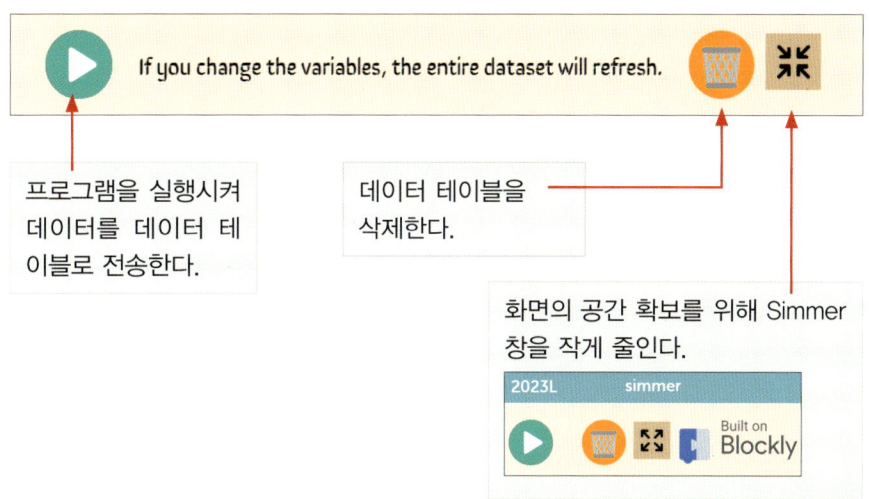

프로그램을 실행시켜 데이터를 데이터 테이블로 전송한다.

데이터 테이블을 삭제한다.

화면의 공간 확보를 위해 Simmer 창을 작게 줄인다.

반복 횟수를 10으로 설정했기 때문에 실행 버튼을 누를 때마다 10개(자녀 10명)씩 데이터가 누적되는 것을 알 수 있다.

index	simmer-Run	father	mother	f pick	m pick	child	hair type
1		["C","c"]	["c","C"]	c	C	Cc	curly hair
2		["c","c"]	["c","c"]	c	c	cc	straight hair
3		["C","c"]	["c","c"]	C	c	Cc	curly hair
4		["C","c"]	["c","c"]	c	c	cc	straight hair
5		["c","c"]	["c","c"]	c	c	cc	straight hair
6		["C","C"]	["C","C"]	C	C	CC	curly hair
7		["c","C"]	["C","c"]	C	c	Cc	curly hair
8		["c","c"]	["c","C"]	c	c	cc	straight hair
9		["c","c"]	["C","C"]	c	C	Cc	curly hair

더 알아보기 또 어떤 시뮬레이션 프로그램을 만들 수 있을까?

- 주사위에서 1~6의 눈이 나올 확률
- 가위바위보에서 이길 확률

04 곱슬머리 유전 데이터를 분석해 볼까

💬 **다음의 질문에 대한 답을 찾을 수 있도록 데이터 분석을 해 봅시다.**

☑ 유전 형질 간의 비율은 어떻게 될까?
☑ 곱슬머리와 직모 자녀의 비율은 어떻게 될까?

Simmer 플러그인에서 반복 횟수를 1,000으로 수정하여 프로그램을 실행시키고 총 1,000명의 자녀 유전자 데이터를 생성하여 다음을 분석해 보자.

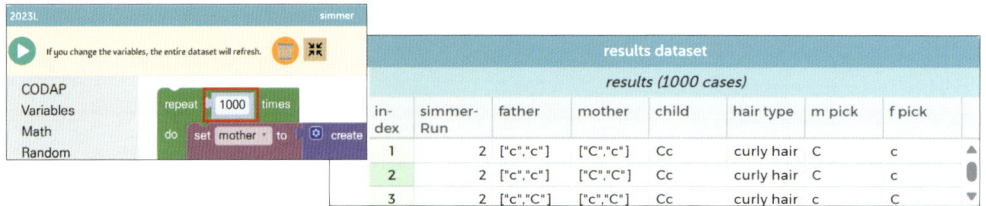

데이터 분석 ❶

📂 **유전 형질 간의 비율은 어떻게 될까?**

자녀에게 나타날 수 있는 유전 형질은 'CC(곱슬머리)', 'Cc(곱슬머리)', 'cc(직모)' 3가지이다.

자녀의 유전 형질을 나타내는 'child' 속성을 이용하여 그래프 창을 띄우고 x축(또는 y축)에 'child' 속성으로 설정한다. '측정' 탭에서 'percent(백분율)'를 선택하여 유전 형질 간 비율을 파악한다.

TIP! 자녀의 유전 형질은 Simmer 플러그인에서 child 변수에 저장했으므로, 데이터 테이블에서 속성명도 'child'이다.

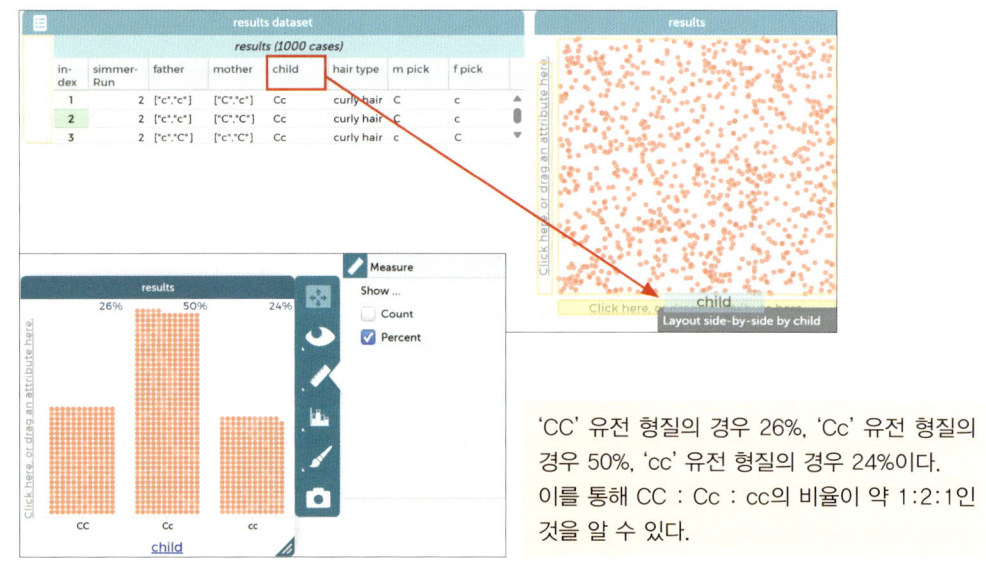

'CC' 유전 형질의 경우 26%, 'Cc' 유전 형질의 경우 50%, 'cc' 유전 형질의 경우 24%이다. 이를 통해 CC : Cc : cc의 비율이 약 1:2:1인 것을 알 수 있다.

데이터 분석 ❷

▶ 곱슬머리와 직모 자녀의 비율은 어떻게 될까?

자녀의 머리카락 모양을 나타내는 속성은 'hair_type'이므로 그래프 창을 띄우고 x축(또는 y축)으로 설정한다. '측정' 탭에서 'percent(백분율)'를 선택하여 머리카락 모양 간 비율을 파악한다.

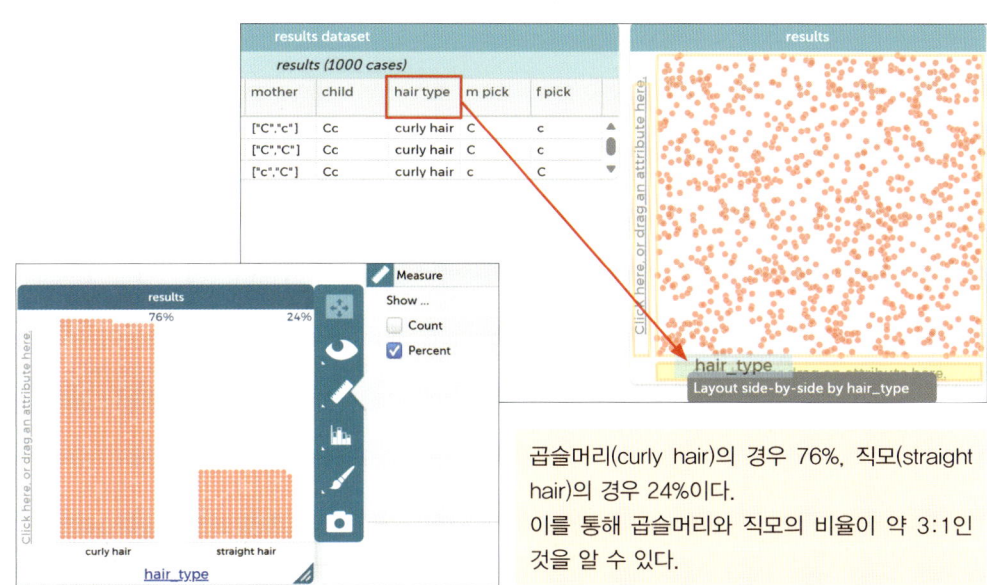

곱슬머리(curly hair)의 경우 76%, 직모(straight hair)의 경우 24%이다.
이를 통해 곱슬머리와 직모의 비율이 약 3:1인 것을 알 수 있다.

더 알아보기 ➕ 추가적인 의미와 분석 정보

아버지와 어머니의 유전 형질 분포를 파악해 보면, 유전 형질별로 대략 CC : Cc(cC 포함) : cc = 1 : 2 : 1인 것으로 보아 자녀 유형 형질과 동일함을 알 수 있다. 이는 유전에서 부모 조합 비율이 자식 세대에서도 동일하게 분포됨을 의미한다.

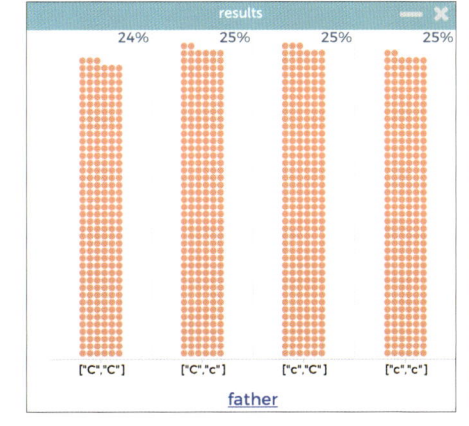
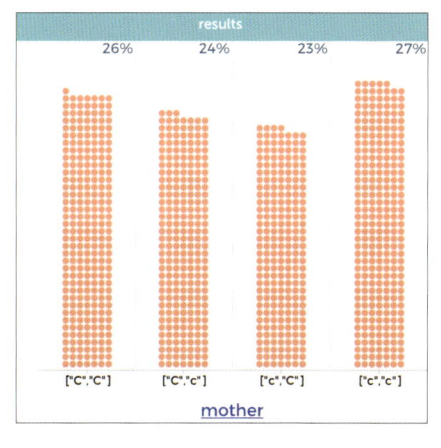

나는 CODAP으로 데이터 분석한다

초판발행	2025년 6월 25일
2쇄발행	2025년 9월 1일
지은이	최정원, 류현욱, 박근영, 박예람, 유동호, 유하연, 이완범, 이원경, 이지현, 최희진, 허영주
펴낸이	이미래
펴낸곳	(주)씨마스
주소	07706(우) 서울특별시 강서구 강서로33가길 78 씨마스빌딩
등록번호	제2021 – 000078호
내용문의	02)2274-1590~2	팩스 02)2278-6702
개발책임	권소민
편집	이은경, 최수현, 지아현
디자인	표지: 이미라, 내지: 이미라
마케팅	김진주

홈페이지 www.cmass.kr | **이메일** cmass@cmass21.co.kr

이 책에 대한 의견이나 잘못된 내용에 대한 수정 정보는 씨마스 홈페이지나 이메일로 알려 주시기 바랍니다.
잘못된 책은 구매처 또는 본사에서 교환해 드립니다.

ISBN 979-11-5672-607-4

이 책에 실린 모든 내용, 디자인, 편집 구성의 저작권은 지은이와 (주)씨마스에 있습니다.
저작권법에 의해 보호받는 저작물이므로 무단 복제 및 전재를 금합니다.

- **무료 동영상** ▶ 씨마스에듀
- **활동 데이터·학습 플래너** 씨마스에듀 홈페이지